高等院校心理学专业基础课系列教材

认知心理学
COGNITIVE PSYCHOLOGY

周爱保 ◎ 主　编
钟毅平　陈炜　马小凤 ◎ 副主编

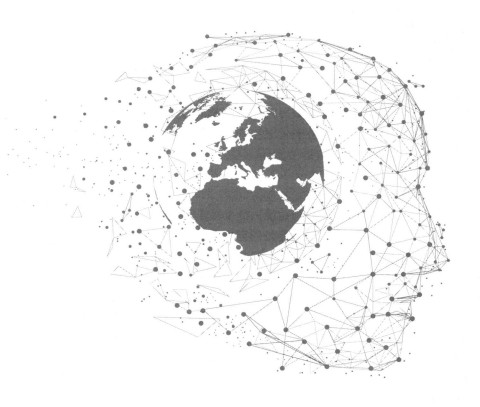

清华大学出版社
北京

本书封面贴有清华大学出版社防伪标签，无标签者不得销售。

版权所有，侵权必究。举报：010-62782989，beiqinquan@tup.tsinghua.edu.cn。

图书在版编目(CIP)数据

认知心理学 / 周爱保主编. —北京：清华大学出版社，2021.12（2024.9重印）
高等院校心理学专业基础课系列教材
ISBN 978-7-302-48749-4

Ⅰ.①认… Ⅱ.①周… Ⅲ.①认知心理学－高等学校－教材 Ⅳ.① B842.1

中国版本图书馆 CIP 数据核字 (2017) 第 272161 号

责任编辑：周　华
封面设计：汉风唐韵
责任校对：王荣静
责任印制：丛怀宇

出版发行：清华大学出版社
　　　网　　址：https://www.tup.com.cn，https://www.wqxuetang.com
　　　地　　址：北京清华大学学研大厦 A 座　　　邮　编：100084
　　　社 总 机：010-83470000　　　　　　　　　邮　购：010-62786544
　　　投稿与读者服务：010-62776969，c-service@tup.tsinghua.edu.cn
　　　质 量 反 馈：010-62772015，zhiliang@tup.tsinghua.edu.cn
印 装 者：三河市天利华印刷装订有限公司
经　　销：全国新华书店
开　　本：185mm×260mm　　　印　张：22　　　字　数：543 千字
版　　次：2021 年 12 月第 1 版　　印　次：2024 年 9 月第 4 次印刷
定　　价：69.00 元

———————————————————————————————————

产品编号：076620-01

前　言

认知心理学是心理学分支之一，于20世纪50年代中期在西方兴起。由于其研究人类的基本心理过程，探索人类如何形成知识、获取知识和使用知识，揭示输入和输出之间所发生的复杂的内部心理规律，20世纪70年代开始成为心理学的一个重要研究方向，并且以其新颖的理论观点和丰富的实验成果迅速改变着心理学的面貌，给许多心理学分支以巨大的影响。当前已成为占主导地位的心理学思潮。

认知心理学是我国高等学校心理学专业的一门必修的专业基础课。已有的认知心理学教材重点介绍了认知心理学的相关概念和理论，而近年来，认知心理学通过揭示人的认知过程的特点和内部机制，已经走出实验室的小天地，更直接地为社会各领域服务。基于此，此次编写《认知心理学》，本着服务于各类大专院校教学需求的主旨，依据"基于理论介绍，强调临床应用"的原则，在介绍基本理论的基础上突出实践应用的编写。为此，我们遵循了纵向和横向两条主线。

第一，在结构体系这一纵向主线上，力求系统全面。第一章导论，介绍认知心理学的发展历程，用历史的眼光考察认知心理学的产生、演变、发展及其应用。第二章至第十一章遵循个体的认知过程来编写，包含知觉、注意、记忆、知识表征、表象、概念形成与推理、决策、问题解决与创造力、语言和元认知。第十二章至第十四章分别探讨社会环境对个体认知的影响、认知过程与其他心理现象的关系以及个体认知的发展，包含认知的毕生发展、社会认知和情绪与认知。

第二，在内容选择这一横向主线上，考虑到本书的实践应用特点，除了介绍个体共有的、正常的心理过程以外，还特别介绍了异常的认知障碍及其评估与训练。在各章中首先从人类基本的认知规律出发，介绍个体认知过程中各环节的定义、分类、特性及经典理论；并在此基础上介绍认知过程中常见的认知障碍及认知障碍的评估与训练等。

本书是由来自国内多所重点院校的编者在反复修改与循环讨论的基础上共同完成的。各章编写名单如下。第一章：周爱保、李世峰、姜艳斐；第二章：张丽宏；第三章：魏玲；第四章：郑超；第五章：王晓明；第六章：茹学萍；第七章：沈悦娣、李一飞；第八章：李晓明；第九章：张磊；第十章：夏瑞雪；第十一章：马小凤；第十二章：陈炜、邓茜；第十三章：钟毅平；第十四章：张小聪。

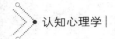

本书在编写过程中参考了大量的国内外研究成果，在此向原著作者们表示衷心的感谢。书中内容如有疏漏之处，敬请读者不吝提出问题和反馈意见。

周爱保

2021年7月于兰州

目　　录

第一章　导论 …………………………………………………………………… 001

　　第一节　认知心理学的发展历史 …………………………………………… 001
　　第二节　认知心理学的学科范畴 …………………………………………… 003
　　第三节　认知心理学的新进展：认知神经心理学 ………………………… 009
　　第四节　认知心理学的应用 ………………………………………………… 018

第二章　知觉 …………………………………………………………………… 023

　　第一节　知觉概述 …………………………………………………………… 023
　　第二节　模式识别 …………………………………………………………… 029
　　第三节　知觉障碍及评定 …………………………………………………… 037
　　第四节　知觉障碍的认知训练 ……………………………………………… 041

第三章　注意 …………………………………………………………………… 048

　　第一节　注意概述 …………………………………………………………… 048
　　第二节　注意障碍及评定 …………………………………………………… 060
　　第三节　注意障碍的认知训练 ……………………………………………… 068

第四章　记忆 …………………………………………………………………… 075

　　第一节　记忆概述 …………………………………………………………… 075
　　第二节　记忆障碍及评定 …………………………………………………… 085
　　第三节　记忆障碍的认知训练 ……………………………………………… 091

第五章　知识表征 ……………………………………………………………… 096

　　第一节　知识表征的概述 …………………………………………………… 096
　　第二节　知识表征的理论 …………………………………………………… 106

第三节　知识表征的障碍及评定 121
　　　第四节　知识表征障碍的认知训练 127

第六章　表象 136
　　　第一节　表象概述 136
　　　第二节　表象的心理操作 143
　　　第三节　表象障碍及评定 155
　　　第四节　表象障碍的认知训练 158

第七章　概念形成与推理 167
　　　第一节　概念形成 167
　　　第二节　推　理 173
　　　第三节　概念形成与推理障碍及评定 179
　　　第四节　概念形成障碍与推理障碍的认知训练 183

第八章　决策 188
　　　第一节　决策概述 188
　　　第二节　决策策略与决策偏差 198
　　　第三节　决策障碍及评定 202
　　　第四节　决策障碍的认知训练 207

第九章　问题解决与创造力 214
　　　第一节　问题解决的概述 214
　　　第二节　创造力 220
　　　第三节　问题解决障碍及评定 224
　　　第四节　问题解决障碍的认知训练 226

第十章　语言 230
　　　第一节　语言的习得 230
　　　第二节　语言的表征和加工 233
　　　第三节　语言的理解与表达 234
　　　第四节　言语障碍的解剖定位及评定 238
　　　第五节　言语障碍的康复训练 243

第十一章 元认知 251

- 第一节 元认知概述 251
- 第二节 元认知的理论 258
- 第三节 元认知的神经机制 259
- 第四节 元认知的临床应用及训练 262

第十二章 认知的毕生发展 274

- 第一节 认知发展历程 274
- 第二节 认知发展进程中神经生理的变化和脑结构基础 286
- 第三节 认知发展障碍与评定 290
- 第四节 认知发展障碍的训练 292

第十三章 社会认知 298

- 第一节 社会认知概述 298
- 第二节 社会认知的特性 303
- 第三节 社会认知的个体发展 307
- 第四节 社会认知对个体健康的影响 310
- 第五节 社会认知障碍及训练 316

第十四章 情绪与认知 324

- 第一节 情绪概述 324
- 第二节 情绪与认知的关系 326
- 第三节 情绪与认知交互作用的神经机制 333
- 第四节 认知障碍的情绪调节方法 336

第一章 导论

本章要点

在回顾认知心理学发展历史的基础上,重点对认知心理学的学科范畴包括研究对象、任务、方法以及认知神经心理学在这些方面的新进展进行了介绍。此外,还总结了认知心理学在教育教学、工业和临床以及人工智能等领域的应用。

第一节 认知心理学的发展历史

作为生命现象最高形式的心理现象本身是高度复杂的,是一个完整的巨系统,其各种构成要素自然也是紧密相连、有机结合、密不可分的。人的心理过程经常被分为"知、情、意",似乎将三者割裂开来了,但我们一定要清楚,这仅仅是为了教学或研究的某种方便,而远非心理现象本身就是如此。将"认知"专门列为一门学科,而成为"认知心理学",反映了人类认知过程的重要性及心理学家们对它的重视。认知心理学有广义和狭义之分。从广义上讲,凡是研究人的认识过程的,都应该属于认知心理学;而狭义的认知心理学,则是指信息加工心理学。

认知心理学(cognitive psychology)可以描述为,它所研究的是人们感知自然和社会环境的方式和内容,包括如何从自然和社会中获取知识,获取什么样的知识,以及人们在其间所经历的认知过程,包括如何将获取的知识进行储存、利用并产生新的知识等问题。换句话说,就是通过有目的地观察和研究日常生活和控制条件下的行为及心理现象,以科学的方法探讨认知规律的心理学科分支。

一、过去:认知心理学学科简史

广义的认知心理学史可以从19世纪末叶心理学成为独立的科学之后说起。1879年德国心理学家、哲学家威廉·冯特(Wilhelm Wundt, 1832—1920)在莱比锡大学建立心理学实验室。其目的是揭示被观察和记录的基本心理过程,通过自我内省(introspection)报告,发现心理操作的规律。同时他还指出,注意是认知中的重要成分,心理事件可以描述为通过经验所形成的概念。

冯特对认知心理学的重要贡献还在于他把心理学的研究内容分为两类:一类是与语言和文化关联度较大的高级心理过程,如思维等;另一类则是与语言和文化关联度较小的初级心理过程,如感知觉等。

正如我国著名心理学家王甦先生所指出的那样,在认知心理学的发展历程中,它继承了心理学各种学说流派的有益思想,诸如格式塔心理学关于内部心理组织的一些观点,行为主义刺激-反应公式的一些合理思想等。认知心理学认为,人的内部心理组织结构的复杂性会影响心理的加工过程;虽然以意识为研究对象,但并不排除对行为的研究,认为满足一定的条件就会出现相应的行为反应。这些观点都反映了其他心理学思想对认知心理学的影响。

此外，以让·皮亚杰（Jean Piaget）为代表的日内瓦学派通过对儿童认知发展的研究，提出了关于个体认识发生的理论——发生认识论（genetic epistemology）。它以认识产生的历程、社会根源及其所依据的概念和认知操作的心理起源为根据，用发生学的观点和方法研究人类的认识；关注人的认识（认知、智力、思维、心理的发生和结构）的个体心理起源和历史发展。

第二次世界大战以后，系统论、控制论和信息论的思想渗透到心理学中。由于战争的需要，在一个时期内，关于反应时、感知觉、判断和决策以及行为工效等方面的研究得到了大量的推广，并深受系统论、控制论和信息论的影响。例如，对信息量的测量得到了前所未有的重视，人类的认知过程被看作是一个复杂的信息加工巨系统。此后，美国心理学家奈瑟尔（Ulric Neisser）《认知心理学》（1967）一书的出版，则标志着认知心理学已成为一门独立的学科。他认为，虽然受信息加工观点的影响许多重要的概念被引入心理学，如加工通道、容量、过滤、编码、译码、反馈调节等，并将生命系统与机器系统加以类比；但事实上仅从信息测量的角度对人复杂的心理活动进行研究是有局限性的。

在心理学的发展历程中，行为主义是认知心理学的"天敌"；而计算机科学以信息加工的观点直接将人的认知过程重新恢复为心理学的研究对象，这集中体现了系统论、控制论和信息论的巨大影响。横跨心理学和计算机科学两个领域的美国学者艾伦·纽厄尔（Allen Newell）和赫伯特·西蒙（Herbert Simon）成为认知心理学重要的奠基人，后者因为其在诸多领域的巨大成就而获得1978年的诺贝尔经济学奖。当然认知心理学的兴起还与社会的需要有密切的联系，与人类的教育实践和对智力开发的需要也是密切相联系的。

二、现在：信息加工与认知神经科学

认知心理学兴起以后，作为当时的一种时代精神，信息加工的观点被心理学家所普遍接受，认为可以通过与计算机类比，采用模拟、验证等方法来研究人的认知过程。人的认知过程就是信息的接收、编码、储存、交换、操作、检索、提取和使用的过程，并将认知的过程分为四个子系统：感知接收系统、记忆存储系统、控制系统和反应系统；强调人已有的知识和知识结构对其当前的认知活动和行为起着决定作用。这种学术观点和知识架构被人们普遍认可并一直延续到了现在。

现代认知心理学把信息加工的观点、方法和技术推向了极致，其标志性的成果就是人工智能得到了空前的推广和应用。一个主要的特征是，通过"类比"的方式来研究人类的心理现象。比如，把人的头脑比作无限复杂的"信息加工系统"，把人的"心理"比作系统中的"软件"，认知心理学研究课题的任务成了揭开支配人类心理和行为这些"软件"的秘密。现代认知心理学展示了一种十分明显的"信息加工取向"。其直接的结果就是促进了人工智能（artificial intelligence，AI）作为一门学科的诞生，并且在生产生活领域得到了极大的推广应用，包括机器人、语言识别、图像识别、自然语言处理和专家系统等。但是我们必须时刻清楚地意识到，虽然现在计算机不但能代替人脑完成各种复杂的计算，并且能够比人脑做得更快、更准确，但人脑和计算机毕竟有着巨大的差异，人类的认知过程有着众多的计算机难以解释的心理事件。而当下流行的一种观点就是"所有的神经事件均是认知事件"。这标志着认知神经科学时代的到来。

认知神经心理学认为，认知始于信息的感觉输入，感官将外界负载了特定信息的物理能量输入人的神经和认知系统，外界信息的物理能量须转换为神经事件的模式，并成为后续认知加工的基础。已经被转换为神经事件模式的物理能量得到了进一步的认知加工，而未被转换的物理能量则可能就会丢失。当认知系统衰减感觉输入时，所发生的这种转换其实质就是信息简化、减少或衰减的"减负"过程。这种遵循"经济原则"的过程意味着神经和认知过程没必要加工外界传递的所有能量。这对个体生存来说具有其重要的生物学意义。在感觉世界中生物体不断地处于各种刺激的包围之中，对其过滤和衰减是必要的；否则就会出现信息能量的"过载"，认知系统就会走向崩溃。而后续更高级的复杂的认知加工则需要神经系统具有特定解剖结构或特定心理功能的神经模块来完成。

认知神经心理学在探讨人们是如何执行认知活动的时候，所采用的研究策略是通过认知功能受损的病人，研究认知障碍，如记忆障碍、阅读障碍、特殊的语言损伤等。另外，还可以研究人的更高级认知活动，如信念形成和心理推论的发生等。对认知神经心理学研究特征的界定是：①研究症状，不研究并发症；②采用个案研究，而不是群体抽样研究；③症状间不同任务的双分离模式为主要的研究逻辑；④基于模块化理论建立认知模型。其研究思路是：以典型的具有较强的选择性认知功能障碍的病人为理想的被试，通过脑损伤造成的选择性认知功能的障碍特征和所保留的认知环节，推测正常人大脑的认知机制。

从上述诸方面我们可以得出这样一个结论，即认知神经科学时代的到来对认知心理学的对象、任务、方法等都产生了深刻的影响。

第二节　认知心理学的学科范畴

一、认知心理学的研究对象

认知心理学是一门以信息加工理论观点为导向的心理学分支学科，其研究内容以传统心理学中的认知过程为主，主要包括感知觉、注意、学习记忆、知识表征、思维和语言等。在19世纪50年代之前，一直是由行为主义的思想统治着整个心理学的研究方向。行为主义者强调心理学应该研究可观察的行为。他们认为人类的行为都是一些简单的刺激—反应的联结过程，任何关于人的内部思维和思考方式的假设都只是没有依据的思辨，因此对于认知的研究毫无意义。但是，随着心理学的发展，许多心理学现象用行为主义的观点都无法得到很好的解释，例如语言的获得和复杂社会行为的习得等。此后受以信息加工理论为导向的学术思潮影响，认知心理学重新将人类的内部心理过程恢复为心理学的研究对象，从而摆脱了心理学不研究心理过程的尴尬局面。另外，随着这一研究方向的蓬勃发展，当代认知心理学的研究不仅对人类基本认知过程，如知觉、注意、记忆、思维和语言等进行研究，还将社会和文化、情绪、意识、动物认知以及认知神经科学等因素纳入了认知心理学的研究范围。

（一）知觉

远看山有色，近听水无声（王维诗）。当看到一幅画时，人们不仅会看到上面的各种颜色和轮廓，而且能认识到这是一幅描述山林水鸟的栩栩如生的山水画，即在头脑中产生了山林水鸟画面的整体形象，这就是知觉。认知心理学对知觉的研究就是为了寻求如何理解人们对来自环境中的信息构建主观解释的过程，即对感觉刺激进行辨别、组织和理解的过程。人们的知觉系统由不同的感觉（如视觉的、听觉的、体觉的）和加工单元（如形状，运动）组成，它们各自代表着刺激信息的不同属性。认知心理学关于知觉研究的任务就是理解这些单独的表征和单元如何相互作用并形成整体的知觉表征的过程。因此，只有通过知觉，人们才能够对信息进行进一步的加工处理。

（二）注意

无专精则不能成，无涉猎则不能通也（梁启超语）。面对大量的纷繁复杂的环境信息，每个人只能专注于其中有限的一部分。注意的功能就是在认知加工系统中选择某些重要的信息进行进一步的加工或把注意资源合理地分配到各种同时进行的认知任务中。这也是威廉·詹姆斯（William James, 1890）所强调的注意的意义，他认为"注意就是对资源的一种占用，以一种清晰和生动的形式来看，它是从同时呈现的几个物体或思维序列中选择一个对象的过程……它暗示着撇开一些事以便有效地处理其他事"。例如，当你在宿舍看一部你感兴趣的电影时，你往往不会注意自己身边发生的一些事情，如外面下雨了或舍友回来了等。由此可见，注意是人们信息加工系统中的一道过滤器，只有被注意到的信息才能够被进一步的加工和处理。

（三）记忆

记忆是指在头脑中积累和保存个体经验的心理过程。从信息加工的观点来讲，记忆就是人脑对外界输入的信息进行编码、存储和提取的过程。人借助于记忆积累着生活经验和知识，并且在需要的时候应用它们。正是有了记忆，人们才会拥有许多美好的经历；也正是因为有了记忆，人类才会在学习前人知识的基础上创造出灿烂辉煌的文明。同时，如果没有记忆把个体过去感知和体验过的事物作为"印象"在大脑中保持和巩固下来，个体就什么也学不会，他们的行为只能由本能来决定。记忆联结着人的心理活动的过去、现在和未来，是人们学习、工作和生活的基本机能。正是由于记忆对人们具有重要的意义，因此记忆也是认知心理学非常重要的研究对象之一。

（四）表象

表象是指客体对象不在我们面前时，在大脑中形成的关于客体的形象，也是对过去感知过的事物在头脑中再现的过程。从信息加工的角度来讲，表象是指当前不存在的物体或事件的一种表征，具有鲜明的形象性。它是在感觉和知觉的基础上形成的具有一定概括性的感性形象，是感性认识的一种高级形式，保留了感知觉的许多重要属性。

（五）知识表征

我们记忆系统中存储的信息并不是杂乱无章的，而是按照一定的类别和规则存放的。

知识的表征就是人们认知系统中知识的类别与存放方式的体现，既包括感觉、知觉、表象等形式，又包括图式、概念、命题等形式，是个体知识学习的关键。人们在学习过程中，都是根据自己对知识的不同表征而选择相应的学习方法和应用方法。例如在图书馆，为了方便管理和借阅，不同的书籍是按照不同的学科类型或用途存放在不同的区域或书架上。那么，我们的大脑是以何种方式对我们认知系统中的知识进行分类和储存呢？不同类型的知识表征方式是否是相同的呢？对于不同知识的学习，是否存在不同的有效学习策略呢？这些问题都是知识表征的研究所要探讨的问题。

（六）思维

人类的思维是"地球上最美丽的花朵"（恩格斯语）。人们不仅通过思维解决日常生活中遇到的各种问题，辨别事情的是非曲直并做出决策判断；也通过思维来更深刻地认知自身和理解自己存在的价值。思维是人脑对客观现实概括的和间接的反映，是人类的一种更复杂、更高级的认知活动。它可以揭示事物的内在联系和本质特征。它是人类大脑的工程师，将我们大脑中存储的知识材料构建成智能的高楼大厦。如果没有思维，知识就像一堆凌乱的砖头，毫无用处。由于思维的重要性，认知心理学家进行了长期不懈的研究。这些研究将为揭示人类思维活动的奥秘提供非常重要的信息。

（七）语言

"思考是我无限的国度，言语是我有翅的道具"（席勒语）。思维是语言的内在基础，语言是思维的外在表现或反映，语言与思维密切联系。如果没有语言，我们的生活将受到诸多的限制，我们的学习与交流都依赖于语言的存在。也正是因为语言的存在，我们才拥有比前人更多的知识，而且把这些知识代代相传下去。认知心理学关于语言的研究主要聚焦于语言的获得、语言的理解、语言的产生以及阅读的心理特质。例如，儿童如何获得知识？为什么我们很难掌握一种外语？语言学习的过程又是怎样的呢？这些都是认知心理学关于语言研究所要解决的问题。

（八）元认知

想象当你在解决一个问题时，你可能会很快给出这一问题的解决方案，与此同时你也可能会问自己："我这样思考正确吗？是不是还存在更好的方案呢？"这就是元认知的作用，即对认知的认知（监控）过程。元认知是人们在信息的接收加工、储存和提取过程中所伴随的自我意识、自我体验和策略组织等一系列与记忆过程有关的记忆者本人的认知活动。这一概念包含两个方面的内容，一是有关认知的知识，二是对认知的调控。也就是说，一方面元认知是一个知识实体，它包含关于静态的认知能力、动态的认知活动等知识；另一方面元认知也是一种过程，即对当前认知活动有意识的监控、调节过程。可以说它是负责监控大脑认知的最高领导，直接负责监控和管理我们的认知过程。由于元认知的重要性，它理所当然地成为现在认知心理学研究的热点之一。

（九）社会认知

无论两千多年前的亚里士多德还是一百年前的马克思，他们都认为人是社会性的动物。人们的活动无时无刻不受到周围社会环境的影响。人们对自我的知觉、对他人的知觉以及对自我和他人关系的认知都受人们所处的特定的文化背景和社会道德准则的约束。在不同的文化背景下，人们的行为方式或多或少都会带上特定文化的烙印。社会认知研究就是为了揭示人们各种不同观念背后的心理原因，使人们更好地认识自己和他人，建立和谐的人际关系和群际关系。

（十）认知与情绪

长期以来，人们一直认为认知和情绪是相对独立的系统，前者对应于我们的认知加工系统，而后者对应于我们的情绪加工系统。但是，近几十年的心理学、神经生物学和认知神经科学的研究表明，人们的认知系统与情绪系统并不是彼此独立的。虽然它们各自有着相对独立的功能和加工机制，但是它们之间也相互依赖和相互影响，具有交互作用。情绪与认知的交互作用有着广泛的神经心理学基础。认知和情绪的交互作用现已成为认知心理学关注的重要课题。

（十一）认知发展

世界上唯一不变的就是变化。今天的我们既不同于昨天的自己，更与童年、青少年时期的自己有很大的差别。人的发展不仅包括身体上的成熟，也包括心理上的成长。认知发展主要是指随着个体身体的成熟，其认知能力的发展变化。其研究包括知觉的发展、语言的获得、思维的发展和社会化发展等几个方面。

（十二）认知神经科学

由于脑科学的迅速发展与影响，当代认知心理学已开始探讨各种认知功能的脑机制，即人类大脑如何调用其各层次上的组件，包括分子、细胞、脑组织区和全脑去实现各种认知活动。随着各种先进的脑成像技术的发展，认知心理学家可借助这些技术对人类认知过程的大脑基础进行实时扫描，以了解大脑各组织不同的功能，并为人类主观的认知活动寻找客观的生物学基础。

二、认知心理学的研究任务

每一个学科都有它特定的研究对象和需要集中解决的问题。根据认知心理学的研究取向和学科特点，认知心理学主要的研究任务有以下几个方面：

（一）揭示认知过程与认知结构的基本原理

由于认知心理学主要研究人的认知过程，因此认知心理学家一直试图在人类的大脑内部建立一个信息加工的认知模型。他们把人的大脑比喻成计算机，假定人的大脑是由各个单元组成，而且各个单元都有自己独特的功能并按照各自的方式加工信息。例如认知心理学的模型认为记忆系统包括两种成分，一种是处理我们当前信息的工作记忆，另一种是存储我们过去所获得的所有信息的长时记忆。这些成分之间是相互联结的，因为当前的信息加工可能依赖于过去的经验，而且当前的信息加工也可能需要存储到长时记忆中以便将来之需。另外，记忆系统与其他信息加工系统也是相互联系的。例如，对进入人们注意系统的信息进行评估并计划相应的语言表达和行为方式。因此，认知心理学很重要的任务之一就是厘清人们大脑中各个不同信息加工单元的各自特征以及它们之间的关系，从而理解人类的认知过程和认知结构。

（二）实现人的智能与人工智能的联结

认知心理学家以信息加工理论的观点来研究人的智慧，他们把人的大脑模拟成计算机的信息加工系统，并通过计算机模拟人的某些思维过程实现人工智能。随着计算机技术的高速发展，使得计算机在许多方面出现了超越人脑的表现，同时出现了诸如可以进行人机对弈等高度智能的计算机，那么是否意味着人工智能能够达到或超过人类智慧的程度呢？另外，由于人类对自身的思维过程还没有一个清楚的认知，因此计算机对人脑的模拟只是功能上的模拟，而不是结构上的模拟。那么，随着人类对自身认知过程和结构认识的发展，计算机真的能够实现对人脑的真正模拟并替代人类的大脑智慧吗？这些都是认知心理学需要解决的问题。

（三）探索人类大脑与认知的关系

人脑是一个高度复杂的系统，是各种心理现象发生和发展的基础。而认知是一个高度复杂的过程，是各种心理现象产生的原因。因此认知心理学不仅要揭示人类认知过程的规律，即各种心理现象产生的原因，同时也要考察认知和大脑的关系，以揭开各种认知功能背后的神经机制，从而解决人脑怎样产生认知能力，物质怎样变成精神等人类认知之谜。

三、认知心理学的研究方法

认知心理学是心理学的分支学科，因此在心理学研究中已发展使用的一些研究方法同样也适用于认知心理学的研究，如观察法、实验法、个案研究法等。但是，由于认知心理学的自身特点，也存在着一些自己独有的研究方法，例如计算机模拟与人工智能。此外，随着科学技术的发展，一些新的技术和方法也被应用到了认知心理学的研究中，例如认知神经科学的研究方法等。

（一）观察法

观察法是指研究者在自然条件下，对个体心理现象的外部行为表现进行有目的、有计划的观察，以了解其认知活动规律的方法。例如，在日常生活中，我们通过观察儿童平时的行为表现来了解他们的性格特征和智力发展水平。这种方法一般是在对研究对象不好加以控制或如果控制之后可能会影响被试的某种行为出现的情况下使用。心理学中的观察法一般都有一套严格的程序来保证观察的客观性和收集材料的真实性。由于观察法是在现实情境中进行的，因此实施起来比较方便。但是由于在观察研究中，被观察者经常处于消极等待的被动地位，所产生的行为可能受到其他无关因素的影响，而观察者却不能对其所要获得的行为加以控制，只能考察被试当时所表现出来的某些外部表现。因此，用观察法收集到的材料不能准确地揭示自变量和因变量之间的因果关系。

（二）实验法

实验法是指实验者有目的地创设一定的情境，控制无关变量的干扰，以引起被试的某些心理活动进行研究的一种方法。根据实验条件的控制情况,实验法又分为自然实验法和实验室实验法两种。

自然实验法就是在日常生活、学习和工作等自然条件下,有目的、有计划地创设和控制一定的情境来进行检验自变量和因变量之间关系的一种研究方法。由于自然实验法发生于自然的环境中,比较接近人的生活实际,得出的结果更切合于实际,具有较高的外部效度。但是,这种现场实验的方法也跟观察法一样,很容易受到很多无关因素的影响,内部效度往往比较差。

为了保证实验能够真正揭示自变量和因变量之间的准确关系,更好的办法就是进行实验室实验。实验室实验法是指在实验室内利用一定的设施,控制相关的条件,并借助专门的实验仪器测量和记录被试的反应,以探索自变量和因变量之间关系的一种方法。由于对干扰实验结果的各个因素都进行了严格的控制,并通过专门仪器进行测试和记录了被试的反应,因此实验室实验法一般具有较高的内部效度。运用这种方法便于研究者发现变量之间的因果关系,并允许人们对实验所得的结果进行反复的验证。但是由于实验室实验法对控制实验条件的要求非常严格,使被试和实验过程都处于一种非自然状态。此外,实验室受自身规模和经费等所限,测试样本难以完备,所以外部效度比较低。由于两种实验方法都有各自的优缺点,因此在实验研究中,实验者可依据具体研究的属性选择适宜的方法或结合两种方法进行使用。

(三)个案研究

实验研究一般都是在特定情境下对人们的某种一般性的心理认知过程的研究,而要获得关于特定个体在多种情境下的认知方式,研究者可以使用个案研究的方法。个案研究就是对某一个人行为的各个方面进行深入而详尽的观察与研究,以便发现某种影响其认知和行为方式的原因,从而得出有价值的结论并进行验证,从个别到一般。例如,通过对一名网络成瘾儿童的成瘾行为进行深入调查和研究,我们发现其家庭教养方式可能就是造成其网络成瘾的主要原因,然后把这一结论应用到同类成瘾行为的儿童身上去进行验证,从而得出一般性的结论。一般情况下,个案研究对于提出和发展心理理论具有重要的价值。个案研究和观察法具有较高的生态效度,可以用来弥补实验研究的不足,并与实验研究结合使用。但是由于个案研究只限于对少数案例的分析,因此在结果推论时一定要小心谨慎,并最好运用其他方法进行进一步的验证。

(四)计算机模拟和人工智能

计算机模拟和人工智能是两个既相互联系又相互区别的概念。计算机模拟是指研究者通过对人的认知过程的分析,编写计算机程序使计算机模拟人类认知功能的某些特征,例如执行某些特定的认知任务或执行某种特定的认知加工。人工智能则是指构建一个计算机系统使其能够产生智能化的结果。早期的信息加工研究主要是探讨人工智能的计算机模拟。但是,人工智能的目的并不是为了模拟人的认知,而是为了让计算机有超人的表现。例如,IBM计算机"深蓝"在1997年的国际象棋比赛中战胜了世界冠军加里·卡斯帕罗夫(Gary Kasparow);2016年3月,阿尔法围棋与围棋世界冠军、职业九段棋手李世石进行围棋人机大战,最终以4∶1的总比分获胜。但是,计算机所涉及的智能过程与人类所采用的智慧过程并没有多大的相似之处,计算机对人类智能的模拟只是功能上的仿真。但就目前的发展趋势来讲，两者的区别已经很模糊了，比如一些研究者在编写一些模拟人的作业程序的同时，也在研究如何最大限度地发挥人的机能。然而，截至目前，计算机模拟只能用于对人类逻辑思维过程的研究，而对一些涉及情感、动机的认知过程还无能为力。

（五）认知神经科学研究方法

随着科学技术日新月异的发展，人们对探索自身大脑认知功能的方法也得到了不断的提升。例如，通过单细胞记录、事件相关电位、正电子发射层析摄影术、功能磁共振成像、脑磁图以及经颅磁刺激等技术的引进，我们就可以确定某一特定的认知功能在大脑的启动部位以及启动的时间进程。运用这些技术对于我们揭开人类的大脑之谜具有重要的作用，然而这些技术本身都具有各自的优点和不足。因此，在现代的认知神经科学研究中，研究者们已倾向于根据各种技术的优缺点，结合这些技术中的两种或两种以上来研究认知的某一特征。另外，也可以运用不同的技术来相互验证各自获得的结果，从而提高研究结果的稳定性和可靠性。

第三节 认知心理学的新进展：认知神经心理学

随着对脑机制研究的不断深入和无损伤性研究设备、技术的出现，认知心理学出现了一个新的分支——认知神经心理学（cognitive neuropsychology）。它由心理学中两个完全不同的分支认知心理学和神经心理学融合而成。认知神经心理学是以特定认知过程受损或未能正常获得某些认知能力的病人为研究对象，来推知人类正常的认知结构和加工方式的学科。它是揭示认知过程及其脑机制的核心研究手段之一。

一、脑与认知

人脑接受外界输入的信息，经过大脑的加工处理，转换为内在的心理活动，进而支配人的行为，这个过程就是认知的过程。它是人类最基本的心理过程，包括感觉、知觉、记忆、想象、思维和语言等。脑是各种心理现象发生、发展的物质基础，是心理的机能。人类对外部世界的认知是如何在脑中形成，注意、记忆和思维等高级认知功能是如何实现的，这些都是认知神经心理学研究的重点。这些研究有助于人类加快对自身的认识和理解。

人类的大脑皮质（cerebral cortex）在长期的进化过程中高度发展，它不仅是人类各种机能活动的高级中枢，也是人类思维和意识活动的物质基础。依据不同的标准，大脑皮质可以采取多种分区方式。例如，解剖学依据大脑皮质表面三条大的沟裂，将半球分为四个叶（见图1-1）。细胞结构学（cytoarchitectonics）则通过对细胞之间相似程度的判断，划分出可能代表某个功能的皮质区域。20世纪初，德国神经学家布洛德曼（Brodmann）依据脑细胞形态和组织之间的差异关系将大脑皮质大致分为52个区（见图1-2）。另外，还可以依据神经元分层的复杂程度作为皮质分区的标准。这一标准将大脑分为新皮质（neocortex）、中间皮质（mesocortex）和异质皮质（heterogeneous sebum）。

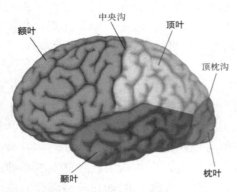
图1-1 左侧大脑半球皮质的四个叶或部分

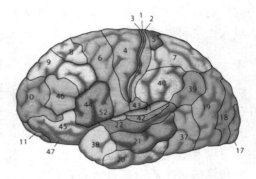
图1-2 布洛德曼绘制的主要脑区图

因此,大脑皮质的一个区域可能会有多种命名。例如:最先接受丘脑的视觉输入的脑区,Brodmann分区的命名是17区(BA17);细胞结构学的命名为纹状皮质;人体解剖学的命名是距状裂皮质;功能角度的命名则是初级视皮层。大脑中的认知系统通常由不同的神经网络组成,这些成分位于皮质的不同区域。脑的认知功能几乎都需要皮质和皮质下结构的共同作用。表1-1将从整体的角度对脑的认知功能进行回顾。

表1-1 大脑认知功能简介

大脑结构		主要功能
大脑皮质	额叶	在运动的准备和执行方面起到十分重要的作用。运动皮质主要负责计划、控制、动作执行,尤其是与任何延迟反应有关的动作。前额叶皮质在计划和执行方面发挥着重要作用。
	顶叶	主要进行躯体感官的处理(皮肤和肌肉的知觉)。躯体感觉区接受来自丘脑躯体感觉中继的输入,包括触觉、痛觉、温度感觉以及本体感觉等。
	枕叶	主要进行视觉信息的处理。初级视皮质包含六层细胞,负责对颜色、明度、空间频率、朝向以及运动等信息进行皮质编码。此外,来自视网膜的投射还会通过次级投射系统被传送至皮质下的其他脑区,参与一些视觉眼肌运动功能,例如眼动。
	颞叶	主要进行听觉信息的处理。听皮质周围的BA22区能够促进对听觉输入的加工,刺激该区域人类会对声音产生感觉。个体运用音质图谱在听觉皮质中对感觉输入进行表征,听觉皮质中对音频的有序表征也是由这些音质图谱决定的。
	联合皮质	该区域接受多个皮质区域的输入,细胞可能被多个感觉通道的刺激激活,其作用很难划分为感觉或是运动。此区域的主要任务是处理更高级的心理加工任务,例如,在心理表象形成过程中该区域会被激活。
边缘系统		对情绪、动机、记忆和学习都很重要,包括杏仁核、隔膜和海马三个核心成分。杏仁核对愤怒和攻击起作用,隔膜对愤怒和恐惧起作用,海马在记忆的形成中有重要作用。海马受损或切除后,病人可以回忆起已有记忆,却不能再形成新的记忆。海马断裂只会引起陈述性记忆缺失不会引起程序性记忆缺失。
基底神经节		在运动控制中起重要作用。基底神经节属于皮质-皮质下运动环路,该环路同时监控运动及非运动活动的进程。
间脑	丘脑	所有来自感觉通道的信息(某些嗅觉除外)在到达初级皮质感觉接收区域前都要先经过丘脑,其不同区域负责处理不同类型的感觉信息输入。丘脑调控睡眠与觉醒。
	下丘脑	在许多身体机能调控方面具有重要作用(如体温调节),也调节着关系到物种生存的行为(如打斗、逃避等)。下丘脑在调节情绪和应激反应中也起到重要作用。

续表

大脑结构	主要功能
脑干	脑干（brainstem）由中脑（mesencephalon）、脑桥（pons）和延髓（medulla oblongata）组成。脑干是中枢神经系统最重要的生理功能区之一。 嗅觉、视觉以外的各感觉信息均经由脑干传至中枢，脑的运动指令也均通过脑干而传至各相应的区域（例如，脑干控制呼吸、睡眠和觉醒）。医生依据脑干的机能来决定脑是否死亡。脑干的网状结构又被称为上行网状激活系统，调节意识（睡眠、觉醒、唤醒甚至一定程度的注意）以及血压、呼吸调节及吞咽等重要机能。
小脑	小脑在维持姿态、行走以及协调运动过程中起重要作用。小脑不直接控制运动，而是通过整合有关身体与运动指令的信息并调整运动，使运动变得流畅而协调。

二、认知神经心理学的研究对象

认知神经心理学是以认知能力异常者作为实验或研究的对象，通过研究他们损伤或保留的认知功能来了解正常人的认知。认知心理学的核心任务就是通过对不正常认知的研究而发现正常认知的规律。

（一）正常人

通常认知心理学以正常人为研究对象探讨人类的认知过程。但正常人心理过程自动化程度高、加工速度快且影响因素多，许多重要的心理表征与加工很难更深入、准确地加以研究。研究发现，脑组织不同部位受到损伤会表现出不同形式的心理障碍。通过研究组织损伤患者不同形式的障碍，可以相对准确、细致地探讨正常人的心理机制。随着各种无损伤研究技术的不断发展和完善，正常人与脑损伤患者相结合的研究方法逐渐受到关注。

（二）脑损伤患者

通过研究脑损伤患者选择性损伤和保留的认知环节，有助于我们发现正常的规律。各复杂系统在不能正常运行时比其正常运行时更能清晰地表现出内在的运行状况。例如，来自脑损伤患者的研究结果支持了在人的言语产生中存在独立的语义系统和语音输出词典的理论模型。目前，认知能力异常者仍然是认知神经心理学的主要研究对象。引起脑损伤的主要原因有血管病、肿瘤、退行性和感染性疾病、创伤和癫痫症。功能性神经外科手术则是一种非常重要的研究手段。

（三）动物模型

在人类科学研究的历史中，动物作为实验对象起到了非常重要的作用。使用动物作为研究对象可以运用更多的研究手段。但这种方法的伦理问题日益受到关注，引起很多争论。

1. 损伤模型

我们能够观察不同脑损伤是如何影响人的认知和行为，却很难确定引起行为障碍的确切原因。研究者通过选择性地取出一个或多个动物的脑结构来研究行为的变化。随着损伤技术的不断完善，损伤的精确度得到了显著提高。目前，控制损伤范围的新办法是神经化学损伤，即通过药物选择性地破坏那些使用特定神经递质的细胞。

2. 基因研究

基因剔除程序（knockout procedure）是一种新的微观损伤方法，通过对特定基因进行处理使其不存在或不表达，从而培养出转基因新物种。例如，通过改变海马一个亚区内的细胞，培养出一种基因敲除鼠。基因敲除鼠在多种记忆任务中表现出较差的学习效果，这为研究记忆与其分子基础的关系提供了新方法。研究发现，基因表达会随着时间或环境因素的变化发生改变。这不仅解释了发育的正常和异常，也用于研究大脑发育和病变时的基因改变。

3. 单细胞记录

单细胞记录（single-cell recording）即将一个微电极插入动物脑中，记录细胞膜外电位的变化。研究者发现，细胞部分的总和并不能等同于神经元总体的行为。确定一组神经元发放模式之间的联系对我们了解一个区域的功能更有帮助。因此，一种新的同时记录多个神经元活动的技术产生了，即多细胞记录（multicellular recording）。现在，多细胞记录已经可以同时记录400个以上的细胞。例如，通过观察一组神经元的激活模式，研究者能够展示老鼠如何分别编码空间和情节信息。

三、认知神经心理学的理论假设

理论假设对于一个学科来说是非常重要的。理论假设是学科建立、发展的坚实基础，它能够引导我们深入研究并探明真相。认知神经心理学研究有四个基本假设。

1. 功能模块化

认知心理学的核心假设是功能模块化（functional modularity），它将人脑与计算机进行类比，把人脑看作类似于计算机的信息加工系统。它认为人类的认知过程是由一系列相对独立的成分协同完成的，这些成分不仅在结构上彼此分离，而且在功能上也相对自主，人的认知系统是由这些相对独立的模块组成。每个模块各司其职、彼此合作，致使信息在整个系统中有序地传递，最终完成认知加工过程。这种模块化的结构方式可能会引起功能的特异性障碍，不同区域的脑损伤会损害一些不同的模块。

以视觉理解任务当前比较认同的一种观点（主张）为例。任务的完成包含三个基本的认知环节：首先，视觉刺激物的信息进入视觉特征分析器进行特征分析；其次，特征分析后的信息激活视觉再认系统中相应的再认单元；最后，这些再认单元的信息激活语义系统中相应的语义概念，进而完成对刺激物的再认。在认知神经心理学中，可用图1-3简明地把这个过程表示出来。图中包含三个条框和两个箭头，每一个条框代表一个相对独立的功能模块（一个模块内也可包含更小的模块），箭头标示出信息在条框间流动的方向。以这样的条框和箭头来图示认知过程的结构，称为功能结构（functional architecture）。另外，已经发现一些患者表现出对其中的单一模块选择性功能失常。例如，一些患者可能保持了语义之前的视觉加工能力，而语义加工功能出现了损伤。

2. 解剖模块化

认知神经心理学的第二个主要假设是解剖模块化（anatomical modularity）。假设主张特定的认知功能由专门的脑神经组织承载，而不是弥散于全脑。也就是说，不同的认知环节可能有自身相对独立的神经基础，局部脑损伤会导致认知功能的选择性障碍，即认知过程在解剖上也呈模块化。图1-3中的每一功能模块可能在人脑中有相对独立的神经组织基础，当这些脑组织结构受到损伤时，就会引起相应功能出现障碍。例如，生命类语义功能损伤的患者，他们的脑损伤一般发生在左侧颞叶。

图1-3 视觉理解的理论模式

（资料来源：钟毅平，叶茂林.认知心理学高级教程[M].合肥：安徽人民出版社，2010：166）

3. 功能结构无个体差异

功能结构无个体差异（uniformity of functional architecture across people）的假设认为对于人类共同具有的一些基本的认知过程来说，个体间的功能结构大体相同，无明显差异。如图1-3所示，视觉理解的功能结构在个体间差异不大，基本相同。这一假设保证了个案研究的可行性，在整个认知心理学界都被广泛接受。

4. 缩减性

缩减性（subtractivity）假设主张，脑损伤可以损害或消除已经存在的模块以及模块之间的连接，但不能增加新的模块和连接。也就是说，病变只能造成功能结构中的某一个或某些条框或箭头受到损伤或剔除。可是，这并不排除患者不具备所谓的"认知代偿机制"。当患者的某些认知途径受阻时会采用其他途径加以补偿，这种新启用的认知途径在正常人的认知结构中已存在，只是正常人可能不使用或较少使用它，而患者在病理条件下却充分调用了该途径。

迄今为止，越来越多的证据趋于支持这些假设具有一定的合理性。在此基础上，认知神经心理学发展出一些适合于自身的研究方法。

四、认知神经心理学的研究方法与技术

认知神经心理学遵循的一般研究思路：首先，确定患者认知系统中特定的障碍环节和正常环节；其次，考察现有某种理论是否能够圆满地解释这种行为表现。若有，则接受该理论，从而为该理论提供了认知神经心理学证据；若无，则可对现有的理论进行发展完善，甚至提出新理论。但是，这些理论应该对患者和正常人的行为都能做出合理解释。总之，认知神经心理学旨在寻求一种对正常人和患者均能够解释的理论模式。

在整个研究过程中，能够准确细致地确定患者的障碍环节和保留环节是研究方法的关键。只有如此，才可以确定患者的具体障碍所在；并以此为立足点，进而升华到理论高度。研究过程中学者们往往要比较不同任务间患者的作业成绩，并着重分析患者表现出障碍的任务与其他任务间的关系。这种关系基本上分为相关（association）和分离（dissociation）两种，而分离又可细分为单分离（single dissociation）和双分离（double dissociation）。

（一）相关

在同一类控制变量下要求患者完成两种不同任务，如果患者在两种任务上均表现出障

碍，那么这两种任务间表现为相关。具体而言，当认为某患者在两个特定任务间具有相关时，首先要保证患者病前在这两种任务中均保持正常水平；而且两种任务间的材料因素（如熟悉性、出现频率等）和被试因素（如智力、病情稳定性等）得以控制；同时还要排除患者的障碍是由于认知水平之外的损伤造成（如不能书写是由于肢体瘫痪引起）的可能性；从而可以推断患者的障碍可能主要是认知水平的，与外部因素相关较小。在这种条件下，如果患者在两种任务上仍表现为障碍，便可以认为这两种任务间具有相关。出现相关的最可能原因是两种任务的认知过程具有一定的共享性，患者的这个共享机制出现了损伤。所以，利用相关的方法有助于找出两个任务间共同的加工环节。

（二）单分离

在同一类控制变量下要求患者完成两种不同任务，如果患者仅在其中一种任务上表现出障碍，或在其中一种任务上障碍的程度严重于在另一种任务上，则这两种任务间表现为单分离。

例如，患者HW在口语产生（朗读、图形命名）时，动词任务比名词任务障碍程度更严重，出现了动词特异性损伤（见表1-2）。研究发现，她保持了正常的词汇理解（听觉、视觉）和书写能力。可见，她的名词任务与动词任务出现了单分离现象。由此推测，在口语产生时，名词与动词在信息表征和加工方式上具有一定程度的独立性，且承载这些信息的脑结构也存在某种程度的分化。脑损伤使得HW对动词的信息损伤比名词更严重。

可见，出现单分离的最可能原因是两种任务的认知机制具有一定的独立性，作业成绩差的认知机制出现了更严重的障碍。利用单分离的方法有助于把认知环节进一步区分与细化。

人们经常对单分离现象的解释提出质疑，他们认为患者在不同任务间作业成绩的差异可能不是二者间认知系统本身具有分离，而是由于一些外在因素（如材料性质不同、任务难度有差异）导致的结果。如果能够发现另外一类患者，在严格控制了其他影响因素后，他们却表现出与其截然相反的分离模式；那么，这便可以消除材料因素的影响，排除这种质疑存在的可能性；从而确认分离是基于认知结构和功能的。这种在两种任务间交互补充的分离模式，即为双分离。

（三）双分离

在同一类控制变量下要求患者完成两种不同任务。第一位患者仅在其中一种任务上表现出障碍，或其中一种任务障碍的程度严重于另一种任务，而第二位患者在两种任务间的障碍模式却与第一位截然相反，则两种任务间表现为双分离。

例如，患者EBA在完成与HW相同的测试材料时，也存在口语产生障碍，但是她却表现为名词任务比动词任务的障碍程度更严重，出现了名词特异性损伤。这样，她与HW的动词特异性障碍形成了交互补充模式，即出现了双分离现象（见表1-2）。基于这种分离模式，便可以进一步说明，这种动、名词间的分离是基于认知水平的分离，而不是材料等因素导致的结果。

此外，双分离现象也可能发生在同一患者身上。例如，患者在口语产生时表现为名词特异性障碍，而在书写产生时却表现为动词特异性障碍。这说明口语和书写产生时，动、名词信息也是相对独立而不是完全共享的。出现双分离的最可能原因也是两种任务具有相对独立的认知机制。利用双分离的方法也有助于进一步区分和细化认知环节，它要比单分离的结果更可靠、更有说服力，这种方法受到了普遍重视。

表1-2 HW和EBA在口语产生任务中的正确率

	HW	EBA
动词	××	×
名词	×	××

（说明：×表示轻度损伤，××表示严重损伤）

（资料来源：钟毅平、叶茂林.认知心理学高级教程.合肥[M]：安徽人民出版社，2010：166）

（四）个例与分组研究

在传统心理学研究中，研究者依据是否被诊断为某种相同的神经疾病，或者是否在相同的神经区域患有病变将患者分为不同群体进行研究。这种方法使我们可以对大量脑损伤患者进行分类，研究者通过对同一综合征所有患者的大脑区域进行检查，从而有效确定与某一认知功能有关的大脑区域。但这一方法存在严重的问题，首先，相同疾病的障碍表现可能会因人而异，同一症状的患者也会存在显著个体差异（例如，性别、年龄等方面的差异）；其次，我们不可能像动物实验那样控制人脑的损伤；再次，一些损伤仍然无法通过仪器检查出来（如CT、fMRI、ERP）；最后，在现实社会中我们要找到一组同样症状的被试是非常困难的。

由此，一些研究者提出，了解认知过程最好的方法是全面整理关于个体患者行为表现的文献参考资料，即个案研究。患有特定缺陷的个体更能够帮助区分出一个任务的操作成分。这种方法可以为认知的功能性成分提供强有力的见解。这一方法也同样受到研究者的质疑。研究者认为个体不能代表大多数脑损伤患者，更不能代表正常人，所以个案研究所获得的证据并不具有重要理论意义。同时，脑损伤有时候包括较广泛的区域（例如，肿瘤或脑卒中患者）并影响一些不相关的结构，个案研究很难发现究竟哪一个受损区域与缺陷有关。

以上两种研究方法各有优劣，一直存在很大争议。一个比较折中的办法就是完成多个单一的个案研究。如果某一理论性分离现象是从一个患者身上发现的，则用来解释结果的理由可能多种多样。如果同样的分离现象出现于一组个体之中，那就不太可能说所有患者在病前就有一个不典型的认知系统或者他们都运用了类似的补偿策略。

（五）功能神经影像学

在所有科学领域中，理论突破都与新的观察方法相联系。脑功能成像技术是认知神经心理学研究方法中最重要的一种，它也是促使这门学科产生与发展的重要技术。脑功能成像技术可分为两大类，一类是基于脑电或脑磁信号的脑生理功能成像（主要是ERP）；另外一类是基于脑代谢或脑血流量变化的脑功能成像（主要是PET和fMRI）。脑功能成像研究中大多采用的实验模式是减法设计，实质上是一种小样本实验设计。首先要确定所要研究的实验任务（认知过程）和用于进行对照的基线任务或情况。在任务过程中，记录研究对象的脑功能信号。然后，将实验任务条件下所获得的脑功能信号排除基线条件下所获得的脑功能信号，得到的便是所要研究的认知过程的脑活动或是脑功能的信号变化。

1. 脑电图与事件相关电位

最早报道脑电图（electroencephalogram，EEG）的是英国人理查德·卡顿（Richard

Caton)。脑神经细胞自发的、有节律的放电活动被称为脑电波。脑电图是通过在头皮表面记录大脑内部电活动情况而获得的。

事件相关电位（event-related potential，ERP）是当外加一种特定的刺激，作用于感觉系统或脑的某一部位，在给予刺激或撤销刺激时，在脑区引起的电位变化。在这里，将刺激视为一种事件（event）。ERP是一种特殊的脑诱发电位，由心理活动所引起的脑电比自发脑电更弱，通常淹埋在自发电位中，所以ERP需要从EEG中提取。ERP按成分可分为外源性成分和内源性成分。外源性成分是人脑对刺激产生的早成分，受刺激物理特性（强度、类型、频率等）的影响（例如，听觉P50、N1和视觉C1、P1等）。内源性成分与人们的认知和心理活动有关，与人们的注意、记忆、智能等加工过程密切相关，不受刺激的物理特性影响（例如，CNV、P300和N400等）。

事件相关电位的优势在于具有很高的时间分辨率，是研究认知过程中大脑活动不可多得的技术方法。ERP适合于探讨关于认知的时间进程问题。例如，ERP可以告诉我们注意在什么时候影响对刺激的加工。ERP的主要弱点在于低的空间分辨率，ERP在空间上只能达到厘米级。另外，ERP只能采用数学推导来实现脑电的源定位，这种方法的可靠性也是有限的。

【专栏1-1】 ERP头部定位系统

ERP记录装置是一个电极帽，上面有多个记录或吸收头皮放电情况的电极，这些电极在帽子上的位置是根据国际脑电图学会1958年制定的10-20系统来确定的（见图1-4）。10-20系统的原则是头皮电极点之间的相对距离以10%与20%来确定，并采用两条标志线。

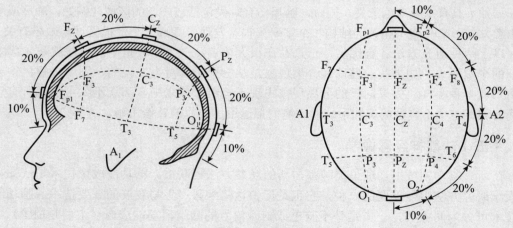

图1-4 国际10-20系统电极位置

一条称为矢状线，是从鼻根到枕外隆凸的连线，从前向后标出5个点：Fpz、Fz、Cz、Pz、Oz，Fpz之前与Oz之后线段长度占全长10%，其余各点间距离均占全长的20%。另一条称为冠状线，是两外耳道之间的连线，从左到右也标出5个点：T3、C3、Cz、C4、T4。T3和T4外侧各占10%，其余各点间距离均占全长20%。

注意，Cz点是两条线的交会点，常作为确定电极帽是否戴正的基准点。

（资料来源：赵仑. ERPs实验教程[M]. 南京：东南大学出版社，2010：31-33）

2. 脑磁图

脑磁图（magnetoencephalography，MEG）技术的创始人是麻省理工学院的戴维·科恩（David Kohen）。脑细胞的电活动会产生微弱的磁场，可用高灵敏度的磁场传感器予以检测，并记录其随时间变化的关系曲线，即脑磁图，其图形与EEG图形相似。

MEG具有两个优点：第一，磁场信号相对直接地反映了神经活动的变化。第二，MEG能够提供有关认知过程的相当具体的时间信息，也就是说MEG能够分辨出大脑皮质兴奋的先后顺序。但是，MEG也存在一些缺陷。第一，排除无关磁场的干扰存在困难。第二，超导性问题。其核心成分超导量子干扰仪需浸泡在比绝对零度高四度的液氮中。第三，MEG只能够检测与颅骨表面平行的电流方向，不能提供结构或解剖信息。

随着设备的更新换代，脑磁图已经可同时快速收集和处理整个大脑的数据，并将采集到的脑磁信号转换成脑磁曲线图或等强磁力线图；而且还可与CT或MRI等显示大脑神经结构解剖图的影像信息叠加整合，形成脑功能解剖定位图，并能准确反映出脑功能的瞬时变化状态，这一技术又称为磁源性影像（magnetic source imaging，MSI）。例如，MSI能够显示脑重要功能区与肿瘤的立体关系，同时提供重要功能区的定位信息，为外科医生选择手术方案提供很大帮助。

3. 正电子断层扫描

正电子发射断层扫描术（positron emission computed tomography，PET）是一种借助于扫描有放射性的示踪剂在人体内的运动，获取细胞活动或代谢的信息，并用以成像的核医学手段。扫描仪通过检测被注射入或被吸入的放射物可以产生脑图像，这种方法提供了脑的功能视图。

PET显示的是人体的功能变化，对疾病的更早期发现、诊断具有优势。特别是人体的解剖结构没有发生改变，或本身就没有明显的结构改变的疾病（如老年性痴呆、帕金森氏病等）。PET技术是目前唯一的用解剖形态方式进行功能、代谢和受体显像的技术，具有无创伤性的特点，是目前临床上用以诊断和指导治疗肿瘤最佳手段之一。PET的局限在于：第一，其时间分辨率很低。第二，只能间接测量有关的神经活动。第三，这是一项侵袭性技术。要使用放射性物质作为标记液。第四，研究者很难对依据减法逻辑获得的证据予以充分解释。

4. 功能性磁共振成像

功能性磁共振成像（functional magnetic resonance imaging，fMRI）是一种新兴的神经影像学方式，其原理是利用磁振造影来测量神经元活动所引发之血液动力的改变。神经元本身并没有储存能量所需的葡萄糖与氧气，神经活化所消耗的能量必须快速地补充。经由血液动力反应的过程，血液带来比神经所需更多的氧气，由于氧合血红蛋白与脱氧血红蛋白之间磁导率不同，利用血液中的氧合血红蛋白和脱氧血红蛋白的差异可以检测有功能活动的脑区。血氧浓度相依对比（blood oxygen-level dependent，BOLD）首先由日本科学家小川诚二等人于1990年提出。

fMRI具有以下优点：第一，普及率广，使用方便。第二，fMRI是一种完全无损伤的技术，可多次重复。第三，与PET相比fMRI具有更好的空间分辨率。第四，fMRI也可以用于提高时间分辨率。fMRI的主要缺陷是只能对神经活动进行间接测量。就像PET一样，它也依赖于逻辑减法，而这一范式可能无法精确评定实验条件下大脑的活动水平。fMRI中的BLOD效应对于特定事件来说是时间锁定的，使之可以描绘神经活动的时间进程，这种方法叫作事件相关fMRI。它遵照ERP的研究中采用的逻辑可以测量单一事件，如刺激呈现或者运动出现所对应的BOLD信号。事件相关fMRI的一个强大优势在于，在扫描结束后研究者可以选择很多不同的方式组合数据。

5. 经颅磁刺激

经颅磁刺激（transcranial magnetic stimulation，TMS）是一种能够无创的在大脑产生局部刺激的方法。TMS在触发时产生磁场，磁场穿过皮肤和头发，产生生理电流引起神经元放电。TMS能够探测运动皮质的兴奋性。TMS发现，当被动地观察他人运动时，运动系统也会被激活。TMS的另一个功能是引起"虚拟损伤"。研究者可以通过刺激大脑选择性地干扰一个特定皮质区域的活动，了解被干扰组织的正常功能。TMS也具有一些局限性。第一，TMS效应通常十分短暂。第二，刺激只能激活有限区域的皮质。第三，探索不是在大脑表层的皮质区域时，价值有限。TMS与其他神经科学技术相结合时效果最好。

目前，各种研究方法出现相互结合的趋势，这是一种最有前景的方法学技术。不仅是各种成像技术之间的相互融合，还包括成像、行为和基因技术结合在一个研究中。这一技术已经广泛地用来研究那些遗传基础已知的精神疾病。

6. 神经网络模型

人工神经网络模型（artificial neural network model，ANN）是认知神经心理学中一个重要的模型。ANN是研究者通过物理设备或计算机程序，对真实神经元网络进行的粗略模拟。从神经网络模型的网络结构和储存加工方式来看，神经网络模型是一个平行分布式加工系统，该系统由许多简单的处理单元根据特定任务相互联结而成，通过在信息处理过程中改变单元联结的权重来实现网络的理想输出。

与传统认知模型相比，神经网络模型有着不可比拟的优势。现阶段，神经网络模型已经成为探讨社会认知、记忆、学习等高级心理过程内在机制不可或缺的工具。近年来，神经网络模型在心理学研究中的运用不仅仅局限于正常人的学习、记忆等认知过程的模拟，还对脑损伤病人的认知缺陷进行了深入探讨。研究者用不完整的输入刺激来表征脑损伤病人的脑损伤情况，发现神经网络运算能力逐渐下降的特征十分符合患者认知功能的退化特点，从而对传统的定位机制提出了挑战。作为一种研究活体神经系统加工机制的方法，神经网络模型也存在一定的限制。第一，模型通常需要对神经系统做出极端的简化。第二，在建模工作中，尤其是关于学习的建模中，出现的一些必要条件和问题与我们所了解的在生物体上出现的不一致。第三，大部分建模局限于一些相对较窄的问题。这些局限是可以克服的，计算机建模在认知神经心理学乃至认知神经科学中的作用都会越来越重要。

第四节 认知心理学的应用

认知心理学是试图了解人的智力性质和人们如何进行思维的科学，其目的在于说明和解释人完成认知活动时是如何进行信息加工的，并以此来促进人类的发展。因此，认知心理学无论作为一种成熟的理论，还是作为一种方法，都已经渗透到教学研究和实践的许多方面。

一、认知心理学在教育教学中的应用

不同于以行为主义为指导的传统教学观对外部行为结果的强调,在课堂教学中,越来越多的教育工作者将学生看成主动的信息加工者,并采用认知心理学的方法、理论来分析学生的学习活动。认知心理学家强调在学习的过程中,大脑内部发生的认知活动,这不仅需要了解学生做什么,还需要了解学生正在想什么。认知心理学的很多研究方法,如自我报告、错误分析等都可以应用于课堂教学,帮助教师了解那些不可见的认知活动。认知心理学有关知觉、记忆、思维和言语的研究,特别是有关阅读的认知加工的研究,都对实际生活中的阅读有重要的应用价值。

例如,在对感知觉现象的分析中,认知心理学认为感觉信息的加工过程不是顺序加工,而是平行加工,是依据感觉特征间的相对关系和许多参照条件的信息进行信息加工的。因此,在教学设计中,教师应广泛运用直观教具和电化教学等手段,创设教学情境,提供感性经验。在阅读学习中,认知心理学家认为复杂的阅读学习涉及多个基本认知过程,包括视觉的、听觉的、注意的等。这些基本认知技能的发展对于成功的阅读都是必要的,而且任一这些技能的发展滞后或缺陷都可能造成阅读困难的发生。因此,在阅读学习中,对于阅读困难儿童,教师可以根据不同阅读困难儿童成因(如视觉缺陷或听觉缺陷),对其进行有针对性的认知训练,从而促进这些儿童阅读的发展和提高。

二、认知心理学在工业设计中的应用

认知心理学在工业上的应用是一个传统的重要研究课题,它属于人类工程或功效学的范畴。在20世纪40年代,由于军事技术和工业发展的需求,人类工程学家对动作和知觉在军事领域的应用进行了大量的研究。例如,操作雷达声呐的视知觉问题、操作火炮时视觉和动作的协调问题等。伴随着社会的进步和人们物质条件的不断改善,功能决定形式的"实用主义"已经无法最大限度地满足人们的精神追求,人们开始热衷于情感的表达和体验,并且形成了新的要求和认识。另外,工业设计师发现认知心理学与工业设计的整合可以取得良好的设计效果,让设计的产品极具现实意义。因此,认知心理学理论在工业设计中的应用具有重要现实意义。

认知心理学在工业中应用的实质是在生产和工业设计中运用信息加工模型,通过对人们的感觉与知觉、注意、学习记忆、言语和思维的分析和运用,在工业设计中加以运用。基于认知心理学的理论,知觉不是被动地接受外部刺激,而是主动收集符合目的的需要的信息。因此,在产品设计中,工业设计师应善于发掘和发现有利于使用者需要的行动条件。例如,在视觉上,设计者可通过分析使用者眼睛的注视和运动轨迹,了解用户的知觉和思维,了解用户的意图方向、是否遇到操作困难等。总之,通过对人的思维、意识、记忆和知觉的研究,可以为工业设计提供正确的指引方向,使其设计的产品更加人性化、更符合使用者的要求,从而得到使用者的认可和青睐。

三、认知心理学在人格心理学和心理治疗中的应用

认知心理学思想的应用不仅体现在向外的拓展,更对心理学内部产生了极大的影响。

其中，最为突出的就是人格心理学的认知学派，人格的认知学派完全是在认知心理学兴起的刺激下产生的，他们强调认知不仅会影响到潜意识行为，人类的各种学习，最重要的是人们的认知（看问题的态度与看世界的信念）直接影响着人格的形成与发展。具有个人特色的知觉风格、心理表征、解释和归因方式都是每个人的人格一部分，在认知心理学理论基础上，人格认知学派提出了人格的个人建构理论和社会认知理论。

个人建构理论是人格认知理论的代表，它基于探究人的信息加工方式的意义而出发，该理论阐明了个体如何觉知信息，如何解释或转变这些信息，与现存的经验建立联系，并将这些解释转变为行为，人们通过基于早先经验所形成的若干建构（constructs）去认识和了解各种事物，并对其进行预测，人们在不断检验的过程中修改自己的个人建构，这也形成了个体独特的人格。社会认知理论主张人格研究应该融合行为主义和人本主义的人性观，认为人是主动的行为者，人格的形成正是个体不断学习的结果，个体的人格学习来源于个体与环境间存在着交互作用，也就是社会起源。在这个学习过程中认知其主导作用。两个人格理论都强调认知是人格形成的基础。

认知心理学对心理治疗的影响也十分突出，认知心理学在兴起之初就被引入心理治疗当中。目前，认知流派对心理治疗的影响越来越大。在心理治疗中，认知疗法相对于精神分析、行为主义和人本主义等大的心理治疗流派来讲，它是"年龄最小"的一个流派。但是，它凭借着治疗思路清晰、易被来访者接受、疗程短、见效快等特点，在心理咨询与治疗领域得到了迅速而广泛的发展和应用。在数年的发展中，其理论和治疗技术不断丰富，目前已经成为极具影响力的心理治疗主要流派。

认知心理治疗从认知角度解释问题行为和心理障碍的发生机制，认为心理疾病是由于个体不合理、不适应的认知形成的。并在此基础上，更提出一些十分流行、有效的疗法，如班杜拉的榜样疗法、贝克的抑郁认知疗法、梅钦鲍姆的压力免疫训练和艾利斯的认知情绪疗法。这些认知疗法各自具有不同的强调重点：艾利斯认为，个体对经历事件的解释与评价、认知与信念是产生情绪和行为的根源；梅钦鲍姆认为，人的行为和情绪由自我指令性语言控制，通过处理内在对话，从而改变人的思考、认知结构和行为方式的程序，就可以使个体产生适应性行为和情绪；贝克则认为，心理障碍的根源来自于异常或歪曲的思维方式。虽然这些认知疗法的侧重点不同，但它们都有着相同的治疗理念，即情绪和行为产生于认知，认知是人们心理活动的决定因素，认知疗法就是通过改变人的认知过程和由这一过程中所产生的观念来纠正适应不良的情绪或行为。

四、认知心理学应用的新领域

（一）认知神经心理康复

认知神经心理康复是近年来脑机能康复研究中出现的一个新领域，它更侧重于以正常人的信息加工模型作为参照，详细分析患者的认知缺陷；并在分析的基础上制订受损认知部件的具体康复方案。认知神经心理康复的科研和临床实践主要涉及的领域包括：言语障碍、空间机能障碍、记忆障碍、结构性失用、半球切除所出现的一些特殊障碍、各种发育性障碍。研究者对这些功能障碍进行了详细的认知机能剖析，并在此基础上制订出相应的康复方案。例如，针对某些类型的阅读障碍和计算困难，采用较为深入的个案分析，在此基础上设计出相应的认知训练方案。这些都在实践中取得了一定的效果。

（二）人工智能

当前认知心理学应用领域最热的一个方面当属如何将人的认知应用到人工智能中。长久以来，心理学家一直在寻找如何使用人工智能训练促进和提高人的认知，但近年来，人们开始关注相反的一个方向。正如前文提到的，人工智能虽然在某些方面有了超人的表现，但人在解决问题的创造性和灵活性方面的优势目前仍是计算机不可替代的。现在人们试图把人类的这种能力和思维方式应用到人工智能中去。目前，由于科学家们还没有完全揭开人类大脑之谜，因此，在未来我们非常期待人工智能在模仿人类认知方面的新进展。

思 考 题

1. 从认知心理学的发展历史中我们可以得到什么启发？
2. 认知心理学的研究对象、任务、方法有哪些？
3. 认知神经心理学对认知心理学的主要贡献有哪些？
4. 认知神经心理学的理论假设是什么？
5. 认知神经心理学的研究方法与技术有哪些特点？
6. 举例说明认知心理学的应用领域。

参考资料

1. Michale S. Gazzaniga，等.周晓林，高定国，等译.认知神经科学[M].北京：中国轻工业出版社，2011.
2. Robert J. Sternberg. 杨炳钧，陈燕，邹枝玲，译. 黄希庭，校. 认知心理学[M]. 北京：中国轻工业出版社，2006.
3. M.W.艾森克，M.T.基恩.高定国，等译. 认知心理学[M]. 上海：华东师范大学出版社，2009.
4. Colthrart，M. Assumptions and methods in cognitive neuropsychology[J]. Hove，UK: psychology press, 2001, 19（5）：327-329.
5. Lockhart，D.J., & Barlow, C. Expressing what's on your mind DNA arrays and the brain[J]. Nature Reviews. Neuroscience, 2001, 2：63-68.
6. Max Coltheart. 认知神经心理学简介[J]. 心理科学进展，2008，16（1）：4-9.
7. R. J. Sternberg, K. Sternberg & J. Mio（Eds）. Cognitive Psychology（Sixth Edition）[M]. Belmont: Wadsworth, 2011.
8. Reichert，H., & Boyan, G. Building a brain: Developmental insights in insects[J]. Trends in Neuroscience, 1997, 20：258-264.
9. W. James. Principles of psychology[M]. New York: Holt，Rinehart and Winston，1890。
10. 郭秀艳，唐菁华，杨娜. 人工神经网络模型在心理学研究中的运用[J]. 应用心理学，2006，12（4）：333-339.
11. 韩在柱，舒华，柏晓利，徐忠宝. 认知神经心理学的基本假设和研究方法[J]. 心理科学，2002，25（6）：721-722.

12. 李恩中. 功能磁共振成像在认知神经科学中的应用[J]. 计算机科学与探索，2008，2（6）：589-600.

13. 连榕，主编. 认知心理学[M]. 北京：高等教育出版社，2010.

14. 刘晓丹，黄力. 脑磁图、磁源性成像在脑肿瘤中的研究进展[J]. 国际医学放射学杂志，2010，33（3）：205-208.

15. 彭聃龄，主编. 普通心理学[M]. 北京：北京师范大学出版社，2009.

16. 桑德春，李欣. 脑血管病康复进展[J]. 中国康复理论与实践，2008，14（10）：904-906.

17. 孙涛，韩善清，汪家旺. PET/CT成像原理、优势及临床应用[J]. 中国医学物理学杂志，2010，27（1）：1581-1587.

18. 王甦，汪安圣，主编. 认知心理学[M]. 北京：北京大学出版社，1992.

19. 魏景汉，罗跃嘉，编著. 事件相关电位原理与技术. 北京：科学出版社，2010.

20. 魏景汉，阎克乐. 认知神经科学基础[M]. 北京：人民教育出版社，2008.

21. 吴江. 神经病学[M]. 北京：人民卫生出版社，2010.

22. 尹文刚. 脑功能康复——认知神经心理学的临床应用[J]. 中国康复理论与实践，2002，8（9）：562-565.

23. 张卫东，李其维. 认知神经科学对心理学的研究贡献——主要来自我国心理学界的重要研究工作述评[J]. 华东师范大学学报（教育科学版），2007，25（1）：46-55.

24. 赵仑. ERPs实验教程[M]. 南京：东南大学出版社，2010.

25. 钟毅平，叶茂林，主编. 认知心理学高级教程[M]. 合肥：安徽人民出版社，2009.

推荐书目

周晓林，柏晓利，舒华，曲延轩. 非语义性命名障碍——一个认知神经心理学的个案研究[J]. 心理科学，1999，22（4）：289-292.

第二章 知 觉

本章要点：在陈述知觉的基本概念及特性的基础上，重点阐述知觉形成的相关理论，并就模式识别进行了深入分析，最后探讨了知觉障碍及其评定，以及知觉障碍的认知训练方法。

第一节 知觉概述

一、知觉的定义

知觉是心理学中比较重要的概念。关于知觉的定义尽管有不同的描述，但基本可以概括为：知觉（perception）是人脑对当前客观事物的整体的反映。也就是说，知觉是一个将来自感觉器官的信息转化成有系统、有组织的整体的过程。比如，看着纸上三个排列成三角形的三个点，你就会说能看到一个三角形。这种因三个分离的点产生的感觉信息而"看到"三角形的行为就是一种知觉行为。

由上述可知，知觉是由各种感觉的结合而成，它虽然来自于感觉，但已不同于感觉。第一，感觉只反映客观事物的个别属性，而知觉却能使人认识事物的整体；第二，感觉是单一感觉器官活动的结果，而知觉却是各种感觉器官协同活动的结果；第三，感觉不依赖于个人的知识和经验，而知觉却受个人知识经验的影响。同一物体，对于不同的人来说，形成的感觉是相同的，但对它所形成的知觉就会有一定差别，知识经验越丰富的人对物体的知觉就越完善、越全面。例如，显微镜下的血样，只要不是色盲，无论谁看都是红色的，但对于一名医生来说，却还能看出血样里边的红血球、白血球和血小板，而对于没有医学知识的人来说，基本上是看不出来的。

随着认知心理学的兴起与发展，对于知觉的内涵也形成了深入的认识与理解。认知心理学认为：知觉是将感觉信息组成有意义的对象，即在已储存的知觉知识经验的参与下，理解当前刺激的意义。概括地说，知觉就是对刺激意义的理解，这种刺激意义的理解（获得）就是当前刺激和已储存的知识经验相互作用的结果。由此可见，知觉与人的知识经验是不可分的。

二、知觉的分类

（一）空间知觉

空间知觉（space perception）是人脑对客观事物空间特性的反映，包括对物体的形状、大小、远近、方位等空间特性的知觉。空间知觉对有机体的生存和发展具有重大意义，是个体生活中一种必不可少的能力。因为个体生活在三维空间内，必须随时随地对远近、高低、方向做适当的判断，否则，很容易发生困难甚至遭遇危险。例如，人的上下台阶、穿越马路、实验操作等，都离不开人的正确空间知觉。

空间知觉是多种感受器协同活动的结果，包括视觉、听觉、触觉、运动觉等的活动及相互联系，其中，视觉系统起主导作用。空间知觉与时间知觉也有着一定的关系。空间知觉包括形状知觉、大小知觉、深度知觉（立体知觉）、方位知觉等。

1. 形状知觉

形状知觉（shape perception）是物体形状特性在人们头脑中的反映。它是视觉、触觉、动觉协同活动的结果。形状是物体的基本属性，无论二维平面，还是三维立体，物体都有一定的形状。形状知觉是人类和动物共同具有的知觉能力。

对原始特征的分析与检测是形成形状知觉的前提。这些原始特征包括点、线条、角度、朝向和运动等。视觉系统对这些原始特征的检测是自动的，不需要意识的努力。空间上的邻近性、相似性、对称性等规律容易形成形状知觉。

2. 大小知觉

大小知觉（size perception）是指对特定对象大小的感知。它是在视觉、触摸觉和肌肉运动觉共同参与下实现的。感知一个对象的大小，一方面取决于这个对象投射在视网膜视象的大小，大的对象相应地在视网膜上得到较大的视象；小的对象相应地得到较小的视象。另一方面取决于对象的距离，对象远时视象变小；对象近时视象变大。视象的大小与对象的距离成反比。

在物体大小知觉中，视觉起着很重要的作用，并且它是在与触摸觉和动觉协同活动中完善起来的。对生来双目失明施行手术后恢复视力的人的观察表明，这种人一开始不能用视觉正确确定物体的大小，只有经过一段时间，通过触摸觉、动觉在物体大小的感知和视觉间建立起联系，视觉的作用才逐渐显示出来，并在后来实践中越来越占据主要地位。

3. 深度知觉

深度知觉（depth perception）又称距离知觉或立体知觉。它是个体对同一物体的凹凸或对不同物体的远近的反映。视网膜虽然是一个两维的平面，但人不仅能感知平面的物体，而且还能产生具有深度的三维空间的知觉。这主要是通过双眼视觉实现的。有关深度知觉的线索，既有双眼视差、双眼辐合、水晶体的调节、运动视差等生理的线索，也有对象的重叠、线条透视、空气透视、相对高度、对象的纹理梯度、明暗和阴影以及熟悉物体的大小等客观线索。根据自己的经验和有关线索，单凭一只眼睛观察物体也可以产生深度知觉。

用视觉来知觉深度，是以视觉和触摸觉在个体发展过程中形成的联系为基础的。通过大脑的整合活动就可做出深度和距离的判断。但个体在知觉对象的空间关系时，并不完全意识到上述那些主、客观条件的作用。

深度知觉可以通过仪器进行测查。目前，深度知觉测试仪就是研究视觉在深度上视锐的一种仪器，可测试双眼对距离或深度的视觉误差的最小阈限。深度知觉测试仪具有测定深度视锐的前后移动机构和移动速度调节装置，可以广泛应用于各类运动员、驾驶员、炮手等与深度知觉有关的工作人员的测试或选拔，也是进行心理学实验之必备仪器。

4. 方位知觉

方位知觉（position perception）是人们对自身或客体在空间的方向和位置关系的知觉。为了适应生活，人们需要经常对环境及主客体在空间的位置进行定向。方位知觉是借助一系列参考系或仪器，依靠视觉、听觉、嗅觉、动觉、触摸觉、平衡觉等感觉协同活动来实现的。上、下两个方向是以天地位置作为参照的；东、南、西、北的方向是以太阳的升落、地球磁场、北极星作为定向依据的；而前、后、左、右是以知觉者自身的面背朝向为定向依据的。在正常情况下，人主要靠视觉与听觉进行方向定位。

研究听觉的方位定向，通常采用一种仪器——音笼。实验时，被试戴上眼罩坐在音笼的椅子上，头部由支架固定不动。被试的任务是判断出现在不同方位的声音。实验结果发现，人的听觉定向有几个规律：一是对来自人体左、右两侧的声源容易分辨，从不互相混淆；二是头部中切面上的声音容易混淆；三是如果以两耳联线的中点为顶点作一圆锥，那么从圆锥面上各点发出的声音容易混淆。

（二）时间知觉

时间知觉（time perception）又称时间感（time sense），是人脑对客观事物的延续性和顺序性的反映。在日常生活中，人们能对过去、现在、将来、快、慢等时间变化进行反映。例如：今天是几月几日，国庆节是哪一天，一节课通常是多长时间，这些都是人的时间知觉。

时间知觉的特殊性在于它并非由固定刺激所引起，也没有提供线索的感觉器官。在缺乏计时工具作为参考标准的情况下，获得时间知觉的线索可能来自两个方面：一方面是外在线索，如太阳的升落、月亮的盈亏、昼夜的更替、四季的变化等，或计时工具；另一方面是内在线索，如人体自身的呼吸、脉搏、消化及生物节律等。

时间知觉也是在人的实践活动中逐渐发展起来的。儿童年龄越小，对时间估计的准确性越差。另外，职业类型及情绪状态也可能影响对时间的估计。例如，跳伞运动员要在跳出飞机之后的20秒钟准时开伞，要求时间估计准确度相当高，否则误差1秒钟都会造成失误。人在心情愉快时，感觉时间过得快些；而人在心情不愉快时，时间过得慢些。

（三）运动知觉

运动知觉（motion perception）是人对物体运动特性的知觉。运动知觉依赖于知觉对象运动的速度、距离及观察者本身所处的状态。例如，当物体由远而近或由近而远运动时，物体在视网膜上成像大小的变化，向人脑提供了物体"逼近"或"远去"的信息。事实上，物体运动太快或太慢往往都不能使人形成运动知觉。比如，人们很难用肉眼看到光的运动或手表上时针的移动，因为它们的运动速度太快或是太慢。物体距离与运动速度直接影响着人们的运动知觉。以同样速度运动着的物体，远的感知其运动得慢，近的感知其运动得快，离得太远就看不出其运动。可见，物体的运动是人们知觉物体发生运动的根本原因，然而造成运动知觉的直接原因却是物体运动的角速度，也就是单位时间内所造成的视角的改变量。

实际上，运动是物质存在的属性，世界万物都在运动着，只是速度快慢而已。因此，要观察某个物体的运动速度，就要与另一个物体相互比较。这个被用来比较的物体就是运动知觉的参考系。选择的参照系不同，人们形成的运动知觉也不同。比如，跑步者以步行者作为参考，感知则为快；而以骑车者作为参考，感知则为慢。在参照物少的情况下，两个物体的运动可知觉为其中一个在运动。一般规律是，人们倾向把较大的客体当作静止背景，较小的客体在其中运动。例如，月亮与云彩，可视为月亮在走，也可视为云彩在动。

这种现象被称作是诱导运动。在暗室内注视一个静止的光点，过一会儿就会感觉到光点在游动，这种现象被称作是自主运动，这主要是由于视野中缺少参照物所致。

三、知觉的特性

对于客观事物来说，人们能够迅速获得清晰的感知，这通常与知觉所具有的基本特性是分不开的。知觉具有整体性、选择性、理解性和恒常性等特性。

（一）知觉的整体性

知觉的整体性是指人在知觉客观对象时，总是把它作为一个整体来反映。客观事物往往是由许多部分组成的，每个部分都具有不同的特征，但是人们并不把对象感知为许多个别的、孤立的部分，而总是把它知觉为一个统一的整体。如图2-1（a）所示，人们通常不会把它知觉为7条横线，而往往是知觉为上面一条单线，下面三组线条。这通常是与线条本身的空间关系有关，也就是下面的两条线在空间上很接近，所以容易被知觉为一组，这就是所谓的接近性原则。而如图2-1（b）所示，则容易被整体知觉为纵向的四个圆形和四个三角形相间排列，而较少被知觉为横向的圆形与三角形相间的图形，这也就是所谓的相似性原则。

图2-1　知觉的整体性

另外，知觉的整体性不仅与知觉对象本身的特性有关，也与知觉主体的主观状态有关。在知觉过程中，人以往的知识经验可为当前的知觉活动提供补充，从而把不完整的图形知觉成完整图形，在心理学中把其称作主观轮廓（subjective contour），如图2-2所示，我们很容易看到图形的正中间有个白色的三角形，而其实这个所谓的三角形的三条边并没有真正的形成。

图2-2　主观轮廓

（资料来源：杜文东.医用普通心理学[M].北京：北京科学技术出版社、合肥：安徽大学出版社，2003：65）

（二）知觉的选择性

知觉的选择性是指人们在知觉客观事物时，总是会把少数事物当成知觉的对象而优先地区分出来，其他事物往往成为知觉的背景。如在课堂上，教师的讲课、板书等就会成为学生知觉的对象，而周围环境等其他刺激则成为了背景。在现实世界中，客观事物是多种多样的，人总是有选择地以少数事物作为知觉的对象，对它们的知觉格外清晰，被知觉的对象好像从其他事物中突出出来，出现在"前面"，而其他的事物就退到后面去了。心理学研究认为，知觉的这种选择性的生理基础是大脑皮层中一个兴奋中心占优势，同时，皮层的其余部分受抑制的结果。知觉的选择性揭示了人对客观事物反映的主动性。

在实际生活中，知觉的对象与背景不仅可以相互转化，而且也相互依赖。如图2-3显示了知觉中对象与背景的关系。当把图形中的白色作为知觉对象时，我们会看到一个杯子，黑色就成为了背景；而把图形中的黑色作为知觉对象时，我们会看到两个相对的侧面的人头，白色就转化成为了背景。

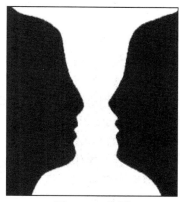

图2-3　双关图

（资料来源：彭聃龄.普通心理学[M].北京：北京师范大学出版社，2004：132）

知觉的选择性不仅依赖于个人的兴趣、态度、需要，以及个体的知识经验和当时的心理状态；还依赖于刺激物本身的特点（强度、对比、活动性）和被感知对象的外界环境条件的特点（照明度、距离）。

（三）知觉的理解性

知觉的理解性是指人在感知事物时，总是根据过去的知识经验来解释它、判断它，从而能够更深刻地感知它。

从事不同职业和有不同经验的人，在知觉上是有差异的。例如：医生在给病人做检查时，能比普通人知觉到更多的病情细节；成人的图画知觉与儿童相比，能知觉到儿童所知觉不到的细节，而且能更深刻地了解图画的内容和意义。

影响知觉理解性的条件主要体现在以下四个方面。

1. 知识经验

知识经验往往是对知觉对象理解的前提条件。由于知识经验的作用，会使人们对事物的知觉更深刻、更精确、更快速。例如，一个外语教师要比一个外语初学者能更迅速、更准确地理解一个单词、一个句子或一篇文章的意义。

2. 言语的指导

人的知觉是在两种信号系统的协同活动中实现的，言语的作用有助于对知觉对象的理解，使知觉更迅速、更完整、更形象。例如，天空中的白云、自然景色中的山石形状，在感知时加以词和言语的指导，很快就能知觉到。

3. 实践活动的任务

当人有明确的活动任务时，知觉往往服从于当前的活动任务，所知觉的对象会比较清晰、深刻。活动任务不同，对同一对象可以产生不同的知觉效果。比如，我们根据地址到一所学校找人，那么，所经过之处会有很深刻的印象，会形成很清晰的知觉，但没有找人的任务时，感知效果就会有所不同。

4. 对知觉对象的态度

如果对知觉对象抱着消极的态度，就不能深刻地感知客观事物；只有对知觉对象发生兴趣，抱积极的态度才能加深对它的理解。比如，学生在课堂上听课，如果态度积极，那么老师所讲的内容就会形成很深刻的知觉印象，否则，就会不知所云。

（四）知觉的恒常性

知觉的恒常性是指当知觉的条件在一定范围内发生改变时，知觉的映象仍然保持相对不变。例如：对于你的同学，绝不会因为他的发型、服装的改变而变得不认识；一首熟悉的歌曲，尽管唱歌人唱得走了调，你也不会认为是其他的歌曲。

知觉的恒常性主要有形状恒常性、大小恒常性、明度恒常性、颜色恒常性等视觉方面的恒常性。除此之外，还有声音恒常性和方位知觉恒常性等。

知觉的恒常性在人的实际生活中有很大的作用，它可以使人们在不同情况下，按照事物的实际面貌反映事物，从而能够根据对象的实际意义去适应环境。如果知觉不具有恒常性，那么，个体适应环境的活动就会更加复杂。

四、知觉的理论

有关知觉经验的形成，目前在认知心理学中主要存在两种对立的理论观点。

（一）直接知觉论（刺激物说）

直接知觉论（direct perception theory）认为知觉只具有直接性质。其中，最具有代表性的是知觉的刺激物说。而刺激物说的思想最早来源于格式塔心理学。格式塔心理学认为，人们的知觉是对事物的整体反映，并不是对事物各个部分的简单总和。例如，惠特海墨（Wertheimer，1880—1943）就曾提出形状恒常。也就是说，无论你在哪种角度看一个杯子，你始终认为杯子口是圆形的，这就说明知觉具有独立于网膜影像之外的整体属性，格式塔称为"完形"。但是，格式塔并没有明确指出这种完形究竟是经验上的"完形"，还是刺激本身的"完形"。所以，也就不能称为纯粹的直接知觉论。

真正意义上的知觉刺激物说，也就是直接知觉论，是由美国实验心理学家，专长知觉心理学的詹姆斯·吉布森（James Jerome Gibson，1904—1979）在其1950年出版的《视觉世界的知觉》一书中提出来的，这是吉布森创新性的知觉理论。他指出，"完形"应该是刺激的"完形"。由于他主张知觉由刺激直接引起，因此称为直接知觉论。传统知觉理论主张，知觉是由刺激引起感觉后转化而成的、间接的，因此称为间接知觉论。吉布森的知觉理论认为，知觉是人与外界接触的直接产物，它是外界物理能量变化的直接反映，不需要思维的中介过程。他认为，在长期进化过程中，因适应环境需要，人类和其他动物一样逐渐形成了一种根据刺激本身特征即可直接获得知觉经验的能力。换言之，知觉是先天遗传的，不是后天学习的。他与妻子埃莉诺合作以婴儿为实验对象，通过视崖（visual cliff）的设计，用实验证明了他的理论。后来其他学者也通过实验验证并支持了他的直接知觉论的观点。吉布森对于缺乏深度知觉经验的婴儿在视崖实验中的反应，在《视知觉生态论》一书中，从进化论的观点提出了理论性的解释。他认为人类是两脚着地的动物，行动时头部离地较远，一旦跌倒头部受伤较重。为适应两脚着地生态环境的需要，长期以来，人类的视知觉系统中进化出一种对三维空间的适应能力，此能力是不需学习的。他的这一理论称为视知觉生态论（ecological theory of visual perception）。

从某种程度上说，知觉具有直接刺激性，因为只有在客观事物的直接刺激作用下，才会产生知觉，但是如果过分强调知觉的刺激驱动性则是不可取的。所以，在第二次世界大战后，学者们开始关注间接知觉论。

（二）间接知觉论（假设考验说）

间接知觉论（indirect perception theory）认为，刺激本身的信息是模糊的、不完整的，以及不能对外界事物提供真实而全面的描述的，所以，主体必须在过去经验的基础上，对刺激信息做出判断、评价和解释，才能对刺激形成真正意义上的知觉。

早在19世纪中期，德国著名的物理学家和生理学家赫尔姆霍兹（Helmholtz, 1821—1894）就提出了知觉经验论。他认为，所有的视知觉都来源于过去的视觉经验。一个多世纪后，布鲁纳（Bruner, 1957）和格里高利（Gregory, 1970）发展了这一知觉经验论。他们认为，过去的经验主要是以假设、期望或图式的形式在知觉中起作用的。人在知觉时，接收感觉输入，在已有经验的基础上，形成关于当前的刺激是什么的假设，或者激活一定的知识单元而形成对某种客体的期望。由此看来，知觉是一种包含假设考验的构造发展过程。人通过重复接收信息、形成和考验假设，直至验证某个假设，从而对感觉刺激做出正确的解释，这被称作是知觉的假设考验说。

目前大多数心理学家认为，并不存在纯粹意义上的直接知觉论，也不存在纯粹意义上的间接知觉论，所有知觉都是直接刺激与间接经验共同作用的结果。但不管怎样，有关直接知觉论与间接知觉的争论及实验研究还将会继续进行。

第二节　模式识别

一、模式识别理论

模式识别（pattern recognition）是人类的一种基本的认知能力或智能。在日常生活中，人们经常在进行"模式识别"，所以对于人类来说，模式识别有着重要的作用。随着20世纪40年代计算机的出现，以及50年代人工智能的兴起，人们当然也希望能用计算机来代替或扩展人类的部分脑力劳动。（计算机）模式识别在20世纪60年代初迅速发展并成为一门新学科。模式识别研究主要集中在两个方面：一是研究生物体是如何感知对象的，属于认识科学的范畴；二是在给定的任务下，如何用计算机实现模式识别的理论和方法。前者是生理学家、心理学家、生物学家和神经生理学家的研究内容，后者通过数学家、信息学专家和计算机科学工作者近几十年来的努力，已经取得了系统的研究成果。

模式识别是指对表征事物或现象的各种形式的（数值的、文字的和逻辑关系的）信息进行处理和分析，以对事物或现象进行描述、辨认、分类和解释的过程，是信息科学和人工智能的重要组成部分。可以说，模式识别是人的一个典型的知觉过程，它通常依赖于人已有的知识经验。然而，模式识别究竟是怎样实现的呢？20世纪70年代以来，随着认知心理学自身的发展，认知心理学关于模式识别的研究在取向上出现了某些重要的变化。一些认知心理学家继续在物理符号系统假设的基础上进行研究，探讨计算机和人的识别模式的特点；而另一些认知心理学家则转向用神经网络的思想来研究识别模式的问题。下面介绍的一些模型是近十多年来有重要影响的理论模型。从根本上讲，这些研究取向并不是互相矛盾的，而是互相补充的。

（一）视觉计算理论

视觉计算理论（computational theory of vision）是在20世纪70年代由美国麻省理工学院人工智能实验室教授戴维·马尔（David Marr）提出的。他立足于计算机科学，在心理物理学、神经生理学、临床神经病学等在视觉研究上已取得的成果的基础上提出了视觉计算理论。他的理论对人类视觉和计算机视觉的研究都产生了深远的影响。

在1982年发表的代表作《视觉》中，马尔认为，视觉就是要对外部世界的图像（image）构成有效的符号描述，它的核心问题是要从图像的结构推导出外部世界的结构。视觉从图像开始，经过一系列的处理和转换，最后达到对外部现实世界的认识。也就是说，视觉的目的就是输送足够的合适种类的信息，以构建创造者有用的表象。马尔对这个表象做了两点重要说明：第一，使用仅能达到视网膜中光感受器的信息，必须有可能在计算上产生出这样一种表象；第二，一个步骤不能产生这种表象。

戴维·马尔定义了三个主要表征。

1. 初级简图

初级简图（primal sketch）主要包括边缘、轮廓和团块的信息，是对视觉输入的主要光强变化进行的二维描述。依据马尔的观点，初级简图可以分为原始初级简图和完全初级简图两种类型，它们都具有符号特性。原始初级简图包括关于视觉画面光强变化的信息，而完全初级简图则是利用这些信息来鉴别物体的数目和基本形状的。对二者进行区分的主要原因有：一是光强的变化可因多种因素引起；二是纹理的不同，从表面所反射光的强度也会有很大的差别。

2. 2.5-D简图

2.5-D简图（2.5-D sketch）是按以观察者为中心的坐标框架建构起来的，通过利用由阴影、纹理、运动、双眼视差等提供的信息对可视表面的深度和方位进行描述。

依据马尔的观点，初级简图转换成2.5-D简图涉及多个阶段。而首先需要建构一个区域地图。所谓区域地图，是关于物体表面的局部点连点深度信息（Frisby, 1986）。然后，来自区域地图相关部分的复合信息就会产生对两个或更多个表面凹凸相间特性的高水平描述。

3. 3-D模型表征

3-D模型表征（3-D model representation）包括容积、大小和形状的表征。它的坐标系统是以物体为中心，而不是以观察者为中心。当三维模型表征建立起来时，其最终结果是对我们能够区别的物体的一种独特的描述。

因为以观察者为中心及观察点的缘故，根据2.5-D简图所提供的信息对鉴别一个物体来说还非常困难，这必然会造成对物体识别的复杂化。由此，不随观察角度的变化而变化的三维模型被提出来。

依据马尔和尼史哈拉（Marr & Nishihara, 1978）的观点，三维模型表征可从三个标准加以定义：第一，易提取性，其表征构建过程比较容易；第二，兼容性和独特性，前者指在给定范围内，表征适合于所有其他形状的程度，后者是指对物体从所有不同角度的观察都会产生同一个标准表征；第三，稳定性和灵敏性，前者表明一个表征可整合各物体间相似性的程度，后者是指它整合物体间明显不同之处的程度。

马尔的视觉理论把视觉研究从描述水平提高到数理科学的严密水平，因此，他的理论观点一经出现就深受神经科学家、人工智能专家和认知心理学家的推崇。但是马尔对视觉的解释主要集中在视觉加工的早期阶段，除要素图以外，他设想的各种表征还没有得到神经生理学的证明。他把知识的作用限制在视觉加工的晚期阶段，也引起了一些人的怀疑。另外，还有人认为，人的视觉系统的功能具有拓扑性，它注重整体性质而忽略局部性质，因而对视觉的计算性质提出了尖锐的挑战。

（二）成分识别理论

成分识别理论（recognition-by-componentstheory，简称RBC理论）是别德尔曼（Biederman, 1987）于20世纪80年代中期提出的一种模式识别的理论。该理论是在马尔和尼史哈拉的理论基础上所提出来的。

成分识别理论基于这样一种观点，通过把复杂对象的结构拆分为称作简单的部件形状，就可以进行模式识别。其中心假设为：物体是由一些基本形状（shapes）或成分（components），也就是几何子（geon，又称几何离子）组成的。几何子大约有36种，包括方块（block）、圆柱（cylinder）、球面（sphere）、圆弧（arc）和楔子（wedge）。而仅有的36种几何子却能够让我们对物体进行充分的描述，其部分原因是几何子间的各种空间关系可形成很多种组合。例如，杯子和水桶都可以用圆弧和圆柱两个几何子加以描述。

依据别德尔曼（Biederman）理论观点，我们是通过感知或恢复基本的几何子来识别物体的。如果出现了足够的信息，我们能够觉察出几何子，那么就能识别物体。但是，如果给我们呈现信息的方式不能让我们觉察出个别的原始几何子，就不能识别物体。几何子一旦得到分析，它们就和长时记忆中的表征进行匹配，这种匹配是自动化的，具有很快的速度，同时又是很强的，即使在不利的条件下进行观察，也能产生正确的识别。用一般术语来说，对给定物体的识别是由储存表征（包含相关几何子特征、朝向、大小等方面的信息）能否与源自物体的成分或几何子信息进行最佳匹配决定的。

其程序如下。第一步，边缘抽取。即对亮度、纹理和颜色这些表面特征的差异做出反应，并对物体做线条描述。第二步，确定一个视觉物体怎样被分解成一些片段，去建立它所构成的成分或几何子。其中，物体轮廓的凹面部分对把表象分解成一些片段很有价值。而关键过程是，确定哪些来自物体的边缘信息拥有独立于观察角的关键特征。别德尔曼认为，共有五种关于边缘的不变性特征：曲率（一条曲线上的点集）、平行（互为平行的点集）、共端性（边缘终止于同一点）、共线性（一条直线上的点集）、对称（与不对称相对）。可视物体的成分或几何子是基于以上不变性特征而构建起来的。

别德尔曼的理论对正常观察条件下的物体识别进行了完整的论述。然而，我们通常也能在不太理想的条件下（如目标物体被部分遮住）进行物体识别。根据别德尔曼的观点，我们在不理想条件下能对物体进行识别是有多种原因的：第一，不变性特征（如曲率和平行线），即使在只有一部分边缘能被观察到的情况下，还是能被检测到；第二，如果一个轮廓的所有凹曲线是可视的话，那么视觉系统就会有某一机制负责恢复该轮廓的缺失部分；第三，一般情况下，环境可提供相当多的冗余信息，以识别复杂的物体。

别德尔曼的物体识别理论，特别是近期理论提出物体识别依赖于以下一系列加工过程：边缘编码、对更高层次特征的组合或编码、对储存的结构性知识进行匹配、提取语义知识。在关于三维物体识别的复杂性方面，这些理论相对于那些更强调实际情况的早期理论具有较大优势。RBC模型能解释模式识别的某些实验结果，而且用成分及关系来描述模式识别，也有利于在计算机上模拟人的模式识别。

总之，模式识别理论从20世纪20年代发展至今，人们普遍认为是不存在对所有模式识别问题都适用的单一理论和解决识别问题的单一技术，目前，我们所拥有的只是一个工具箱，所要做的就是深入掌握各种工具的效能和应有的可能性，互相取长补短，开创模式识别应用的新局面。

如今，模式识别可用于文字和语音识别、遥感和医学诊断等方面。

二、结构优先效应

在实际生活中，我们遇到的客观事物并不是孤立存在着的，而往往是按照一定规律相互影响、相互制约的，因此，人们对于各种事物刺激模式的识别也就总是相互联系、相互作用的，并明显表现出一定的规律性。

结构优势效应（structure superiority effect）是指在模式识别中，刺激模式的整体结构优于部分，整体的结构在模式识别中起有利作用。但应该注意的是，这种刺激模式的整体结构和部分的区分是相对的。例如，一个单词处在一个完整的句子中就是部分，而对于组成这个单词的字母表来说就是整体结构。结构优势效应不仅与刺激模式的特征有关，而且与人的知觉组织活动规律有密切联系。

（一）字词优势效应

字词优势效应（word-superiority effect）是指识别字词中字母的正确率要高于识别一个单独的同一字母。字词优势效应最早是由瑞切尔（Reicher, 1969）在实验中发现的，如图2-4所示。

实验方法如下。

1. 实验材料。

三类视觉刺激材料（卡片）。

（1）一个或两个单个字母。

（2）一个或两个单词（由4个字母组成）。

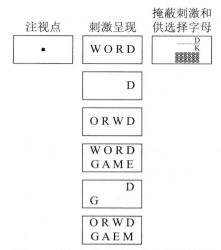

图2-4 瑞切尔的实验程序和刺激材料

（资料来源：王甦、汪安圣.认知心理学[M].北京：北京大学出版社，1992：66）

（3）一个或两个无意义字母串（由4个字母组成的非字词）。

2. 实验变量

（1）时间（短、中、长），分别测定，即按照每个被试反应达到的正确率所需要的时间（ms），相应时间分别为：正确率达60%（短），90%＋5ms（长），短—长呈现时间的中点值（中）。

（2）有无先行信息。如果有，则每次实验前把将要供选择的两个字母告诉给被试听；如果无，则事先不告诉，只在刺激呈现之后再呈现供选择的字母。

3. 实验程序

速示器呈现刺激。

先行信息→注视点→呈现一种刺激材料→掩蔽刺激与供选择的两个字母（字母所在位置恰好对应于刺激材料中需要测试的字母位置）。

被试回答：哪个是前面刺激材料中在相同位置出现过的。

主试记录：选择结果的正误。

注意的是：当刺激材料为一个字母、一个单词或一个无意义的字母串时，提供选择的两个字母位于在刺激材料中相对应字母位置的上方；而在使用其他刺激材料时，则两个供选择的字母中有一个在下方。

4. 实验结果

无论有无先行信息，对单词中的一个字母的识别成绩均优于对一个字母或无意义字母串的识别成绩。正确率分别高出约8%，达到统计学上的显著性水平。实验结果表明了字母识别中的字词优势效应。

由上述实验可见：

第一，瑞切尔在安排字词材料时，力图限制字词的冗余信息。例如，材料Word, Work使前三个字母不会提供额外信息。

第二，瑞切尔的实验引起了心理学界的广泛注意和兴趣，由此产生了有关字词优势效应的各种解释。

一是瑞切尔的推论说。强调以过去知识经验为基础的自上而下的加工。字词优势效应不可以用单个字母比字词忘得快进行解释，这主要是因为提供先行信息仍然会出现字词优势效应。另外，也不可以用字词在速示器中的刺激面积大，容易被看见而加以解释，因为字词与字母串面积是一样大的，而主要是由于字词更具有意义。鲁姆尔哈特和赛普尔（Rumelhart & Siple）用借助于上下文而进行推理来解释字词优势效应。这种解释强调上下文及有缀字规则的知识的应用。有上下文WOR条件下看字母D并不一定比看单个字母D要好，而是可以更好地进行推论。巴贡和瑟斯顿（Bargon & Thurston）指出，若无意义字母串符合缀字规则并可读，字词与字母串的正确识别率应无显著差异。只有将呈现的几个字母看成一个词才能进行推理，否则就不可能。

二是编码说。这主要是以信息的内部表征为核心的观点。主要着眼于字词与字母的不同编码。米兹罗克（Mezrich, 1973）在研究中发现，被试在对字词反应之前常有拼读倾向，而对单个字母较少有这种倾向。如果要求被试将所呈现的字词或单个字母都读出来，则不会出现字词优势效应。约翰斯顿和麦克利兰（Johnston & McClelland, 1973）发现，在瑞切尔实验中若不用掩蔽刺激，也不会出现字词优势效应。上述字词优势效应是由于字词和单个字母的编码不同所致。字词是语音编码，不受视觉掩蔽的干扰；而单个字母是视觉编码，容易受视觉掩蔽的干扰。

三是依据整体加工和局部加工的理论进行的分析和解释。如果将字词看作整体，那么就会出现先整体加工后局部加工；而单个字母只有局部加工而没有整体加工。

总之，上述三种观点阐释的角度虽然不同，但都有一定的合理性。由此也说明，人的知觉是一个复杂的心理现象，在模式识别的过程中可能需要经历多个不同的阶段和加工水平。所以，我们只有把各种观点有机地结合起来，才可能对模式识别中的复杂规律性有比较全面的认识和理解。

（二）客体优势效应

客体优势效应（object-superiority effect）是指识别一个客体图形中的线段正确率要优于识别结构不严的图形中同一线段或单独该线段。字词优势效应的实验及研究推动了心理学家们开展有关图形中线段的模式识别研究工作。

1. 韦斯坦因和哈里斯（Weisstein&Harris，1974）的研究

这个研究包含在各种图形中的直线线段的识别，具体如图2-5所示。

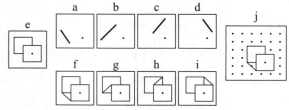

图2-5 韦斯坦因和哈里斯应用的刺激材料

（注：图中黑点为注视点，实际实验时，应用的刺激图形为f-i。）

（资料来源：王甦、汪安圣.认知心理学[M].北京：北京大学出版社，1992：70）

（1）实验材料：靶子线段（a、b、c、d）长度、宽度相同，只是相对于注视点的方向、位置不同。刺激图形（f、g、h、i）含有靶子的图形，是实际呈现给被试的。e是一种

上下文图形。j是带掩蔽刺激（方点）的一个图形。

（2）实验变量：刺激呈现时间3种（与字词实验一样，根据每个被试判断能达到的不同准确率50%、60%、70%）。

（3）实验程序：实验在暗室中进行，刺激通过显示器呈现给被试，让被试熟悉单独的靶子线段（4个）自行操作进入测试阶段→注视点（要求被试把视线对准）→启动开关出现刺激图形→掩蔽刺激100ms→要求被试确认在刺激图形中看到的是哪个靶子线段，按键反应→主试反馈（判断正误）。

按此程序，做了以下两个实验。

第一，6名被试用a～c和e的刺激图形。

第二，9名被试用a、d、f的刺激图形。

（4）实验因变量：被试在3种呈现时间下的平均正确识别率。

（5）实验结果：a识别效果最好。a与d、e实验结果的差异达到显著水平；a与b、c的差异不显著。

（6）补充实验：掩蔽刺激延缓40 ms呈现，并只呈现40 ms，结果相应的差异达到显著水平。

以上实验结果表明，在一个结构严谨的三维图形中的线段识别起来要优于组织较差的图形中的同一线段。上下文图形看起来像一个三维的客体，由此认为三维图形是产生客体优势效应的重要因素。

2. 埃尔哈特（Earhard，1980）的研究

图形的三维性不是产生客体优势效应的必要因素。

（1）实验材料。

A靶子线段：c。

B上下文图形：表盘式（a），连通的、紧凑的图形。

坐标式（b），不连通的4条短线。

（2）实验结果：一是a、c实验。a，靶子线段的正确识别率为81.3%；c，单个靶子线段正确识别率为70.6%，差异达到显著性水平。二是b、c实验。b，靶子线段的正确识别率为81.3%；c，单个靶子线段的正确识别率为71.3%，两者的差异也是显著的。

（3）实验结论：平面图形也出现客体优势效应。

3. 埃尔哈特的另一实验

改变注视点在图形中的位置。

（1）实验材料：上下图形与韦斯坦因和哈里斯一样。改变注视点在图形中的位置。

三组：每组包含靶子线段和带靶线的上下文图形。

a组，注视点移到靶线段和另外两条图形线段的交叉处。

b组，与韦斯坦因和哈里斯实验一样。

c组，注视点在远离靶线段的图形的一角。

（2）实验结果：a组，有上下文靶线段正确识别率为69.5%，单一线段正确识别率为81.7%，存在显著性差异，出现客体劣势效应；b组，有上下文靶线段正确识别率为81.8%，单一线段正确识别率为69.8%，存在显著性差异，出现客体优势效应；c组，单一的靶线段的识别率比带有上下文的要高出4.2%，但差异并未达到统计学上的显著性水平，出现客体劣势效应。

(3) 实验表明：若改变注视点在上下文图形中的位置，客体优势效应将不出现。其依据总体分析和局部分析的观点来解释实验结果，认为客体优势效应不依赖图形的三维性，而是依赖总体分析作用。总体先于局部分析起作用，为局部分析提供基础。注视点的位置与局部分析操作方式有关。局部分析从注视点开始。注视点周围没有其他线段，分析过程按照固有程序进行，能较好地掌握上下文结构和把握细节。注视点周围有其他线段，分析过程受到干扰和损害，从而出现注视点位置的不同作用。

4. 克莱因（Klein, 1978）的研究

掩蔽刺激的有无及掩蔽刺激的性质也对客体有重要影响。

（1）实验材料：A 上下文图形：结构严谨和结构不严谨的；B 掩蔽刺激：随机线段（韦斯坦因和哈里斯用有规则排列的方点）。

（2）实验结果：有掩蔽刺激，两种上下文图形靶线段的识别率无显著差异。但不用任何掩蔽时，则两者有显著差异，出现客体优势效应。

（3）存在的问题：当掩蔽刺激为有规则排列的方点和有规则排列的水平线时，都出现客体优势效应。可见，掩蔽刺激是有重要作用的。

（4）解释：克莱因认为，随机的掩蔽刺激与上下文图形本身有某些共同成分，以致干扰了上下文的作用。他设想有两种知觉系统，即特征系统和客体系统。特征系统对视觉刺激的基本特征如方位、位置等敏感，并且它对靶子线段特征的反应，除受掩蔽刺激的影响以外，不受上下文影响。客体系统不表征个别特征，而是将诸特征整合为三维客体的总体特征，可被三维、结构严谨的刺激所激活。单个线段识别依赖特征系统，有上下文线段识别依赖两个系统。因此，后者优于前者。但是随机掩蔽刺激可破坏客体系统表征，或在客体系统提供整体信息之前就迫使识别系统做反应，这样就不会出现客体优势效应。

对于掩蔽刺激，我们需要进一步研究。Klein 不用掩蔽刺激，埃尔哈特也没用掩蔽刺激，但都出现了客体优势效应。约翰斯顿和麦克利兰（1973）确定，只有应用掩蔽刺激字词优势效应才能出现。

（三）构型优势效应

构型优势效应（configural-superiority effect）是指识别一个完整的图形要优于识别图形的一部分。

波梅兰茨（Pomerantz, 1977）等人进行了相关的实验研究。

（1）刺激材料：两类（无、有上下文）。每类都含有两个刺激。

无上下文："（"和"）"

有上下文："（）"和"））"

（2）实验程序：通过速示器一次呈现一个刺激，持续 200ms，要求被试进行辨别，做出反应，记录反应时。

（3）实验结果：有上下文的刺激辨别的平均反应时（421ms）快于无上下文的反应时（444ms）。

（4）解释：有上下文的构成了整体，无上下文的成为部分，所以出现构型优势效应：图形整体比部分易于识别，上下文与刺激构成一些新的特征。

综上所述，结构优势效应比较成功地提出了有关知觉和模式识别的一些重大问题，如知觉组织、过去知识经验的作用、自下而上加工和自上而下加工，以及整体加工和局部加

工。但目前未见成功地实现结构优势效应的计算机模拟，可见人的模式识别不同于机器的模式识别。对结构优势效应的不同解释，无法肯定或否定某一种解释。对结构优势效应的研究还处于初级阶段。目前的研究仅限于视觉通道内，而其他的通道及其他知觉活动中是否存在这种效应，需要进一步探讨与研究。

第三节 知觉障碍及评定

知觉障碍（distuebance of perception）是指由于各种原因引起的知觉异常的现象。知觉障碍是心理过程障碍中最常见的，同时，也是许多精神病的主要症状。由于知觉障碍的不同类型以及它们与其他症状组合的特点在诊断上有重要意义，所以，认识知觉障碍的不同类型就显得非常必要。有些知觉障碍（如幻觉）对病人的情绪和行为有很大影响，可能引起病人拒食、出走、自杀或伤人。因此，病人有知觉障碍时，应及时送神经科或精神科检查。

一、视觉失认症及评定

（一）定义

视觉失认症（agnosia）是指患者不再能够通过视觉来辨认，或辨认不清楚自己不久以前无任何困难就能辨认的事物，尽管患者的视力推理能力都毫无改变。患者对熟悉的场所，以及周围的事物各种容貌甚至他的亲人，抑或颜色的鉴别都变得困难甚至不可能。

（二）视觉失认症涉及的大脑系统及解剖定位

临床研究认为，知觉性失认症可能是V2区皮层，以及视皮层与支配眼动的皮层结构间联系受损，如与中脑的叠体上丘或顶盖前区眼动中枢的联系遭到破坏，不能通过眼动机制来连续获得外界复杂物体的多种信息。联合性失认症大多是由于颞下回或枕-额间联系受损所致。有学者研究认为，知觉性失认和联合性失认是由不同大脑区域损伤而造成的。扬克维亚克和艾伯特（Jankowiak & Albert，1994）回顾了运用脑成像技术来确定损伤区域的有关研究。其研究结果认为，知觉性失认的损伤区域一般位于大脑半球后部，包括双侧枕叶、顶叶或颞叶。相反，联合性失认的损伤区域一般位于向颞叶和部分视觉皮质供血的大脑后动脉附近（大脑半球后部）。他们认为，这样的损伤可以干扰有关通路向储存物体视觉信息的区域发送信号。

具体来说，右半球顶-颞交界处皮质病变，主要可导致视觉空间失认症；相貌失认症最常见于右侧中央后回病变；颜色失认症多见于左侧颞-枕区病变。

（三）临床表现

有研究人员将视觉失认症区分为统觉性失认症和联合性失认症。

1. 统觉性失认

（1）定义。统觉性失认（apperceptive agnosia）又称知觉性失认，是指患者对复杂的事物只能认知其个别属性,在这种障碍中,物体识别困难是因严重的知觉加工缺陷所引起的。

（2）临床表现。在临床上,统觉性失认的患者视力、视野可能正常,但看到的水杯不能在头脑中形成整体的表征。例如,让患者临摹或描画水杯,常画出支离破碎或不完整的图形。患者也无法在含有靶图的几个待选图中选出靶图,或不能正常完成两个图的异同判断。

研究者通常使用戈林（Gollin）图形测验和不完全字母测验来评估统觉性失认。在戈林图形测验中,向被试呈现一系列逐渐变得完整的目标素描图,统觉性失认患者比正常人需要更完整的素描图才能够识别目标。不完全字母测验是向被试呈现一些残缺不全的字母并要求被试进行识别,统觉性失认患者比正常人表现更差。

2. 联合性失认

（1）定义。联合性失认（associative agnosia）是指患者可对复杂物体的各种属性分别得到感觉信息,也可将这些信息综合认知,很好地完成复杂物体间的匹配任务,也能将物体的形状、颜色等正确地描述在纸上,但患者却不知道物体的意义、用途,无法称呼物体的名称。在这种障碍中,知觉加工是完整的,物体识别困难是因对目标的视觉性记忆损害或不能搜索到与目标相关的语义记忆信息所造成的。

（2）临床表现。在临床上,联合性失认的患者对水杯可形成完整知觉表征,但该表征和水杯的语义概念联系中断,能够正确描画水杯图,但不知道这是什么,干什么用的,当然也就无法正确命名。由于是视觉性失认,所以,可能触觉或听觉通道的信息可以帮助识别水杯,如可拿起水杯、扣敲水杯等,这样可以激活水杯的概念和名称。

目前,视觉性失认可分为以下几种具体类型:①物体失认症:病人不能认识清楚看到的普通物品1,如帽子、手巾、钥匙等。②相貌失认症:病人对熟悉的人（可包括爱人及儿女等最亲近的人）的相貌不认识。③视空间失认症:不能识别物体空间位置和物体间的空间关系。④色彩失认症:不能识别颜色的名称及区别。

【专栏2-1】 一个有趣的失认症个案

Humphreys和Riddoch（1987）报告了一例非常有趣的失认症个案。患者HJA在一次中风后不能识别绝大多数目标。然而,他可凭实物或记忆较为准确地描绘那些不能识别的目标。他的知觉障碍主要表现为很难把关于目标各个部分的信息整合起来以便识别这些目标。用HJA自己的话来说,"如果单独呈现的话,我能够识别众多常见物体……当物体放置一起时,我就面临更多困难。单独识别一片香肠要比从一盘冷食色拉中挑选出同样的东西容易得多"。

Humphreys等（1992）的研究发现患者HJA在整合或组织视觉信息方面存在严重问题。对大多数人来说,在由干扰字母T组成的字母表中搜索一个倒写的T应该是一件容易的事情。然而,HJA的搜索成绩不仅很慢,而且错误也多。这一现象很可能是因患者很难对干扰字母进行整合造成的。

（资料来源:M.W.艾森克,M.T.基恩等.高定国,肖晓云,译.认知心理学（第四版上册）[M].上海:华东师范大学出版社,2004）

（四）视觉失认症的评定

（1）物品失认：可将香皂、牙膏、梳子、球、硬币、钢笔、手表、钥匙等物品摆在一起，主试说出名称，要求患者挑出相应的物品，不能完成者为阳性。

（2）相貌失认：找一些家人的照片，要求患者辨认，不能完成者为阳性。

（3）颜色失认：给患者一张绘有苹果、香蕉、橘子图形的无色图，要求患者用彩色笔画上相应的颜色，有误者为阳性。

（4）图形失认：将画有各种形状图形的图片平放在桌面上，要求患者挑选相应的图片，不能完成者为阳性。

二、听觉失认症及评定

（一）定义

听觉失认症是失认症的一种类型，是临床上少见的症状，主要是指患者能听到各种声音，但不能识别声音的种类。

（二）听觉失认症涉及的大脑系统及解剖定位

病变部位为双侧Heschl区破坏或此区与内侧膝状体之间的联系中断，患者大脑初级听皮层（颞横回的41区）、内侧膝状体、听觉通路、听神经和耳的结构与功能无异常。通过脑干诱发电位以及听力仪的测定，患者完全可以听到声音，但不能识别声音的种类。词聋患者大多数左颞叶22区或42区次级听觉受损所致；乐音失认症患者，多为右颞22区、42区次级听皮层受损所致；嗓音识别障碍又可分为两种，陌生人嗓声分辨障碍多见于两侧颞叶次级听皮层（22区、42区）同时损伤。

（三）临床表现

在临床上，患者表现为闭目后不能识别熟悉的钟声、动物鸣叫声、摇动钥匙的声音、水倒进容器的声音、熟悉的歌曲等；不能根据语音形成语词知觉或不能分辨乐音的音调，也有患者不能区别说话人的嗓音。虽然患者因为听觉失认不能理解他人言语，但是书面语言功能检查基本正常。

1. 失音乐症

失音乐症（amusia）多见于文献报告中的相关研究，其各种形式的失音乐症主要发生在一些优势侧半球病变后出现失语症的音乐家患者身上。具体表现有多种综合征：乐歌不能（avocalia）、音乐聋（musicdeafness）、音乐性失读症（musicalexia）、乐器性失音乐症（musicinstrumentamusia）、音乐性遗忘（musicamnesia）和节律障碍（dysrhythmia）等。大多数病例的病变部位在左侧大脑半球与音乐有关的皮质区。

2. 声音辨认障碍

声音的辨别是一个复杂的过程，由于声音模式性质的不同，因而两侧大脑半球并非同等地参与了声音的辨别过程。如果声音模式通过反复运用并获得一种象征性的意义，它就成为一个特定的有意义的信息，并由左侧大脑半球命名而如同一个言语信息一样；如果声音模式是新的而又复杂的，右半球就参与它的分析及辨认；如果这一声音模式再次出现，它就成为一个熟悉的认知对象，这一声音模式的大脑表象将在两侧大脑半球部位变得完善，两侧大脑半球将参与它的辨认及用词来表达。

（四）听觉失认症的评定

（1）环境音失认：要求患者听日常熟悉的声音（如电话铃声、雷声、雨声、汽车喇叭声等），并回答是什么声音，回答有误者为阳性。

（2）失音乐：要求患者听熟悉的音乐或歌曲，然后指出歌曲名称，或者要求患者随着音乐的节奏打拍子，不能完成者为阳性。

三、体觉失认症及评定

（一）定义

体觉失认症是指患者不能识别所触摸到的物体。其主要类型有实体觉失认症和皮层性触觉失认症。

（二）体觉失认症涉及的大脑系统及解剖定位

顶叶皮层的中央后回（3-1-2区）躯体感觉区结构与功能基本正常，但此区与记忆功能和语言功能的脑结构间联系受损，引起体觉失认症。Gerstmann综合征（Gerstmann's syndrome）是由Gerstamnn 1924年首先报道，临床包括4大症状，即手指失认、左右侧别定向障碍、失写症和计算不能。多见于右利手人的优势半球枕叶、顶叶皮质之间，特别是角回病变，常因该区皮质或皮质下颅内肿瘤性或脑血管性病变所致。手指失认的表现是患者不能将自己或他人的手指进行辨认、命名和区别，不能从多个手指中找到要找的手指。而希尔德尔（Schilder，1932）指出，手指功能的障碍有：视觉手指失认症，其损害接近于枕叶；手指失认症，其损害在角回及第二枕回之间的过渡区域；构成性手指失认症，手指选择性失用障碍，损害在缘上回。

（三）临床表现

实体觉失认症多为右半球顶叶感觉区与记忆中枢间的联系障碍，引起左手触觉失认症状。将患者眼睛遮起来，令其用手触摸一些小物体，如笔、剪刀、钥匙等，患者不能确知是何物。左半球受损而出现右手实体觉失认症并不多见。如果某一半球次级感觉皮层与记忆中枢的联系受阻，则常出现双手实体觉失认。皮层触觉失认症比实体失认症更为严重。对触摸物体的空间关系也不能确认。

体觉失认症具体类型包括如下。

（1）病觉失认症：又称Anoton-Babinskin综合征。患者对自身病情存在缺乏自知，否认躯体疾病的事实。例如，否认失明、面瘫的存在。

（2）自身感觉失认症：典型表现为否定其病灶对侧一半身体的存在。别人将其对侧上肢给他看时，他会否认是属于自己的。

（3）Gerstmann综合征：又称两侧性身体失认症。病人有手指失认症、左右定向失认症、失算症、失写症等。但以上症状不一定全部出现，也可有色彩失认症、视空间失认症等。

（四）体觉失认症的评定

（1）触觉失认症　①手触失认：要求患者闭目，用手触摸物体，分辨呢绒、粗布、砂纸等，不能辨认者为阳性。②皮肤描画失认：要求患者闭目，用铅笔或火柴杆在患者皮肤上写数字或画图，不能辨认者为阳性。

（2）Gerstmann综合征　①双侧空间失认：检查者说出左侧或右侧身体某一部分的名称，要求患者举起相应的部分，回答有误者为阳性。②失写：要求患者写下主试口述的短句，不能写出者为阳性。③失算：要求患者心算，从1开始，每次加7，直到100为止，不能计算者为阳性。④手指失认：检查前先让患者弄清各手指的名称，然后检查者说出不同手指的名称，要求患者伸出相应手指，回答有误者为阳性。以中间三指出现错误多见。

第四节　知觉障碍的认知训练

一、视觉失认的认知训练

（一）视觉空间失认训练法

（1）垂直线感异常：监控患者头的位置，偏斜时用声音给患者听觉暗示。镜子前训练时，在中间放垂直线，让患者认识垂直线，反复训练。

（2）结构失认：让患者按治疗人员要求用火柴、积木、拼板等构成不同图案。

（3）方向失认：让患者自己画钟表、房屋，或在市区图上画出回家路线等。

（二）颜色失认训练法

用各种颜色的图片和拼板，先让患者进行辨认、学习，然后进行颜色匹配和拼出不同颜色的图案，反复训练。

（三）面孔失认训练法

（1）先用亲人的照片，让患者反复看，然后把亲人的照片混放在几张无关的照片中，让患者辨认出亲人的照片。

（2）训练患者根据人的主要特征进行辨认，如发型、身高、声音、着装等。

（3）按年龄顺序把某人的照片进行排列比较，帮助辨认。

（四）物品失认训练法

（1）对常用的、必须的、功能特定的物品通过反复练习进行辨认，如电灯等。

（2）提供非语言的感觉——运动指导，教会患者注意掌握物品的明显特征。如通过拖地来辨认拖把。

（3）提示患者注意抓住物品的某些特征。
（4）鼓励患者在活动中多运用感觉，如触觉，听觉等。
（5）必要时可在物品上贴标签提示患者。

二、听觉失认的认知训练

（1）建立声与发声体之间的联系：训练师吹一个口哨，患者吹另一个口哨，然后让患者把口哨的图片与写有口哨字样的图片配对。可换种形式反复训练。

（2）分辨发声与不发声体：训练师让患者细心听（不准其看）吹口哨的声音，然后让患者从画有水杯、镰刀、口哨、挂钟中的图片中认出口哨。

（3）声—词联结：训练师用录音带提供狗吠、猫叫、虎吼、狼嚎、鸟鸣等声音，让患者找出与发声一致的动物的词卡。

（4）声辨认：训练师从发"a"音开始，要求患者对着镜子模仿此音，经过几次后，训练师出示一张写有"a"字音的字卡，再让患者模仿此音；接下来加入元音"y""o""u"，分别出示相应的字卡进行辨认。

（5）代偿：训练师可指导患者利用其他感官进行代偿，如把门铃附加闪灯等。

三、体觉失认的认知训练

（一）身体失认的训练法

（1）让患者按命令模仿训练师的身体动作。
（2）在训练中鼓励患者运用患侧肢体或双侧肢体，以强化其正常运动模式。
（3）训练时可用人的轮廓图或小型人体模型让患者学习人体的各个部分及名称，再用人体拼板让患者拼配。
（4）训练时，可刺激患者身体某一部分，让其确认并说出这一部分的名称。
（5）让患者按照"让我看你的脸"或"触摸你的手"的指令进行动作。

（二）Gerstmann综合征的训练法

（1）左右失认。①反复辨认身体的左方或右方，接着辨认左方或右方的物体。②训练师可给患者触觉、本体觉的刺激输入，还可在利手的腕部施加重量。③对有困难的活动给予提示；将一侧袖子或裤腿与对应肢体做上相同标记，便于患者完成。④做一些反复强调左右差别的活动，如让我看看你的左脚，把你的右手举起来等。

（2）手指失认。①用粗布给患者手指以触觉刺激，让其确认并说出手指的名称，反复在不同的手指上进行。②提供如按键、弹琴等训练机会，让患者的指尖、指腹得到外界反复刺激。③让患者主动或被动地用手抓握一个木制的椎体，从而对手指的掌面施加一个压力，压力的大小取决于物体的轻重。同时，可活动手中的物体以产生摩擦感，至少2分钟。

（3）失读。①让患者按自动语序，辨认和读出数字；也可以通过玩扑克、掷骰子等训练患者数目知觉。②让患者看图识字、阅读短句、短文，给予提示，让其理解其意。

（4）失写。辅助患者书写字、词及短句，并解释其意义，着重训练健手书写。

【专栏2-2】　面孔识别领域的新发现——遗传性面孔失认症（HPA）

HPA的发现

面孔失认症（PA）是在面部的视觉获得和认知上存在的一种选择性损伤。习得性面孔失认症（APA）被认为是与右侧或左右两侧大脑脑叶的暂时性损伤有关。没有任何脑损伤的先天性面孔失认症罕有报告。第一个暗示PA可能有家族遗传倾向的报告是McConachie于1976年发表的，报告中报道一对母女关系的被试通过记忆声音和他人的衣着来克服她们面孔识别上的障碍。在这之后，仅有2例家族先天性PA的报告。1991年，De Haan等报道1例无神经系统疾病的先天性PA，有家族史，称为发育性PA，CT正常，右后顶区EEG异常。1999年，De Haan又描述了一个父亲及其三个子女的PA症状，报告中首先发现女儿的面部识别障碍，她抱怨她从来不能用一种可靠的方式来确认她的亲人。随之牵扯出她的父亲，之后是她的哥哥和姐姐也都有认错人的尴尬。2003年，Galaburda和Duchaine发现了在四代家族内有先天性PA循环发生的案例，报告中的一个被试直到进入军队服役才发现了自己的问题，当穿上同样的军装后，他无法再分辨他的战友。2006年，Kennerknecht Ingo的研究小组对HPA开始进行系统的研究，已经发现了200例HPA症人和超过40个有遗传性PA症的家庭，提供了HPA是一个并不罕见的认知障碍的证据。

HPA的描述性界定

HPA是指没有任何脑损伤的先天遗传的面孔失认症。HPA患者无法轻易地识别面孔，即使这个面孔是他们非常熟悉的人的面孔。但HPA人能够识别物体，对面孔的性别、生动性或情绪的识别无障碍。

我们最常见的面孔失认症类型是在脑损伤或患脑炎后出现的习得性PA，这种识别面孔能力的突然丧失可以立即被确认。这种情况并不会发生在PA的先天性类型上。先天患有PA症的人，也仅仅是在一个不期而遇的情境下与人遭遇但又没有认出对方才会被注意到他们是有问题的。许多先天患有PA症的人意识到了自己的问题，但他们不知道为什么在与人相遇时，不能做出恰当正确的反应的真实原因，通常被别人误认为，或自以为是，或对人不感兴趣，或心不在焉等性格问题。

Kennerknecht Ingo等已经证明这种先天性PA大多是通过遗传获得的，他们在考察家族的案例的时候，就能够发现在直系亲属中其他的PA症人，因此，Kennerknecht Ingo等人把先天性面孔失认症定义为HPA。

HPA存在的证据

逸事证据：一旦你听说HPA人的特征，你可能会在任何一个地方发现他。Cecilia Burman给我们提供了一些有意思的信息：因为在非洲野外长达38年的对黑猩猩的研究而闻名于世的科学家——珍尼·古道尔；Oliver Sacks——因研究认知异常而为世人所知；包括德国明斯特大学遗传基因研究所HPA症研究小组的Grüter T教授也是先天的HPA症人。

科学证据：2006年，Kennerknecht Ingo的研究小组对HPA开始进行系统的研究，已经发现了200个HPA症人和超过40个有遗传性PA症的家庭，提供了HPA是一个普遍存在的认知障碍的证据。2007年，明斯特大学人类遗传基因研究所HPA研究组对689名德国中学生进行调查，结果发现了17例PA患者，其中14例患者至少有1例近亲有同样的问题，提出了PA是由一种单一的显性基因引起的假设。如果父母中有1人患病，那么孩子有50%的机会患病。

[资料来源：王晖.面孔识别领域的新发现——遗传性面孔失认症[J]. 中国社区医师, 2009（16）:10]

思考题

1. 试比较分析两种知觉理论。
2. 什么是模式识别？试阐述模式识别理论。
3. 什么是结构优先效应？其类型有哪几种？怎样理解？
4. 举例说明知觉障碍的几种主要表现类型。
5. 临床上如何对失认症进行评定？其认知训练方法有哪些？

案例分析　　老年痴呆患者的失认症状

某女，55岁，两年前因病退休，之后不久，出现了异常表现：明明是要上厕所，她会往厨房跑，刷牙就拿个牙刷在嘴巴外面动两下，就告诉家人刷好了。病情恶化后，照镜子的时候居然连自己也认不出来，经常指着镜子里的自己对家里人说："家里怎么又来一位客人了？"而且有一天，其老伴在回家的时候，患者竟拿着扫把冲出门来对着他大吼，说他是贼，不准他进家门。

生活经历：发病前，患者活泼大方，爱说爱唱，经常参加社区活动。生病后，患者像换了一个人，沉默的时候静得可怕，闹腾起来，家人都不堪其扰。另外，患者的母亲患有老年痴呆症。

讨论：上述案例中的患者的行为表现为老年痴呆。据专家研究认为，痴呆症总是在人不知不觉中发病，呈持续进行性智能衰退，使智能直线下降。病人在早期常出现记忆力减退、办些糊涂事等症状。比如：和家人谈话后记不起谈话的内容，刚放好的东西就忘了放在哪里了，出门后忘记回家的路；日常生活中不知道穿衣服的顺序，做饭菜的步骤；与他人交谈时忘记简单的词语，也有的患者一改以往的性格，变得易怒和激动。中期除早期的症状加重外，很突出的表现是空间辨认障碍明显加重，很容易迷路，穿衣发生困难，不认识亲友的面貌，记不起他们的名字，不能和别人交谈，有时会自言自语；晚期即极度痴呆期，病人进入全面衰退状态，生活不能自理，如吃饭、穿衣、洗澡均需人照顾，大小便失禁。

上述案例中的患者行为表现应该属于中期痴呆症。她不识自己的面孔，把自己的老伴当作贼，属于失认症症状，也就是痴呆症的伴随症状。

痴呆是一种综合征，据调查显示，痴呆症状已出现低龄化，并且可以发生于任何人群，50岁左右中年人出现轻度认知障碍的病例显著增多，而轻度认知功能障碍是介于正常衰老与痴呆之间的一种中间状态，一般日常生活能力不受影响。

拓展学习　　面孔识别模型

1. Bruce和Yang的面孔识别模型

Bruce和Yang（1986）提出了面孔识别模型，主要包含八个成分：①结构性编码：这可以产生关于面孔的各种表征或描述；②表情分析：可从面孔特征推测人的情绪状态；③面部语言分析：对说话者嘴唇运动的观察可帮助语言知觉；④指引性视觉加工：特定面孔信息可被选择性地加工；⑤面孔识别单元：这些单元包含已知面孔的结构性信息；⑥个人身份结点：这些结点可提供关于个体的信息（如职业和兴趣等）；⑦名字产生：一个人名字是被单独储存的；⑧认知系统：这一系统包含附加信息（如男、女演员倾向于有更吸引人的长相）；这一系统也影响其他成分受到注意的情况。

对熟悉面孔的识别主要依赖于结构性编码、面孔识别单元、个人身份结点和名字产生等4个成分。相反，对不熟悉面孔的加工主要涉及结构性编码、表情分析、面部语言分析和指引性视觉加工等过程。

实验证据：Bruce和Yang（1986）假定熟悉和不熟悉面孔是以不同的方式被加工的。如果我们能够找到一些患者，其熟悉面孔识别能力完整，但不熟悉面孔识别能力严重损害，并且找到表现出正好相反的模式的另一些患者，那么，从这一双重分离现象可推断出，熟悉和不熟悉面孔识别所涉及的过程是不同的。

Malone等（1982）测试了一个患者，其识别著名政治人物照片的能力保持相对完整（17幅中有14幅判断正确），但几乎不能匹配不熟悉面孔。对于第二个患者来说，情况则正好相反。该患者匹配不熟悉面孔的能力正常，但识别著名政治人物的能力受到严重损害（22幅中只有5幅判断正确）。

根据这一模型，名字产生成分只有通过适当的个人身份结点才能被加工。这样，如果不在同时获得一个人的其他信息（如他/她的职业），我们就不能把一个名字与一幅面孔匹配起来。Young、Hay和Ellis（1985）要求被试保存一些在面孔识别中所遇到的特定的问题的日记记录。研究者总共设计了1008个事件，但当对要识别的那个人一无所知时，被试就不能把名字和面孔匹配起来。相反，研究者发现共有190个场合，被试能够记忆起那个人相当多的信息，但不包括其名字。

研究者也获得了相应的认知神经心理学证据。比较典型的是，如果不知道目标人物的其他信息，脑损伤者就不能把一个人的名字和面孔联系起来。例如，Flude、Elude和Kay（1989）研究了患者EST。当呈现熟悉面孔时，EST能正确提取85%熟悉的面孔人群的职业，但只能回忆15%的名字。

根据这一模型，另一类问题应该很常见。如果某一适当的面孔识别单元被激活而其个人身份结点则没有，那么被试应该有一种熟悉的感觉，而又不能想起来与那个人的任何相关信息。在Young等（1985）的研究中，总共有233例这样的事件。

我们还可以做进一步的预测，当我们注视一幅熟悉面孔的照片时，从面孔识别单元获得的熟悉性信息、从个人身份结点获得的个人信息（如职业）和从名字产生成分获得的个人名字信息按先后依次得到加工。从而，关于面孔熟悉性的判断应该比那些基于个人身份结点的判断更快一些。正如所预测的一样，Young、MeWeeny、Hay和Ellis（1986）发现判断一幅面孔的照片是否熟悉要快于判断一幅面孔是否属于一位政治家。

从模型还可看出，基于个人身份结点的判断，应该快于那些基于名字产生成分的判断。Young、MeWeeny、Hay和Ellis（1986）发现被试判断一幅面孔照片是否属于一位政治家要明显快于给出一个人的名字。

2. 交互激活和竞争模型

Burton和Bruce（1993）对Bruce和Young（1986）的模型进行了发展。他们提出的交互激活和竞争模型采用了联结主义范式。面部识别单元和名字识别单元分别包含关于面孔和名字的储存信息。个人身份结点是进入语义信息内容的门户，而且这些结点能被那些关于人名的言语输入及面孔输入所激活。结果是，通过言语或面孔信息，这些成分可提供关于个体熟悉性的信息。最后，语义信息单元包含名字以及与个体有关的其他信息（如职业和国籍等）。

实验证据：这一模型已被运用来解释从面孔识别中发现的联想启动效应。例如，当预先快速呈现某一相关人士的面孔照片时，判断另一面孔是否熟悉的时间会缩短。根据这一模型，第一幅面孔照片激活语义信息单元，后者反馈激活该面孔和与之相关面孔的个人身份结点。这一过程又加速了对第二幅面孔照片熟悉性的判断。由于个人身份结点能够被名字和面孔所激活，所以，当一个人的名字（如菲利普亲王）之后紧跟一个相关人物的面孔（如伊丽莎白女王）时，我们应该能够获得针对面孔熟悉性判断的联想启动效应。研究者正好也发现了这一现象。

交互激活和竞争模型与Bruce和Yang（1986）的模型的一个差别是关于面孔和自传信息的储存问题。在Burton和Bruce（1993）的模型中，这两类信息均储存于语义信息单元中，而在Bruce和Yang（1986）的模型中，名字信息只有在自传信息之后才可以被加工。

（资料来源：M.W.艾森克，M.T.基恩，等.高定国，肖晓云，译.认知心理学（第四版上册）[M]. 上海：华东师范大学出版社，2004）

参考资料

1. 彭聃龄.普通心理学[M]. 北京：北京师范大学出版社，2004.
2. 全国十二所重点师范大学.心理学基础[M]. 北京：教育科学出版社，2002.
3. 杜文东，张纪梅.医用普通心理学[M]. 北京：北京科学技术出版社、合肥：安徽大学出版社，2003.
4. 汪福祥.心理学概念[M]. 北京：外文出版社，2004.
5. 边肇祺.模式识别[M]. 北京：清华大学出版社，2000.
6. 西奥多里德斯，等.模式识别（第三版）[M]. 李晶皎，等，译.北京：电子工业出版社，2006.
7. 王甦，汪安圣.认知心理学[M]. 北京：北京大学出版社，1992.
8. M.W.艾森克，M.T.基恩，等.高定国，肖晓云，译.认知心理学（第四版上册）[M]. 上海：华东师范大学出版社，2004.
9. 柴铁劬.康复医学[M]. 上海：上海科学技术出版社，2008.
10. 张通.神经康复治疗学[M]. 北京：人民卫生出版社，2011.
11. 南登昆，缪鸿石.康复医学[M]. 北京：人民卫生出版社，1993.
12. 纪树荣.康复医学[M]. 北京：高等教育出版社，2010.
13. 王萍.临床医学概要[M]. 北京：人民卫生出版社，2010.
14. M.W.艾森克，M.T.基恩，等.高定国，何凌南，等，译.认知心理学（第五版）[M]. 上海：华东师范大学出版社，2009.
15. 静进.神经心理学[M]. 北京：中国医药科技出版社，2005.
16. 沈政，林庶芝.生理心理学[M]. 北京：北京大学出版社，1993.
17. 彭聃龄，张必隐.认知心理学[M]. 杭州：浙江教育出版社，2004.
18. 乐国安，韩振华.认知心理学[M]. 天津：南开大学出版社，2011.
19. 丁锦红，张钦，郭春彦.认知心理学[M]. 北京：中国人民大学出版社，2010.

20. 加洛蒂.吴国宏，等，译.认知心理学[M].西安：陕西师范大学出版社，2005.

21. 单春雷.认知障碍的评定[J/OL]or[EB/OL]，http://52brain.com/thread-2642-1-1.html2008年01月

22. 王玉龙.康复功能评定学（2版）[M].北京：人民卫生出版社，2013.

推荐书目

1. 斯佩曼，韦林汉姆.认知心理学新进展[M].北京：北京师范大学出版社，2007.

2. 梁宁建.应用认知心理学[M].上海：上海教育出版社，2009.

3. 泽农·W.派利夏恩.任晓明，王左立，译.计算与认知[M].北京：中国人民大学出版社，2007.

第三章 注意

本章要点

在陈述注意的定义、类别、性质的基础上,重点阐述不同类型注意的经典理论及其新进展;并就一般性注意障碍,以及忽视症的临床症状、脑区定位和评定方法进行介绍;最后详细说明了注意障碍的认知训练方法。

第一节 注意概述

一、注意的定义

人人都知道注意是什么。注意是一种以清晰、鲜明的形式从同时可能的几个物体或思路中取其一的过程。它的本质是意识的集中和专注,意味着从某些事物中脱离出来以便有效地处理其他事物。

——William James,1890

为什么人们总是能顺利地"在人来人往的广场上找到等待自己的伙伴""从图书馆层层叠叠的书架上发现想借阅的书刊""在开车时和副驾驶座位上的家人畅谈"?这是因为"注意"无时无刻不在人类的生活中发挥作用,它也因此成为心理学长期以来的研究对象。

对于注意的界定,随着心理学的发展而不断变化。在科学心理学发展初期,冯特强调"统觉",认为注意是一种心理过程,具有选择性、创造性的功能。构造主义的代表人物铁钦纳则以"注意"取代"统觉",认为注意不是一种心理过程,只是由某种神经过程产生的感觉的一个属性,即清晰性。与之对立的机能主义代表詹姆斯等人,更强调注意是一种意识机能作用,在各种心理活动中起主导作用。到了20世纪初期,行为主义盛行,强调心理学只要研究刺激和反应,注意的研究被忽视。直到20世纪中叶,随着认知心理学的兴起,注意重新获得广泛的关注。认知心理学主张从信息加工的角度对人的心理进行探讨,注意被看作是信息加工的一个重要成分,总是伴随其他心理过程产生:一方面表现在意识对一定对象的选择和集中,另一方面也表现在对无关信息的抑制和排除。没有注意的参与,信息的编码、存储和提取都无法进行。

二、注意的分类

根据注意产生和保持过程中的目的性和意志努力程度,可将注意分为有意注意、无意注意和有意后注意三种。

(一)有意注意

有意注意又称作随意注意,是一种有预定目的、需要做出意志努力的主动型注意。它是人类特有的高级注意形式,表现为人在一定的任务要求下,自觉地把某些刺激物作为注意的对象。有意注意的激发和维持，受到个体内外因素的影响：从外在因素看，活动的目的性越强，组织性越好，越有利于有意注意的保持。从内在因素看，个体对活动的兴趣越高，越能保证注意的集中性；当活动和个体已有的知识经验有联系但个体又不完全知晓的情况下，更容易维持注意；个体的人格特征也和有意注意的维持有关，具有顽强、坚毅性格特点的人，更容易使自己的注意服务于当前任务，而意志薄弱、畏难的人，更难有良好的有意注意。

（二）无意注意

无意注意又称作不随意注意，是一种事先没有预定目的、不需要意志努力的被动型注意。无意注意发生在没有明确任务的情况下，人们对注意对象没有任何预先的准备，这是人和动物都有的一种初级注意形式。引起无意注意的原因，既有来自刺激物的特征，也有来自于个体的状态。一般来说，刺激物的强度、变化、新异性及其与其他事物之间的对比性越大，就越容易引发人们的无意注意。人长期的需要、兴趣、情绪、期待等也都会影响无意注意的发生。无意注意一方面可以帮助人们将意识指向新异刺激，获取新的信息；另一方面也能使意识从当前任务中转移，对正在进行的活动造成干扰。

（三）有意后注意

有意后注意是一种在有意注意基础上发展起来的，但同时具有有意注意和无意注意某些特征的注意。它具有一定的目的性或是和某项任务相联系，但是又不需要意志的努力。有意后注意的产生常常是有意注意转化为无意注意的表现。例如，在某项活动开始时，往往需要一定的努力才能把自己的注意保持在该项活动上。经过一段时间后，对这项工作熟悉了，有兴趣了，逐渐不需要意志努力便可继续保持注意。因此，对活动本身的直接兴趣是培养有意后注意的关键。

三、注意的特性

一般认为，注意具有四个方面的特性，即注意的选择性、稳定性、分配和转移。

（一）注意的选择性

注意的选择性又称作指向性，是指在同一时间内，个体的心理活动指向少数的对象，而忽视其他众多的现象。人类生活的世界纷繁复杂，需要注意或可以注意的对象既有来自外部的现象，也可以是个体自身的行为或内心状态。注意的选择性能有效地帮助人们从众多的信息中选择对自己重要或是感兴趣的事物进行处理，是认知活动的基础。

（二）注意的稳定性

注意的稳定性又称作持久性，是指注意相对稳定地保持在某种事物或某种活动上的时间。注意对象的强度、持续时间、时空变化，活动的内容、形式，以及主体的身体状态、对活动的理解都可能影响注意的稳定性。尤其当注意对象符合引起注意的条件，而主体又有获取信息的需要时，维持注意就相对容易。但是由于生理过程的周期性增强和减弱，注意会在短时间内出现起伏现象。这是有机体自然的特点，容易出现在比较复杂的认识活动中，但通常不会影响当前的任务。

（三）注意的分配

注意的分配是指个体的心理活动在同一时间内指向不同的对象或活动，如常说的"眼观六路，耳听八方""一心二用"。在现实生活中，在完成复杂任务时，经常需要加工不同的对象，这时就需要进行注意分配，但是通常很难同时完成两件要求注意高度集中的事情。因为注意的分配是有条件的，主要取决于活动的熟练程度。如果同时进行的多项活动中只有一项是不熟悉的，其余活动均达到"自动化"或"半自动化"的程度，注意就能进行较好的分配；如果多项活动要在同一感觉通道加工，注意则很难分配。注意分配还与活动性质有关，在技能类活动中较容易，在智力活动中较难。

（四）注意的转移

注意的转移是指根据活动任务的要求，把注意从一个对象转移到另一个对象上。良好的注意转移表现在两种活动之间的转换时间短，活动过程的效率高。这主要取决于：①新注意对象的吸引力。如果新的活动对象符合个体的兴趣，或能够满足某方面的心理需要，注意的转移就比较容易实现。②明确的信号提示。如果新对象的出现有明确的信号提示，也可以唤醒个体大脑处于兴奋状态，灵活迅速地转换注意对象。③个体对原活动的注意集中程度。个体对原活动注意力越集中，注意的转移就越困难；反之，就较容易。④个体的神经活动类型和自控能力。神经活动灵活性高的人比灵活性低的人更容易转移注意，自控能力强的人比自控能力弱的人更善于主动及时地进行注意的转移。注意转移不能等同于注意分散，即俗称的"分心"。注意分散是指注意被无关刺激吸引，偏离了正确的注意对象，容易降低活动效率。而注意的转移有利于提高活动效率，保证活动的顺利完成。

四、注意的理论

（一）选择性注意的理论模型

选择性注意是指个体在同时存在的两种或两种以上的刺激中选择一种进行注意，而忽略另一种。彻里（Cherry, 1953）最早采用双耳分听的范式对选择性注意进行实验研究。他给被试的两耳同时呈现两组不同的声音材料，要求被试在实验过程中大声复述出其中一只耳朵（追随耳）听到的内容，忽略另一只耳朵（非追随耳）呈现的内容。当所有材料呈现完毕时，要求被试报告刚才听到的所有内容。结果发现：对于追随耳的内容，被试能进行很好的再现。对于非追随耳的内容，被试无法再现语义方面的信息；只能报告出物理或声学方面的信息，如男女声、高低音、人声和噪声等。莫布雷（Mowbray, 1953）采用双通道实验，也对选择性注意进行研究，他在听觉和视觉通道同时给被试呈现不同的故事，结果发现几乎所有的被试仅能回忆出一个通道上的故事内容。基于这些发现，研究者们开始对注意的选择性进行理论建构，并不断通过实验研究进行反复检验和修正，先后提出了过滤器模型、衰减模型和反应选择模型。这些理论模型基于一个共同的假设，即人的神经系统对信息加工能力是有限的，外界输入的信息无法获得全部加工，因此，存在类似"过滤器"的装置对信息进行选择性加工。不同的理论模型对于"过滤器"的数量、位置和工作机制具有不同的解释。

1. 过滤器模型

为了对彻里和莫布雷的研究发现进行解释，英国心理学家布罗德本特（Broadbent, 1958）提出了最早的选择性注意理论——过滤器模型（见图3-1）。该模型认为，外界输入的大量信息通过多条通道平行进入个体的感觉记忆，在这里进行有关物理特征的前注意分析。但是，人的神经系统高级中枢的加工能力有限，为了避免系统超负荷，于是在信息的早期加工阶段，存在一个过滤器装置，它根据刺激的物理属性选择信息进入高级分析阶段进行识别。过滤器以"全或无"的方式工作，即每次只让一条通道的信息完全通过，进入高级分析阶段，而将其他通道完全关闭。当任务变化时，它可以根据需求转换通道，选择新的通道信息通过，同时阻断其他通道，造成部分信息的损失。因此，该模型又被称作"单通道"模型。该模型较好地解释了彻里的研究发现：由于过滤器的单通道性质，追随耳作为一个通道，其信息通过了过滤器，得到很好的识别和储存，而非追随耳的内容无法到达高级分析阶段，没有获得语义识别，因此无法再现；同时，由于在感觉记忆的前注意阶段中已经对信息的物理特征进行分析，因此，被试能对非追随耳中信息的物理特征进行报告。

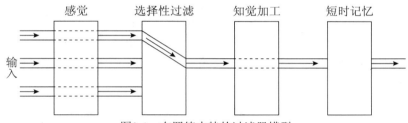

图3-1　布罗德本特的过滤器模型

布罗德本特还自行设计了一个双耳分听实验。他以每秒2个数字的速度同时向被试的左、右耳分别呈现3个不同数字（左耳：6、2、7，右耳：4、9、3），然后要求被试再现。结果发现，以单耳为单位（报告627、493），分别再现的准确率为65%；以双耳为单位（报告64、29、73），按顺序成对再现的准确率仅为20%。布罗德本特认为在该实验中每只耳朵相当于一个通道，当要求被试以单耳为单位报告时，单耳的信息完全通过了过滤器，因此，再现正确率高；当要求以双耳为单位报告时，需要进行通道切换，导致部分信息的迅速丧失，因此再现正确率低。这个实验有力地支持了他的过滤器模型。

过滤器模型在短时间内受到了好评，但是研究者们很快就从一系列的研究结果中对它产生了质疑。马里（Moray, 1959）的研究发现，被试能对非追随耳中出现的自己的名字进行识别。这类似于生活中常见的鸡尾酒会效应，即在各种声音嘈杂的鸡尾酒会上，你正热衷于与友人交谈或是欣赏音乐，对周围的声音则充耳不闻，但如果此时旁边有人提到你的名字或工作单位，你会立即听到，将注意转向他。除此之外，格雷和韦德伯恩（Gray & Wedderburn, 1960）在双耳分听实验中采用了有意义的材料，即同时在两只耳朵分别呈现的音节可以组成词，或是单词可以组成短语。例如，在左耳呈现"ob 2 tive"，在右耳呈现"6 jec 9"，结果被试先后报告出"objective"和"629"。特雷斯曼（Treisman, 1960）在被试的追随耳中呈现有意义的句子信息，在非追随耳中呈现随机的单词，在实验过程中，有部分被试忘记了实验要求，转向非追随耳"追随"有意义的信息（见图3-2）。从这些实验结果可以看出，非追随耳的信息并没有像过滤器模型描述的那样完全的消失，甚至部分的语义信息还被加工了。

图3-2 特雷斯曼的实验示意

2. 衰减模型

为了回答对过滤器模型的质疑，特雷斯曼（1964）对过滤器模型进行改进，提出了注意衰减模型（见图3-3）。该模型认为，在信息的早期加工阶段，确实存在某种过滤装置对信息进行选择。但是该装置并不是按照"全或无"的方式工作，它既允许追随耳信息的通过，也允许非追随耳信息的通过。只是非追随耳的信息在强度上减弱了，而不是完全的消失。同时，对于刺激的前注意分析是有层次的，依次为物理特征的分析，符号模式和特定词汇的分析，最后是基于词汇、语法结构和语义的分析。如果当前的加工能力无法对刺激进行全面的分析，那么高级层次的分析将被省略，只保留对物理特征的分析。为了更好地解释非追随耳中衰减的信息（如姓名）是如何被高级阶段加工而识别的，特雷斯曼还将阈限的概念引入模型中的高级加工阶段。她认为，在高级加工阶段中已存储的信息有不同的激活阈限。追随耳的信息通过过滤器后强度没有变化，因此，能顺利激活相应的内容，得到识别。非追随耳的信息由于强度受到衰减，常常无法激活相应的内容，无法被识别。但是有一些特别的信息，如和个体密切相关的名字、工作单位，具有较低的激活阈限，即使被衰减，仍然可以被顺利激活进而得到识别。此外，影响高级加工阶段激活阈限的因素还有个体的个性倾向、对信息的熟悉程度、信息的上下文等。

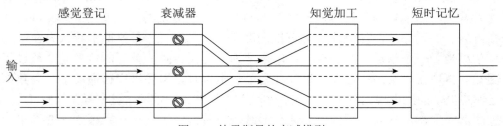

图3-3 特雷斯曼的衰减模型

衰减模型得到赖特、安德森和斯滕曼（Wright，Anderson & Stenman, 1975）等人研究的进一步验证。他们给被试双耳分别呈现两个词表，要求其追随其中一个词表忽视另一个。结果发现，当非追随词表中呈现的某个单词与之前的电击有联系时，被试会出现皮肤电反应；当呈现与该单词发音或语义相近的单词时也会产生同样的反应。

衰减模型和过滤器模型都主张人的信息加工系统的加工能力是有限的，因此需要在信息加工的早期阶段存在着某种过滤器装置对信息进行选择。两个模型中过滤器的位置相同，对信息的选择均发生在高级的知觉识别之前，因此，可以统称为前期选择模型或知觉选择模型。但两者也有区别，首先，衰减模型将过滤器模型中的过滤器"全或无"的单通道工作方式改为衰减方式，允许更多通道进入高级加工阶段，认为未受到注意的信息不是完全丧失而只是减弱了；其次，不同于过滤器模型中的注意选择仅依据刺激物理特征，在衰减模型中前注意的分析更为复杂，还可能涉及语义层次的加工。因此，衰减模型比过滤器模型更有弹性，能解释更广泛的实验结果，并对人的行为做出更好的预测。

3. 反应选择模型

对于非追随耳中的语义信息也可以被识别等研究结果，J.A.多伊琦和D.多伊琦（J. A. Deutsch & D. Deutsch, 1963）提出了反应选择模型进行解释（见图3-4）。该模型认为所有的输入信息都可以进入高级加工阶段，获得识别。注意的选择不是对知觉刺激的选择，而是对反应刺激的选择。高级的中枢结构能对一切的输入信息进行识别，但是只有最重要的或者是最相关的刺激才能被选择做出相应的反应，不重要的信息则不进行反应。选择发生在识别刺激的意义所需要的知觉加工之后，因此，该模型又被称作后期选择模型。诺曼（Norman, 1968）进一步完善了该模型的工作方式，他认为所有的信息都被以平行的方式传送到工作记忆中，但是由于工作记忆的容量有限，平行传递的信息超出了工作记忆的工作极限，因此，并非所有传送到此的信息都被保留下来，只有重要的信息才能被精细化，进入长时记忆；不重要的信息将被遗忘。信息的重要性取决于信息的知觉强度，以及内容是否对个人有重大意义，还和人的觉醒状态有关，如果人处于高度觉醒状态，即使是次要的信息，也会被加工。

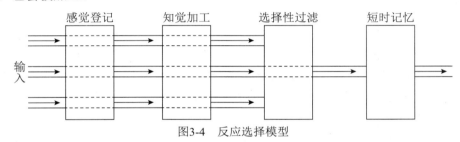

图3-4 反应选择模型

一些实验结果为该模型提供了有力证据。哈德威克（Hardwick, 1969）的追随靶子词实验：向被试的双耳同时呈现刺激，其中一部分为靶子词。靶子词在左、右耳的呈现顺序是随机的，但是数量相同。要求被试不管哪只耳朵听到靶子词，都要分别做出反应。结果左耳和右耳对靶子词的反应率很接近。希夫林（Shiffrin, 1974）的辅音识别实验：让被试在白噪声背景上识别一个特定的辅音。实验设定了三种条件：一是追随双耳；二是只追随左耳；三是只追随右耳。结果在三种条件下，对特定辅音的识别率没有显著差异。这两个实验结果表明，无论单耳还是双耳都可以识别输入的信息。刘易斯（Lewis, 1970）采用双耳分听范式，要求被试复述追随耳中的单词，忽略非追随耳的。但是非追随耳中的单词有的与追随耳中的同义，有的没有语义联系。结果发现，当非追随耳中的单词和追随耳中的同义时，被试的反应延迟。这表明非追随耳中的信息同样获得了语义的加工，再次验证了反应选择模型。

反应选择模型和之前的两种知觉选择模型都认同注意对信息的选择和"过滤器"装置的存在。但是两类模型的争论在于选择发生的位置，到底是位于知觉前，还是位于知觉识别和反应之间。为此研究者们又通过实验研究进行探讨。特雷斯曼和格芬（Treisman & Geffen, 1967）采用双耳分听和目标追随相结合的范式，要求被试追随一只耳朵的信息，但是同时要追随目标词，无论目标词出现在追随耳还是非追随耳，都要做出反应。根据过滤器模型，非追随耳中的目标词应该完全不被注意到；根据衰减模型，非追随耳中的目标词被正确反应的数量应该较少；根据反应选择模型，所有的输入信息都能被识别，因此，对追随耳和非追随耳中目标的正确反应应该没有差别。实验结果对追随耳中目标词的正确反应率为87%，对非追随耳中的反应率为8%，该结果支持了衰减模型。对此，多伊琦等人提出质疑，认为只有重要的信息才能引起反应。在特雷斯曼和格芬的实验中，要求被试对追随耳中的目标词既要复述，又要做出敲击反应，但是对于非追随耳中的目标词只要做出敲击反应，因此，追随耳中的目标词相对更重要，自然获得更多的正确反应。特雷斯曼和赖利（Treisman & Riley, 1969）进一步修改了上述实验，要求被试对所有目标词刺激均进行相同反应，即对追随耳中的目标词仅做出敲击反应，不进行复述。结果，追随耳中目标词的正确反应率还是高于非追随耳，再次支持了衰减模型。然而，反应选择模型的支持者提出，即使统一了对目标词的反应，追随耳的设定也使得两条通道的信息的重要性不一致；再加上追随耳的信息原本都有复述，但遇到目标词时忽然停止复述，反而提高了其重要性。总之，两类模型之间的争论仍在进行。但是不可否认的是，反应选择模型假设所有的输入信息都被中枢加工，这样不符合"经济"原则，对于一些早期选择现象不能很好地解释。

（二）分配性注意的理论模型

分配性注意是指个体在进行两种或两种以上活动时，将注意指向不同对象或活动的现象。日常生活中，这种现象随处可见。例如，边开车边与他人聊天；边织毛衣边看电视。但是，有些活动人们也很难同时进行。例如：在拥挤路段关闭车里的收音机；或者一手在腹部画圆，一手拍打头部等。注意是如何实现分配的？为什么不是在所有的活动中都能顺利地进行注意分配？研究者们提出了瓶颈理论、中枢能量理论等进行解释。

1. 瓶颈理论

韦尔福德（Welford, 1952）的实验发现，当要求被试对相继快速呈现的两个信号都做快速反应时，对第二个刺激的反应时间，依赖于从第一个刺激出现到第二个刺激出现之间的时间差，即刺激呈现时间差，简称SOA。相对于长的SOA，当SOA非常短时，被试对第二个刺激的反应速度明显变慢。韦尔福德将这种现象称作心理不应期（psychological refractory period, PRP），并提出了瓶颈理论对该现象进行解释。瓶颈理论认为，在信息加工系统中存在一个瓶颈，因此很难同时对两个不同刺激进行反应。即使两类刺激和反应不相同，也仍然会出现PRP。

瓶颈理论得到帕什尔（Pashler, 1990）双任务实验结果的支持。帕什尔实验中的刺激包括音调和字母，相应的反应是进行语言报告和按键。对一组被试告诉两种刺激呈现的顺序，另一组则不告诉。尽管两种刺激和反应完全不相同，但是结果显示，两组被试都出现了PRP效应，而且被告知刺激呈现顺序的一组比不知道的一组产生了更大的效应。此后，帕什尔还通过对割裂脑患者的研究，发现将两项刺激-反应任务分别呈现于一侧半球，结果患者仍表现出了PRP效应，表明了该效应的生理基础位于皮质下。

瓶颈理论较好地解释了PRP，对于部分注意分配"难"的现象也有了较好的说明。然而，研究结果也发现，PRP尽管存在，但是时间并不长，且不是绝对现象，这表明多数的信息加工并不是系列的，还存在大量的平行加工。

2. 中枢能量理论

针对大量的注意分配现象，卡尼曼（Kahneman, 1973）提出了中枢能量理论，又称作单一资源理论、资源限制理论（见图3-5）。该理论把注意看作人用于信息加工的、数量有限的能量或资源，用资源的分配来解释注意的分配。识别刺激需要耗费认知资源；刺激越复杂，耗费的资源越多。该理论还预测，如果认知资源已被某个刺激完全占用，那么则没有资源可用于对新刺激的识别；如果同时需要识别多个刺激，那么资源将很快被耗尽，或者以影响某个刺激的识别作为代价；但如果同时需要加工的多个刺激所需的资源没有超出限制，则会出现较好的资源分配现象。尽管认知资源是有限的，但是其数量并不是固定的，在一定时间内，可利用的资源数量由个体的唤醒水平决定，唤醒程度越高，资源数量越多，但是如果唤醒程度超过了一定的标准，也可能导致可利用资源的减少。同时，资源的分配是灵活的，它受到个体长期倾向（如对突然运动、声响、颜色的加工倾向）、当时意愿（如手头的任务），以及对完成任务所需能量的评估的影响。为了更好地说明资源分配的问题，诺曼和博布罗（Norman & Bobrow, 1975）进一步提出了材料限制过程和资源限制过程两类资源分配。材料限制过程是指信息加工受到材料本身低劣质量的影响，在这种情况下，分配再多的资源也无法顺利完成任务。例如，在嘈杂的背景中，一个微弱的声音是很难被觉察的。资源限制过程是指信息加工受到所分配到的资源限制，在这种情况下，如果能获得更多的资源，则能顺利进行认知活动。例如，日常生活中常看到的"一心两用"的现象。

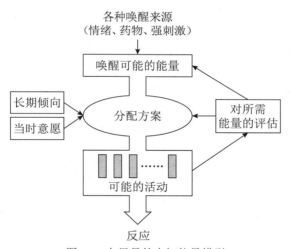

图3-5　卡尼曼的中枢能量模型

中枢能量模型获得波纳斯和博伊西（Posner & Bioes, 1971）双任务实验的支持。①主任务是字母匹配。首先给被试一个提示信号，间隔50毫秒后呈现一个字母，如"H"；间隔1秒后再呈现第二个字母，被试需要尽快判断两个字母是否相同。如果相同，用右手食指按键反应，如果不同，用右手中指按键反应。②次任务是听觉觉察。通过耳机呈现纯音，要求被试听到声音后，尽快用左手食指按键反应。主试在主任务过程中给被试呈现了8个纯音，结果发现被试在主任务中的反应时随着纯音的出现而发生变化。当纯音1出现在提示信号之前，其反应时作为之后纯音反应的对比基线值。如果纯音在字母呈现之前出现，被试将用所有的资源对其加工。因此，在字母之后呈现纯音，反应时增加是因为资源被分配给了主任务。对纯音的反应时在提示信号之后呈下降趋势。这是因为提示信号提高了被试的唤醒水平，使得认知资源增加，直到第一个字母呈现。在第一个字母呈现后短暂时间内，多数认知资源被用于纯音觉察，因此，反应时最小。主任务继续，被试将更多的认知资源转移到主任务上，对纯音的反应时增加。当第二个字母呈现时，用于纯音觉察的资源降到最低，反应时达到最高。

约翰斯顿和海因（Johnston & Heinz, 1978）采用追随靶子词双听实验的结果也支持了该模型。他们向被试双耳呈现靶子词与非靶子词，呈现方式有两种，一种是低感觉可辨度（均由同一男生读出），另一种是高感觉可辨度（靶子词由男声读出，非靶子词由女声读出）；非靶子词也有两种，一种是低语义可辨度（和靶子词同属一个范畴），另一种是高语义可辨度（和靶子词属于不同范畴）。要求被试只复述听到的靶子词，实验结束后，对非靶子词进行回忆。结果发现，不论语义可辨度高低，非靶子词的回忆数量在低感觉可辨度条件下多于高感觉可辨度条件。这表明在低感觉可辨度条件下，对刺激有更深的加工，应用更多的资源，因此，对非靶子词的回忆数量也更多。

中枢能量模型较好地解释了同时进行多项任务时的注意分配，并在一定程度上回答了知觉选择模型和反应选择模型对于选择位置的争论。但是，它关注的是注意整体，并没有解释注意的过程，因此，无法完全否认存在知觉选择和反应选择的可能。此外，该模型虽然说明了资源的分配原则，但是，对于资源的性质并没有明确的定义。

3. 控制和自动化加工理论

有关分配性注意研究中，一个普遍的现象是练习往往导致成绩的提高。例如，初学网球时，一个基本的握拍击球的动作都是有难度的，但在多次练习后，接发球都变得娴熟、老练，甚至是"自动"就完成了。针对这个现象，施耐德和希夫林（Schneider & Shiffrin, 1977）提出了控制和自动化加工理论。该理论区分了控制加工和自动加工，认为控制加工具有的资源有限，需要注意的参与，主要用在困难的或涉及不熟悉项目的任务中。而自动加工是通过练习的结果，它非常迅速，不需要注意的参与，不耗费资源，因此，也不受有限资源的限制，主要用在容易的、涉及高度熟悉项目的任务中。正是有了自动化的加工，人才可以同时处理两个或更多个项目，才有了更多注意的"分配"现象。

施耐德和希夫林通过实验为自己的理论提供了证据。他们先让被试记忆一套由1～4个字母构成的记忆集，然后向被试呈现由1～4个字母构成刺激排列，要求判断刺激排列中的任一个字母是否与记忆集中的完全相同。刺激排列和记忆集的字母有两种匹配形式：一致性匹配（记忆集中只有辅音字母，刺激排列中只是用数字作为干扰项目）和变化性匹配（记忆集和刺激排列中既有数字也有辅音字母）。结果发现，记忆集和刺激排列中项目数量对变化性匹配条件下的判断时间有影响，但是对一致性匹配条件下的无影响。施耐德和希夫林认为，该结果表明变化性匹配反映了控制加工过程，被试需要将记忆集和刺激排列中的项目一一对比才能进行判断，因此，受项目数量的影响；而一致性匹配反映了自动化加工过程，该自动化是被试长期对字母和数字识别的练习结果。施耐德和希夫林延用字母匹配范式，进一步验证了自动化过程是练习的结果。他们选用了字母B～L作为记忆集，字母R～Z作为刺激排列的干扰项，结果发现，通过2000多次的练习，被试的成绩有了显著的提高。他们紧接着将实验材料反转，结果被试在新条件下，多了近1000次练习才将成绩恢复到正常水平。这表明，练习可以有效减少信息加工需要的资源，实现自动化加工，但是自动化加工也缺乏一定的灵活性，有时也可能对认知活动造成一定的干扰。

控制和自动化加工理论也受到不少的批评。该理论认为自动化加工以平行方式不需要耗费资源的观点，意味着判断速度和记忆集、刺激排列的项目数量之间应该是零斜率的函数关系，但不少研究结果还是发现，当记忆集和刺激排列的项目数量均较多时，判断速度还是会随之降低。另外，还有研究者提出该理论对于自动化的说明不够清晰，练习可能只是导致了加工过程速度的提高或者是加工模式的变化。

【专栏3-1】 **练习与Stroop效应**

Stroop效应是指字义对字体颜色的干扰效应。该效应最早由心理学家斯特鲁普（Stroop, 1935）提出。他给被试呈现颜色和词义相矛盾的一组材料，例如，用蓝色书写的"红"字，要求被试说出字的颜色，而不是念字的读音，即回答"蓝"。结果发现，说字的颜色时会受到字义的干扰。

麦克劳德和邓巴（MacLeod & Dunbar, 1988）考察了练习对Stroop任务的影响。他们让被试学习随机的几何图形所对应的颜色名称，然后向被试呈现测试用的图形，要求被试说出与该图形对应的颜色名称（图形命名）或是说出图形本身的颜色（颜色命名）。图形和颜色有三种关系：①一致，随机图形对应的颜色名与图形本身的颜色相同。②控制，当要求进行图形命名时，图形是白色的；但要求进行颜色命名时，图形为彩色长方形（长方形不对应任何颜色）。③冲突：随机图形对应的颜色与图形本身的颜色不同。结果见图3-6和图3-7。

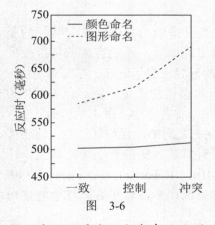
图 3-6

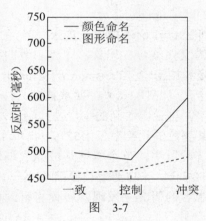
图 3-7

从图3-6中可以看出，颜色命名比图形命名的自动化程度高，图形本身的颜色与图形对应的颜色名是否一致，对颜色命名影响不大，但对图形命名有显著影响。从图3-7可以看出，被试接受20天的图形命名训练后，对图形命名的速度快了许多，不再受颜色命名的干扰，反而对颜色命名造成了干扰。因此，练习的效果使图形命名实现了自动化，对颜色命名造成了干扰。

（资料来源：约翰·安德森.秦裕林，程瑶，周海燕，徐玥，译.认知心理学及其启示（7版）[M]. 北京：人民邮电出版社，2012：96）

（三）理论发展的新进展

知觉选择模型、反应选择模型和中枢能量模型等注意理论的建构和验证，多数是基于听觉材料的实验研究，因此，近三十年来，有更多的研究者转向关注视觉通道的注意，尤其是对视觉搜索中的注意机制进行探讨，提出了特征整合理论、相似性理论和引导式搜索理论等，进一步对注意过程的阶段性加工及其影响因素进行了分析。

1. 特征整合理论

在特雷斯曼的一项视觉搜索实验中，搜索的画面是由1~30个不同颜色字母构成的排列，搜索目标有两种：单一特征目标（一个蓝色的字母或一个字母A）和关联特征目标（一个蓝色的字母A）。结果发现，当目标为关联特征目标时，构成排列的字母数量越多，搜索反应时越长；当目标为单一特征目标时，字母数量的多少对搜索反应时几乎没有影响。

该实验结果验证了特雷斯曼和盖拉德（Treisman & Gelade, 1980）提出的特征整合理论。该理论认为注意刺激可以分为特征和客体。特征是指刺激的某个属性，如颜色、大小、形状等。客体是指多个特征的组合。注意的功能在于能将隶属同一客体的特征结合在一起，即进行特征捆绑。基于此，特征整合理论将注意加工分成两个阶段：第一阶段是前注意阶段，又称作特征登记阶段，是指发生在早期的、快速的对特征进行平行加工的过程。在这个过程中，视觉系统从光刺激模式中抽取颜色、大小、方向、倾斜性、曲率、运动和距离等特征，进行独立的、自动的编码，不需要意志努力，因此，也不受特征数量的影响。第二个阶段为特征整合阶段，是一个相对慢速的、利用集中注意将特征整合成客体的系列加工过程，一次只识别一个客体。因此，该阶段受客体数量的影响，客体越多，需要加工的时间越长。

特征整合理论还提出，如果任务超出了认知负荷或缺乏集中注意，特征的整合可能出现"错觉性结合"现象，即将刺激的特征不恰当地结合，不同客体的特征彼此交换。特雷斯曼和施密特（Treisman & Schmidt, 1982）的研究证实了这点。在实验中快速呈现一些刺激卡片（见图3-8），要求被试只注意刺激卡片两侧的数字，然后让被试先报告所看到的数字，再说出看到的字母及其颜色。结果发现，对数字的正确率达90%以上，但是对字母及其颜色的正确率仅为52%，出现了字母、颜色之间的错误特征结合。这说明，在前注意加工阶段中，单个特征是被独立编码的，只有将注意集中到一个物体上，才可能进行准确的组合。来自弗里德曼-希尔等（Friedman-Hill, Robertson & Treisman, 1995）对顶叶损伤患者的研究也发现，即使将有颜色的字母呈现10秒，该患者仍然会将字母和颜色弄混。

图3-8　错觉性结合实验材料

2. 相似性理论

对于特雷斯曼的实验结果，邓肯（Duncan, 1989）和汉弗莱斯（Humphreys, 1992）不认同特征整合理论的分析，他们认为，实际的视觉搜索比特征整合理论描述得更为快捷、有效，并提出了相似性理论进行解释。该理论认为，特雷斯曼的研究结果可以解释为是目标和干扰项目之间相似性增加的结果。另外，干扰项目之间的相似性也是影响视觉搜索的重要因素。在干扰项目相似性高的背景中搜索目标，比干扰项目相异性高的背景下更容易。因此，搜索任务的难度是由目标刺激和干扰项目之间的相似度，以及干扰项目内部彼此的相异度决定的，而不是由所要整合的特征数量决定。

3. 引导搜索理论

有研究者发现，不是所有的特征都要经过集中注意的加工才能结合起来，有的特征搜索和客体搜索一样迅速。例如，中山（Nakayama, 1992）在研究中让被试搜索两组刺激排列，一组排列具有大小和颜色两种联合特征区别（目标为红色大圆，干扰项目为红色小圆、蓝色大圆和蓝色小圆），另一组排列只有颜色特征的区别（目标为红色圆，干扰项为蓝色圆），结果发现被试对两组排列中的目标搜索速度没有显著差异。这表明视觉搜索的困难程度不仅取决于不同特征的正确整合，还取决于哪些特征在搜索中整合的必要性。在此基础上，沃尔夫（Wolfe, 1990）对特征整合理论进一步细化和修改，提出了引导搜索理论。沃尔夫保留了特征整合理论对注意加工的二阶段，即先是平行加工然后是系列加工。但是根据多项视觉搜索实验的结果，虽然搜索时间和刺激项目的多少呈函数关系，但是无法清晰地区分为平行加工和系列加工，而是介于两者之间。因此，引导搜索理论认为，第一阶段对于特征的加工产生了一个激活地图，该地图标记了每个刺激项目的激活水平。例如，搜索目标为红色，那么在第一阶段所有带红色特征的项目都会被激活，然后在第二个阶段，注意再根据激活程度，按顺序对每个激活项目进行判断，以选择出目标。整个注意加工过程就是由第一阶段的激活地图引导第二阶段的系列判断和选择的过程。该理论能较好地解释，当干扰项目和目标具有共同特征时，搜索时间会延长的现象；同时，也说明可以通过不激活与目标无关的特征，使加工变得更为高效。

【专栏3-2】　　　　　　　　找一找，想一想

请在图3-9中找到白色空心圆，在图3-10中找到黑色实心块，两次的搜索过程有什么不同，请想一想如何用注意理论进行解释。

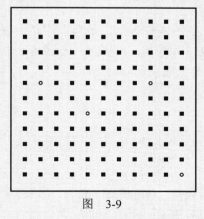

图　3-9

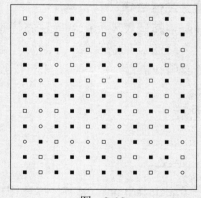

图　3-10

（资料来源：Robert J. Sternberg.杨炳钧，陈燕，邹枝玲，译.认知心理学及其启示（3版）[M]. 北京：中国轻工业出版社，2006：67）

总之，注意是一种复杂的心理现象，不可能由单一的机制来解释。上述各类理论模型从不同角度对注意进行分析，使我们能多方位地把握注意的本质。

第二节 注意障碍及评定

一、一般性注意障碍

（一）定义

在脑损伤、精神分裂症和情感性障碍等情况下，患者在注意方面可能出现障碍。一般性注意障碍的表现多样，也存在多种分类。比较常见的是从注意的性质出发，分为注意选择性障碍、注意稳定性障碍、注意分配性障碍等。波斯纳和彼得森（Posner & Peterson, 1990）提出了注意的"三能力说"，用于理解各种注意障碍。他们认为，注意受到三种独立能力的控制：第一，将注意从一个给定视觉刺激中脱离出来的能力；第二，将注意从一个对象转移到另一个对象上的能力；第三，将注意集中或是锁定在一个目标上的能力。

（二）临床表现

1. 注意选择性障碍

注意选择性障碍主要表现在对需要注意对象的警觉度降低，注意涣散。在注意测试中表现明显，如在划消测验中难以按要求对目标项目进行准确划消，反应时间长，且错误率高。

2. 注意稳定性障碍

注意稳定性障碍主要表现在注意转移的速度过快，容易被外界事物或活动吸引，不能把注意力集中于某一事物并保持一定的时间。

3. 注意分配性障碍

注意分配性障碍表现为患者无法将注意分配到不同任务上，最典型的是出现同时性失认，即在一个时间点只能注意一个目标。通过双任务测试，可以进行有效检测，如患者对第一项任务能顺利执行，但是对于伴随任务则较难完成。

二、忽视症

（一）定义

忽视症（neglect syndrome）又称单侧空间忽视症（unilateral spatial neglect），是脑卒中后常见的功能障碍之一，指的是患者对脑损伤对侧空间刺激不能注意、报告、表征的临床综合征。有关忽视症的报道，始于19世纪末期，神经学家杰克逊（Jackson, 1876）首次以"知觉不能"完整描述了一名脑损伤患者对一侧空间认知能力缺乏，且伴有空间方向辨别障碍和穿衣困难等症状。但此时的"忽视症"，只是作为脑损伤的附带症状被描述，并没有专门的研究。随着第一次世界大战的爆发，大量脑部受伤的士兵表现出了不同的视觉空间机能障碍，引起了研究者对忽视症的关注。霍姆斯（Holmes, 1918）发现空间定向障碍在没有视觉失认的情况下仍可以发生，为忽视症的研究奠定了基础。随后，布雷恩（Blaine, 1941）具体描述忽视症的临床特征，标志着忽视症研究进入一个新阶段。现在，忽视症作为一种常见的临床症状,已成为认知科学领域研究的热点。对忽视症的研究,有力地推动了人类对意识、注意等认知加工机制的探索和认识。

忽视症根据不同的标准,可以进一步划分为不同类型。

1. 按照忽视的表现形式划分

按照忽视的表现形式,忽视症可以分为:①感觉性忽视(sensory neglect),又称作输入忽视、注意忽视或知觉忽视,是指不能意识到脑损伤对侧身体或空间的感觉刺激,包括视觉、听觉、触觉等感觉通道的忽视,患者可表现出一种或多种模式结合的忽视症。②运动性忽视(motor neglect),又称作输出忽视或意向性忽视,是指患者在没有严重肢体瘫痪和肌张力改变的情况下,虽然能够感知到刺激,但是无法做出相应的运动。③表征忽视(representational neglect),又称作意象忽视,是指对表征或想象场景中脑损伤对侧空间中物体的忽视。

2. 按照受损脑半球划分

按照受损脑半球,忽视症可以分为:①左半球忽视,由右侧大脑半球损伤导致的忽视。②右半球忽视,由左侧大脑半球损伤导致的忽视。由于受检测方法、检测时间、患者疲劳程度、受损位置等因素的影响,已有研究对于左、右半球忽视症发病率的报告结果差异很大。但比较一致的是,左半球损伤的发病率低于右半球,这与左半球损伤导致失语有关,因为语言功能受损可能影响了神经心理的检测。同时,相对于右半球,左半球忽视症的程度更轻,消退更早(3~4周),可能是因为人类视空间注意力的分布主要受控于右半球,右半球同时关注左、右两侧空间,其中左侧为优势注意空间。但是,左半球几乎只负责注意右侧空间。当左半球损伤时,右半球可能代替左半球负责右侧空间工作;当右半球损伤时,左半球则无法替代其工作。这也是导致右半球忽视症的检出率比左侧高的原因之一。

3. 按照忽视对象划分

按照忽视对象,忽视症可以分为:①自身忽视(personal neglect),是指患者缺乏对脑损伤对侧躯体的探知或者意识,表现为只穿一侧衣服或只梳洗一侧面部。②空间忽视(spatial neglect),是指患者不能意识到脑损伤对侧空间的所有刺激,包括了近体空间忽视(是指忽视发生在距离患者身体一臂距离以内空间范围)和远体空间忽视(是指忽视发生在距离患者身体一臂距离以外空间范围)。

4. 按照忽视参照点划分

按照忽视参照点,忽视症可以分为:①自我参照忽视(egocentric neglect),多数是由于左侧大脑半球受损,表现为以观察者本身作为参照点,对右侧空间的忽视。②非自我参照忽视(allocentric neglect),多数由于右侧大脑半球受损,表现为以刺激物作为参照点,对左侧空间的忽视。

(二)临床表现

忽视症的临床表现在早期不易被患者自身觉察,往往通过家属、护理人员发现,总体上表现为对大脑半球损伤对侧的定向注意,以及刺激的感知觉缺失、行为能力减退,具有多样化的特点,常见的临床表现如下。

1. 日常生活行为

患者会表现出不洗大脑半球损伤对侧的脸,不刮该侧胡子,穿衣服出现困难,吃饭时只吃损伤同侧的饭菜等行为。

2. 躯体行为

忽视症患者的躯体行为常表现为头或眼偏向大脑半球损伤同侧，身体倾向损伤同侧。即使肢体健康、运动功能完好也无法准确地完成指定的动作，行走时一侧肢体不摆动或少摆动，导致时常碰撞摆放在损伤对侧的物体。

3. 阅读

患者阅读文本时，常常从句子的中间部分开始，只读一半句子，忽视文本的左半侧或者单词的左侧部分字母，错误类型通常包括对阅读内容的遗漏、替换和添加等。这类临床表现又被称作忽视性失读症，多数出现在右脑损伤患者身上，左脑损伤患者中较为少见。患者在初期不明病因，常误以为是视力问题或是阅读内容没有兴趣。已有研究表明，忽视性失读症的发生与忽视症严重程度有关，在忽视症患者中的发生率大约为37%，是影响患者社会功能的重要因素。

4. 临摹

患者在临摹时，能清晰地画出受损同侧空间的内容，但忽略受损对侧空间的内容。例如，让患者临摹一朵花，患者只画了花的右半边。

5. 画图

患者在画图时，往往将图画在纸张的右半边，与临摹相似，能完整地画出图画的右半边，但是图画左边常被省略或是仅以简单的线条勾绘。例如，要求患者画一只钟表，患者通常可以画出完整的外轮廓，但是多数忽视症患者只画出了右边的6个数字，小部分则将所有12个数字都画在了钟表的右侧。

6. 书写

患者的书写模式类似于画图，将书写内容集中于纸张的右侧，而将左侧留出大量空白位置。如果要求其抄写短文，则在抄写时出现明显的错误，如只从句子的中间开始抄写右边的内容，或是在抄写过程中漏字。

7. 感觉对消

给患者两侧同时呈现相同强度的刺激，患者却感觉不到受损对侧的刺激。但如果分别在左侧或右侧呈现刺激，患者则能感觉到，这种现象叫作感觉对消，可能出现在患者的听觉、视觉、触觉等多个感觉通道中。例如，在患者左视野位置呈现一个手指，患者会看到；再在右侧视野短暂呈现两个手指，患者也会看到。但是如果同时在左、右两侧视野中分别呈现一个手指和两个手指，患者就只能报告说看到了两个手指，表现出对左侧视野的忽视。

三、注意障碍涉及的大脑系统及解剖定位

注意的生理机制是很复杂的，拉贝奇（LaBerge, 1977）提出注意活动需要三个脑区的协同作业，它们分别是：①认知对象或认知活动对应的大脑功能区；②能提高大脑激活程度的丘脑神经元；③大脑的前额叶控制区，可以选择某些脑区作为注意的对象，提高其激活水平，使激活维持一定的程度和时间。总体上来说，注意活动主要与脑干网状结构、边缘系统和大脑皮质等脑组织密切联系。首先，脑干上部组织和中脑网状结构在觉醒状态中起着重要的作用，而注意与觉醒状态密切相关。脑干上部损伤的患者会出现严重的选择性注意障碍。中脑网状结构通过弥散投射的方式调节脑的活动，在非随意注意中发挥着重

要的作用。因此，脑干网状结构的上行激活系统也被认为是维持注意的最泛化状态的脑结构。其次，边缘系统既是调节皮质紧张性的结构，又是对新旧刺激物进行选择的重要结构。边缘系统中的海马和尾状核也是进行选择性注意的重要结构，具有"过滤器"功能，能有效抑制无关、习惯化的刺激信号进入大脑，确保对新的、有意义的刺激做出反应。最后，产生注意的最高部位是大脑皮质。大脑皮质不仅对皮质下组织起调节、控制作用，而且是主动地调节行为、对信息进行选择的重要器官。其中，大脑额叶直接参与主动注意和集中注意的过程。

忽视症作为注意障碍的典型代表，大量研究对其相关脑区进行深入探讨。彼得森和赞格威尔（Paterson & Zangwill, 1944）最早报告说忽视症患者的脑损伤半球位于右半球的角回及其下面的白质。之后大量的临床实践和研究结果指出，右半球的脑损伤会比左半球的脑损伤造成更严重的忽视现象；同时，忽视症的产生常常是多个大脑区域共同受损导致的。例如，丘脑、基底神经节、脑白质等皮质下结构的损伤或病变很可能造成忽视症。此外，忽视症还多见于顶下叶、颞-顶交界区和颞上回等皮质区域受损的患者中。

1. 顶下叶

顶下叶（inferior parietal lobe）负责注意的定向与转移，还参与对当前行为的认知监控过程，该功能可用于指导眼和手的探索性空间定向运动，以及维持自我身体的空间内部表征。因此，右侧顶下叶功能受损可能会导致患者出现注意解脱障碍，对对侧空间重新进行注意定位能力受损，以及探索性目标指向行为障碍等忽视症的典型症状。

2. 颞-顶交界区

颞-顶交界区（temporo-parietal junction）负责对刺激的空间注意定向。其中，右颞-顶交界区与两侧视野中刺激的注意加工有关，当注意从一个视野转向另一个视野时，右颞-顶交界区的神经活动水平会明显提高；该区域在注意定向过程中，提供当前注意中心是否有效的信号。因此，该区域受损，可能是导致整个视野中自主定向运动受损，产生右侧空间探索性运动偏向的主要原因。

3. 颞上回

颞上回（superior temporal gyrus）同时接受来自腹侧和背侧通路的视觉信息，可对两视野中物体的身份和位置信息进行识别；通过连接顶叶和背侧前额脑区的上纵束实现对注意定向、运动控制和工作记忆等过程的整合。因此，颞上回受损是忽视症患者产生刺激意识觉知缺陷和空间记忆能力受损的主要原因。另外，已有研究还发现，该区域受损会导致对损伤对侧目标扫描时间的延长，以及注意再定向的困难，这表明该区域还参与了对对侧空间目标的注意。

四、注意障碍的评定

（一）一般性注意障碍的评定

一般性注意障碍的评定可以通过综合性认知测试中包含的注意分测验进行，也可以采用专项注意测验进行。

1. 常用的综合性认知测验

（1）简易精神状态量表（mini-mental state examination, MMSE）。MMSE由巴尔的摩

的Folstein等人于1975年编制，是国内外最常用的认知筛查工具，评分者信度高，有完整的常模，非常适用于大规模群体测试。包含对定向力、记忆力、注意力、回忆力和语言能力等五个方面的评估，其中对注意力的评估包含两项内容：①串行减法任务，要求被试做100减7的运算，依次减下去，连续5次；②倒序拼写单词任务，要求被试按照倒序评出给定的单词。编者建议可先让被试完成串行减法任务，如果出现任何错误则进行倒序拼写任务，最后取两项任务中得分高者作为最终评分。也有研究者在实际应用中只选择其中一项进行测试。

（2）蒙特利尔认知功能评定（the montreal cognitive assessment, MoCA）。MoCA由加拿大Nasreddine等在MMSE的基础上编制，是用于对认知功能异常进行快速筛查的评定工具。包括8个认知领域，即注意与集中、执行功能、记忆、语言、视结构技能、抽象思维、计算和定向力等，共11个检查项目。注意分测验包括3项：①数字广度测验（包括顺背和倒背；即先由主试说出5个数字，再要求被试按主试说的顺序或倒序依次背出来）。②警觉测验：主试以每秒钟1个的速度读出包含20个数的数字串，要求被试在主试读到某一个指定数字时，拍一下手或敲打一下桌子，其他的数字则不做反应。③连续减7测验：同MMSE的串行减法任务。

（3）常识-记忆-注意力测验（the information-memory concentration test, IMCT）IMCT在1968年作为Blessed痴呆评定量表（blessed dementia rating scale）的一部分首次被发表，主要用于测量常识、记忆和注意力等领域。其中，注意力测试包括三项：①倒序说出一年中每个月份的名称；②从1正数到20；③从20倒数到1。

（4）洛文斯顿认知成套测验（the loewenstein occupational therapy cognitive assessment battery, LOTCA）。LOTCA是以色列希伯来大学洛文斯顿康复医院于1989年公布的一套认知评定测验，第二版包括定向、视知觉、空间知觉、动作运用、视运动组织和思维5个领域共26个项目。其中，对注意力的评估则是根据26个项目测试过程中所观察到的被试表现进行评分：1分，注意力集中时间非常短暂，不超过5分钟，需要主试不断地重复指导语；2分，能短期保持注意，可超过15分钟，需要重复提示，全过程要分两次完成；3分，注意集中存在轻度困难，不时地需要重新调整注意状态，但最终能完成所有测试；4分，没有注意力集中的问题。

除了上述几项综合性认知测验外，Addenbrooke's认知功能检查量表修订版、Mattis痴呆评定量表、剑桥认知量表和韦克斯勒智力量表中都有包含注意力测试，类似于上述项目，因此不再一一阐述。

2. 专项注意测验

为了更精确地测试注意能力，尤其是对注意不同属性方面的障碍进行评估，避免综合性评估的模糊性和耗时性，研究者们开发了多种专项注意评估的方法。

（1）持续作业测验（continuous performance test, CPT）。CPT由Rosvold等人首创，主要用于对持续性注意的评估。包括视觉测试和听觉测试，即由计算机显示器呈现或音频播放一组数字或字符，要求被试对事先指定的刺激进行反应。例如，当被试听到数字"3"后面出现"7"的时候，就尽快地按鼠标键。计算测试的虚报错误次数（反映被试的冲动性和抑制冲动能力）、漏报错误次数（反映被试注意力的集中性）、平均反应时间（反映被试的注意警觉性）。

（2）注意力变量检查（test of variables of attention, TOVA）。TOVA是1987年由Greenberg

设计的,它也可以说是一种改良的或特殊的CPT,包含视觉和听觉两个分测验,采用两个简单图形或高低频声音为测验材料,该测试避免了文化差异、受教育水平的影响,是CPT不具有的优势。例如,随机呈现两个分别在上方和下方有个黑洞的白色方块,其中上方有黑洞的白方块为靶目标,被试只对靶目标做反应;整个测验时间被均分成前后两段,前半段为靶目标出现概率低,患者容易因目标刺激少而注意力不集中,漏掉靶目标造成"遗漏",也可能将非靶目标刺激当成目标刺激而"错认";后半段靶目标出现概率高,患者容易将非靶目标当成靶目标反应而造成"错认"。选取疏漏、错误、反应时、反应时变异率4个指标对被试的持续注意力水平进行评估。反应时变异率提高意味着反应稳定性减弱,注意力持续的时间较短;反之,则意味着反应稳定性增强,注意力持续时间较长。

(3) 划消测验。划消测验主要用于测量注意的集中程度和持续性。在划消测验中,通常给被试呈现一张排列着几百个各种符号的大表,指定其中某种符号为目标,要求被试迅速、准确地找到目标并划去。测验结果记录被试的查阅的总符号数(A)、查阅时间(B)、正确划消数和错误划消数(遗漏的目标和划错的非目标)之差(C)、应划消的符号数(D),最终计算出注意集中指数=$(A/B)\times(C/D)$。划消测验可以分为限定工作量和限定时间两种,前者通常用于个体测试,后者更适合集体施测,两者结果不能进行比较。具体的划消任务可以有多种形式。例如,Ruff的"2,7"划消测验,要求被试在150秒的时间内,按从左到右的顺序尽快将每行数字或字母中的数字"2"与数字"7"划掉。d2注意力测验(d2 test of attention)是对划消测验的标准化改进。该测验共14行,每行47个字符,共658个,其中目标物较多,比率为294/658;字符由字母"d""p"以及1~4条短线构成,短线以单条或双条的形式出现在字母的上方或下方;要求被试仔细观察每一行字符,识别并划掉所有带有两条短线的目标符号"d";要求被试迅速完成,每一行的测试时间为20秒。总体上划消测验采用的材料多为简单的字母、数字、几何图形等,能较好地排除职业、文化、年龄等因素的影响,适用范围非常广泛。

(4) Stroop测验(stroop color-word interference test, SCWT)。SCWT是1935年由Stroop研发的一项测验,主要可以用于对注意选择性、分配性进行评估。测验内容包括三个部分:①呈现颜色词(如红、黄、绿),要求被试正确读出颜色词;②呈现不同颜色色块,要求被试说出正确颜色;③干扰测验,用不同颜色书写的颜色词,颜色和颜色词不一致,任务一要求被试快速读出颜色词的颜色,而不管颜色词的词义,任务二要求被试读出颜色词,而不管颜色。结果记录各部分的反应时和正确率,再进行比较,在C部分,注意选择性差的被试,表现出更大的干扰效应。

(5) 同步序列听觉加法测试(paced auditory serial addition task, PASAT)。PASAT主要用于评定分配性注意。要求被试连续听61个随机排列的1~9的数字,并计算出听到的相邻2个数字之和。结果记录被试正确反应的数目。根据数字间隔时间的不同,可被设计成不同版本。

(6) 连线测验(trail making test, TMT)。TMT由Partington在1938年开发,包括A和B两个测试,前者主要用于评估注意的持续性,后者用于评估注意的转移。A测试在一张纸上随机摆放25个数字,要求被试按顺序将25个数字连接。B测试在一张纸上随机摆放25个数字和字母,要求被试按顺序交替连接,如1-A-2-B-3-C。为了体现文化公平性,有研究者开发了有色TMT,即保持A测试不变,但在B测试中用两种不同颜色的数字代替数字和字母。还有些研究进行本土化修改,将B测试实验材料改为包含在两种不同形状(圆形和正方形）中的数字，或是数字和中文，要求被试交替连接数字和中文（一至十二）。结果记录完成的时间。

（7）日常注意成套测验（test of everyday attention, TEA）。TEA由Robertson等于1994年制定，以日常活动为测试项目，具有较好的生态学效度。可以用于评估持续性注意、选择性注意、分配性注意和转移注意等，包括数电梯上升层数、阅读地图、查阅电话号码簿等共8项分测验，具有良好的信效度，已广泛应用于对脑外伤、脑卒中、阿尔茨海默症等患者的临床注意评定。

近年来，随着认知神经科学技术的发展，以及相关研究的深入开展，在临床上也开始应用事件相关电位（event related potentials, ERP）检查和功能磁共振（functional magnetic resonance imaging, fMRI）检查的方法进行注意障碍的评估。例如，有研究发现在主动注意过程中，ASHD儿童的N1、P2、N2和P3等波幅低于正常儿童。

（二）忽视症的临床测评

由于忽视症临床表现形式的多样化，有关忽视症临床测评的方法很多。国内外文献中有报道的约60多种，其中将近30种方法经过标准化，能对忽视症进行科学、客观定量评定。忽视症的临床测评方法多为单项测评，即一种方法仅能从单方面反映患者的忽视症状，如画图或阅读；但是，随着单项测评方法在临床的使用，无法满足患者症状的多样性的需求，因此，研究者开发出了成套的测评方法，将多种单项测评方法联合使用以提高对忽视症诊断的正确性。

（一）单项测评方法

忽视症的单项临床测评方法，根据测评方式可以分为纸笔测试、行为测试和计算机测试。

1. 纸笔测试

纸笔测试具有简单、快速、易操作等特点，在临床中使用极为广泛，主要包括删除测试、临摹、画图、图形识别、线段等分测试、数字等分测试、阅读和书写测试。

（1）删除测试。删除测试是让患者进行目标物删除，目标物有多种版本，如圆圈、星形、数字、字母、线段等。以线段删除测试为例，在16开白纸上随机分布40段线段，要求患者勾划看到的每一条线段，时间不限。评分标准为：纸张一侧被删除线段小于或等于1/3记为3分；大于1/3小于2/3记为2分；大于2/3记为1分；全部被勾划记为0分。有些版本测试同时呈现两类项目，如在纸上随机分布有圆圈和三角形，但是只要求患者删除其中一种。在这种情况下，则还要考虑错误项目的数量、位置。错误项目是指被患者删除的非目标物。对删除项目和错误项目的同时考察能提高忽视症测评的灵敏度。删除试验具有较好的信效度，适用于对视觉忽视和近体空间忽视的测评，无法对自身忽视、远体忽视进行测评，也不能用于感觉性忽视和运动性忽视的区分。

（2）临摹。临摹是给患者提供空白纸，让其对简单图形进行临摹。较常使用临摹的图形有空心十字、花朵、树木、房子、几何图形等。根据临摹后图形的位置、完整性、缺失内容进行评定，适用于视觉空间忽视的评定。

（3）画图。画图要求患者通过回忆画出某种指定图形，该测试可用于反映表征忽视症状，具体评定方式和临摹相似，因此，也存在较难进行定量评定的问题，而且受患者绘画水平影响，相对其他方法灵敏度较低。

（4）图形识别。图形识别测试中的图形由两个常见图形组合而成，要求被试报告看到了什么。患者常常仅能报告出右侧的图形，而忽略左侧图形；正常者则可以报告出每部分的名称。

（5）线段等分测试。线段等分测试是在纸上给患者呈现一条线段，要求患者找出线段的中点。左侧空间忽视症患者的中点判断往往向右侧偏移。该方法可根据偏移的距离进行定量评定，但其灵敏度依赖于线段的长度，线段越长，灵敏度越好；如果线段太短（小于5厘米），可能导致患者的中点判断出现向左侧偏移的反转效应。目前，临床测评中线段长度通常在18～20厘米。

（6）数字等分测试。数字等分测试和线段等分测试类似，给被试呈现两个数字（如1和9），要求被试说出两个数字的中点。忽视症患者报告的数会偏向数值大的一方（如报告7），随着数字间数值间距加大，偏移值也会增加。

（7）阅读。阅读测试是给被试提供一段短文，要求患者进行阅读。根据患者阅读短文时遗漏的单词总数和遗漏短文的左边或右边的单词数进行评定。

（8）书写测试。书写测试是要求患者在白纸上抄写一段文字，或者是按要求进行书写（如分行写下自己的姓名、家庭住址、日期等信息）。根据纸张中留下空白的位置和范围，以及抄写中的漏字、错字进行评定。患者往往会在纸张中位于损伤半球对侧的位置上留下较大的空白。

2. 行为测试

行为测试多用于对自身忽视及远空间忽视进行评定。

自身忽视的评定可以通过要求患者做出梳理头发、洗脸、使用右手触摸自己的左肩等简单日常活动行为进行评定。也可以采用马甲测试：让患者穿上一件有24个口袋的马甲，24个口袋分布在马甲前侧，左右各12个，在口袋内放入物品，然后要求患者尽快以受损半球同侧的手拿出口袋内的物体，根据患者分别拿出两侧口袋物体的速度和数量进行评定。

远空间忽视评定可以通过让患者描述出屋子周围的物体，或者为坐在一个方桌周围的人分发卡片等活动进行评价。该方法不容易进行定量评价。

3. 计算机测试

近年来，随着计算机技术和认知心理学研究的发展，研究者又开发出了计算机测试用于忽视症的测评。这类评定方法在测试过程中向患者提供策略反馈等，从而引起测试结果的改变，因此，又被称作动态评定法。

（1）视空间搜索任务。视空间搜索任务是一种基于计算机平台对患者进行视空间忽视评估的技术。包括两种任务：①单特征搜索。是指在计算机屏幕上给被试呈现搜索图像，该图像由搜索目标和干扰项目随机排列构成，干扰项目和目标仅存在一个特征差异，如目标为红色的圆，干扰项目为绿色的圆。要求患者在限定时间内找出目标，总共测试108次，通过计算机记录患者的搜索时间和正确率。②复合特征搜索。基本过程同单特征搜索，区别在于目标和干扰项目之间有两个或两个以上的特征差异，如目标为红色圆，干扰项目为绿色三角形。视空间搜索任务适用于评定视空间忽视，灵敏度高，可以作为纸笔测试的补充。

（2）虚拟现实技术。虚拟现实技术是借助计算机软硬件平台，创设出与现实环境相似度极高的三维虚拟环境，可以使患者产生身临其境感。通过给被试呈现虚拟空间，让被试在"真实环境"中进行空间物体报告或是完成行走、抓取物件等肢体运动。该技术不仅能够提供患者眼睛运动、头部姿势和肢体运动变化等方面的信息，还可以提供视野反应时、注视点、眼跳方向等注意搜索模式方面的精细数据。适用于对视觉、听觉、触觉等多通道忽视症状的测评。但是，该技术也存在成本高、操作难度大、评定者需要专门训练等方面的问题，因此，在临床上较难进行大规模推广。

（二）成套测评方法

1. 行为忽视测试

行为忽视测试（behavioral inattention test, BIT）包括删除线段、删除文字、删除星形、临摹、二等分线段和自由绘画等6项普通测试和拨电话号码、读菜单等9项行为测试。将两类测试分数之和作为测评总分，再根据统一的评分标准，进行测试完成情况分级。该套测试适用于定量测查患者对左右空间物体的注意和识别能力，对忽视程度及病程的评估有重要临床意义。

2. 凯瑟林-波哥量表

凯瑟林-波哥量表（catherine bergego scale, CBS）由10项具体的日常生活活动构成，具体为穿左袖或左边鞋、清理左脸（刮胡子）、吃盘子左边的食物、清洁左边口腔、向左侧注视、注意左侧听觉、注意左侧躯体、碰撞左侧物体、定位左侧熟悉的物品，以及在熟悉的地方向左侧行走。按照以下标准分别对每项活动进行评分：0表示不能完成；1表示部分完成；2表示中等程度完成；3表示基本完成。该量表比单项纸笔测试更加敏感，具有良好的信效度。适用范围广，可用于对自身忽视、近身忽视和远空间忽视等的评定。

已有研究发现，忽视症的发病率和患者的年龄、文化程度、智力水平、病变所在部位有关。临床采用的检测方法和检测时间会直接影响忽视症的检出率。用行为注意障碍测试发生率为46%，用纸笔测试发生率为88%。右脑病变致单侧忽略的发生率在急性期时为13%，6个月后降至3%。脑卒中后1周单侧忽略发生率右半球为43%，左半球为20%；脑卒中后3周右半球为17%，左半球为5%。因此，在临床上要根据患者的实际情况，慎重选择评定方法和时间。

第三节　注意障碍的认知训练

一、一般性注意障碍的认知训练

对一般注意障碍的认知训练形式多样，内容丰富。从训练形式上来看，包括如下四种。

（1）日常行为训练，利用个体日常生活中感兴趣的物品或活动刺激其注意，通过积极、鼓励的言语、奖励等增加期望的注意行为出现的频率和持续时间。

（2）纸笔操作训练，通过纸笔形式进行练习，或是按照主试的指令完成某些动作操作，如划消训练、连线训练。这种形式的训练可以个体进行，也可以团体实施，使用简洁方便，可以在专门的康复机构进行，也可以在家庭中进行。

（3）计算机软件训练，将注意障碍的训练方法进行计算机软件化，通过丰富多彩且生动的画面声音呈现刺激界面，强烈吸引被训者的注意力，激发主动参与的内在动力。对每次练习的结果进行及时反馈，以便被训者了解训练效果，提升自信。尤其可以通过程序选择不同难度、时长的训练，帮助被训者按循序渐进的方式从基本训练开始逐步提升注意水平，实现训练-评估的良好结合。

（4）虚拟现实训练，采用虚拟现实的技术呈现注意训练项目，通过视觉、听觉、触觉多通道作用于被训者，使他们拥有更丰富的感知刺激、交互体验，帮助他们在长时间的训练中避免疲劳、厌烦。更重要的是，这种形式的训练可以最大限度地提升训练生态化，有利于训练效果在现实生活中迁移。

从训练内容上，可根据一般性注意障碍分为持续性注意、集中性注意、选择性注意、转移性注意、分配性注意等。有的训练方法可能针对某一种注意障碍的专项训练，也有的训练方法可以同时对两种甚至两种以上的注意障碍进行训练。以下介绍几种常见的注意障碍的训练方法。

（1）持续性注意。常用来训练持续性注意的方法是划消训练，它的基本形式同上一节的"划消测验"，但当其作为康复训练使用时，通过设置"划消训练纸"上符号的大小、多少和复杂程度，以及调整任务要求，对不同类型的注意障碍进行从初级到高级的训练。例如，在初级可以要求被训者从若干符号（数字或图形或字母）中划掉1个指定符号，随着训练的难度提升，可将划掉的指定符号数量升为2个甚至更多，同时，可以缩短任务时间或是增加在任务时间内需要划消的符号数量。另外，简单反应时任务也可以用来训练持续性注意。通过计算机软件，在一定时间内随机地呈现目标，要求被试在目标出现时进行及时且准确的按键反应，通过任务时间的长短、目标出现的频率和速度来调整训练的难度。

（2）选择性注意训练。选择性注意训练主要是对目标刺激进行迅速反应的同时，抑制对无关刺激的反应。可以是视觉、听觉或视听觉结合的形式。给被试呈现目标刺激和无关刺激，但是只要求被试对目标刺激进行反应。例如，选择性反应时任务，给被训者随机呈现多个刺激，但是要求被试只有当某种特定的卡通形象或声音或卡通形象发出的声音出现时，才进行按键反应，对其他的干扰刺激均不反应。同样，可以根据目标刺激出现的时间、频率来调节训练难度。

（3）分配性注意训练。分配性注意训练常用双（多）任务作业进行训练。例如，数数训练，由两人或多人接力数数，从1~100顺数或倒数，当有人数到含有某个指定数字（如3）的数时，要拍手或起立。还有些训练软件中创设开车情境，要求被试在开车过程中，既要对红绿灯反应，同时还要监控路况（例如，是否有行人横穿马路），通过按键做出相应的反应。通过任务之间的相似性、任务的数量调节任务难度。

二、忽视症的康复训练方法

部分忽视症状可在一月内自然恢复，但仍有50%的忽视症患者无法自然恢复。忽视症严重地影响患者的功能康复及生活质量，有效的康复训练措施对患者功能恢复及生活质量的提高有着重要的临床意义。目前，有关忽视症康复训练的方法有多种，但是鉴于忽视症临床表现的多样性，尚无适用于所有患者的统一方法，不同类型的忽视症应该根据其症状特点，选取不同的方法帮助康复。

（一）感觉输入训练

感觉输入训练包括对忽略侧肢体的浅感觉、深感觉、视觉、听觉等多通道刺激训练。其原理是通过外部的感觉刺激输入，使信息在中枢神经系统进行有效的组合，从而促进整个机体的和谐运作，增加对忽略侧的感觉。

1. 浅感觉输入

对忽视侧肢体的皮肤进行冷、热、触觉刺激。具体过程为：在患者的注视下，指导患者自己或者是由康护人员用不同温度的毛巾、毛刷等对患侧上肢进行摩擦、拍打等，并要求患者说出触及部位的名称。

2. 深感觉输入

深感觉输入是指在患者注视下，主动或被动活动其忽视侧肢体。可以借助滑板让患侧上肢在桌面上做弧形运动。也可以通过在患者健侧肢体上安装固定装置（如夹板、吊带）以减少健肢的使用，同时诱导患者使用患肢来进行强制性运动，连续数周，每周6天，每天2次，每次1小时。反复、集中地训练患肢可以充分发挥其运动潜能。强制性运动要求患肢手和腕部有一定主动伸展活动，因此，不适合严重偏瘫患者。

3. 视觉输入

采用多形式的刺激输入，对不同形式视觉加工的忽视进行康复训练：①视觉扫描，要求患者面对镜子进行观察及梳洗，或是对照镜子调整姿势；在整个桌面上摆放若干彩色小球，让患者由右至左逐一拾起；将数字卡片陈列在患者前方，让他由右至左读出其数字，读正确后，将顺序打乱，再让他读出。②单眼遮蔽，通过配戴眼罩遮盖左侧忽略患者的右眼，可以提高患者对左侧物体的注意水平，使患者把视线转向左侧。这种效果具有持久性。③阅读训练，选取患者喜欢的文章，让其每日阅读，事先在忽略侧文章内容用彩色线条标出，指导患者找到彩色线条作为阅读的起点或用手指指出，逐字阅读。

4. 听觉输入

将闹钟、手机、电话等放在患者忽略侧，或是在患者忽略侧摆放一个收音机或者录音机，播放患者喜欢的节目，要求其报告听到的内容。

（二）头和躯干旋转法

忽视症患者有自发地将眼和头转向受损半球同侧的症状。头和躯干旋转法（head and trunk rotation）通过头和躯干向左旋转训练，能部分纠正眼和头方向的错误，既可以有效减少线段等分和阅读测试中的错误，也可用于基本动作训练及步行训练，尤其对移位、转移、上下楼梯等肢体运动方面的改善明显。躯干旋转，如左侧空间忽略者可采取躯干左侧旋转，转动的幅度是由健手带动上身从身躯中线向偏瘫一侧转动15~35次，每日2次，每次30分钟。可以选择3个不同的位置转动身躯：卧位、无支撑的坐立位、在训练框架内的站立位。在练习时还可以利用姿势镜进行自我观察。

（三）棱镜适应

棱镜适应（prism adaptation）是指通过采用特殊的棱镜，使患者适应看到的目标向右偏移。一组练习，棱镜暴露时间为2~5分钟，患者利用右手食指向偏离身体客观中线左或右10°的目标，每日2次，每次3组。经过一定次数（约50次）的训练适应后，忽视症患者的手眼探索运动偏向会被纠正，不再偏向右侧空间。已有研究采用棱镜治疗卒中后60天内的忽视症患者，每天5次，每次10分钟，共维持17天的训练，结果表明，患者在线段等分试验、字母删除测验上均有明显改善，治疗后立即有功能性任务能力的提高。但是患者对棱镜产生的10°左右的视觉感知偏移毫无觉察，这说明棱镜适应疗法只改变了忽视症的定向行为障碍，并没有改变患者的主观知觉偏向。

（四）重复经颅磁刺激法

重复经颅磁刺激法（repetitive transcranial magnetic stimulation）在忽视症康复的应用是基于两侧半球注意竞争加工的假说，即双侧大脑半球通过相互抑制对侧空间的注意，达到平衡的方向性注意。该方法通过在左侧忽视患者的左顶叶皮质使用高频重复经颅磁刺激，从而抑制左侧半球的过度兴奋，达到减轻左侧忽视的目的。在应用中，要特别注意安全参数的问题，避免发生不良反应。

（五）前庭刺激法

前庭刺激法（vestibular stimulation）通常是通过冷热刺激或颈部振颤按摩等方法对前庭进行刺激。冷热刺激的具体操作为：从左侧忽略患者的左耳注入冷水或右耳灌注热水刺激前庭，可使眼睛注视转向左侧，但操作上有一定难度，不方便。左侧颈后肌的振动、不同方向的转颈活动对前庭均有刺激作用，可调节以自我为中心的协调系统，促进空间忽视症状的缓解。已有研究证明在前庭刺激时能激活对侧皮质，使前庭、听觉、视觉、颈部的感觉到达大脑皮质共同形成空间表征，促进自我参照系中内部表征的恢复。

（六）日常生活训练

日常生活训练（daily living training）是从忽视症患者的日常生活起居中，利用一切活动进行康复训练。一般从进食活动开始，逐步增加到穿衣、转移、驾驶轮椅等活动上，如进食时提醒吃左侧的食物，穿衣、梳洗时使用镜子等。康复人员需把动作进行分解，指导患者练习，尽量避免动作的遗漏，并及时把错误反馈给患者使其改正。还可以通过多处细节促使患者注意患侧：医护人员与家属和患者交流时站在忽略侧；生活必需品，如纸巾、手机等也放在忽略侧；床位的摆放使患者的忽略侧对着房间入口处或窗户光线射入处；在忽略侧的轮椅手柄或足踏上做彩色标记。

思 考 题

1. 名词解释：注意，有意注意，无意注意，有意后注意，忽视症
2. 注意的特性是什么？
3. 比较选择性注意的理论模型。
4. 如何解释分配性注意？
5. 谈一谈有关视觉通道的注意理论发展。
6. 一般性注意障碍有哪些，如何开展临床评定？
7. 常见的注意障碍的认知训练方法和形式有哪些？
8. 忽视症的分类和临床表现有哪些，如何进行有效的诊断和康复训练？

案例分析　　卒中后，左边世界消失了

张大爷，72岁，突发性卒中后，左边的世界在他的生活中似乎消失了：聊天时他看不见坐在左侧的家人；吃饭时只吃摆在右边的菜，甚至碗里的饭也只吃右半边的；上街时好几次撞上了左前方的电线杆……到医院眼科检查的结果发现，张大爷的视力、视野均是正常的。于是，医生又对张大爷进行了临摹、画画、划线等测试，图3-11列举了部分测试结果。张大爷被诊断为单侧空间忽略症。

图3-11　临摹、划线测试结果

在确诊后，医生对张大爷采用了药物和康复训练相结合的治疗。在康复训练方面，主要采用单眼遮蔽、肢体运动练习和棱镜适应等方式，同时，叮嘱家属注意在日常活动中的能力训练。

一个半月后张大爷的病情有了极大的好转，左边的世界又出现了。

拓展学习　　忽视症的理论分析

忽视症的发生涉及注意、空间工作记忆、表征等认知功能，以及大脑半球的功能，因此，研究者从不同角度对忽视症进行理论分析。

（一）注意障碍理论

1. 注意的空间定向障碍理论

由海尔曼（Heilman）提出，假设左侧大脑半球仅管理右侧空间注意，而右侧大脑半球在两侧空间的注意中均起作用。因此，右侧脑损伤患者由于对左侧空间注意削弱而产生忽视。来自脑电和眼动的研究，均为该假设提供了实验依据。

2. 注意解脱障碍理论

认为由于注意难以从右侧刺激上脱离出来而导致的左侧忽视。临床自发画钟测试中发现，忽视症患者闭眼完成画钟的成绩明显好于睁眼时。线索提示实验研究中也发现，顶叶损伤患者当提示线索无效时（和目标在不同侧）比有效时（和目标在同侧）的反应时明显增长，表明忽视症患者将注意从无效线索上脱离出来有困难，导致对目标搜索的延迟。

3. 注意维持障碍理论

认为忽视症的产生是由于患者警觉、维持注意能力的下降导致的。研究发现如果剥夺健康成人的睡眠会使警觉度下降，能诱发假性忽视，证明了警觉障碍在忽视发生机制中的作用。还有研究发现通过声音信号提高忽视症患者警觉，会缓解忽视症状。

（二）空间工作记忆障碍理论

空间工作记忆障碍理论提出，忽视症患者在划消测试中的忽视行为是由于对受损半球对侧，甚至同侧的空间工作记忆障碍引起。研究发现，忽视症患者常常对右侧目标刺激进行反复多次的划消。

（三）表征理论

表征理论由毕夏克（Bisiach，1978）提出。他曾让一位忽视症患者先想象自己在正位于米兰大教堂的门口，然后回忆出广场周围的建筑物，结果患者只报告出了位于广场右侧空间的建筑而完全忽略了左侧所有的建筑；随后，他又让患者想象自己面对着教堂，再回忆广场周围的建筑物，结果患者忽略了第一次回忆出的建筑，却报告了在第一次回忆中被忽略的建筑。毕夏克认为，这种忽视表现是由于实时性的大脑空间表征障碍导致的。左侧忽视症患者在数字等分测试中，对数字中点判断出现右偏的结果也为这一理论解释提供了证据。

（四）双侧半球的竞争理论

金斯伯恩（Kinsbourne，1977）认为忽视症的产生是由于健康侧大脑半球对受损半球的过度抑制，使双侧大脑半球功能失衡导致的。大量动物实验结果发现，一侧半球损伤导致的空间忽视可以通过损伤另一侧相应位置脑区，使忽视症状消失。此后大量的动物实验均有相似的结果。基于这一理论的研究主要集中在动物实验，对人类fMRI研究也发现，忽视症患者左侧背侧注意网络异常激活，支持了左侧半球对右侧半球的抑制是产生忽视症状的重要原因。

参考资料

1. 陈卓铭主编.精神与认知康复[M].北京：人民卫生出版社，2017.
2. 约翰.安德森.秦裕林，程瑶，周海燕，徐玥，译.认知心理学及其启示（7版）[M].北京：人民邮电出版社，2012.
3. 连榕主编.认知心理学[M].北京：高等教育出版社，2010.
4. 尹文刚.神经心理学[M].北京：科学出版社，2007.
5. M.W.艾森克，M.T.基恩.高定国，肖晓云，译.认知心理学[M].上海：华东师范大学出版社，2003.
6. John B.Best.黄希庭，主译.认知心理学[M].北京：中国轻工业出版社，2000.
7. 王甦，汪安圣.认知心理学[M].北京：北京大学出版社，2006.
8. 李踔，曾进胜.脑卒中后单侧忽略的康复治疗[J].中国康复理论与实践，2009，15（2）：146-148.
9. 蔡厚德，王琰.单侧忽视症多重行为与认知功能障碍的神经机制[J].中国特殊教育，2008（9）：73-79.
10. 田仰华.忽视症神经心理学研究[D].安徽：安徽医科大学，2011.
11. 罗兰兰，张建宁，白学军，杨树源.脑外伤患者恢复期的注意障碍[J]. 中国神经精神疾病杂志，2001，27（5）：326-328.

12. 王科英，恽晓平，张丽君，戴文晋.脑损伤后注意障碍的评定[J].中国康复理论与实践，2010，16（6）：578-581.

推荐读物

1. Robert J.Sternberg.杨炳钧，陈燕，邹枝玲，译.认知心理学[M].北京：中国轻工业出版社，2006.

2. 白学军，等，编著.实现高效率学习的认知心理学基础研究[M].天津：天津科学技术出版社，2008.

3. John R. Hodges，熊丽，杨子萱，刘晖，刘溪，译.临床神经心理学认知评估手册（2版）[M].武汉：华中科技大学出版社，2014.

第四章 记 忆

本章要点

在介绍记忆的基本定义、分类和特征的基础上，重点阐述记忆的相关代表性理论，并就记忆障碍的概念、类型、临床表现、大脑中的解剖定位以及临床评定进行陈述，最后介绍记忆障碍的认知训练方法。

第一节 记忆概述

一、记忆的定义

记忆是一种基本的认知过程，属于心理学或神经科学的范畴，在人的心理活动中具有重要地位。记忆代表着一个人对过去活动、感受、经验的印象累积，是过去经验在头脑中的反映。从认知心理学角度而言，记忆则是对输入信息的编码、存储和提取的过程。近100年来，有关记忆的研究一直是心理学和认知神经科学中最热门的研究领域之一。记忆研究包括两个方面：一是侧重于记忆的心理学成分，突出传统方法的结构加工成分。例如，在实施记忆测试中，让被试理解一个人的言语或学习一段文字材料，之后对接触到的信息进行回忆或再认。二是侧重于记忆的神经生理基础。现阶段，随着以脑成像技术为代表的研究方法的发展和革新，许多突破性的研究成果不断涌现出来，相应的记忆理论也应运而生。此外，由于颅脑外伤或衰老等原因导致人类发生记忆障碍（遗忘症），临床上针对如何治愈或改善记忆障碍这一问题，许多专家学者在常规治疗护理的基础上，对于患者开展了诸多形式的认知功能训练，对记忆的改善和康复产生了积极的影响。本章将从主要的记忆形式、理论、记忆障碍和临床评定及相关的认知训练等方面展开介绍。

二、记忆的分类

（一）感觉记忆、短时记忆和长时记忆

根据保持的时间长短，记忆可分为感觉记忆（sensory memory）、短时记忆（short-term memory）和长时记忆（long-term memory）。

（1）感觉记忆，又称感觉登记或瞬时记忆（immediate memory），是指外部环境的刺激信息接触到人的感觉器官，被暂时储存起来，即使刺激停止作用后，感觉还会短暂残留，其作用时间比后面将要介绍的短时记忆还要短暂，持续时间仅约1秒钟。

感觉记忆的作用在于把环境刺激保持一定时间，以有利于进行更精确的加工，这对于相对简单的刺激（如字母、词或视觉物体）和诸如语言等复杂的信息都很重要。由于人类接受外部信息主要依赖视觉和听觉，因此，对感觉记忆的研究也主要集中在这两方面，视觉和听觉的感觉记忆被分别称为图像记忆（iconic memory）和声像记忆（echoic memory）。

美国心理学家斯珀林（Sperling）证明了视觉感觉记忆的存在。首先，快速给被试呈现字母卡片，呈现时间为50毫秒。之后，要求被试立即报告全部记住的字母。此方法称为整体报告法（whole report），也称作全部报告法。但使用整体报告法后，被试通常只能报告出3~5个字母。那么，在如此短暂的刺激过程中，被试对于卡片上的字母是记住了又忘了，还是根本没记住？这需要查实。因此，斯珀林改用部分报告法（partial report）进行测试。实验中，向被试呈现四个一排共三排的方式排列的字母卡片，例如：

J　　R　　M　　X　　　高音
P　　K　　N　　C　　　中音
B　　L　　F　　V　　　低音

呈现时间仍为50毫秒，然后要求被试根据某种信号（如声音）的提示，只报告其中的一排字母。例如，卡片的上、中、下三排的字母分别与高音、中音和低音匹配。要求被试在听到随机的声音信号时报告出相应一排的字母。结果发现，被试平均可以从一排四个字母中回忆出三个字母，平均字母回忆率（回忆出的字母数占总数的百分率）达75%以上。据此结果，很显然，被试肯定储存了整张字母表，因为他们在被要求回忆之前并不知道将听到哪种声音信号，也就不知道需要回忆哪一排字母。因此，部分报告法比整体报告法显著地提高了被试的回忆成绩，其原因是什么呢？斯珀林认为在使用整体报告的情况下，被试看到的字母多于需要报告的字母，当报告开始的几个字母时，其余字母的图像就会完全衰退或消失，因此不能被完全报告出来。这也说明，因为信息储存的时间短暂，即使在大容量的记忆储存系统中，也容易消失。此外，斯珀林还发现，当把声音与刺激卡片之间呈现的时距设定为不同时间，如0.1秒、0.15秒、0.3秒、0.5秒和1秒，结果表明被试的平均字母回忆率随时距的延长而下降，当时距为1秒时，回忆率可降至采用整体报告法时的水平。

达尔文（Darwin）等人用类似于斯珀林的部分报告法证实了听觉感觉记忆，即声像记忆的存在。他们让被试同时听9个项目，其中B、2、L呈现在左耳，F、R、10呈现在右耳，8、6、U在双耳同时呈现（被试会觉得声音来自中间）。在部分报告法时，屏幕的左、中、右三个位置上会随机出现一束光条，被试根据出现的光条报告出相应的字母和数字；视觉线索与刺激的时距分别设为0秒、1秒、2秒和4秒。实验结果显示，即时报告的平均保存项目约为4.9个；随着时距延长，被试保存的项目数目减少，当时距为4秒时，被试平均保存4.4个项目，接近整体报告的结果。

目前，有关感觉在记忆中的作用还存在不一致的观点，因其作用时间短暂，产生的效应容易被忽视，但它为后续的加工提供了材料和时间，因此，感觉记忆是整个记忆储存系统不可缺少的开始阶段。

（2）短时记忆，是指人脑对刺激信息保持在1分钟以内的加工处理和编码，是信息的感觉接受器和长时记忆之间的中间环节。著名心理学家詹姆斯（James）提出记忆的二元理论，将记忆分为初级记忆和次级记忆两类。初级记忆属于直接记忆，指对刚刚知觉到的事件的重现，是暂时性的。次级记忆则属于间接记忆，是永久性的记忆。随着认知心理学的兴起，20世纪50年代中期，关于短时记忆的研究获得了蓬勃发展。沃和诺尔曼（Waugh和Norman）借用詹姆斯的术语提出两种记忆系统模型或记忆的双存储模型、两种记忆说

（dual-memory theory）（见图4-1），该模型认为记忆不是单一的过程，存在初级记忆和次级记忆两种性质不同的记忆。初级记忆是短时存储系统，是独立于次级记忆之外的概念，即短时记忆；次级记忆是长时存储系统，即长时记忆。外部刺激信息在短时存储系统中经过缓冲和加工后进入长时记忆，而短时存储系统的容量是有限的，只有容量范围内的信息在初级记忆中可被短暂保持，之后借助复述（rehearsal）才能进入次级记忆；倘若缺乏复述，陈旧信息易被新颖信息取代，信息在初级记忆中仅能保持15～30秒，随后消失而产生遗忘。记忆二元理论的核心在于承认短时记忆的存在，该理论得到大量科学研究的证实。

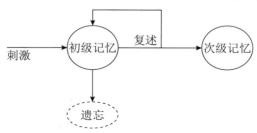

图4-1　沃和诺尔曼的初级记忆和次级记忆模型

1959年，彼得森（Peterson）等通过实验证明短时记忆的存在。在实验中，让被试听一个由3个辅音字母组成的无意义音节，如CHJ，之后要求被试在不同间隔的时间回忆这些字母，实验中的一个控制性环节是当被试在听到辅音字母组合后就开始对一个三位数进行连续减三的计算，直到要求开始回忆为止，这样可防止被试在间隔的时间背诵那些字母。观察被试在不同的回忆延缓时间里正确回忆的百分比，实验结果如图4-2所示。

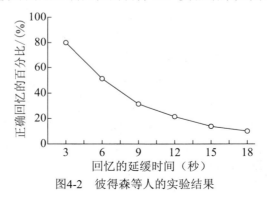

图4-2　彼得森等人的实验结果

结果显示，当回忆延缓时间为18秒时，被试几乎完全忘记先前听到的3个字母。延缓时间为6秒时，被试平均仅能回忆出50%左右的字母。总的来看，此类记忆保持信息仅在十几秒左右，相比长时记忆的信息保持时间要短的多。因此，彼得森等认为，该任务中涉及的是一种完全不同于长时记忆的类型，即短时记忆。

支持短时记忆存在的另一个证据是源自自由回忆实验的系列位置效应。实验中发现，如果要求被试不受材料学习顺序的限制，而用他们喜欢的顺序回忆记忆过的材料，将产生特定的U型系列位置曲线（serial position curve）。此曲线表明最近呈现项目的回忆成绩最佳，中间的项目成绩最差，最先呈现的项目成绩居于两者之间。之后许多研究对该现象进行了证实。自由回忆任务（free recall task）自艾宾浩斯首先使用以来，经过不断完善，已成为心理学研究中不可或缺的方法。其具体过程为，给被试呈现一系列项目（多为单词），间隔2秒一个项目；呈现完毕后，让被试按自己的顺序回忆先前呈现过的项目。将回忆结果绘制成系列位置曲线（见图4-3），其横坐标为项目呈现顺序，纵坐标为正确回忆率。

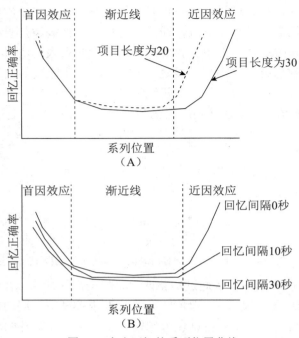

图4-3 自由回忆的系列位置曲线

（来源：丁锦红，张钦，郭春彦.认知心理学[M].北京：中国人民大学出版社，2010：88）

系列位置曲线由三部分构成。对系列中最后几个项目的最佳记忆称为近因效应（recency effect）；对系列中最先的几个项目较好的回忆称为首因效应（primary effect）。曲线的中间部分回忆效果最差，称作渐近线（asymptote）。项目长度和回忆间隔时间与回忆正确率皆呈反变关系，这在近因效应中尤为明显，可以用前摄抑制（proactive inhibition）和倒摄抑制（retroactive inhibition）来解释。被试之所以对系列最先几个项目的回忆成绩较好，是因为这些项目只受到后面项目的干扰，即倒摄抑制的影响；而对系列结尾部分项目的回忆成绩最佳，是因为这些项目仅受到前面项目的干扰，即前摄抑制的影响；系列中间部分项目的回忆较差，是因为这些项目受到前摄抑制和倒摄抑制的双重影响。记忆二元理论也可以很好地解释首因效应和近因效应，默多克（Murdock）等在系列位置效应中找到支持短时记忆存在的证据。他们认为，近因效应和首因效应实际上反映了短时记忆和长时记忆的存在。系列中开头的几个项目进入人的长时记忆，能够被回忆出来，系列中间部分的项目既未进入长时记忆，也未保留在短时记忆中，难以回忆出来。系列结尾部分的项目保留在短时记忆中，并且这些结尾部分的项目数与短时记忆有限的容量基本吻合，因此回忆成绩最佳。此外，哥拉哲和克尼兹（Glanzer和Cunitz）研究还发现近因效应随回忆间隔时间的延长而逐渐衰退。

工作记忆（working memory）是巴德雷和希契（Baddeley和Hitch）提出的一个概念。它是连续流动的记忆，由若干个短时记忆按照时间顺序组合而成，短时记忆是它的组合元件或"次级系统"。它与短时记忆的区别在于，工作记忆包含心理计算及对计算结果进行储存，而短时记忆则强调对最近信息的存储。工作记忆的功能在于对信息进行暂时性的加工和储存，有助于完成学习、运算和推理等复杂认知活动。利用功能性磁共振成像

（fMRI）研究发现，瞬时记忆和短时记忆与神经系统中的海马环路有关。在工作记忆时，额叶背外侧区显著激活。

（3）长时记忆。一般情况下所说的记忆形式为长时记忆，其信息存储时间在1分钟以上直至若干年，甚至可达终生，称为永久记忆（remote memory），它的容量是无限的。

根据长时记忆中信息的类型，安德森（Anderson）将长时记忆分为陈述性记忆（declarative memory）和程序性记忆（procedural memory），又称非陈述性记忆（non-declarative memory）。陈述性记忆是指有关事实的知识，可通过言语获得和提取的信息，如生活事件、外语单词等。而对于动作或程序等技能性的记忆，大多数情况下难以用语言描述出这些信息，即"只可意会，不可言传"，这称为非陈述性记忆，如对骑自行车、打太极拳等连续动作的记忆。

塔尔文（Tulving）将长时记忆分为情节记忆（或情景记忆，episodic memory）和语义记忆（semantic memory）。这主要是针对陈述性记忆的分类。语义记忆是关于世界抽象的和普遍的知识记忆，是使用语言必需的。我们生活中的所有情节构成了人的情节记忆。关于对这两类记忆类型的比较，将在后面详细叙述。fMRI研究发现，长时记忆与腹内侧前额叶有关，在长时记忆时双侧海马区信号明显增强。

（二）情节记忆与语义记忆

由于长时记忆可以涉及不同事物，它们包含不同类型的信息，其性质也不尽相同。根据引起长时记忆的信息类型，塔尔文将长时记忆分为情节记忆和语义记忆两种。

（1）情节记忆，是指接收和存储发生于个体特定时间的情节或事件，以及有关该事件的时间—空间联系的信息。简单来说，情节记忆是个人对发生在一定时间的事件的记忆。例如，昨天我去游泳了，上周末我去博物馆看展览，或回忆起某个时间参加大学毕业十周年聚会。该记忆保留的信息总是与个人生活中特定的时间和（或）地点相联系，具有自传体的性质。

（2）语义记忆。塔尔文认为，语义记忆是指运用语言进行的记忆，是一个人掌握的相关字词或其他语言符号、其隐含的意义和所指的事物、它们彼此之间的联系，以及有关公式、法则和操作这些符号、概念和关系的算法等有组织的知识。简而言之，语义记忆是对抽象事物的记忆，包括对语词的意义、语法规则、物理定律、数学化学公式以及科学概念的记忆。该记忆存储的事物信息可以用一般的定义来描述，而不依赖于个人所处的特定时间和（或）地点。语义记忆使人们可以保持有关客观世界中存在的各种事物的信息，给人们提供思考的材料和基础。情节记忆和语义记忆在产生记忆的功能上是不同的，并得到一些病例的支持。例如，塔尔文报道的遭遇车祸的KC具有语义记忆，但丧失了情节记忆。他知道如何下国际象棋，却无法回忆曾经与谁下棋的经历；知道自己的汽车牌子和生产年代，却无法回忆自己驾车外出的经历等。

情节记忆和语义记忆不仅在存储的信息上不同，而且在其他方面也有差异：①情节记忆以个体的经历为参照，以空间时间为框架；而语义记忆是以一般知识为参照，可存在形式结构，如语法结构等。惠勒、思达斯和塔尔文（Wheeler，Stuss和Tulving）认为，情节记忆是个人思考其过去经历的某一事件时体验到的某种觉察状态，此时个人存在主观体验，而语义记忆则没有。②情节记忆处于变化的状态，易受到干扰，储存的信息可被转换，不易提取；但语义记忆比较稳定，不易受干扰，很少变化，易于提取。③情节记忆存储特定时间、空间的个体事件，推理能力弱；但语义记忆存储着一般知识，推理能力强。④在脑机制方面，通过利用PET扫描技术对脑损伤被试进行研究，发现前额叶在提取情节记忆时比提取语义记忆时兴奋性增强。fMRI研究发现，语义记忆信号从前至后呈现递减状变化。

（三）内隐记忆与外显记忆

按记忆的意识维度，长时记忆还可以分为内隐记忆（implicit memory）和外显记忆（explicit memory）。

罗迪格（Roediger）认为内隐记忆又称非陈述性记忆，是指人们不能回忆其本身却能在特定行为中证明其事后效应的经验。换言之，内隐记忆是指人们既没有觉察到自身拥有，也不需要有意识地提取，但在特定的任务操作中能自然地表现出来的记忆，是一种无意识获得的经验对当前任务的顺利完成产生易化的作用。相反，在完成任务时，需要有意识地提取过去经验的记忆则为外显记忆（或称陈述性记忆），即为传统记忆测验（或记忆的直接测验）对应的记忆现象。

内隐记忆现象是在遗忘症患者身上首先被发现的。1854年，英国医生邓恩（Dunn）发现一名因溺水昏迷而患上遗忘症的妇人，虽然完全忘记自己曾学过做衣服的事实，但是之后在学习裁剪衣服时，她却下意识地表现出某些裁剪技艺方面的记忆痕迹。关于内隐记忆的研究同样也得到了神经科学的支持。1889年，柯萨科夫（Korsakoof）等对遗忘症患者的内隐记忆现象做了系统调查发现，有一位接受过电休克治疗的遗忘症患者，虽然早已忘记自己曾经受到过电击治疗的事实，但是当他再次面对电击仪时，却表现出恐惧行为。沃林顿和维斯克朗兹（Warrington和Weiskrantz）通过研究发现，遗忘症患者虽然不能回忆或再认近期学习过的项目，但是能在一些间接的记忆测试中表现出对此类项目的记忆。例如，让患者学习一些常用的词，他们回忆或再认的成绩很差；在残词补全测试中，若给出这些词的前几个字母或残词，需要患者用最先联想到的词将其补全，患者却表现出更多地采用学习过的词而不是其他词来补全的倾向。这种现象称为"启动效应（priming effect）"，它是指先前加工的刺激对之后呈现的刺激的加工产生的正或负的影响。启动效应在正常人中是普遍存在的，这是一种自动的、无需有意识回忆的记忆现象。沙克特和格拉夫（Schacter和Graf）将正常人作为被试，应用记忆的间接测验，如残词补全和词干补笔等发现，被试过去的经验能够无意识地表现出来。他们将这种无意识的记忆称为"内隐记忆"。

上述实验为内隐记忆的存在提供了证据，但是有关内隐记忆的含义，学术界却存在着争论。塔尔文和麦克德莫特（McDermort）认为，内隐记忆概念的核心指出了内隐记忆是先前经验的后效，如易化和启动，也指出内隐记忆没有对先前的经验或事件的有意识提取。而罗迪格（Roedige）认为内隐记忆的概念描述得还不够精确。因为按照定义，只要实验自变量的效应跟意识性提取无关便可认为符合内隐记忆定义的要求，但实际上，有关内隐记忆研究的实验任务涉及的范围比内隐记忆的定义要狭窄得多。因此，有必要将内隐记忆的概念精确化。内隐记忆的独立性牵涉以下三个方面的内容。

第一，内隐记忆与外显记忆。两者在以下几个方面有着明显差别：①加工深度因素对内隐记忆和外显记忆的影响不同。加工深度只对外显记忆有非常明显的影响，而不影响内隐记忆。②内隐记忆和外显记忆在保持时间上不同。外显记忆随时间延长而发生消退要比内隐记忆快得多，内隐记忆的保持时间明显长于外显记忆。③记忆负荷变化对外显记忆和内隐记忆的影响不同。外显记忆的数量和准确性随着记忆项目增多而降低，内隐记忆则不受影响。④呈现方式的改变对内隐记忆和外显记忆的影响不同。感觉通道的改变对内隐记忆的成绩产生严重影响，而对外显记忆的效果无影响。⑤干扰因素对内隐记忆和外显记忆产生不同的影响。外显记忆易受到无关信息的干扰，而内隐记忆不易受到外来干扰。⑥注意状态对内隐记忆无影响，但是对外显记忆影响大。⑦材料知觉特点只对内隐记忆有明显影响，而对外显记忆没影响。⑧刺激呈现时间对内隐记忆无影响，而对外显记忆影响大。⑨系列位置特点对内隐记忆影响不明显，而对外显记忆影响大，表现为首因效应、近因效应。

研究者通过对一些自变量的操作，可以观察到内隐记忆和外显记忆分离。但是，近年来的研究提示了不同的变量可有不同的结果。例如木下（Kinoshita）的研究发现，记忆阻断，即对形似词的学习降低了正确完成后继残词补全任务的概率，这一记忆（内隐记忆）的间接测量，受到注意分散的影响。内隐和外显记忆中的遗忘特征在有些研究中也存在不一致甚至矛盾的结果。郭立平研究发现，在延时分别为0分钟、6分钟、15分钟、60分钟和7天的遗忘进程中，再认的自动提取和意识性提取成绩表现出不同特征，特别是在前15分钟的遗忘进程中，自动提取成绩的衰减不明显而意识性提取成绩的衰减却很显著，提示内隐记忆和外显记忆具有不同的遗忘特点，但麦克布赖德和多舍（McBride和Dosher）的研究结果却是另一种情况。他们应用"词干补笔"和"线索回忆"两种测验形式相匹配的记忆任务进行了比较研究。实验的时程范围为1～90分钟，结果显示在两种测验中，最初15分钟的成绩皆为快速下降，之后的较长延时间隔里下降率减慢，因此，研究者认为词干补笔和线索回忆的遗忘率是相同的。

第二，直接测验和间接测验。记忆研究包括学习和测验两个阶段。学习阶段给被试学习一些材料，测试阶段采用某一方式考查其学习效果。若是要求被试有意识地利用学习阶段所学到的材料来完成任务，就是直接测验，如回忆和再认测验等。若测验阶段通过指导语等条件的控制，使被试无意识地利用学习阶段所学习的材料，则为间接测验，常用的间接测验包括词干补笔、知觉（词汇）辨认、词汇联想、模糊字辨认、残词补全、残图命名等。

词干补笔测验的具体方法：主试提供单词的前几个字母（通常3个），要求被试用首先想到的单词补全之。例如，被试先学习"elephant，shade，mystery"等词后，主试提供"ele_____，sha_____，mys_____"，需要被试用最先想到的单词来补全。残词补全和词干补笔类似，区别在于主试提供的是缺少一些字母的残词，需要被试补成有意义的词。比如，学习了"elephant，shade，mystery"等词后，主试提供"__l__ph__t，__h__de，__ys__y"等要求被试补成有实际意义的单词。因为被试在测验过程中不需要有意识地提取过去经验，所以是一种内隐记忆测验。通常实验中同时应用直接测验和间接测验两种形式，如果间接测验成绩优于直接测验的成绩，便可证明内隐记忆的存在。但是，有些研究结果表明测验并不能完全说明内隐记忆的特性，克莱尔（Clarys）等人认为，在学习时减少注意不影响残词补全操作的启动效应，但会减弱词干补笔操作的启动效应；梁三才和游旭群在用汉字作为研究材料时，发现分散注意对残词线索回忆的外显记忆操作产生影响，而对残词补全任务的启动效应无影响。然而，在汉字词干补笔的外显和内隐任务的操作中，词干补笔和词干线索回忆任务皆有分散注意效应。这些结果提示，测验的分离与加工过程和刺激材料的特点有关，只依赖测验分离说明外显记忆和内隐记忆是有风险的。

第三，启动效应。杨治良认为虽然启动效应与内隐记忆之间的差异很大，但是它仍是证实内隐记忆的主要标志之一。启动效应研究的范式可分为重复启动和间接启动，也可分为知觉启动和概念启动。例如，在内隐记忆的研究中，让被试先学习单词"mystery"，之后对"__ys__y"进行补全,此为直接启动的内隐记忆测验技术。

三、记忆的理论

(一)记忆的三级加工模型

阿特金森和希夫林(Atkinson和Shiffrin)提出一个记忆的三级加工模型。他们认为人类记忆系统中存在感觉登记、短时储存和长时储存三种信息存储系统。这三种存储在结构上、保持时间及目的等方面都不同。图4-4示其具体情况。

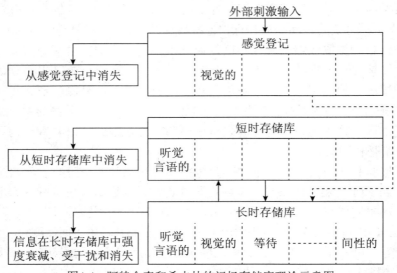

图4-4 阿特金森和希夫林的记忆存储库理论示意图

注:图中的实线和虚线分别表示明确的和可能的信息传递路线。
(资料来源:乐国安,韩振华.认知心理学[M].天津:南开大学出版社,2011:84)

三个方框皆标出了感觉形态。上方框只标出了视觉,因为提出该理论时仅有视觉材料。中、下方框的含义相同。研究者认为:

第一,外部环境信息通过眼和耳等感觉器官进入记忆系统。刺激信息首先进入感觉登记中,此时的信息是原始的、无意识的和完全的输入登记,保持时间非常短暂,不足1秒。感觉登记的作用在于使认知系统可以从输入的信息中选择有用的部分做进一步的分析加工。

第二,短时存储系统(短时存储库)体现了工作记忆。该系统对感觉登记和长时记忆库传来的信息做有意识的处理。短时存储依赖于注意,只要刺激信息在消失前被注意了,一部分信息就会进入短时存储系统,而在此得以保持。一旦注意转移,经过15~30秒后就会完全消失。短时记忆的作用在于短暂保持少量的从感觉登记和长时记忆中选择的信息,做有意识的加工,以适应环境的需要。

第三,信息从短时记忆进入长时记忆,也可能从感觉登记直接进入长时记忆。如果短时存储系统的信息未被进一步编码和复述,在保持大约几十秒后会迅速遗忘;若得到精细化的加工和复述,则会进入长时记忆储存起来。从短时记忆进入长时记忆一般是有意识的,也可能为无意识的。短时记忆的容量是有限的,而长时记忆的容量是相对无限的。长时记忆的作用是保存信息，以备随时取用。

阿特金森和希夫林认为，记忆的结构是固定不变的，但控制过程却是可变的。刺激信息从一种存储系统进入到另一种存储系统，其中的加工处理过程受到人的主动调节和控制。例如，从短时记忆存储进入到长时记忆存储必须经历有如言语复述等加工处理。因此，根据这一模型，短时记忆中的材料按照听觉特性编码，长时记忆中的材料按照语义特性编码。1969年，阿特金森和希夫林在原有的三级加工模型的基础上，提出了一个更为详尽的记忆信息加工的修订模型（见图4-5），此模型对控制过程进行了拓展，突出对刺激信息的调节和控制。与先前的模型相比，修订模型的变化主要表现在三个方面：①记忆的三个阶段皆与控制过程发生联系，这样记忆过程便表现出更多的主动性和灵活性；②三个存储系统皆与反应器连接，这意味着它们都有可能引起反应；③主张长时记忆中的信息不存在遗忘。

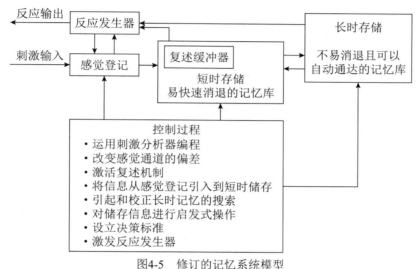

图4-5　修订的记忆系统模型

（资料来源：乐国安，韩振华.认知心理学[M].天津：南开大学出版社，2011：85）

信息三级加工模型随着阿特金森和希夫林的系列研究逐渐被人们所接受。此后，有研究者在此模型基础上又简化出一个典型的记忆系统模型——典型的记忆信息三级加工模型，为广大认知心理学家所认可。

（二）记忆的加工水平模型

1972年克雷克和洛克哈特（Craik和Lockhart）提出加工水平模型（levels of processing model，LOP），它是针对记忆的阶段理论提出来的。

1. 基本观点

加工水平模型认为记忆的存储在编码这一加工水平维度上是连续发生变化的，具有无穷多的加工水平，不赞成把记忆分成三种独立的存储系统以及信息的存储位置决定其编码特征的观点。

克雷克和洛克哈特认为，刺激信息一旦接触到感觉器便会得到系列的加工分析，形成事后能用于对事件进行回忆的记忆痕迹。刺激的性质和加工的时间决定了刺激信息是在浅层还是深层阶段获得加工。在浅层加工里，刺激信息输入后将接受感觉分析和特征分析，形成的痕迹短暂易逝；在深层的加工分析中，刺激信息经由模式识别或意义抽提而被识别，其中还可能涉及个人的经验，这个阶段产生的痕迹便持久难逝。随着加工的不断深入，信息会得到更多的语义分析和认知分析。在最高级的加工层次上，个人依赖以往对该单词的经验而产生联想。例如，在记忆单词"president"和"bottle"时，如果仅仅注意它们包含的字母"e"和"t"的数量，这种加工水平粗浅，形成的痕迹也很肤浅，并且会很快消失；倘若考虑到上述单词的意思以及跟其他单词之间的联系，这样的加工程度深，形成的痕迹也较持久，因此也能较容易地被回忆出来，被遗忘的可能性小。克雷克（Craik）针对加工水平模型提出两个假设：①语义分析比非语义分析能产生一个更有意义的代码；②代码越有意义，记忆就会越持久。因此，遗忘是加工深度的函数，仅获得浅层加工的项目比得到深层加工的项目更容易被遗忘，产生遗忘是因为没有对其进行语义加工。加工水平说还认为，短时记忆和长时记忆之所以存在差异，其原因在于经由感觉分析形成的痕迹强调只有一种信息存储库，而不存在存储当前信息的记忆存储库，新信息却很可能产生出一种因粗浅分析形成的和易于消失的痕迹。

2. 加工水平模型的实验证据

1975年克雷克和塔尔文（Craik、Tulving）通过实验验证了加工水平模型。他们先让被试面对相同的单词，再通过提问的方式引导被试采用不同的加工编码方式（如结构编码、韵律编码和语义编码）回答不同性质的问题。典型的实验方法如下：

给被试呈现一个单词，如table（桌子），同时主试就该词提出问题，要求被试回答"是"或"否"。

结构方面：这个词是大写字母写的吗？韵律方面：这个词与另一词cable押韵吗？

语义方面：这个单词放在"他把盘子放在_____上"这个句子中，是否合适？

这三种问题的加工层次由低到高，各不相同。然后记录被试的回答是否正确及回答不同问题用的时间（反应潜伏期），任务结束后，再进行事先未告知的再认测验，测算再认测验的正确率。

图4-6显示不同加工水平分别与反应潜伏期和再认正确率之间的关系。克雷克和布朗（Craik、Brown）认为，对于单词的记忆，深层次的语义编码形成的记忆效果明显好于结构和语音两种编码方式。换言之，由问题引发的加工水平越深对该材料的回忆成绩越高，项目被提取的可能性越大。需要指出的是，较深水平的加工需要的时间（反应潜伏期）比低水平的加工要长。

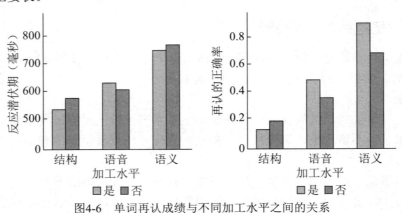

图4-6 单词再认成绩与不同加工水平之间的关系

（资料来源：丁锦红，张钦，郭春彦.认知心理学[M].北京：中国人民大学出版社，2010：114）

回忆成绩的高低，还取决于另一重要因素——诱发线索。在罗杰斯（Rogers）等人的实验中，要求被试判断呈现的词汇是否适合描绘自己，结果被试回忆这些单词的正确率比其他一些像结构和语音等操作任务条件下的回忆正确率明显提高。即使有些词被试评估后并不能用于描述自己，但回忆正确率依然很高。这是被试曾经考虑过该词汇的含义是否适合自己而进行了意义加工的结果，即可认为自我评定要求是比语义等更高水平的加工。这被称为自我参照效应（self reference effect, SRE），它有力地支持了加工水平模型。1977年摩尔斯（Morrs）等人对加工水平模型进行了补充，他们在承认不同水平加工的前提下，认为影响作用绩效的方面还可能包括编码的精细化类型和提取时要求的任务类型两者之间的匹配程度。因此，假设存在两种策略：一种是项目内精细化策略，另一种是项目间精细化策略。前者指的是依据项目自身的不同水平的特征精细化加工，后者则是把每一个项目的各种水平的特征与记忆中已存储信息的特征加以联系。塔尔文和克雷克认为，这些成果使得加工水平理论的解释力得到进一步提高。

第二节 记忆障碍及评定

记忆障碍又称遗忘症（amnesia），是记忆的重要方面。记忆的保持和遗忘是一对矛盾，两者相互依存。保持是将学会的知识经验在脑中存储和巩固的过程，是实现回忆或再认的重要条件。遗忘是与保持相反的一种心理过程。根据遗忘的产生原因可以分为器质性遗忘症和功能性遗忘症。

一、器质性遗忘症

（一）定义

器质性遗忘症（organic amnesia），是人脑在遭遇到外伤或产生某些器质性病变时，以记忆损害为主的综合征。脑损伤包括脑外伤、脑肿瘤、脑血管意外（脑卒中）、癫痫以及阿尔茨海默病（Alzheimer's disease，AD）等。脑外伤和脑部器质性疾病会导致大脑储存记忆的部位受损，因而破坏记忆的形成过程，使新的记忆不易巩固，从而出现刚刚发生不久的事情立刻被忘掉的现象。该遗忘症患者往往表现出对一定时间内的生活经历的记忆全部（或部分）丧失，然而他们的短时记忆和智力皆正常。

（二）临床表现

器质性遗忘症主要有顺行性遗忘（anterograde amnesia）和逆行性遗忘（retrograde amnesia）两种。

（1）顺行性遗忘，是指大脑对受损后发生的事情难以形成或不能形成新的记忆，即发病之后的经验记忆丧失，不能回忆起损伤之后一段时间内的经历，遗忘和损伤同时开始，但是对以往发生的事情能清楚地记得。患者具有完好的短时记忆和长时记忆储存系统，只是缺乏将短时记忆转化为长时记忆的能力。

顺行性遗忘往往发生于急性突发事件之后，如心脏病突发、外伤、缺氧或癫痫突发；

也可发生于一些药物使用后，常用的苯二氮䓬类药物，如地西泮和咪达唑仑等可致用药后一段时间内经历的事情失去记忆。时间根据所用药物的半衰期不同而不同，可从30分钟到数小时不止。此类患者主要表现为学习和记忆新知识的能力下降，不能保留新信息和学习任何新的事物，自己刚才说过的话或刚刚经历过的事情迅速就忘记，但能记得事故发生前的一切，如自己是谁、做过什么、最后时刻出现什么问题等，并保存着以往形成的一切技能，如骑车、书写以及某些专业技术等，患者也不存在情绪和智力障碍。因此，除了易忘记眼前的事情外，他们在其他任何方面皆和正常人一样。有一名患有海马回（又称海马体）疾病的病人在接受手术后，虽然具有正常的记忆广度，术前的记忆几乎是完整无缺的，但是不能在长时记忆系统中储存新信息，他的长时储存对任何新的信息内容都关闭了。该患者能够读写和进行日常谈话，他的智力水平在很多方面都显示正常，并没有被削弱，但是不能辨认出术后才遇到的任何人，即使大家经常碰面，也不能记得回到他术后迁入的新居的路途。当被告知他的某一位亲戚逝世了，他表现出很悲伤，但是很快就忘记了，还不停地重复询问他的那位亲戚何时能来看望他。每当再次告诉他亲戚去世的事时，他表现出和以前一样程度的悲伤。对其而言，每次听到的消息都是首次获得的新消息。

（2）逆行性遗忘，又称远期记忆障碍，指的是患者对发生脑损伤之前的某一阶段事件的记忆障碍，即发病或损伤之前记忆的缺失，不能回忆损伤发生前的一段时间经历的事件。影视作品中的遗忘大多是受到脑部外伤或严重精神刺激后产生的逆行性遗忘。颅脑外伤患者常常有这类症状，对事故发生前的经历和事件有间隔不等的记忆缺失。逆行性遗忘还是镇静催眠药物的一种副作用，表现为用药后不能记忆信息。所有的镇静催眠药物都有这一副作用，其遗忘程度与药物种类及血浆中的药物浓度（药物剂量）有关，也就是接受的刺激信息决定遗忘的程度，即药物剂量越高，血液中浓度越高，遗忘越严重。

逆行性遗忘可能只会影响到记忆类别里的几种特定的记忆。例如，有一个患病的钢琴家在事故发生后仍然知道钢琴是什么，但是忘记如何弹奏钢琴。在该患者的再学习阶段，相比其他技能的学习速度而言，患病前已掌握的技能的学习速度要更快。这种类型的遗忘症常常伴有神经的病理性改变，如阿尔茨海默病。逆行性遗忘中缺失的记忆通常能在一段时间里逐渐恢复。倘若患者兼有顺行性和逆行性两种遗忘症状，而且病情比较严重的话，患者只能参与一些机械性的工作，即使如此简单机械性的工作，患者也无法对自己做的事情做出恰当的描述。

针对逆行性遗忘的研究，最常用的测验主要有两种：一是有关公众事件的测验。选用不同时期的国内外著名的人物肖像或事件，要求被试回忆或再认或要求其辨认著名人物或事件的名称。二是有关自传性记忆的测验。自传性记忆是指被试对于自身经历的个人生活事件的记忆。但因其在实验设计方面缺乏充分的可信度以及难以对实验数据进行定量分析，因而较少被采用。

二、功能性遗忘症

（一）定义

功能性遗忘症又称心因性遗忘症，是指患者在应激或某些心因作用的情况下，对某一特定情境的遗忘。它与器质性遗忘症的区别在于看不到患者脑内神经结构的改变，通常因创伤、行为习惯改变或其他系统的疾病引起，机制尚不清楚，可能为多原因综合作用的结果。近年来，有观点认为由于精神紧张等原因引起脑内神经递质的紊乱，是导致该遗忘症发生的重要原因。

（二）临床表现

功能性遗忘包括选择性遗忘、分离性遗忘和阶段性遗忘三种。

（1）选择性遗忘，指遗忘的内容经过高度选择，以适合特殊感情需要。例如，完全忘记某些重大事件的经过，以至于彻底否认该事件曾经发生过。

（2）分离性遗忘，指患者发生的遗忘和其显示出的知识能力之间，存在明显的矛盾和分离。它既表现出严重的遗忘，又表现出驾驭各种复杂活动的能力。

（3）阶段性遗忘，指完全不能回忆起过去生活中某一阶段的事件和经历。被遗忘的事件和经历多跟强烈的愤怒、恐惧和羞辱等情景有关，是患者不愿回忆或谈及的。这类遗忘一般都是心因性的，也可能源于颅脑外伤。

此外，多数处在更年期的女性都会有这种体会，对很多人、事和知识等，都显得比过去容易遗忘，即使自己尝试着努力去想和去记，最终还是容易遗忘。这种遗忘属于功能性的，并非病理性的，是更年期的一种反应和表现。

三、记忆障碍涉及的大脑系统及解剖定位

（一）内侧颞叶损伤引起顺行性遗忘

内侧颞叶（medial temporal cortex）包括海马（hippocampus）和海马邻近的内嗅皮质、嗅周皮质和旁海马皮质，其损伤后导致顺行性遗忘主要是丧失了短时记忆向长时记忆转化的能力，发病原因在于大脑皮质颞叶区域产生了特定损伤，尤其是在邻近大脑皮质底部的海马回以及其他结构损伤时会出现顺行性遗忘，又称为前瞻性遗忘的记忆紊乱。患者可以回忆起受伤之前学习过的事物，但是对于受伤后学习的事物回忆起来却相当困难。这种疾病会以不同的方式发生，它们最初发现于患有"科尔萨科夫综合征（Korsakoff's syndrome）"的慢性酒精中毒者，有时也见于高龄人群。有一个著名的病例，一名被称作HM的严重癫痫病患者在接受神经外科手术后，顺行性遗忘却成为他的一个后遗症（见专栏4-1）。

【专栏4-1】

患者HM为内侧颞叶在陈述性记忆中的作用提供了证据。HM曾患有严重的癫痫，27岁时他接受了脑外科手术，双侧内侧颞叶被切除，此外还切除了杏仁体和海马前部的2/3，术后癫痫的发作得到缓解。这种大范围切除手术对HM的感觉、知觉和运动等能力、智力以及个性几乎没有影响。但他患有严重的遗忘症，包括有严重的顺行性遗忘症，表现为：他能记得童年时发生的许多事情，但记不住几分钟前发生的事情；倘若要求他记忆一个数字，然后给予干扰分散他的注意力，他不但立即忘记那个数字，就连被要求记忆数字的事实也忘记了；术后他搬过一次家，但他总是记不得通往新居的路途，连自己新近拍摄的相片都

认不出。此外，他还患有部分的逆行性遗忘症，表现为难以回忆起手术前几年间发生的事情，但能对很久以前发生的事情记得很清楚。

HM能记住童年时的事件，提示术前形成的长时记忆和他回忆往事的能力是正常的，没有被破坏。他的短时记忆也保持正常。比如，他能通过不断地复述记住6个数字，尽管分散注意力会导致他忘记那些数字。HM的缺陷在于没有形成新的陈述性记忆的能力。但是，他能学习操作新的运动技巧，生成新的程序性记忆（非陈述性记忆）。例如，他可以学会看着镜子里的图像进行描摹（即记忆的程序性部分），尽管他未曾接受过这种训练的记忆（记忆的陈述性部分）。HM患有的遗忘症，其特征说明参与陈述性记忆和程序性记忆的脑结构是不同的，在陈述性记忆的形成中，内侧颞叶是不可缺少的，而对程序性记忆而言则不然。

（资料来源：寿天德.神经生物学[M].北京：高等教育出版社，2013：）

（二）间脑损毁引起记忆障碍

由于间脑（diencephalon）与内侧颞叶的联系密切，因此它也是与记忆和遗忘症最有关系的脑结构之一。间脑有三个结构在陈述性记忆中扮演着重要角色，它们分别是丘脑前核（anterior nuclei of thalamus）、丘脑背内侧核（dorsal medial nucleus of thalamus）和下丘脑乳头体（pars mamillaris hypothalami）。贝尔（Bear）研究发现，同时损毁丘脑前核和丘脑背内侧核将严重损害猴的记忆任务操作，而只损毁丘脑前核或丘脑背内侧核仅造成较轻微的损害。

患者NA是因间脑损毁产生遗忘症的一个著名病例。他在21岁时不幸被室友玩弄花剑时误伤了，花剑穿过他的右侧鼻孔，向左侧插入大脑。多年后经CT扫描发现，他的左侧丘脑背内侧核被损毁了。NA康复后，虽然认知能力正常，但是记忆发生障碍。他患有严重的顺行性遗忘症和对受伤前2年期间事件的逆行性遗忘症。例如，看电视时，他会在播放广告期间忘记广告播出前的节目内容。NA和HM的病情本质非常相似。他们都具有短时记忆能力、旧的记忆和一般的智力。除了不能形成新的陈述性记忆外，他们都有对手术或事故发生前数年间的事件的逆行性遗忘症。内侧颞叶和间脑损伤产生相似的遗忘症这一事实说明，这些相互联系的脑结构是长时陈述性记忆形成的重要的脑结构。

上文提及的科尔萨科夫综合征为间脑在陈述性记忆中的重要性提供了另一个证据，它通常是由于慢性酒精中毒引起的。营养不良加之酒精中毒很可能发展为硫胺素缺乏症，营养的缺乏可造成丘脑背内侧核和下丘脑乳头体等结构性损害。科尔萨科夫综合征患者有较严重的顺行性遗忘症和逆行性遗忘症，但两种遗忘症的严重程度并没有很好的相关性，这跟患者HM和NA的遗忘症一致。贝尔通过研究认为，科尔萨科夫综合征患者的顺行性遗忘症是源于丘脑背内侧核和下丘脑乳头体的损害所致，而逆行性遗忘的病因尚不清楚。

（三）前额叶皮质损伤引起情节记忆和工作记忆障碍

情节记忆需要内侧颞叶、大脑皮质记忆存储区及前额叶皮质的共同参与。情节记忆的本质是源头记忆，是有关事情在何时何地发生的记忆。源头记忆有赖于前额叶皮质，有两个证据支持这一论点。其一，源头记忆发生错误多见于小孩和老人，而在个体发育过程中前额叶皮质成熟较慢，在正常老化过程中前额叶皮质也会遭受到一定程度的损害；其二，前额叶皮质损伤的患者倾向于分不清楚在何时何地学到他们知道的事情。因此，前额叶皮质的结构和功能的完整性对于保持源头记忆的连续性是非常重要的。

此外，前额叶皮质对于工作记忆的建立和维持也具有重要作用。20世纪30年代，雅各布森（Jacobsen）报道，切除前额叶后，猴的延缓反应任务（delayed-response task），即空间性质的工作记忆任务操作受损（见专栏4-2）。大量研究表明，前额叶皮质主沟区（46区）是空间工作记忆的关键区域。

【专栏4-2】

猴的延缓反应任务（delayed-response task，DR任务），本质上就是空间性质的工作记忆任务。DR任务分暗示期、延缓期和反应期3个时期。需要猴在延缓期内（几秒或几十秒）把被暗示的某一空间位置记住，然后在反应信号出现之后对被暗示的空间位置进行操作。如图4-7所示，在猴的前方左、右两个位置上放置两个相同的盒子，再当着猴子的面在左或右边的盒子中放置食物，此为暗示期。然后盖住两个盒子，并拉下挡板遮住猴的视线，阻止猴看到放置食物的盒子，持续几秒或几十秒，此为延缓期。延缓期结束后提起挡板，让猴自由翻盒子取食，此为反应期。在每次测试中，猴子必须在延缓期内记住左右两个盒子中哪一个盒子放置有食物，才可以在反应期做出正确的选择。延缓期中对空间位置的"在线式"记忆就是空间工作记忆。研究发现切除了前额叶后，猴的DR任务操作受损，即猴在反应期中不能正确找出放置食物的盒子，这表明前额叶皮质与空间工作记忆有关。

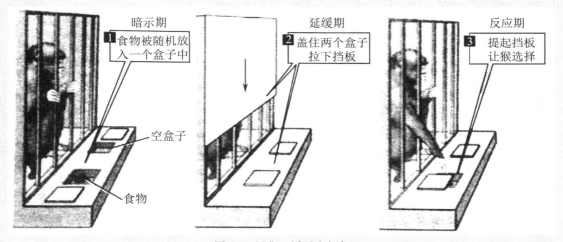

图4-7 经典延缓反应任务

（资料来源：寿天德.神经生物学[M].北京：高等教育出版社，2013：373）

四、记忆障碍的临床评定

对于记忆障碍的评定，可结合以下几点综合判断。

（一）主要依据

记忆障碍临床评定的主要依据有：①自诉或被他人发现有健忘的现象。例如，不能回忆起近日发生过的事情。②无法回忆起某些事实。例如，忘记自己曾经上过大学或当选过学生会干部等。③不能辨认某种现象是否曾经见过。例如，对于童年时经常看的影视剧感到陌生。④不能运用以前已经学会和掌握的技术。例如，无法使用指甲钳剪指甲。⑤缺乏学习和获取新的知识和技术的能力。例如，不能学会上网查阅资料、观看视频等。⑥无法回忆起以前或最近发生的一些较重要的事件。例如，忘记自己考取大学或结婚生子时的情景。

（二）次要依据

忘记在预定时间里去从事某项活动。例如，忘记按时去参加同学聚会等。

（三）相关因素

同时，患者体检有以下6个症状中的一项或几项。

（1）急性或慢性缺氧，表现为气短、呼吸急促、浅快而弱，心跳加快。随着缺氧的加重，除神经系统症状外，全身皮肤、嘴唇和指甲青紫，瞳孔散大，血压下降，昏迷等。

（2）神经系统功能紊乱，轻度时，表现为头晕、头痛、精力不集中、思维能力减弱、容易疲劳、轻度精神抑郁和情绪烦躁激动等；严重时，中枢神经系统的功能受到抑制，表现为淡漠、反应迟钝和嗜睡，甚至意识丧失。

（3）水、电解质失平衡，表现为钠、钾、钙和氯等电解质和水代谢紊乱，导致机体内环境失平衡。

（4）心输出量减少。成年男性正常的心输出量为4.5～6.0 L/min，成年女性正常的心输出量比男性约低10%，遗忘症患者的心输出量可低于各自的正常值。

（5）贫血。通常以血红蛋白含量为诊断依据，其参考值为：成年男性120～160 g/L，成年女性110～150 g/L，遗忘症患者可低于正常值。

（6）存在过多的环境干扰。患者生活的环境一般较为复杂，存在过多应激源，包括：①家庭环境因素，如父母离异、亲子关系恶劣等；②工作或学习环境因素，如工作学习压力大和职业转换等；③社会环境因素，如自然灾害和交通事故等。

（四）检查方法

《修订韦氏记忆量表》是龚耀先等人对韦氏记忆量表（Wechsler Memory Scale, WMS）进行了修订，除保留原先的7个分测验外，还另外增加了3个分测验。《修订韦氏记忆量表》的检查项目包括长时记忆测验、短时记忆测验和瞬时记忆测验。

（1）长时记忆测验：①个人经历。有5个关于受试者本人经历的问题相继提出，需要受试者回答，最高分5分。比如，"你今年多大岁数""现在的国家主席是谁"，等等。②时空定向。包括5个简单问题，最高分5分。比如"今年是哪一年""你当前在什么地方"，等等。③数字顺序关系。从1—100顺数；从100—1连续倒数；累加，从1开始每次加3，比如：1、4、7、10直到49，并均需计时。

（2）短时记忆测验：①视觉再认，测查图形视觉记忆。分甲、乙两套识记图卡，每套图有8项内容，有图字和符号，再认图卡有28个内容。先让受试记忆30秒钟，然后要求其在另外一卡上找出刚刚看到过的8个项目。最高分16分。②图片回忆，测查图画视觉记忆。包括两套图片，每套有20个图。让受试先看一套图片，一分半钟后要求其回忆图片内容，最高分20分。③视觉再生，测查图案视觉记忆。包括两套图片，每套各有3张，分为a，b和c。a和b两卡各有一图，c有两图。将3张图片一次给受试看10秒钟，每看完一张后要求其在纸上默画出来。最高分14分。④联想学习，测查言语联想记忆。有甲、乙两套，每套测验皆有10对词读给被试听。为了避免被试听不懂方言，将这两词写在卡片上同时呈现给被试，每次两秒。依次换第2对，完成10对后，停顿5秒，再读每一词的前一词，要求被试说出后一词。最高分21分。例如：水果—香蕉，回答："水果—？"。⑤触摸测验，测查触觉和空间知觉的记忆能力。应用一副形板，共9个图形，横竖各有3个图形。分为两个步骤进行测验。第一步，蒙住被试的眼睛，被试先用利手摸着将3个木块摆放在木槽里，第二次换用非利手摆放3个木块，第三次用双手摆3个木块，三次全部做完后，移除木板，摘除蒙眼物。第二步，要求被试将摸过的木块图画出来，先画出记忆的，之后画出各图的位置。计时，计算正确形状回忆和位置回忆的数量并计算粗分。⑥理解记忆，测查有意义的言语理解记忆。包括两套故事，每套皆有甲、乙、丙三个故事，它们分别包含14、20和30个内容，甲、乙两套用于两套测验故事。用甲、乙两故事最高分17分，用乙、丙两故事最高分25分。

（3）瞬时记忆测验：包括顺背和倒背数目，同数字广度记忆。该量表的记分系统按照韦克斯勒（Wechsler）的离差智商计算方法，把各分测验的原始分换算成量表分（均数为10，标准差为3），再把各分测验的量表分换算成离差记忆商（MQ，均数为100，标准差为15）。

（五）临床特征

临床上常见的遗忘症多为器质性遗忘症，分为顺行性遗忘症和逆行性遗忘症。顺行性遗忘症的患者易忘近事，而对过往发生的事情记忆正常，多见于慢性酒精中毒者。此外，还可见于高热谵妄（pyretic delirium）、癫痫性朦胧（epileptic twilight）、脑外伤（cerebral trauma）、脑炎（cephalitis）和蛛网膜下腔出血（subarachnoid hemorrhage）等。一般认为，顺行性遗忘症与海马的功能损坏有关。逆行性遗忘症的患者不能回忆起紧接着疾病发生前一段时间的经历，多见于一些非特异性脑疾患（如脑震荡和电击等）、脑卒中发作后、颅脑损伤和麻醉等情况。一些慢性弥漫性脑病变，如老年性痴呆、麻痹性痴呆和某些亚急性病变累及海马等记忆回路结构时，可引起遗忘综合征，其表现有注意力减退、定向障碍和近事遗忘。

第三节 记忆障碍的认知训练

目前，为了探讨认知功能训练对脑损伤后记忆障碍和老年人记忆力的影响及其临床意义，有不少专家学者已经做了许多相关研究。

一、脑损伤后记忆障碍改善的认知训练

（一）认知功能训练方案一

杨富英等人在治疗脑损伤后颅内血肿患者时，除了给予常规的治疗护理以外，还专门

给予患者1次/天、40分钟/次、5次/周、共5周、采用一对一方式的认知功能训练,对患者在训练前后均采用龚耀先等人修订的韦氏记忆量表(WMS)进行测评。研究结果显示脑损伤后,患者的长时记忆、短时记忆、瞬时记忆在WMS的各项分测验评分和记忆智商均明显低于对照组($P<0.05$);经过5周训练后,WMS测评的各项分测验值和记忆智商均明显优于训练前($P<0.05$)。说明早期认知功能训练可明显改善脑损伤后患者的记忆障碍。其认知功能训练的内容包括:

(1)记忆训练,包括:①对日常生活的记忆。把日常用到的物品,如钱包、手机、钥匙等放在显眼的位置如床头柜或枕边,要求患者按指令拿出来;叫出日常参与对其治疗护理的医护人员的名字;让患者把每天固定活动的时间记下来,如早上8点医生查房,9点理疗,10点高压氧治疗等,并要求患者遵守时间主动配合治疗。②对图片的记忆。给患者看一张由多个小图组成的图片,让其观察后说出图片上各个小图的名称,每隔30分钟重复1次,视患者回答情况,可给予提示。待记忆能力提高后可以增加图片数量,每天选择不同的内容进行训练。③对故事复述的记忆。每天让患者看一会电视或读一段报纸,然后让其说出电视的故事情节或报纸的内容。

(2)刺激-反应法的注意力训练,给患者看或听相同类型的材料,让其鉴别和选择。例如,连续读一串数字;从多个数字或字母中寻找指定的符号;从电话号码簿中找出指定的电话号码。

(3)分类-联想法的综合分析能力训练,事先准备好写有各种物品的纸片,再交给患者按照蔬菜、水果、衣服等进行分类,并找出它们的共性,如苹果、梨子和桔子都属于水果等。

(二)认知功能训练方案二

李艳等报道了利用高压氧配合认知训练可以有效治疗颅脑损伤后记忆障碍,他们在治疗颅脑损伤后记忆障碍时,除了给予改善循环、高压氧、常规的肢体运动康复训练治疗以外,另外有针对性给予1次/天、30分钟/次、持续4周的记忆康复训练治疗,在治疗4周后,颅脑损伤患者在GCS评分、Rivermead行为记忆试验评分和日常生活能力量表(ADL)评分明显高于常规治疗组($P<0.05$)。说明高压氧配合认知训练治疗对颅脑损伤后记忆障碍的康复治疗有明显效果。其记忆训练的具体方法包括:

(1)PQRST法:P,预习需要记住的内容;Q,针对与内容有关问题,向自己提问;R,仔细阅读资料以用于回答问题;S,反复多次陈述阅读过的资料;T,用回答问题来检验记忆,应用记忆工具或日常物品作为提醒物。

(2)编故事法:按照个人的习惯,把记住的内容编成故事以方便记忆,也可利用辅助记忆物如记事本或使用计算机辅助技术、图形的视觉记忆、声音的听觉记忆等方法帮助记忆。

(3)利用辅助物品如日记本、笔记本和微型录音机等。

此外,在获得性脑损伤患者记忆障碍康复训练上,还有将人工训练与仪器训练作比较的研究,仪器训练组采用中国康复研究中心研制的"认知康复工作站",人工训练组应用认知功能训练箱。两组接受相同的记忆训练内容,包括汉字再认、图片再认和回忆、人像人名记忆、词语记忆、段落记忆、空间记忆以及日常生活活动(ADL)能力训练。根据患者实际情况,选择重复训练、联想记忆等方法,辅以注意、知觉等认知功能训练。仪器训练和人工训练仅30分钟/次，1次/天，5天/周，分别持续6周和12周。对训练前后的长时、短时和瞬时记忆进行评定，比较仪器训练组和人工训练组的训练前后的成绩。研究结果显示仪器训练组成绩提高明显高于人工训练组（$P<0.01$），说明采用仪器进行认知训练的疗效明显优于人工训练，应予以普及推广。

二、老年人记忆功能康复的认知训练

（一）认知训练方法

专一针对老年人记忆功能康复的认知训练方法，包括以下6个内容。

（1）视觉记忆训练：将若干张日常生活用品图片进行分类，以每次认识和记忆图片的多少作为训练难度的高低。要求被试在出示图片后3～5秒复述图片名称。

（2）相片记忆训练：出示10～20张人物相片，每张出示5～20秒，然后再提供2倍数量的相片，要求被试从中选出之前见过的相片。

（3）地图作业训练：借助简单的地图，要求被试尽可能多地找出从一地到另一地的路线。

（4）复述故事训练：为被试读简单有趣的故事，要求其在听完后能清楚地复述故事内容。

（5）卡片拼图训练：由易到难，用零碎的彩色卡片拼出已知图形。在训练老人辨认色彩的同时，锻炼其即刻回忆和延迟回忆。

（6）手指保健操训练：共3大节9小节。手上集中了与健康密切相关的穴位，常作手指保健操，可以刺激大脑皮质，增强记忆。

（二）认知训练处方

根据老年人出现的不同记忆障碍，提供以下4个处方。

（1）针对路线记忆障碍，采用视觉记忆训练+地图作业训练+近期事件记忆训练+手指保健操训练。

（2）针对即时记忆障碍，采用视觉记忆训练+相片记忆训练+卡片拼图训练+手指保健操训练。

（3）针对延迟记忆障碍，采用复述短小故事+相片记忆训练+卡片拼图训练+手指保健操训练。

（4）针对所有记忆障碍的老年人，要养成健康的生活方式，改善睡眠、起居有规律，锻炼身体，合理饮食、戒烟酒、忌用铝锅烹调，多与人交流、多读书看报或看电视新闻，多参加社区活动。

以上训练要求3～5次/周，30分钟/次，连续训练3个月后作Rivermead记忆评分，观察训练效果。结果显示"记忆训练处方"干预3个月后，记忆训练组的Rivermead行为记忆测试得分、立即回忆、立即回忆信件、回忆预约、脸部再认、故事延迟回忆、回忆姓名、回忆被藏物品等各项指标明显高于对照组（$P<0.05$）。说明"记忆训练处方"能有效延缓老年人记忆功能康复的认知训练。

思 考 题

1. 记忆的分类有哪些，各有怎样的特点？
2. 如何理解记忆的三级加工模型和加工水平模型？
3. 何谓器质性遗忘症和功能性遗忘症？记忆障碍涉及的大脑系统及解剖定位是怎样的？
4. 临床上对于记忆障碍的评定及其认知训练是怎样的？

案例分析　　　　　　　特定的记忆缺失

基本情况

许多年前，英国有一位广播公司的音乐制片人被确诊为患上一种称为CW的罕见脑炎。他因此出现了记忆缺失，对事物的记忆仅能维持几秒钟。例如，刚吃过的晚餐、刚唱过的一首歌等，这些寻常的事件发生后不久，他对它们的记忆随之也就很快消失了。正如他妻子对其症状的描述那样，他"已经陷入了困境，内容只能永远处于刻印记录的槽中"。但令人惊奇不已的是，他却能记住歌词，并能自如地指挥合唱团，他的音乐才能似乎完好无损，并未因疾病而受到影响。

分析：这个案例说明，人的大脑的有些部位可能负责存储事实，如姓名、形象和事件等，而有些部位则负责储存程序，如怎样去做。虽然记忆功能在整个大脑上是分散的，但是结合与特定记忆和记忆功能相关的脑成像图，可以发现脑区中有三个位置直接参与本案，它们分别是脑皮质、小脑和海马。脑皮质负责高级认知活动，如思维和记忆等；小脑负责调节运动功能和运动记忆；海马负责加工新信息，并将信息传输到脑皮质部位以做永久储存。在本案中，CW患者对过去的记忆完好无损，却难以形成新的记忆，因此，其海马可能受损。当前脑研究表明，程序性记忆和陈述性记忆分别位于小脑和脑皮质中。

拓展学习　　　　　　闪光灯记忆和记忆突起

一些骇人听闻和非同寻常的事件发生后，可引起人的情绪波动，在人的记忆中占有特殊位置。1977年布朗和库利克（Brown和Kulik）将对感情事件的清晰回忆命名为闪光灯记忆（flashbulb memory），它是情节记忆中存在的一种极端情况。例如，对"911事件"中世贸大楼遇到袭击时的记忆，对某次地震和海啸等情景的记忆，对约翰·肯尼迪总统遇刺或戴安娜王妃逝世的记忆。虽然该记忆形式很强烈，但是也会存在错误。1992年奈瑟和哈施（Neisser和Harsch）曾让大学生回忆1986年"挑战者"号太空飞船爆炸时他们分别在哪里、和谁在一起、正在做什么以及他们如何得知消息的。但三年后，让同批学生再次回忆如何得知爆炸消息时，虽然大部分学生确信能够准确地记得，但是没有一位学生的回忆是完全正确无误的，甚至有1/3的学生的回忆是完全错误的。

当让老年人回忆起一生中的事件时，记忆突起（memory processes）就出现了。他们通常不是回忆晚年生活中的事情，而是更趋向于回忆青少年和成年早期发生的事情，因为生命中一些重大的事件皆是发生在那段时期里。一些涉及强烈情感的事件，如遇见一位老朋友或组建家庭、成为父母，考取名牌大学或参加工作等事件，它们在人的一生中皆具有重大意义。尽管对于这些现象的研究产生的理论尚有争议,但是闪光灯记忆和记忆突起依然是记忆文献中引起广泛关注和浓厚兴趣的主题。

参考资料

1. 乐国安,韩振华.认知心理学[M]. 天津:南开大学出版社,2011.
2. 连榕.认知心理学[M]. 北京:高等教育出版社,2010.
3. 丁锦红,张钦,郭春彦.认知心理学[M]. 北京:中国人民大学出版社,2010.
4. 索尔索RL.何华,译.认知心理学(第6版)[M]. 南京:江苏教育出版社,2010.
5. 梁宁建.应用认知心理学[M]. 上海:上海教育出版社,2009.
6. 布丽姬特·贾艾斯.黄国强,林晓兰,徐愿,译.认知心理学[M]. 哈尔滨:黑龙江科学技术出版社,2007.
7. 寿天德.神经生物学(第3版)[M]. 北京:高等教育出版社,2013.
8. 姚树桥,孙学礼.医学心理学(第5版)[M]. 北京:人民卫生出版社,2008.
9. 姚树桥.心理评估[M]. 北京:人民卫生出版社,2007.
10. 张理义,严进.临床心理学(第2版)[M]. 北京:人民军医出版社,2008.
11. 杨富英,吕小春,关惠仪,邓慧琨.认知功能训练对脑损伤后记忆障碍的影响[J]. 中华护理杂志,2008,43(11):975-977.
12. 李艳,戴文晋,隋晓亮,王雪峰,王科英.高压氧配合认知训练治疗颅脑损伤后记忆障碍的临床研究[M]. 中国伤残医学,2011,19(4):96-97.
13. 高明明,恽晓平,张慧丽,郭华珍,张新,等.记忆障碍康复训练的疗效研究[J]. 中国康复理论与实践,2011,17(6):527-530.
14. 陈长香,李建民,赵雅宁,吴黎明,刘小平.记忆训练在老年人记忆功能康复中的应用[J]. 中国康复医学杂志,2010,25(10):1001-1002.
15. Bear MF, Connors BW, Paradiso MA. Neuroscience: exploring the brain[M]. Baltimore: Williams & Wilkins, 1996.

推荐书目

1. 约翰·安德森.秦裕林,程瑶,周海燕,等译.认知心理学及其启示(第7版)[M]. 北京:人民邮电出版社,2012.

第五章 知识表征

本章要点

在陈述知识表征基本概念的基础上，重点阐述知识的分类以及表征的概念，就知识表征的代表性理论及陈述性知识与程序性知识两类知识表征方式进行介绍，并从符号取向的信息加工观点和联结取向的联结主义观点两个方面讨论知识表征的理论模型，最后，根据以往的研究总结出几种具体的知识表征障碍的临床表现与评定，并提出相应的认知训练方法。

第一节 知识表征的概述

对存在于现实世界中的事物、观念等的一种为头脑所知的形式，即知识在人脑中的记载、存储以及呈现方式称作知识表征（knowledge representation）。不同的知识在头脑中有不同的表征方式。本节从知识的分类、有关表征的分类及其相关理论对知识表征进行总体概述。

一、知识的分类

（一）陈述性知识

陈述性知识（declarative knowledge）是个体能有意识地回忆关于事物及其相关关系，主要涉及"是什么"的知识。比如，北京故宫是明清时期的皇宫、第二次世界大战的原因是什么等等。课本上的知识、日常生活中积累的常识以及可以用语言表达的事实，大部分是陈述性知识。某种程度上，这种知识是相对静止的、不变的刺激信息，可以随时被提取，但也会被遗忘。

陈述性知识包含语义知识（semantic knowledge）和情景知识（episodic knowledge）。情景知识中所储的是有关个人经验的知识，以"记得当……的时候"的形式提取知识，如关于"我的自行车不同于其它的自行车，它是红色的、小型的"的知识。语义知识存储的知识比较抽象，采取"记得什么是……"的形式提取知识，如关于"自行车是一种交通工具，一般有两个车轮、一个车座"的一般知识。

（二）程序性知识

程序性知识（procedural knowledge）是个体在无意识条件下完成某项活动的程序或知识，涉及的是"怎样做"的知识，如系鞋带的步骤，如何驾驶一辆汽车等。程序性知识可分为两类：一类是一般领域（domain-general）的程序性知识，即认知过程中普遍应用的程序性知识，也就是我们所说的一般方法或一般途径，它适应于更多的领域；另一类是特殊领域（domain-specific）的程序性知识，即能够在具体情况中解决具体问题的特殊方法或途径，具有典型性。例如，某些专业领域的专家利用专门知识解决该领域的问题，是一般领域的程序性知识所无法替代的。特殊领域的程序性知识可进一步划分为自动化的基本技能以及策略性知识。

陈述性知识和程序性知识最本质的区别是"知道是什么"和"知道怎样做"。其次，两种知识运用的速度不同。陈述性知识的激活速度比较慢，是有意识的过程，需要学习者对相关事实进行再认或再现，而程序性知识的激活比较快，是自动化的过程。另外，两种知识的状态不同。陈述性知识是一种静态知识，它的激活是信息的再现，而程序性知识是一种动态的知识，其知识的激活是信息的操作。程序性知识和陈述性知识所涉及的脑区不同，相关临床研究表明，当遗忘症（amnesia）患者的记忆系统某一部分受损后，他们的陈述性知识难以提取，但是程序性知识依然存在，在技能性的工作和启动效应上大体表现正常。这两种知识在各种问题的解决过程中都是不可缺少的，且程序性知识在陈述性知识的基础上形成。例如，在英语学习过程中，首先应学习英语的陈述性知识，通过不断地练习，达到熟练的状态，最终形成知识的程序化、自动化。需要注意的是，程序性知识是用经验来影响那些指引操作成绩的加工过程，虽不受意识的操纵，但这也需要经过大量的实践和练习才能够获得并掌握，而陈述性知识通常经过一次学习就能将相关的信息存储起来。

（三）策略性知识

策略性知识（strategic knowledge）是指个体在某种情境中对任务的认识、对方法的选择以及对过程的调控，是一种监控系统。简单来说，策略性知识是关于"如何学习、如何思维"的知识，其实质也是一套如何学习、记忆、思维的规则和程序。在具体情况下，策略性知识是如何运用陈述性知识和程序性知识的技能，是控制自己的学习与认知过程的知识。从某种意义上说，它是比前两种知识更为重要的知识。

二、表征的概念

（一）外部表征

外部表征（external represntation）可以是文字符号（如书面语言等），也可以是图形符号（如地图等），分别对应文字表征和图像表征。有时某些观念用图像来表征更适宜，而有些用文字来表征更好。但实际上，任何一种表征形式都不能表征出事物的全部特征。

两者间的区别可通过一个具体的例子来说明，见表5-1，该文字和图像都能表达"书在桌子下面"这一意义，但用不同的方式传达并表征信息。

首先，图像更接近于客观世界，图像展示的具体属性（大小、形状、颜色、位置等）与其表征的现实实物的特征具有结构相似性。在典型环境下，如果把图像放大或缩小，图像的多数方面可以被同时掌握。而语言描述不具备这种特性，我们说不出文字"书或桌子"与实物的"书或桌子"有什么结构相似性。

其次，语言表征用外显的文字或词汇来表征实物，如"书"和"桌子"以及介词"在下面",而图片则没有明显的符号来表示事物,它通过情景即书和桌子的摆放位置就可以内隐地表达出来。

最后,文字表征是一种符号表征,因为符号是任意的,所以它们的使用需要遵循一定的规则去操作。这里的规则可理解为有意义的组合,这些组合规则要求说明事实现象。比如,在单词中字母要按顺序排列,书"book"不能写成"koob";在句子中,要符合一定语法,句子"书在桌子下面"不能写成"在下面桌子书";而图片并不需要满足语法或语义特征,如果存在一些组合要求,那么对图片的限制也会比对文字的限制少些。

另外,文字描述是由不连续的符号构成,句子可以分成词,词可以分成字母,字母是最小的构成单元,无法再分。而图像表征并没有最小的构成单元,图像可以任意拆分成更小的单元。文字表征具有抽象性,它可以表达信息的任何知觉形式(如视觉、听觉),与特定的感觉通道之间没有直接联系,在这一层面上,图形不仅可以代指信息的知觉形式,而且主要与视觉通道有关,显得更具体一些。

表5-1 "书在桌子下面"的语言和图形表征差异

语言	图形
"书在桌子下面"	
不连续符号	没有不连续符号
外显的文字或词汇表示	情景性的
语法的,需要规则组织起来	没有组织规则
抽象的	具体的

(转引自:M.W.艾森克,M.T.基恩.高定国,肖晓月译.认知心理学(第四版上册)[M]上海:华东师范大学出版社,2004:364)

(二)内部表征

内部表征等价于心理表征,可分为命题表征(propositional representation)和类比表征(analogical representation)。命题表征采用命题性编码进行知识的表征,主要是对字词的心理表征,也是一种符号(symbolic)编码。比如,钟表用符号(数字)来表征时间,而我们也用符号(字词或字词组合)来表征这些含义。而类比表征采用类比编码对生活中所观察到的树、花、天空等物理刺激进行知识表征,如指针在钟表上的运动是对时间流逝的类比,即头脑中形成的类比表征是对观察到的或不能及时感知到的物理刺激的类比,也叫作表象表征。

命题表征并不关注信息的来源,只是注重心理的概念性内容,主要是一种语言描述,是类语言表征,是抽象的、外显的、不连续的且需要强的整合规则组织起来的,而类比表征是关注于视觉、触觉或听觉等感官的刺激表征,类比表征是关于感官刺激信息的表征,是非离散性的,能够内隐地表征事物且组合规则是松散的。如今,命题表征与类比表征之间的区别已被大部分心理学家所认可。但有些专家也指出,要真正区分出这两种形式的表征是很困难的,几乎不可能实现(Boalen,1988;Hayes,1985)。

三、陈述性知识的表征

当代认知心理学关于知识表征的研究越来越细化，不同类型的知识的表征方式不同。认知心理学认为，陈述性知识主要以由命题、命题网络、表象、图式等方式来进行表征的。

（一）命题

命题是指具有内在联系的几个概念之间组合而构成的事实。比如，北京是中国的首都、华盛顿是美国第一任总统等，这些都是命题。命题与概念不同，概念用词表示，但知识信息不仅仅由概念表征，更多的是由概念联结而成的命题来表征的。在个体认知系统中，命题用句子表述但不等同于句子，命题只涉及句子所表达的意义，如"鹰在天上飞"和"天上飞着鹰"，句式不同但表达了同一个命题。人们在长时记忆中储存的不是句子本身，而是句子表达的意义。因此，对于如何规范命题和句子间的关系给我们的认知带来了一定的困难。逻辑学家运用一个逻辑系统——简写法，即谓词演算（predicate calculus）来表征关系的内在意义。简写形式如下：

（要素间的关系）[（主体要素），（客体要素）]

命题可以被用来描述各种关系，如类别从属关系、属性、空间位置等，如句子"山东是位于中国东面的省"可以表征为以下命题形式：省（山东）；东面（山东，中国）。可见，命题是指潜藏在概念特殊关系之下的意义。此外，命题还可以用来表达更复杂的句子，但需将复杂句先拆分成简单句。命题是陈述性知识最基本的单位，即命题是最小的知识单元，能从意义上判断出真假的意义单元。在这个基础上请考虑以下句子：

残酷抗战时期的中国领袖毛泽东解放了全中国。
这个句子可由以下简单句来表达。
（1）毛泽东是抗战时期的中国领袖。
（2）抗战是残酷的。
（3）毛泽东解放了全中国。

该复杂句由3个简单句构成，每个简单句准确对应着构成该复合句意义的基础命题，若有一个简单句是假的，那么复合句也是假的，因此命题的意义表征的条件是，其内部的每一个独立单元必须对应着一个意义单元。

但是，命题表征理论并不认为人们会记住以上的简单句。有研究表明，人们对简单句的准确回忆并不比原本复合句的准确性强。因此，我们记忆中的知识表征似乎只有基本命题的意义，却没有复合句的意义。为此，金西（Kintsch, 1974）用的方法是将每一个命题表征成一个表，它包括关系以及根据关系排列的若干项（argument）。关系将各项组织联结起来，通常对应着动词（在此例中为解放）、形容词（残酷）以及其他的关系词（……的领袖）。项是指时间、地点、人物等（如抗战、中国、毛泽东）。关系指出了各项之间的联系。金西（Kintsch）用包括关系和项的括号来表征以上命题，从简单句1到简单句3的表征为：

（1）（……的领袖：毛泽东，中国，抗战）
（2）（残酷：抗战）
（3）（解放：毛泽东，全中国）

每种关系下有不同数目的项："……的领袖"关系有3个项，"残酷"关系有1个，"解放"关系有2个。当听到不同方式表达的复合句时，如"全中国被残酷抗战时期的中国领袖毛泽东解放了"，它们表征的意义也是从简单句1到简单句3列表来表征的。

（二）命题网络

命题是最小的知识单元，需结合命题网络（propositional network）来表征信息。如图5-1所示，对"残酷抗战时期的中国领袖毛泽东解放了全中国"这个句子作出编码分析，这就是一个命题网络的例子。在命题网络中，用圆形来表示命题，命题通过箭头将关系和项联结起来。这些命题、关系、项都被称作网络的节点，而箭头称作连接。图5-1中，命题网络（1）中的圆形就代表前边所分析的"命题简单句1"，圆形有四个箭头，分别代表"关系"的箭头、"实施者"的箭头、"对象"的箭头、"时间"的箭头，箭头分别指向"……的领袖"、"毛泽东"、"中国"、"抗战时期"。图5-1中的命题网络（1）（2）（3）分别表征了前面"命题1""命题2""命题3"。需要注意的是，三个网络中有相同的节点。比如，图5-1中的（1）和（2）都有"抗战时期"。这些重叠表明网络实际上是图5-1（4）所示的一个更大的相互连接的一部分。命题网络（4）就是这个复合句中所有的意义信息。

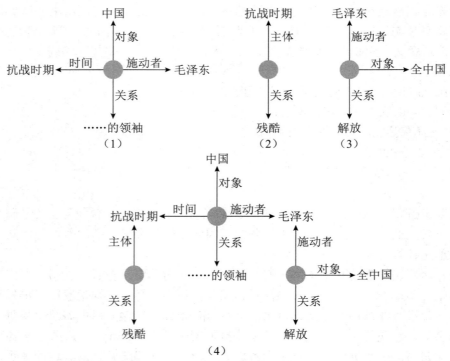

图5-1 "残酷抗战时期的中国领袖毛泽东解放了全中国"这一陈述句的命题网络表征

（转引自：John Anderson. 秦裕林，程瑶，等，译. 认知心理学及其启示[M]. 北京：人民邮电出版社，2012：137）

在命题网络中，重要的是哪个元素与哪个元素相连，而不是它们所处的位置。网络中的空间位置与它们的意义无关。许多实验表明，在这种网络模式中，将节点当作概念，将节点间的连接看成概念间的联系是非常有用的。韦斯伯格（Weisberg, 1969）做了一项限制联想任务的实验。在实验中要求被试学习并记忆句子"Chlidren who are slow eat bread that is cold.（动作慢的小孩子吃的面包是凉的）"，该命题网络表征形式如图5-2所示，在学习过这个句子之后，要对被试进行联想实验，在联想任务实施前，要给被试呈现句子中的一个词，要求他们回答出头脑中浮现的第一个单词。当给被试的线索词为"slow（慢）"时，他们总是联想到"children（小孩子）"，而不是离"slow（慢）"位置比较近的"bread（面包）"，因为"bread（面包）"与"slow（慢）"在句子中的距离比children（小孩子）与slow（慢）的距离近。然而在图5-2中，"慢"与"小孩子"之间（两个连接）的距离比"慢"和"面包"（四个连接）的距离要更近。相似的，给被试的线索词为"面包"时，被试总能联想到"凉"而非"慢"，尽管句子中"面包"和"慢"的距离比"面包"和"凉"的距离更近些。同样，拉特克利夫和麦克恩（Ratcliff & McKoon, 1978）也得到类似的结果。

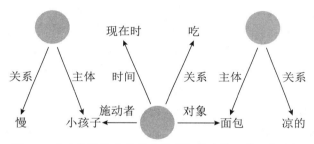

图5-2 "动作慢的小孩子吃的面包是凉的"的网络表征

（转引自：John Anderson著. 秦裕林，程瑶，等，译.认知心理学及其启示[M]. 北京：人民邮电出版社，2012：138）

（三）表象

表象又称作意象（imagery），是不能及时感知到的，对事件、场景等事物的心理表征（Behrman、Kosslyn等，1996），是人脑表征客观世界的形式之一。在认知心理学中，表象的含义比较广泛，它既可以指大脑中的形象或图像等心理活动，也指非言语思维活动，如在头脑中进行回忆、对空间关系的表征等。这种运用非言语形式加工处理信息的心理活动称为表象表征。

关于表象是否确系为一种独立的心理表征形式，目前存在尖锐的争议。赞同表象的独立地位的研究者们将表象看作类似知觉的信息表征，奈塞尔（Neisser, 1976）将表象看作是由知识激活的对知觉的期待，这样便将表象与知觉的自上而下的加工相联系，而科斯林（Kosslyn, 1980、1981）将视觉表象看作类似图画的信息表征。这些观点都强调表象与知觉的等价。而有些研究者如培利辛（Pylyshyn, 1973）则否认表象的独立地位，反对将表象看作类似知觉的信息表征，尤其是将视觉表征看作心理图画的看法。因两可图形用于知觉研究，研究者用这种图形来判断表象是否与实际图片的知觉相似。钱伯格和雷斯伯格（Chambers、Reisberg, 1985、1992）进行的关于两可图形（互变图形）的研究表明了表象的局限性，认为图形的心理表象与知觉并不相同，如图5-3所示。安德森（Anderson,

1978）指出，这种争论无法解决，因为设计不出实验范式来解决两者的对立情况。

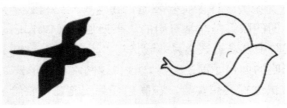

图5-3 两可图形

（转引自：Chambers.D，Reiserg.D（1992）.What an image depicts depends on what an image means.Cognitive Psychology，24（2）：145-174）

（四）图式

图式是用于表征知识、创建相关概念结构的一种心理框架。它可以用来表征各种层次的人类知识，是人脑有组织的包含客观环境和事件信息的知识结构，如同围绕着某个主题组织起来的认知框架或认知结构。鲁姆哈特和奥托尼（Rumelhart、Ortony，1977）将图式看作认知的基本构成单元，既包含变化的成分，也包含固定不变的内容。比如，关于狗的概念图式，固定的信息包括狗是哺乳动物，一般有四条腿，家养动物，而变化的内容有品种（短毛狗、长卷毛狗、山地犬）、大小（袖珍型、中等型、超大型）、颜色（白、黑、棕色）、脾气（孤僻、友善）等。鲁姆哈特（Rumelhart，1977）等人对图式进行了广泛分析，概括出图式所具有的以下五个基本特征。

第一，一个大图式可以包含几个其他的小图式。例如，一个水果的图式可以包括一个苹果的图式、一个梨的图式等许多小图式。但图式或子图式下是一些不能再分割的亚图式，它是图式的基本组成部分。

第二，图式中含有变化。任何图式中都包含了事物固定不变的基本特征，而一个具体实例与另一个之间在事实上可以有细微差别。例如，"马"的图式中具有一些固定不变的特征，像四条腿、吃草等，但马与马之间有一些可以变化的特征，如马的皮肤色、肥瘦、大小等，这些特征可以是不同的。

第三，图式指明各种信息之间的关系，如狗的各个部位（耳朵、嘴巴、腿、尾巴等）必须以特定方式组合起来。即使各个部位都已经齐全，若尾巴从鼻子上伸出来并且舌头在肚子下面的家伙就不算"狗"了。

第四，图式具有抽象性，而且在抽象度上可以有所不同。比如，一个有关"公平"的图式要比"鸟"的图式更为抽象。

第五，图式还包括在假想情景中得出推论的信息。比如，假设有一名50岁男子、一名30岁修女、一名27岁女子坐在公园长椅上，一个年幼的小孩跑过来并喊了一声"妈妈"，那么小孩叫的是谁？为解决这个问题，你可能会用母亲图示、年龄图示、男子女子图示等来进行判断。图式是心理实体，它能检验并确认刺激信息。当图示与输入的刺激比较后，会用最适合的图式做出解释判断。

研究者发现，典型性效应实验证实了人类对知识结构进行类似于图式一样的操作。更进一步来看，图式在知觉领域中的应用减少了被试对视觉环境中信息的分析。图式理论自身也有一定的缺陷。我们常常创建能解释所获证据的任何模式，由此，有研究者认为图式理论是无原则性的。另外,图式可能会演变成刻板印象,对认知判断及其发展有一定阻碍作用。

> **【专栏5-1】　　　　安德森(Anderson)的图式概念**
>
> 我们知道关于房子的很多知识,如:
> 房子是一种建筑物
> 房子里包含一些房间
> 房子可以由木头、石头、砖来构成
> 房子里有直线、三角形、四边形
> 类别的重要性在于它包含了该类别中具体事例的可预测性,所以当人们提到房子时,我们对它就有一定的了解。
> 安德森(Anderson)认为图式可以用插槽(slot)结构来说明概念的类别知识。插槽明确说明了类别成员的各种属性价值。上述对房子的类别知识可以表征为:
> 上属:建筑物
> 组成:房间
> 材料:木头、石头、砖
> 形状:直线、三角形、四边形
> 在以上表征中,"组成""材料"这样的项是概念的属性或插槽,而房间、木头、砖这样的项表示的是值,插槽和值配对就组成了一个典型特征。房子通常是由石头、砖这样的材料建成的,但也不排除别的材料(如硬纸板)的可能性。因此,上面列出的值称作默认值(default values)。
> 图式能推断出表征该概念的属性。比如,如果我们知道某物是房子,我们就能推断出房子是由木头、石头、砖组成,并且有窗户、天花板等。图示推理过程也能处理例外:我们也可以设想没有天花板的房子。图式和插槽之间是约束关系。比如,当听说某个建在地下的房子时,就可以推断出它没有窗户。
> (资料来源:John Anderson. 秦裕林,程瑶,等,译.认知心理学及其启示[M]北京:人民邮电出版社,2012:145-155)

四、程序性知识的表征

前面介绍了陈述性的表征方式,而程序性知识则是以规则来表征的,规则就是将程序性知识与行为操作结合起来,并以产生式规则储存于大脑中。当产生式规则中的条件得到满足时,便能使个体做出某些行为。产生式规则构成产生式系统,若条件得到满足,产生式系统间便可以相互转化。

(一)产生式

程序性知识表征的一些早期模型源自于计算机模拟研究领域,计算机之所以能表征程序性知识,是因为它用成套的规则对产生式(production)进行管理操作。产生式可看作程序的产生和输出，一个产生式由条件（condition）和行动（action）组成。计算机遵循着产生式规则对产生式进行模拟，规则是由"如果"从句和"那么"从句构成的（Newell & Simon, 1972），"如果"部分包含实施行动的所有条件，"那么"部分则是一个行动或一系列行为。产生式的基本规则是"如果条件为X，那么执行行动Y"，即当实施行动所需的条件X得到满足，那么就执行该产生式规定的行动Y。因此，产生式规则也称作"条件-行动"规则、"如果-那么"（"if-then"）规则。例如，"如果见红灯，那么要停车"，"如果要停车，那么先刹车"。

在计算机模拟研究中，由纽维尔、肖和西蒙（Newell、Shaw、Simon，1958、1959）研制的模拟人类解决问题的计算机程序《通用问题解决者》（General Problem Solver, GPS），其内部知识便以产生式来表征。现在在教学方面也得到应用，如吴晶（吴晶、龚海梅等，2003）等运用产生式知识表征对英语语法规则在获得与迁移方面进行了研究。

（二）产生式系统

解决某个问题需要较多的产生式，它们按一定的顺序层次形成一个系统，构成产生式系统（production system）。

1. 产生式规则与产生式系统

产生式系统由产生式或产生式规则构成，产生式规则和产生式系统都存储在长时记忆系统中，一个产生式系统通常含有存储"如果-那么"规则的一个长时记忆单元以及处理当前信息的一个工作记忆（working memory）单元，通过两者间的匹配来决定是否执行"行动"，即当产生式规则的全部条件得到满足的时候，就会激活产生式规则或产生式系统，再根据产生式系统的规则做出适当的动作或行为。例如，"如果红灯亮，那么要停车"这个产生式规则，外界信息"红灯亮"进入工作记忆，如果它与长时记忆中的"如果"部分匹配成功，则会激活"那么"部分，就需要停车。当"条件"的数量增多时，"那么"从句只能应用于逐渐减少的情景，并导致发生频率较少的行为结果，表明该产生式系统越复杂。

2. 产生式系统的操作

产生式系统是由目标进行组织的，并在目标的指导下进行下一步动作与行为。虽然产生式系统有多个子目标，但是在每一时刻至少必须有一个目标处于激活状态。可以用27加48的例子来阐述产生式系统的操作过程。整个加法产生式系统的目标是得到该加法问题的正确答案，但在运行中分解为多个子目标，只有所有的子目标都按顺序正确解决，最后整体的目标才会达到。具体过程见表5-7。表5-7中第一个产生式系统"下-列"（NEXT-COLUMN）中，该产生式规则的条件部分是如果"c1"是最右边的列，并且c1下面没有答案数字，那么"行动"部分就将子目标设置为将右边的列加起来。用竖式表达更直观：

$$\begin{array}{r} 27 \\ +\ 48 \\ \hline (\quad) \end{array}$$

显然，竖式最右列（7+8）在下面没有写出答案，因此得出该答案是第一个子目标。下一个产生式规则为"加工-列"（process-column），在上一个产生式规则"下-列"停止的地方开始。"加工-列"的"条件"表明，如果想得到c1（最右列）的和，那么必须将它们加起来并在下面写出所得的答案。需要注意的是,两个数字加起来的和可能大于9或小于10,如果大于9,比如这个例子,那么产生式系统就应转换到"写出大于9的答案"(write-answer-greater-9-NINE)的产生式规则;如果小于10,就会转换到相应的产生式规则,即"写出小于10的答案"(write-answer-less-10-TEN)。由此可见,产生式系统对信息的加工实际上是一种序列加工(serial processing)而非同时性加工(见表5-2)。

表5-2 加法产生式系统的操作

下-列	
如果	目标是解决加法问题
	并且c1(最右列的和)没有答案
那么	设置子目标为写出c1的答案
加工-列	
如果	目标是写出c1的答案
	并且数列1和数列2是所求列的数字
	并且数列3是数列1和数列2的和
那么	设置子目标为写出c1中数列3
写-答案-附加值	
如果	目标是写出c1中的数列1
	并且c1含有未加工的标记
	并且数列2在数列1 的后面
那么	改变目标为写数列2
	并且将附加值改为加工过
写-答案-小于10	
如果	目标为写出数列1
	并且数列1含有未加工的附加值
	并且数列1小于10
那么	写出数列1
	并且满足目标
写-答案-大于-9	
如果	目标为写出数列1
	并且数列1含有未加工的附加值
	并且数列1等于10或大于10
	并且数列2是数列1的个位数
那么	写出数列2
	并且在下一列写出标记
	并且满足条件

(转引自:Anderson J.R(1993).Problem solving and learning[J]. American Psychologist,48:35-44)

产生式系统是如何安排产生式规则的适当顺序的呢?其实,在产生式系统执行完某个产生式规则后,还需实施模式匹配来决定下一步执行哪个产生式规则。在匹配过程中,系统需要做两件事:首先,检查工作记忆中的内容并且记录整个问题解决过程中已解决部分和未解决部分。其次,产生式系统会把与当前相匹配的产生式规则应用于未完成的问题部分,实际上系统考虑了所有的"如果"(条件)部分,来发现系统中与当前问题有哪些解决的和未解决的部分,再设置各级子目标,最后达到行动或行为目标。

3. 冲突解决策略

有些时候,不仅仅一个产生式规则可以运用,有两个不同的产生式规则也可以满足条件。例如:

> 如果　天下雨
> 那么　撑雨伞
> 如果　天下雨
> 那么　穿上雨衣

条件为天在下雨,两个规则都满足条件,但行动不同,那么产生式系统该如何选择呢?其实,产生式系统用冲突解决系统(conflict-resolution system)来解决以上问题,对此有很多方法来完成这种选择。有时,可以给产生式系统一个优先数字,如果同一时间内两个产生式的条件都匹配,那就执行较高级的产生式规则。有时系统记录上次两个产生式规则相冲突时所采取的行动,这次会执行上次没有实施的规则,类似轮换,但前提是这两个产生式规则的条件都匹配。在比较复杂的系统中,用冲突解决程序可以评价哪个产生式规则最快达到系统目标。

第二节　知识表征的理论

一、知识表征的理论

(一)双重编码理论

20世纪60年代末70年代初,佩维奥(Paivio)根据实验研究提出了双重编码理论(dual-coding theory),认为人们既使用表象编码又使用命题编码来表征信息,并强调表象的功能。

1. 该理论的基本观点

佩维奥(Paivio)从信息编码的角度出发,认为人类认知由两个既彼此独立又互相联系的基本代码或符号系统对信息进行表征与加工:言语系统和非言语(表象)系统,两个系统都负责处理编码、组织、储存和提取各类信息,但也有一定的区别。由于语言的系列特征,言语系统以序列方式加工、处理语言信息并以适当的形式储存起来,它是关于事物抽象概念的加工操作,是基于字词联想的表征,还可以激活一些动作词汇等。非言语系统处理关于表象的信息加工,主要是关于外界具体客体或事件的各种感觉通道的操作,并由此完成部分场景分析以及表象产生之类的任务。这样表象系统和言语系统可分别由有关刺激所激活,两类信息可以互相转换(见图5-6)。

两个系统都有它们自己的基本表征单位。言语系统的基本单元是词元(logogen),佩维奥(Paivio,1986)将其视为感觉通道的特异性单元,能够整合信息结构。比如"雪"这个信息,系统可以用词元来区分口语中的"雪"和视觉形式的"雪"。而表象系统的基本单元是象元（imagen），象元是在不同感觉通道中表征表象的基本单元。言语系统和表象系统在功能层面通过词元和象元之间的联系而相互关联，这种关系简单的说就是目标及其名称之间的指示性联系（referential link）。例如，假若你看见一只鸟飞过去，它是一个视觉物体，会被一个象元识别出来，而这个象元和单词"鸟"的听觉性词元之间的联系可以激活单词"鸟"。由此，言语系统和表象系统通过这种方式联系起来的，如图5-4所示。

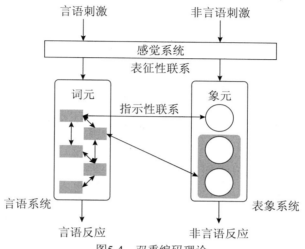

图5-4 双重编码理论

（转引自：M.W.艾森克，M.T.基恩. 高定国，肖晓月，译.认知心理学（第四版上册）.上海：华东师范大学出版社，2004：392）

这两种编码在信息加工时可能存在交叉，但更多依靠其中一种加工。例如对图片的表征可以同时进行表象编码和言语编码，但言语编码的提取比较困难，而对于某些具体字词两种加工也可同时进行，但对于抽象的词而言，只能进行言语编码。

2. 实验支持

Paivio（1975）进行的验证实验所依据的理论假设是，如果认知系统中只含有言语编码的信息，那么被试对图片材料的判断会慢于文字；若认知系统中既有言语编码，也有表象编码，对图片的反应就不会慢于文字。实验中自变量为图片和文字，以及它们各自的相对大小与实际大小的一致性程度，因变量为被试的反应时。实验材料是带有图片和文字的卡片，如图5-5所示，图片分为两种，一种是图片中事物的相对大小与实际相符（斑马比台灯大）；另一种与实际不相符（斑马比台灯小）。文字也相似地分为两种。实验任务是让被试判断卡片上的图片或文字所描述的事物中哪一个与实际经验相符（见图5-5，应该是斑马比台灯大，尽管有的图片中斑马比台灯小），并记录被试的反应时。佩维奥（Paivio）为此作出推论：若认知系统中有表象编码，那么不一致的图片会引起冲突，延缓被试的判断时间，因为卡片中知觉到的图片的相对大小与经验中客观实体的大小不一致，其反应时会大于图片一致的反应时。而文字不会有冲突问题，因为文字得到的是言语编码。实验结果表明，被试对图片的判定普遍快于对文字的判定；判断不一致图片的反应时大于一致图片的反应时，而对文字的判断没有这种差别。由此验证了认知系统中有表象编码存在的理论。鉴于对图片的判断快于对文字的判断，有研究者认为客体大小主要由表象来加工，而语言信息需转换成表象再判断，所以需要时间较多。

图5-5 一致与不一致图对和字对

（转引自：Paivio.A.Perceptual comparisons through the mind's eye[J]. Memory and Cognition，1975（3）：635-647）

对记忆任务、脑损伤患者和问题解决等方面的研究也支持双重编码理论。当事物由表象和言语系统进行双重编码时，学习者重新提取知识的机会就明显增多。然而，研究者在双重编码理论下，可以设置一个词元和象元的加工单元来表征一个特别的项目，而不必指明加工单元的内部加工机制或者它的详细表征，即缺乏规范性是双重编码理论遭致批评的原因之一（见专栏5-2）。随着计算理论的发展，这种缺陷逐渐被弥补。

【专栏5-2】 双重编码理论的神经心理学证据

在对切断大脑左右半球手术的病人的研究中，加扎尼加和斯佩里（Gazzaniga & Sperry, 1967）注意到右半球以类似知觉的方式加工视觉空间状态下的知识表现的很好，左半球在符号性知识表征和操作方面表现得更好。简单地说，左半球与言语加工任务有关，而右半球主要处理非言语信息（如视知觉、视觉记忆等）。鲁利亚（Luria, 1976）和米尔纳（Milner, 1968）发现脑的特定区域的损伤有可能影响命题操作功能，如语言；而其他区域的损伤可能会影响表象的操作功能，如面孔识别能力。

麦克尔·科尔包罗斯（Michael Corballis, 1989）甚至提出人类的大脑左右半球不对称性的进化根源与其他动物的大脑一样，右半球以一种知觉物理环境的方式来表征知识，而和动物不同的是，只有人类的左半球有能力操纵表象性成分（如几何图形）和符号，并由此产生新的信息。科尔包罗斯（Corballis）指出，在人类中能够观察到的右半球的表面优势可能是左半球的功能被语言隐藏的结果。尽管对表象性功能和符号命题功能的区分在大脑半球中有一定的证据，但也有证据表明左右半球的功能定位的区分并不能很好地解释人类对抽象词和具体词的加工情况。

（资料来源：Robert J.Sternberg.认知心理学.杨炳钧，陈燕，等，译[M]. 北京：中国轻工业出版社，2006：185）

（二）概念命题理论

概念命题理论（proposition theory）也称作命题理论，该理论否认表象作为知识表征的心理代码作用，其认为表象以及语词的信息都以命题的形式来编码和储存，人们大脑中存储的是对事件的解释而非表象成分，以意义、解释为基础的命题形式对信息进行加工（John Anderson、Gordon Bower, 1973）。命题可以被结合在命题网络中，两个相关的信息可以通过共同拥有命题而联系。

培利辛（Pylyshyn, 1973）指出，所有的信息都由命题来进行心理表征和储存，命题理论同样可以解释表象实验的相关结果。在表象的视觉实验中，被试看似正在操作内部的视觉表征，但实际上他们可能正使用内部的命题表征，一种同样对语词材料（如句子、故事）进行基础加工的表征。

人们是否用表象作为知识表征的一种途径，认知心理学家们仍持有不同看法。目前，安德森和鲍尔（Anderson、Bower）已经摒弃他们原本提出的概念化的理论，命题是所有心理表征的基础这一观点也已不被他们所承认。然而，有些学者如培利辛（Pylyshyn）等依然坚持原先的观点。

二、知识表征的理论模型

认知心理学对知识表征的论述大致分为两类，一类是符号取向的信息加工观点，另一种是联结取向的联结主义观点。联结主义以"认知活动像大脑"为隐喻构建认知模型，而符号主义以"认知活动像计算机"为隐喻构建认知模型，研究者们通过构建认知模型来阐明个体内部的知识表征过程。

（一）符号取向的知识表征模型

1. 层次网络模型

层次网络模型（hierarchical network model）是认知心理学中第一个语义记忆模型，由奎连（Quillian, 1968），科林斯和奎连（Collins & Quillian, 1969）提出，最初奎连（Quillian, 1968）针对言语理解的计算机模式在其博士论文中提出，称为"可教的语言理解者"（Teachable Language Comprehender, TLC），后来两人共同修改TLC来说明人的语义知识，因其具有层次网络结构而称作层次网络模型。

（1）模型结构

在此模型中，概念是基本的语义单元，每一概念都有一定的属性和特征。概念间按逻辑上下级关系组织，形成有层次的网络系统。该模型用节点表示概念，用带箭头的连线代表概念间的从属关系。从属关系的概念在模型中用"是一种"来表示，如"鸵鸟是一种鸟""鸟是一种动物"。表示从属关系的连线具有一定的方向性。此外，每一概念都具有一个或多个特征，用"具有"的关系来表示。同样用连线来表示概念具有的特征，如"鱼"这个概念就具有"有鳍""会游泳""有鳃"这些特征。连线既将概念间的节点联系起来，又将概念和特征联系起来，如图5-6所示。

层次网络模型对概念的特征实行分级贮存，即在各级概念水平上只贮存该概念所特有的特征，而同一级概念中若有相同特征则存于上一级概念水平上，例如，贮存于"鲨鱼"的特征区别于其它"鱼"的特征，即"会咬人""危险的"，而与同级（鲑鱼）的共同特征（"有鳍""会游泳""有鳃"）则贮存于上级"鱼"的概念中，这样同级的共同特征会贮存于上级中，并且只出现一次，下属概念就无需再次贮存。这样的分级贮存节省了贮存空间，体现了"认知经济"原则。

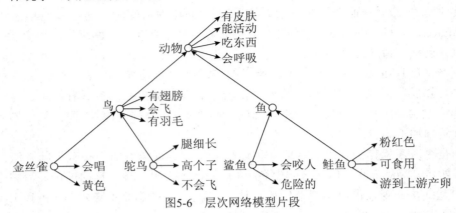

图5-6　层次网络模型片段

（转引自：Collins.A.M，Quillian.M.R（1969）.Retrieval time from semantic memory[J]. Journal of Verbal Learning and Verbal Behavior，8：240-247）

层次网络模型也称为"预存模型"，它表明概念间的联系，已经预先存储于记忆中，当需要提取信息时，就可以沿连线进行搜索。例如，当要求判断句子"金丝雀是动物"的真伪时，就可以从"金丝雀"节点开始搜索，直到搜索到"动物"的节点为止，若两者与语义记忆中"金丝雀"和"动物"的关系相匹配，便会做出肯定反应，反之则会做出否定反应。搜索是层次网络模型的加工过程，与模型的网络结构密切相关，实际上这也是一种推理过程。

（2）相关实验验证：范畴大小效应

科林斯和奎连（Collins、Quillian）采用如下实验来验证这个模型。实验的自变量为句子类型和句子水平，因变量为被试的反应时。实验材料是一些陈述句，根据谓语的不同而将句子分为两类，一类是特征句，即谓语取自概念的特征水平，如"金丝雀会飞"。另一类是范畴句，即谓语表示上下级关系，如"金丝雀是鸟"。每次给被试呈现一个句子，要求被试判断真伪并记录下他们的反应时，并且在实验中对句子进行水平分类。例如，"金丝雀是动物"中"金丝雀"与"动物"的概念级相距两个水平或两条连线，这个句子可以看作2级水平的句子；"鸟是动物"中"鸟"与"动物"相差一级，可以看作1级水平句子；"金丝雀会唱"中"金丝雀"与"会唱"处于同级，可以看作0级水平的句子。实验结果如图5-7所示：

由图5-7可见，无论是范畴句还是特征句，其平均反应时都随句子水平的提高而增多，0级水平句子的反应时最少，2级水平句子的反应时最多。Collins和Quillian认为，对0级句子"金丝雀会唱"判断搜索时，只需进入同一水平，所以需要时间少，而对"金丝雀会飞"进行判断首先需要进入"金丝雀"水平，但却没有"会飞"的信息，需要在其上级"鸟"中搜索到"会飞"的特征，要多搜索一层水平或多搜索一条连线，故需要时间多。而2级水平的句子需在同级水平上再多搜索两个层次，因此需要更多的时间。当句子的范畴变大，判断句子需要的时间越多的现象称为"范畴大小效应"。此外，图中的各水平的特征句的反应时均多于范畴句，这说明特征附随概念而存在，搜索特征比搜索概念需要更多的时间。

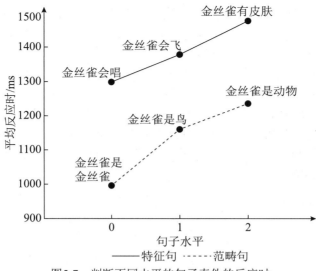

图5-7 判断不同水平的句子真伪的反应时

（转引自：Collins.A.M，Quillian.M.R.Retrieval time from semantic memory[J]. Journal of Verbal Learning and Verbal Behavior，1969（人）：240-247）

（3）模型的评价

模型中的概念以逻辑上下级关系形成网络结构，具有简洁的特点，但同时也有缺点。

首先，概念间的联系很少，主要是"是""是一种""会"等性质的联系，没有涉及其他种类的联系。事实上，概念间的联系除垂直方向的关系外，还有横向关系，并且数量远远多于垂直联系，这使得模型有很大的局限性。

其次，层次网络模型虽节省了语义空间，但也增加了搜索提取信息的时间。对计算机而言，节省空间也许是重要的，但对于人脑而言，更重要的是提取信息的速度。

最后，层次网络模型难以解释典型性效应（typicality effect），判断某个范畴的典型性成员的判断要快于对其他成员的判断，如人们判断"鸽子是鸟"要快于判断"企鹅是鸟"，因为在鸟的范畴里鸽子是典型性成员，而企鹅是非典型性成员。同样该模型无法解释熟悉效应（familiarity effect），即对熟悉句子判断有较快的反应。比如对"狗是动物"判断要比"狗是哺乳动物"的判断要快（Rips, 1973），与原有假设——判断"狗是哺乳动物"要快——相悖。依照层次网络模型，对概念的否定判断需较长时间的搜索，但格拉斯和霍尔约克（Glass & Holyoak, 1975）发现被试对"所有鸟都是狗"这类句子做出否定判断是很快的。该模型也是无法解释否定判断的。鉴于层次网络模型众多的缺点，使得研究者们致力于新模型——激活扩散模型。

2. 激活扩散模型

层次网络模型是从逻辑意义上，而不是从心理意义上解释知识的组织和表征，而科林斯和劳夫特斯（Collins、Loftus, 1975）提出了一种用语义关系、语义距离或语义相似性来表征的网络模型，这种模型称为激活扩散模型（spreading activation model）。

（1）模型的结构

在激活扩散模型中，节点表示概念，概念间的意义联系用连线表示，连线长短表示它们的紧密程度，连线越短，关系越紧密，它们的共同特征也就越多。由图5-8可以看出，机动车概念间因有更多的共同特征而紧密联系，但像"红"色的事物，如"樱桃""玫瑰"等因只有一个共同特征其关系并不是很紧密，这种语义结构与逻辑结构不同，但也并不排除逻辑的上下级关系。比如"机动车"是"卡车"的上级概念，"卡车"不仅与"机动车"有关，也与"街道"有关。这样，概念间既有纵向联系，也有横向联系。在激活扩散模型中，概念的含义是由与它相联系的概念决定的，尤其关系密切的概念，而概念的特征不一定分级贮存，"有羽毛"不仅可以与"鸟"联系紧密，也可以与"金丝雀""鹦鹉"等联系紧密。概念的上下级逻辑层次与分级贮存是不可分割的，若激活扩散模型放弃了逻辑层次原则，也必然会放弃分级贮存原则。由于概念间的联系已经贮存在激活扩散模型中，因此它也是一种预存模型。

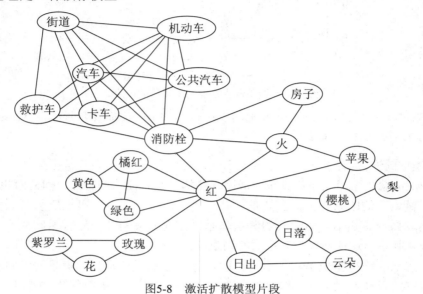

图5-8　激活扩散模型片段

（转引自：Collins.A.M，Loftus.E.F.A spreading activation theory of semantic processing[J]. Psychological Review，1975（82）：240-247）

（2）模型的加工

激活扩散模型对信息加工过程的假设是，当某个概念出现的时候，相应的概念节点就会被激活，然后沿该节点各方向的连线扩散至其他节点，先扩散到与该节点直接相连的点，再扩散到其他节点。例如，对判断"郁金香是花"需要时间是较短的，因为对"郁金香"概念的激活可以迅速扩散至"花"，这样的激活加工加快了对信息的加工速度，也加速了人们对外界的认识。模型还认为，激活的数量是有限的，概念越是长时间受到激活，扩散将会逐渐减弱，所以连线不仅有长短之分，还有强度的强弱之分，连线的强度与使用频率有关，使用频率高，则连线的强度越高。当连线的强度高时，激活扩散得越快，当然，强度也会随着时间的推移或存在干扰活动而减弱。当不同的激活词汇集于某一节点时，若激活的总和达到该节点的活动阈限时，产生的交叉网络就会受到评价。在对信息做出判断时，需要在搜索过程中搜集足够的肯定和否定证据。从不同的激活交叉通路中就可以得到肯定或否定证据，比如对"郁金香是花"做出判断，可以从上下级概念联系、概念特征匹配等通路得到肯定证据，也可以从否定上下级概念、相互排斥等通路得到否定证据。如果既有肯定证据，也有否定证据，就会将两者相加，也就是相互抵消。若抵消后达到肯定标准,就会做出肯定反应;若达到否定标准,就会做出否定反应。若达不到某一标准,就会说"不知道"。这也是一个决策过程。由此可以看出,激活扩散模型不仅包含搜索过程,也包括决策过程,而层次网络模型只有搜索过程,激活扩散模型的信息提取主要靠决策过程。

(3)相关实验验证:启动效应

启动效应(priming effect)是指先前的加工活动有利于后来的加工活动或活动效率。梅耶(Meyer,1971)等做过词汇判断实验,给被试呈现一系列字母串,让被试判断呈现的字母串是否是英语单词。两个字母串都是单词则称为正向词汇对,在实验中有"有联想"和"无联想"之分,"有联想"是指两单词间有较高的联想,而"无联想"指单词间没有任何联想;若字母串不是单词则称为负向词汇对,在实验中有三种情况。字母串成对呈现,若呈现的字母串都是单词,则要求尽可能快的作出"是"的反应。若其中一个是无意义字母组合的非英语单词,同样尽可能快的作出"否"的反应。当被试对第一对字母串作出反应后,立即呈现第二对字母串。字母串呈现后,记录被试的反应时。本实验中的自变量为字母串组合,因变量为反应时间。如表5-3所示,结果发现对"bread-butter"这一词汇对的判断快于"nurse-butter"词汇对的判断。这显然受语义联系的影响,为激活扩散模型提供有力证据。

表5-3 词汇判断实验结果

正向词汇对		负向词汇对		
无联想	有联想	第一个为非单词	第二个为非单词	两个都为非单词
Nurse	bread	plame	wine	plame
Butter	butter	wine	plame	raed
940毫秒	855毫秒	904毫秒	1087毫秒	884毫秒

(转引自:梁宁建.当代认知心理学[M].上海:上海教育出版社,2004:187)

(4)对模型的评价

大量实验表明,激活扩散模型比层次网络模型更好地阐明人类知识概念的存储、组织和表征。

首先,激活扩散模型用语义联系代替层次结构,因而激活扩散模型更具灵活性。在激活扩散模型中,概念间有不同程度的紧密联系,也有强度差异,这样激活扩散模型不仅可以说明范畴大小问题,也可以说明熟悉效应、典型性效应等。

其次,激活扩散模型不仅包含搜索过程,还有决策过程,也可以解释否定判断。激活扩散模型在层次网络模型的基础上发展出许多优点,但它同时也失去了层次网络模型具有的单纯性和简易性。有研究者认为,该模型最大的优点反而是它最大的缺点,因为该模型是从经验中发现的模型,很难做出清晰而有效的预测。因此,即使该模型能解释一些现象,但很少有数据对模型进行证伪,激活扩散模型并不是确切的模型,更多的是一个描述性的框架。

总体来说,激活扩散模型是层次网络模型的补充和完善,层次网络模型有较强的逻辑性,而激活扩散模型有较多的弹性,可以容纳不确定性,更适合于人。

3. 集理论模型

以上介绍的均为网络模型,它们的特征为语义记忆信息高度组织化,且都是预存模型，每个概念的节点都处于网络中的某个位置，有着严密的结构，并且搜索过程也是不可或缺的加工过程。集理论模型（Set-Theoretic Model）以及特征比较模型不同于网络模型，而是一种特征模型，它们的语义结构不像网络结构，其结构是松散的，概念间的联系无法用连线进行搜索，而是靠计算才能得到，也称为"计算模型"。

（1）模型的内容与加工

由梅耶（Meyer, 1970）提出集理论模型。该模型的语义单元仍是概念，每个概念是由一集（set）信息来表征的，构成信息集。信息集可分为样例集和属性集，样例集是指某个概念的一些样例，如概念"鱼"的样例集有"鲨鱼""鲑鱼"等等。属性集又称特征集，指某个概念的特征，如"鸟"的特征有"有羽毛""有翅膀""会飞"等，这些特征也称作语义特征。

在集理论模型中，概念间没有现成的联系。当从语义记忆中提取信息对句子做出真伪判断时，如对"鲨鱼是鱼"判断真伪，就要分别搜索"鲨鱼"和"鱼"属性集的重合程度，若重合度较高，两者共同属性较多，就做出肯定判断，反之则做出否定判断。显然，"鲨鱼"和"鱼"两者的重合程度高，可以做出肯定判断，而对于"鲨鱼是动物"而言，两者虽具有较高的重合程度，但其重合程度不如"鲨鱼"与"鱼"的重合程度高，因为"鲨鱼"与"动物"的共同属性少于"鲨鱼"与"鱼"的共同属性。所以，尽管可以做出肯定判断，但反应会慢些。由此可见，集理论模型用概念间属性集的重合程度来解释范畴大小效应。

（2）谓语交叉模型

为进一步阐述集理论模型是如何对全称语句（如"所有的玫瑰都是花"）和特称语句（如"有些妇女是歌唱家"）进行加工的，Meyer提出了谓语交叉模型（predicate intersection model），它是集理论模型的一个实例，其具体加工过程包括两个阶段，如图5-9所示。首先，判断主语与谓语是否有交叉，其次判断主语是否为谓语的子集。这两个阶段的加工过程不同。在对特称语句"有些妇女是歌唱家"做出判断，要检查主语"妇女"与谓语"歌唱家"是否有交集，其做法是搜索与谓语"歌唱家"有共同成员的相关概念，如"文学家""职业妇女"等，若搜索到与主语"妇女"共同的一个成员，那么主语"妇女"和谓语"歌唱家"就有交集，就可以对"有些妇女是歌唱家"做出肯定判断，仅通过第一阶段的加工就可以做出判断。而对于没有交集的全称语句和特称语句，如"所有的金丝雀都是汽车""有些金丝雀是汽车"，由于没有交集或共同成员，也可在第一阶段做出否定判断。总的来说，对于所有的特称语句都可以在第一阶段作出真伪判断，而对于没有交叉的全称语句，也可以在第一阶段做出判断。

而对于有交集的全称语句，比如"所有的鸟都是动物"或"所有的妇女都是作家"，还需要进行第二阶段的加工来判断主语是否为谓语的子集。做法是比较主语的全部属性和谓语的全部属性，如果谓语的每一个属性都是主语的属性，那么主语是谓语的子集，以此做出肯定判断，反之为否定判断。对于"所有的鸟都是动物"，"鸟"是"动物"的下级概念，主语是谓语的子集，所以做出肯定判断，而在"所有的妇女都是作家"的句子中，"作家"的属性不是所有妇女都拥有，无疑做出否定判断。可见，对于有交叉的全称语句需要两个阶段的加工，并在第二阶段做出判断。

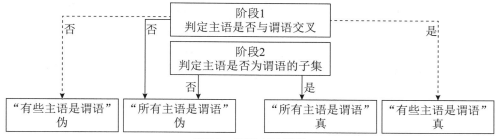

图5-9 谓语交叉模型

（转引自：王甦，汪安圣.认知心理学（重排本）[M].北京：北京大学出版社，2011：122）

（3）模型的验证

谓语交叉模型的假设是，对特称语句的判断反应要快于全称语句的判断，因为特定语句在第一阶段就可做出判断，而全称语句需要两个阶段的加工才能判断（有一例外，即没有交集的全称语句）。梅耶（Meyer）的实验验证了这个假设，实验中分别对全称语句和特称语句进行判断，先在屏幕上打出两类句子框架，对特称语句打出"有的……是……"，对全称语句打出"所有……都是……"，然后在空白处呈现句子的主语和谓语，前一处为主语（如"金丝雀"），后一处为谓语（如"鸟"），分别构成全称语句（所有金丝雀都是鸟）和特称语句（有的金丝雀是鸟）。被试在屏幕前，要求判断句子的真伪，并记录下被试的反应时。本实验自变量为句子种类，因变量为被试的反应时。结果表明，被试对特称语句的判断要快于对全称语句的判断。然而，里普斯（Rips, 1975）的实验结果与梅耶（Meyer）的不同，里普斯（Rips）将全称语句和特称语句混在一起让被试做出判断，并不像梅耶（Meyer）将两者分开进行，其实验结果与梅耶（Meyer）的相反，这是对谓语交叉模型的挑战。

（4）模型的评价

首先，通过集理论模型的加工过程，发现模型可以解释范畴大小效应，却不能说明熟悉效应和典型性效应。其次，相比于层次网络模型，集理论模型能较好的解释那些迅速做出否定判断的句子。最后，集理论模型并非是预存模型，概念间的联系通过比较和计算才能得到，与网络模型有很大的不同。它提出了非预存观念，需要较高的推理能力。但与其他语义模型相比，集理论模型并未得到充分的发展。

4. 特征比较模型

（1）语义特征

特征比较模型（feature comparison model）由史密斯、肖本和里普斯（Smith, Shoben、Rips, 1974）提出，特征比较模型假设概念包含一系列特征元素，该模型将特征按其重要性排列，这是与集理论模型最大的不同。特征比较模型将诸语义分为两类：一类为定义性特征（defining feature），即用来定义某个概念所必须的特征；另一类为特异性特征（characteristic feature），这类特征有一定的描述性功能，但并不是必须的。如图5-10所示，是关于"知更鸟"和"鸟"的特征比较，在图中呈现的特征就是按重要性自上而下排列，位置越靠上，特征越重要。从图中可以看出，上级概念"鸟"的定义性特征与特异性特征都比下级概念"知更鸟"少，是因为下级概念除了包含上级概念的特征外，还拥有属于自身的特征。特征的定义性是连续变化的，在语义特征这个连续体上，可以任选一点将重要的特征和不重要的特征区分开来。特征比较模型比较强调定义性特征的重要性。

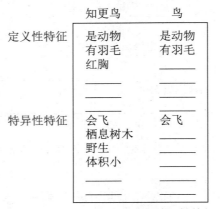

图5-10 概念的定义性特征与特异性特征

（转引自：王甦，汪安圣.认知心理学（重排本）[M].北京：北京大学出版社，2011：124）

(2) 模型的加工过程

特征比较模型的加工过程有两个阶段，如图5-11所示。当对句子做出真伪判断时，第一阶段，提取主语和谓语的全部特征，包括定义性特征和特异性特征，并总体比较来确定它们的相似程度，当两者相似性较高时，如"鸽子"和"鸟"，它们有较多的共同特征，就可立即对"鸽子是鸟"做出肯定判断；当两者没有共同特征或相似性较低时，如"汽车"和"花"，就可对"汽车是花"做出否定判断；若两者的相似性处于中等水平，如"企鹅"和"鸟"，两者只有部分共同特征，就需要第二阶段的加工。第二阶段只需要比较两者的定义性特征，若两者能匹配，则为肯定判断，反之则为否定判断。两个加工过程中第一阶段将两者总体比较，具有启发式特点，但较多发生错误。而第二阶段是计算加工，比较精确，较少发生错误。

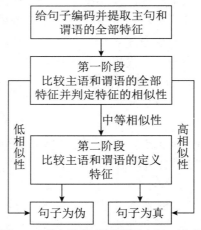

图5-11 特征比较模型的两个加工阶段

（转引自：王甦，汪安圣.认知心理学（重排本）[M].北京：北京大学出版社，2011：125）

(3) 模型的评价

特征比较模型的两个加工阶段可说明判断不同句子的反应时的差别，显示出模型的优点。特征比较模型可以解释范畴大小效应，也可以解释典型性效应。此外，特征比较模型也可以说明为什么否定判断会有不同的反应时。总的来看，特征比较模型对以上各种现象的解释都是用语义特征的相似性来进行判断的，这点比较特殊。

特征比较模型也存在一些问题，关于如何划分定义性特征与特异性特征的问题上，有研究者否定了定义性特征的存在，比如"鸟"这个概念，起初大家都认为"有翅膀"是定义性特征，但外界环境、基因突变等情况下导致部分鸟类没有翅膀，那它们还是不是鸟类呢？其他的意见则质疑概念是否具有定义性特征（Rosch、Mervis，1975）。

5. ACT-R模型

由安德森（Anderson，1976，1993）提出的思维的适应性控制（adaptive control of thought, ACT）模型，是将各种形态的表征形式结合起来的理论模型。在ACT模型中，Anderson结合了系列信息加工的一些特点同语义网络模型的一些特点，陈述性知识以命题网络的形式表征，而程序性知识则以产生式系统的方式表征。ACT-R中的"R"代表"理性的"（rational），Anderson在新近研究中比较注重"理性分析"的作用。

安德森（Anderson）的ACT-R模型包括三类不同的系统，如图5-12所示。第一类是工作记忆（working memory），包含可供认知加工的活性知识，具有容限性。另两类为陈述性记忆（declarative memory）和程序性记忆（procedural memory）。ACT模型被认为是一种关于人类认知的"以激活为基础"的模型（Luger，1994）。当陈述性知识中与相关产生式规则相对应的节点被激活后，产生式规则也得到激活，产生式规则在实行中，可以在陈述性记忆的范围内产生新的知识节点。安德森（Anderson）的陈述性知识模型包括信息存储和提取结构。在命题网络中，节点可以被激活，也可以处于不激活、不活动的状态。在容量有限的整个认知系统内，"激活扩散"（spreading activation）沿着网络中特定的节点蔓延。工作记忆实际上是陈述性记忆的一部分，在任何时刻都可以处于激活状态。

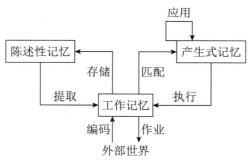

图5-12 安德森（Anderson）的ACT-R模型

（转引自：Robert J.Sternberg.认知心理学.杨炳钧，陈燕等，译[M].北京：中国轻工业出版社，2006：211）

以上介绍的知识表征模型都是以符号取向为主的，在很大程度上提高了对知识表征和信息加工的认识，其中，激活扩散模型产生的启动效应促进了联结主义取向的知识表征模型的出现。

（二）联结取向的知识表征模型

联结主义模型是人工神经元及其联结结构组成的动态系统，也是近几十年来主要的认知范式。联结主义模型有较多含义相近的术语：如平行分布式加工（Parallel Distributed

Processing, PDP）模型、联结主义（connectionism）和人工神经网络（artificial neural networks）等。按照生物学家和神经科学家塞吉诺斯基的看法，它们是不同的学科用不同的词语解释相似的事物，都是力图产生与大脑神经操作相似的认知模型。

1. 神经网络模型

神经网络模型（neural network model）在20世纪80年代逐渐发展，是以大脑神经系统及其工作原理构建的认知模型，但它并不排斥信息加工理论，因而得到迅猛发展。

（1）模型的加工

在马丁代尔（Martindale, 1991）提出的神经网络模型中，将储存语义的部分称为语义分析器（semantic analyzer），在语义分析器中有对语义进行编码贮存的节点，这些节点能从各方面（如言语分析器、视觉分析器）接受对概念信息的输入。例如"金丝雀"这个节点，就会将各种输入包括相关"金丝雀"的信息贮存在该节点以及和其它节点的联系中。马丁代尔（Martindale）认为，节点按层次排列，从而将信息编码为越来越抽象的概念，但神经网络模型的层次不同于层次网络模型。神经网络模型中的概念节点并不包含概念的相关属性，其最高水平的节点表示最基本的概念。如图5-13所示，节点结构类似于倒立的金字塔，越往上节点越多，表示最具体、最基础的概念，如"野鸭"。越往下一级的加工，实际上就是对上一级概念进行上位编码，如"野鸭"和"秋沙鸭"的上级概念是"鸭""鸟"和"哺乳动物"的上级概念是"动物"。越往下加工水平越深，节点越少。

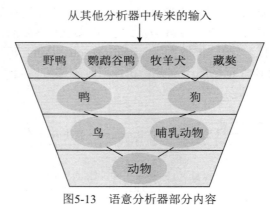

图5-13　语意分析器部分内容

（转引自：彭聃龄，张必隐.认知心理学[M].杭州：浙江教育出版社，2004：207）

（2）侧抑制现象

侧抑制（lateral inhibition）是指在神经网络模型中处于同一水平的节点间相互抑制的现象，即对类属范畴词的启动会减少对高典型性实例的反应时，但增加了对低典型性例子的反应时，由罗施（Rosch, 1975）在其实验中发现，对此结果的解释是，下级概念越具有典型性，它与上级概念节点间的联系就越强，那么就会受到更多的激活并会激活下级概念所属的下级节点，下级概念的典型性越低时，越少受到激活。处于激活水平的下级概念间会相互进行侧抑制，当一个节点被激活的程度越高，则其会更多地抑制其他邻近节点，即典型性高的节点会得到更多的激活，它会对典型性低的节点进行更多的抑制，由于典型性低的节点会受到更多的抑制，所以典型性低的实例反应时更长。

总体来说，神经网络模型对于记忆的活动规律以及认知机制有很大的帮助。研究者们虽构建出各种认知的神经网络模型,但对语义组织的神经网络模型的研究不多,因此今后仍需要更多的实验研究进一步验证、发展神经网络模型。

2. 联结主义模型

联结主义是用于了解心智、智能以及认知的新的科学方法,其核心是认知或智能是在大量单一处理单元的相互作用中产生的。联结主义模型的基本构成成分为单元和联结。单元是具有活性值(activation values)的简单的加工器,而联结为单元间相互作用的中介,单元与单元之间通过联结形成网络。联结主义认为信息并不是固着于单一的神经单元上,相反,认知是网络的整体活动过程,基本单元和联结构成处于动态中的网络。强调网络的并行性分布加工和非线性加工,人的信息加工应该是平行的、同时性的。例如,记忆、语言、思维等心理操作被认为以平行的方式对信息进行加工,并分布于高度复杂的网络中。整个网络的单元会同时(平行的)相互激活或抑制,这使得知识通过单元间的联结分布在整个网络系统中。

单元以抽象的方式表示一个神经元,通过对其他单元的"加权"(weighted)进行联结,即联结是加权的,其加权值可以是负的,也可以是正的。"正性加权"对单元的激活会产生兴奋性影响,"负性加权"则会产生抑制性影响。单元的激活通过总计权重的乘积以及相关单元的激活水平计算出来,用线性函数来计算单元的输出,单元计算出来的结果通过联结传递。如图5-14所示,在开始运行时,一般选择一些单元作为输入模式,这些单元都是环境赋予的一定活性值,而其他单元则成为输出模式。整个网络系统的任务是计算出与输入模式相对应的输出模式的数值,也就是选择能够使输入模式与输出模式相联结的权重。联结主义模型认为,信息是单元的激活模式,信息并不存储于单元内,而是在联结之中。通过改变权重,就可以改变模型中的联结关系进而也就改变了模型的功能。

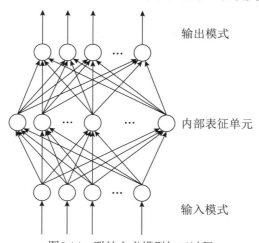

图5-14 联结主义模型加工过程

[转引自:黄成玲,王勇慧.联结主义模型及其在心理学中的应用[J]. 广州大学学报(社会科学版),2007,6(11):20]

联结主义模型有如下四个特点:

第一,联结主义模型受神经结构的影响,采用的是基于人脑而不是计算机的模型。计算机模型构建的人类的知识都是存储于特定的单元、区域内,而联结主义认为所有的知识都内隐地隐藏于联结之中,联结的强度会决定表征的成败。

第二，人们在进行知识表征时，存储的并不是图像、概念等信息，而是联结的强度或权重。通过联结，图像、概念等才得以构建。另外，模型也强调学习是通过联结强度获得的而非通过学习各种规则。

第三，模型具有连续性和亚符号的特征。亚符号是联结主义模型中个体加工单元的活动性，它用来表征还未用语言表达出来的概念以及直觉经验，即"亚概念"。它吸收了大脑对重要神经元的计算特征，对于缺乏的神经元计算是一大贡献。

第四，模型还具有容错性。在联结主义网络中，单个神经元的缺失并不会影响整个网络的输出模型，但模型的容错性是有一定限度的，若缺失太多，也会影响整个网络的输出。

联结主义模型虽有以上许多优点，但联结主义模型也有局限性，有人认为它仅仅说明生理基础而已，并不能表征认知活动。

3. 平行分布加工模型

平行分布加工模型（Parallel Distributed Processing, PDP）由麦克莱兰和鲁姆哈特（McClelland、Rumelhart, 1981、1982、1985）提出，它也是联结取向的认知模型之一。

（1）平行分布加工模型的加工

平行分布加工模型由类似神经元的单元组成，但单元自身并不表征任何概念或其它信息。麦克莱兰和鲁姆哈特（McClelland、Rumelhart）认为，不是单元而是连接这一模式进行知识表征。例如语言应用中，单词中单个字母的信息有限，但字母组合提供大量的信息，即字母组合的联结模式决定信息知识的表征。同时该模型表明受大脑启发的模型不同于受计算机启发的模型，其认为不同的信息由不同的模式加工处理。PDP模型认为，在大脑中，某个神经元在任何时候都可能是兴奋的、抑制的或非活动的。同样，若某一联结处于非活动状态，该联结也可以对其潜在兴奋性和抑制性进行不同程度的加工；当某联结越是经常被激活，该联结在兴奋或抑制状态的强度就越大。因此，知识表征存储的模式是一种潜在的兴奋或抑制的联结强度，而非特定的联络模式，它是一种加工过程或一种潜在的加工过程，而并非真正意义上的终极结果。我们可以随时改变知识表征，以达成心理（或大脑）的表征目的，而这也使得知识表征和操作更为多样性。

根据PDP模型，知识表征和操作的多样性使人类能接受一种降级了的不完全的和失真的信息，即人类心理具有一定程度的适应性或弹性，这种认知特性在很大程度上增强了人类学习新信息的能力。

（2）对平行分布加工模型的评价

PDP模型解释了许多知识表征和操作的现象，认知心理学家试图用其解释认知的普遍特征，如反应的适应性、快速性及相对准确性，就算只有局部信息或降级信息也不会阻碍判断的相对准确性。此外，认知心理学家还试图解释特殊的认知加工，如推理、阅读认知（Hinton, 1991; Hinton、Shallice, 1991）等。PDP模型中的知识表征与加工更接近人类大脑的认知活动，模型的分布表征可以节省大量的单元。但这一模型仍存在一定缺陷：无法解释人们如何能记得某一单个事件，即人们如何用一个新的联结模式来表征某一难忘事件。同样，对于我们处理相矛盾的信息时，如何能快速消除已记得的事件或已建的模式，该模型也无法解释。

第三节 知识表征的障碍及评定

一、知识表征障碍

（一）知识表征障碍的定义

知识表征障碍是指个体不能正确地将知识在人脑中加以记载和存储，不能顺利地以某种方式将知识呈现出来。这里的知识包括存在于现实世界中的一切事物、观念等客体。不同的主体对同一客体具有不同的表征，但是如果在对知识的表征过程中不能顺利地、完整地将其表达出来，也就产生了我们所说的知识表征障碍，一旦障碍产生，将会影响到个体对知识的真正理解和正确运用。

（二）知识表征障碍的临床表现

由于知识表征障碍涉及的内容非常广泛，不同类型的知识表征障碍的临床表现也不同，因此，结合一些相关研究成果，我们列举了认知心理学中几种比较常见的、研究较多的知识表征障碍，主要包括领域知识、问题解决、阅读理解和言语学习四个方面的表征障碍。

1.领域知识的表征障碍

领域知识（人们头脑中储存的关于某一学科或某类问题的相关背景知识）是储存在个体长时记忆中的知识。在学习困难的学生身上，即那些智力正常，无明显的器质性障碍，但学习成绩与其智力却表现出不相称的落后和失败的学生（通常被称为"学困生"），领域知识的表征障碍现象可能体现得更明显一些。大量的研究发现，与学优生和中等生相比，学困生在领域知识表征方面存在显著性差异，特别是在对数学学科的知识表征方面。

（1）知识表征的深度不够。知识表征的广度是指能够正确表征相关学科中的概念、定理、公式等陈述性知识的数量。而知识表征的深度是指对与知识点相关的知识的理解深入程度和透彻程度。研究发现，学困生和学优生、中等生在对知识表征的广度上没有显著性差异，而在对知识表征的深度上，学困生显著差于其他学生。这表明学困生在对涉及到有关定理、概念、公式等基本知识的表征上是没有问题的，但是他们对这些知识的理解深度不够。在学困生的知识结构中，知识点常常是游离的、分散的，他们对这些知识的内涵和知识与知识之间联系的理解程度并不深入，从而使这些知识并不能很好地整合成"知识组块"，无法形成"知识图式"，从而无法将这些知识运用到问题解决之中。

（2）知识表征的方式和类型单一。有研究发现，学困生在对数学问题的知识表征方面并不能像学优生那样运用诸如图画、符号等外显的表征方式，相反，他们的表征方式和类型相对比较单一，而这与他们的认知结构有很大的关系。图式表征通常是解决问题的捷径。研究发现，学困生在解决数学问题的过程中倾向于采用现成的图式，但其解题思路和结果往往是错误的。由于他们没有理解问题的实质，对问题类型判断不准确，采用低水平的图式表征，最终导致解题方案也是错误的。

（3）对知识的表征缺乏有效性。比较而言，学困生在解决数学问题的过程中偏向数字表征，注重题目中的数字、局部和细节，问题表征包含的信息较少；而学优生则偏向关系表征，对问题中的信息能够比较准确和全面的了解，从整体联系上来表征问题。学困生只能对问题中的信息进行自下而上的加工，缺乏自上而下的加工，难以建立适宜的心理表征，即使能够建立，往往也只能是无效的或错误的知识表征。

2. 问题解决的知识表征障碍

问题表征是对问题的初始条件、目标任务及其构成要素的觉察和理解，是将一个把外部物理刺激转化为内部心理符号的过程，是问题解决的中心环节。问题表征的质量影响着问题解决的难度，甚至是问题能否成功解决的关键因素。对问题的正确表征是解决问题的必要前提，在错误的或者不完整的问题空间中进行搜索，也可能导致问题无法正确解决。傅小兰的研究表明，信息遗漏是导致对问题错误或不完整表征的主要原因之一。

认知心理学的研究表明按照语义网络模型表征的知识更具有结构性，更容易被激活。因此，衡量一个人的知识，不仅要看其知识储存量，即知识的丰富性，还要看其知识的结构性。研究发现，知识结构性好的学生其知识储存更符合图式理论，遇到问题时更容易激活头脑中的相关知识，进行快速表征，从而正确地解决问题。

有研究发现，问题解决的成功与否，与个体在问题表征的过程中对信息的提取有关。与未成功解决问题的人相比，那些解题成功者在问题表征过程中更容易提取问题中的关键信息而忽视多余信息。因为问题解决成功的学生对问题的理解程度更高，在头脑中更容易形成概括化程度较高的问题原型，在解题过程中能更快地通达原理图式，从而更好地判断哪些信息对于解决这类问题是有用的，哪些是无关信息而不予考虑，故他们对问题中无关信息的加工就会减少，相反，解题失败的学生在这些方面做得远不如他们。

3. 阅读理解的知识表征障碍

在阅读理解的相关研究中，学者们认为在言语理解中既存在知觉符号表征，也存在命题符号表征。知觉符号表征发生在前，命题符号表征发生在后，知觉符号表征是信息表征的一种早期状态，而人类头脑中最终的信息表征形式主要是命题符号表征。具体来说，人们在言语理解过程中首先会自动激活与当前信息有关的知觉符号信息，而随着阅读的深入，人们会策略性地对当前信息进一步加工，如果人们没有进行这一步，那么最终可能就无法在头脑中形成命题符号表征。

有研究发现，在言语理解中，个体的知识背景也会影响到对信息的表征方式。命题符号表征更倾向于抽象表征，而知觉符号表征更倾向于形象表征。如果个体之间的知识背景不同，那么他们在言语理解中的信息表征形式也应该会有所不同。例如，相对于一般的文科专业和理科专业的学生来说，美术专业背景的学生会对形象信息更为敏感，表现出更强的知觉符号表征。

对于阅读迁移问题，有研究发现，小学生产生阅读迁移是依靠内容表征还是词汇表征，主要取决于阅读材料的难易程度和读者的阅读水平。当阅读简单文章时，内容表征是小学生篇章阅读迁移的主要机制，词汇表征起辅助作用，文章内容的重复能促进小学生的阅读效果。当阅读复杂文章时，小学生阅读迁移主要依赖词汇表征，词汇的重复能促进其阅读效果。同时，读者的背景知识结构和文本信息结构也会影响对阅读信息的理解。根据建构整合模型和长时工作记忆的观点，当读者拥有与文本相关的背景知识时，长时记忆会提供一个相对快速的通道，通达读者背景知识网络中的相关信息，实现连贯文本心理表征的建构。那么，在记叙文阅读过程中，由于成年读者往往具有丰富的生活经验，文本信息的输入激活长时记忆中的相关背景知识，从而形成有效的长时工作记忆，促进文本表征的建构；而在说明文阅读中，如果读者对相关主题有丰富的储备知识，那么文本信息的输入就会激活长时记忆中的相关背景知识，形成长时工作记忆并促进理解加工；但是，在相关背景知识缺乏的情况下，读者就很难形成长时工作记忆，因此，读者一方面无法建立文本信息与自身背景知识的联系，另一方面也很难判断持续输入的文本信息与先前文本信息的关系。相对于记叙文，人们在说明文阅读中建构整合的文本表征难度更大，因此，在自然阅读过程中，即相应背景知识缺乏的条件下，读者对说明文的加工是非常粗糙且缓慢的。

此外，语音表征的准确性也是影响阅读障碍的重要因素之一。有研究者将语音表征受到损害的模型和语音表征良好模型的规则性效应、一致性效应和非词阅读成绩相比较发现，差异主要在于前者的非词阅读成绩显著下降，这说明阅读障碍儿童的语音障碍来源于语音表征缺陷(Metsala & Brown, 1998)。

具体来说，儿童在语音信息的处理会上存在语音加工缺陷，主要表现在语音意识(phonological awareness)、语音短时记忆(verbal short-term memoty)和词汇提取(lexical retrieval)三个方面。语音意识指的是对音节、音位等语音单元的识别、切分和操纵能力。正常儿童在学习书面语言之前就可以完成语音意识的操纵，但是有阅读障碍的儿童在学习书面语言之后的几个月仍很难完成(Olson, Wise, Conners, Rack & Fulker, 1989)。语音短时记忆则是对输入或输出的信息进行短暂存储和操作的能力，语音短时记忆缺陷主要发生在语音信息加工的过程中。研究者对短时记忆中语音存储和加工困难进行研究后发现在较高的任务中，正常人可以对重复出现的刺激形成固定的模式即锚定效应，从而采用一致性表征来更加准确快速地感知觉加工，但阅读障碍者却不可以(Ahissar & Oganian, 2008; Ahissar, Nahum, Nelken & Hochstein, 2009; Bania & Ahissar, 2010)。词汇提取是从长时记忆中提取语音表征的过程，其在快速通达和提取语音表征上存在缺陷，这种缺陷从幼儿园开始会持续到小学甚至成年(Meyer, Woad, Hart & Fetton, 1998; Ramus & Szenkovits, 2008)。研究者发现阅读障碍者在听觉、视觉和运动等方面表现出的感知缺陷会影响儿童言语的形成进而影响语音加工。研究者关于语音加工缺陷出现在哪个加工水平这个问题提出了"语音通达"假说。该假说认为儿童在语音表征的通达上存在问题会导致阅读障碍，这种通达不仅是语音表征的加工过程（词汇和亚词汇），在输入和输出两个通路上存在更大的困难(Szenkovits & Ramus, 2005)。因此出现阅读障碍的儿童还可能是因为语音通达上出现了问题。

4.言语学习的知识表征障碍

这里我们所说的言语学习主要指的是对双语或者三语的学习。学习两种语言的个体如何加工第二语言中的词汇，这是双语认知研究的一个重要问题。在早期对双语者的两种语言是被表征在一个共有的记忆系统还是被表征在两个独立的记忆系统争论之后，研究者们认为双语者的两种语言在记忆中是分层表征的，两种语言的词汇表征是独立的，而概念表征是共有的、超语言的。所谓词汇表征是指语言在词汇水平的单词信息特征，包括单词的词形信息和语音信息，概念表征是指语言的语义概念信息。词汇和概念水平表征内和表征间联系的本质是许多争论的核心。研究发现，对言语学习具有不同熟练程度的儿童，在词汇和概念表征上是存在差异的，并且在进行翻译识别时，反应错误率随着熟练程度的提高逐渐降低。也有研究表明，对二语经验与熟练度不同的双语者来说，一语词汇表征到二语词汇表征之间的链接强度与二语词汇到一语词汇表征的链接强度不同，因此，词汇通达概念表征的方式也是不同的。对于熟练双语者而言，翻译和二语命名都是由二语词汇表征直

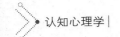

接通达概念表征的。但是，对于非熟练双语者来说，两种语言的互译是以二语词汇表征为中介实现通达的，而不能直接通达概念表征。

在关于中—英双语者的研究中，学者通过启动效应实验发现，启动刺激（第二语言知识）通达双语者知识表征中的语义概念表征，被激活的语义特征自动向周围传播，并预先激活网络中与之有语义联想的概念，从而促进了被试对目标刺激（第二语言知识）的加工和反应。具有语义联想关系的启动词和目标词在人脑知识网络系统中两节点之间的距离比没有语义联想关系的两概念节点之间的距离更近，联系更为紧密。并且当启动刺激（第二语言知识）和目标刺激（第二语言知识）之间存在语音相同或相近关系时，研究者发现了显著的语音启动效应，即第二语言知识在人脑知识网络的表征系统中，语音相同或相近的节点相距更近。因此，中—英双语者对第二语言（英语）词汇知识的表征，不仅在概念语义层有着联系，而且在词汇表征层也有相互的联系，语音相同或相近的词汇在人脑知识网络中的节点相距更近，联系更紧密。

我国少数民族学生一般都是三语者，他们在掌握本民族语言的同时，还学习汉语和英语。双语研究发现，母语的特点及其加工方式对第二语言学习与认知有影响。三语者对三种语言的学习，会受到已习得的语言、语言获得情境、语言获得顺序以及语言获得途径等因素的影响。三种语言本身所包含的词汇、语义和句法也会对彼此产生影响。研究发现，三语者不仅在语言获得上，而且还在语言使用上与双语者存在量和质的差异。言语表征是语言知识在人脑中的存储和组织形式，亦即语言形式及其语义在头脑中的存储方式，言语表征是探求语言学习的核心问题之一。

除此之外，另一种常见的语言障碍就是特定型语言障碍（specific language impairment, SLI），临床定义为在正常环境中成长，其智能、听力正常，没有精神疾病，但出现语言发展迟缓或异常的患者（Bishop，1992）。主要分为构音障碍、表达性语言障碍、混合性表达以及理解性语言障碍四种障碍类型（刘皓明、张积家&包翠菊、2004）。

在儿童语言获得过程中，SLI是起主要影响的一种发展性语言障碍，与正常发育的同龄人相比，患有SLI的儿童的语言理解和语言表达能力表现出明显的偏差或迟缓现象，在加工语音信息、获得心理词典、使用形态句法信息、欣赏语用学、理解和检索文本、理解句子结构和句子语义等方面的效率较低（Leonard，2014）。以特定型语言障碍儿童为例，首先，此类儿童在表达和学习复杂单词语音时表现出障碍，在通过口语学习新的词汇时，特定型语言障碍儿童语言发育迟缓，存在语音短时记忆缺陷，语音信息的消除速度要快于同龄正常儿童，限制了其对陌生语音信息的存储与掌握能力（Contiramsden、Botting & Faragher、2001）；其次，此类儿童在理解和表达复杂语法时表现出障碍，特定型语言障碍儿童首次使用过去式、现在进行时态、连接动词的时间要晚于同龄正常儿童，在使用疑问句时会随意交换主语和助动词的位置，在交流过程中也会随意省略助动词、系动词等（Marinellie，2004；Davies，2002）。

（三）知识表征障碍所涉及的大脑系统及解剖部位

程序性知识与陈述性知识的根本区别在于两者的内部表征不同。而知识的内部表征或编码又与记忆密切相关。神经生理学和生物学对于大脑记忆机制的研究，主要的任务实际上就是研究知识的内部表征。研究发现，对应于程序性知识与陈述性知识，大脑中表征这两种知识的系统和机制也有两种，即程序性记忆和陈述性记忆。前者主要与纹状体、杏仁核和小脑区域内的神经元活动有关；后者则与大脑中海马、内侧颞叶和间脑区域内的神经元活动有关。总之，表征程序性知识与陈述性知识的神经系统之间确实存在明显的差别。如果相关大脑部位出现损坏，那么对相应的知识的表征可能就会出现障碍。

研究发现，在阅读理解过程中，大脑左右半球的作用是不同的。在词义激活和选择方面，与左半脑相比，右半脑激活词义的范围更广泛，但是它对激活的词义较少做区分，也就是说，右半脑对不同词义激活的差异很小，同时，右半脑并未参与之后的词义选择过程。在语调和情绪理解方面，右半脑具有一定的优势，临床研究发现，当语调线索被取消时，右半脑损伤会出现对情绪理解的缺陷。在词汇语义加工方面，左半脑进行的是精细的词义编码，具有强的集中激活功能，使词语间的关系可以迅速地被整合到头脑中的文本表征中，并且非常熟练地完成大多数任务。相反，右半脑进行的是模糊的词义编码，采取扩散式的激活方式，导致右半脑只是提供每一个词语的模糊表征。在语篇加工方面，右半脑损伤病人可能会忽略连续性语篇的关键信息，并且在抽取语篇的主题时出现困难。连贯的推理能力依赖于广泛的、发散的语义激活，并且在文本理解过程中，完整的右半脑有利于关键信息的维持。

有学者通过实验研究发现，大脑顶叶与数字表征障碍有关，顶叶受损会导致空间参照系统和基本计算能力的丧失，这种障碍被认为是基于空间综合紊乱的数字加工障碍。虽然数字加工的神经机制至今仍不清楚，但有些研究结果显示数字心理表征的方向性主要依赖于顶叶，也有研究者指出也包括额叶在内的空间工作记忆机制。忽视症（neglect syndrome），又称单侧空间忽视，指脑损伤患者对对侧空间的刺激不能注意、报告、表征的临床综合征。忽视症的发生不是感知觉、注意、运动的障碍，而是更高的表征层次存在障碍。根据忽视症的表征理论，脑对自体或空间中的物体有相应的心理或记忆表征，这种表征可以通过感觉体验和回忆方式激活。有研究表明右侧基底节、颞叶、顶叶损伤均可引起左侧忽视症状，其中颞顶交界区是引起忽视症的关键脑区。

另外，由于脑损伤而引起的言语功能障碍称为失语症(aphasia)，主要表现为经由后天学习而获得的言语理解和表达能力的损害。失语症患者面临的最大难题就是言语交流困难，其中，命名障碍就是严重影响正常交流的普遍症状之一。几乎全部失语症患者都存在程度不同的命名障碍，并伴随整个病程，且该症状也常常是失语症患者恢复后的主要后遗症。虽然，失语症患者们在日常生活中存在言语交流障碍，但是，他们对事物的语义知识表征在很大程度上仍然得到保留。临床发现和研究表明，大脑内部局灶性病变是导致失语症的主要原因。例如，失语症患者可能在左侧额叶、颞叶或者顶叶部位出现出血灶、梗死灶等。

二、知识表征障碍的评定

对应于前面的知识表征障碍的临床表现，在评定方面，同样结合一些相关研究对几种评定方法进行简单的介绍，主要有口语报告法、启动实验、词汇联想和回忆、句图匹配再认、语义相关判断和功能性磁共振成像(fMRI)六种方法。

（一）口语报告法

口语报告法又被称为"出声思维"。要求个体在解答问题的过程中大声说出他们的想法，目的在于考查其认知过程的知识表征水平，即考查个体在问题解决过程中的思维过程，以及运用知识解决问题的技能。值得注意的是，此法不宜使用中等或者偏难的题目，而应使用难度较低的题目，避免影响个体的思维过程。由于这种方法操作简单，限制条件较少，同时随着录音、录像设备的普及和完善以及现代技术的发展成熟，已逐渐成为了教育和心理学研究中较为常用的方法之一，尤其是在认知活动中对学习者的思维过程和障碍过程的研究，如问题表征、解题策略、言语阅读等方面较为有效。

（二）启动实验

在实施时，一般会呈现两个刺激，一个是目标刺激，要求对其做出反应；另一个为启动刺激，即在目标刺激呈现前呈现的相关刺激。例如，先呈现启动刺激"桌子"，那么个体对目标刺激"椅子"的辨认就会被易化。启动效应被认为涉及到程序性知识，因为对启动的反应是内隐的，并且其中或多或少有着现存通路的自动激活。因此，如果知识表征障碍者在启动任务上表现出正向的结果，则认为其程序性知识仍然完好；如果他们在启动任务上表现出负向结果，则认为其程序性知识受到损坏。

（三）词汇联想与回忆

词汇联想是认知心理学发展早期，用于探讨词汇在记忆中的表征方式的一种重要方法，可分为单一联想和连续联想，前者是指呈现一个刺激词，要求说出由该刺激词联想到的第一个词；后者则要求在规定时间内说出尽可能多的词。这种方法常应用于双语研究中，如果联想词之间的一致性显著，即一种语言的语言内联想词在语言间联想时以对译词的形式出现，则说明两种语言使用了同样的语义表征，或者两种语言的存储和提取方式可能是相似的。

词汇回忆是考察语言记忆表征的一种常用方法，通常先呈现一列单词（学习词表），然后要求回忆这些单词，或判断一个新的词表（检验词表）中哪些单词在前面的词表中出现过。有研究通过双语语义对记忆的促进或干扰作用，来探讨双语语义表征。

然而，不可否认的是，词汇联想和回忆得到的结果会受到当时的具体情境、个体的经验甚至实验刺激词的影响，从而影响结果的有效性和可靠性。

（四）句图匹配再认

研究者要求个体先阅读一系列句子，每个句子呈现后都有一幅图画，图中事物的方位或形状是变化的，它与句子中隐含的事物方位或形状有匹配和不匹配两种情况。例如，呈现给被试"他往墙壁上钉钉子"或"他往地板上钉钉子"的句子，接着出现一幅图画，图画中的钉子可能是水平的，也可能是垂直的，这样就与句子所隐含的方位形成了匹配和不匹配两种情况。实验任务是要求个体尽可能快地判断图画中的事物是否在之前的句子中提到过。有学者通过实验，检验了当图中事物方位或形状与先前阅读的句子中隐含的事物方位或形状相关时，原事物方位或形状信息对图画再认时间的影响，结果表明，无论是方位信息还是形状信息，图画和句子匹配时的再认时间显著快于不匹配时的再认时间。这种方法常被用于言语理解的相关研究中。

（五）语义相关判断

研究者使用那些指代有纵向空间次序关系物体的名词作为实验材料，如"树冠"和

"树根"，要求个体快速判断词对是否语义相关。各个词对纵向呈现，其呈现顺序分为两种，一种与指代物的空间位置次序一致(如"树冠"在上，"树根"在下)，另一种不一致(如"树根"在上，"树冠"在下)。命题符号理论认为，无论"树冠"和"树根"在哪个位置上，个体对它们的表征都是概念上的"树冠"和"树根"，两种表征方式没有差异；而根据知觉符号理论的观点，个体表征"树冠"和"树根"时会自动激活它们的空间位置信息，呈现方式跟它们本身的空间位置是否一致有显著差异。不同知识背景的个体会采用不同的知识表征方式。研究发现，在语义相关判断任务中只有美术背景的个体才激活了指代物的空间位置信息，他们的信息表征形式是知觉符号表征，但对文科和理科知识背景的个体来说，他们的信息表征形式都是命题符号表征。

（六）功能性磁共振成像(fMRI)

近年来，随着认知神经心理学(cognitive neuropsychology, CNP)和影像学技术的发展，功能性磁共振成像(functional magnetic resonance imaging, fMRI)越来越被广泛地应用于失语症的评定和治疗中。该方法作为一种非损伤性的影像学检查方法，能在系统水平上研究大脑的工作状态，通过测量局部神经元活动引起的脑区信号改变，分析和处理代表语言功能区的统计激活图，以此对失语症患者的语言障碍症状和机制进行探讨。例如，有学者应用fMRI绘制了6名健康志愿者和3名处于恢复期的失语症患者的语言网络。参与者在扫描期间执行单词联想任务，同时测量由任务诱发的与局部神经激活相关的信号。结果显示，健康志愿者组广泛的语言网络被激活，激活发生在额、颞顶枕区，而失语症患者组无论左额叶是否受损，左侧额下回都测不到激活。2例患者在右半球某些区域有激活，而志愿者则没有类似的激活。由此可见，fMRI技术可以有效地评价失语症患者的语言功能。

对于知识表征障碍的评定，没有直接的或者具体的方法，而更多的是与问题解决、语言理解等认知心理学研究关系密切的方法，因此，我们在对知识表征的障碍进行评定时，绝不可仅仅只定位到笼统的知识表征障碍上，而应该打开思路，拓宽视野，着眼于更具体的某一种情境下的知识表征障碍，从而做出更加具有针对性的判定。

第四节 知识表征障碍的认知训练

在认知心理学中，比较常见的知识表征障碍有领域知识的表征障碍、问题解决的知识表征障碍、阅读和言语学习的知识表征障碍等。综合以往的研究，领域知识和问题解决的知识表征障碍通常在一起体现，在数学学习障碍当中体现的最为明显；而阅读与言语学习表征障碍也通常一起体现在发展性阅读理解当中。因此，本节内容将从领域知识和问题解决的知识表征障碍以及阅读和言语学习的知识表征障碍两个大部分的认知训练进行具体阐述。

一、领域知识和问题解决的知识表征障碍的认知训练

领域知识和问题解决的知识表征障碍的认知训练主要从两个方面进行，首先是学习内容，要注重教学内容的生活性和功能性；其次在方法技术上提供了包括知觉统合能力训

练、认知和元认知策略训练、表征技术训练和计算机辅助教学着四种训练方法。

（一）内容上注重生活性和功能性教学

生活情境和个人的生活经验是学习生活化的体现，生活化的内容将更加适合于领域知识和问题解决表征障碍儿童的学习。教学内容要从与学生联系密切的现实生活或自然社会科学中选取，并且能够反映一定的教学价值，从而激发学生的学习兴趣与动机，使学生感受到学习与现实生活的密切联系。

功能性的学习内容，体现在从生活中来，到生活中去。对于学习成绩落后较多的学生，可以考虑功能性教学课程，学以致用。以数学学习为例，巴顿和克罗宁（Patton、Cronin，1997）认为，功能性数学涵盖的领域包含钱的使用、时间、容量与体积、长度、重量/质量、温度等，其应用的范围则有：①就业：工时计算、薪资所得、红利等；②升学：学费、时间管理；③居家生活：开支预算、购物、维修、投资等；④休闲生活：旅游、体育运动、看电影、买彩票等；⑤个人责任与人际关系：约会、节日、礼物、行程表；⑥健康：身高、体重、营养、医疗；⑦社区活动：投票、叫外卖、使用公共设施、危急事件处理。

（二）方法技术上的训练方法

1. 知觉统合能力训练

知觉统合能力，指大脑将感觉器官感知到的信息整合成为正确信息的能力。知觉统合能力低下是发展性计算障碍产生的原因之一，这种患者不能将"所见""所闻"和"所做"进行统一协调。针对这种患者，要鼓励他们参加手眼协调的活动来提升其知觉统合能力，如乒乓球等球类活动以及跳绳等，通过手眼协调的训练帮助患者提升平衡能力、协调能力和控制能力，从而缓解或消除发展性计算障碍对患者的不良影响。

2. 认知和元认知策略训练

有效的解决问题需要通过选择和采用适当的认知和元认知过程来了解、描绘和解决。其中，认知过程可以描述为"去做"的策略，元认知可以描述为"反思"的策略。干预教学中通过提供可以应用策略的情境，让学生逐步学会相关内容的认知，从而在知识形成过程中渗透认知策略，按程序性知识学习规律教授给学生认知策略，用认知策略指导变式训练。

元认知简单来说就是对认知的认知，它是一种非常重要的认知策略。自我提问的元认知训练方法能够让学生在自我监控的过程中反复体验自己的思维过程，并且与所教的思维方法进行反复对照，及时更正不正确的解题思路，使自己真正掌握老师所教的思维策略之间的相互关系。

3. 表征技术训练

表征技术训练指对题目中呈现的信息和观点进行解释和表征。问题解决的表征方法有图示表征（如画图表）、具体表征（如动手操作）、言语表征（如语言训练）和影射指导（基于图示的），其中重要的一点是要指导学生辨别问题的关键成分之间有何重要关系。干预教学中要注意"操作感知学习策略"的运用，该策略是指在教学中特别注重把抽象化的知识以生动、具体、形象的形式展现出来，让学生在操作和观察等活动中调动多种感官，从而实现对抽象知识的理解。

4. 计算机辅助教学

计算机的广泛普及为领域知识和问题解决表征障碍儿童的矫治提供了很好的条件，也提供了独特的机遇去适应很多情况，从而弥补了他们自身的弱点。例如，有研究发现计算机辅助教学对培养数学学科自我监控学习能力有促进作用，对数学学科优、中、差三类自我监控学习能力的学生而言，分别在反馈性和补救性、计划性和方法性以及意识性和方法性方面有显著的促进作用。

二、阅读与言语学习的知识表征障碍的认知训练

阅读与言语学习的知识表征障碍的认知训练主要从两个方面进行，一是语音、语素的训练，包括在计算机系统上的训练；二是在技能方面进行的训练，包括注意力集中训练和手眼协调训练等训练方法。

（一）建立在语音基础上的训练

许多研究认为，语音加工缺陷是阅读障碍的核心缺陷，形-音转换是阅读障碍表现最突出的困难，所以多数的训练方案是以语音为基础的。美国NRP（National Reading Pane）在《阅读教育年鉴（2000）》里评估了1962个以语音为基础的训练研究，对其中52个符合研究方法标准的研究进行了综述。这些研究表明，以语音为基础的教育在一年级大大提高了差的读者的阅读成绩。大多数训练计划包含NRP所推荐的在一般教室中运用的方法，即结构化的语音意识任务（口头操作音节和语音），基础语音教学法（建立声音和字母的联系），流畅性（发展字母、词汇及阅读文章时的速度和自动性）等。

（二）给予知觉的训练——计算机训练系统

在辨别序列声音输入或对其进行排序时，一些阅读障碍儿童只有在序列声音之间存在更长的时间间隔时才能完成任务；在辨别音素时他们也需要音素之间有较长的时间间隔，因此这些儿童难以把语音分割成小的"组块"，以便在音素的水平进行分析。研究者在音素水平上建立了计算机训练系统。这种训练的目的有二：其一，使儿童对序列呈现的声音刺激加工的速度变快；其二，临时拉伸听觉言语刺激，以促进对语音的知觉。最常用的这类训练系统是Fast For Word。这是一个计算机干预程序，包括七个适应练习。这些练习的目的在于通过非语言学的声音和处理后的语音，来提高儿童听觉和语言加工的能力。

（三）音素训练的中国化

借鉴布拉赫曼（Blachman）的五步训练法，结合汉语特点，设计训练程序。五步训练法是美国锡拉丘兹大学（Syracuse University）的心理系教授布拉赫曼（Blachman）等设计的一个基于语音障碍的训练程序。通过持续的高强度的音素操作练习，训练阅读障碍者的语音意识（主要是建立音-形对应关系，培养音素分析和操作能力），进而达到流畅阅读的目的。汉字有很多的同音字和形近字，发展性阅读障碍儿童在阅读和书写时经常在这些方面出错，故研究根据偏旁部首设计了识别同音字的训练和卡片拼词游戏辨别形近字的训练。在前两个训练逐渐熟悉的情况下，加入同步阅读和组词造句的训练，以此增强阅读的流畅性。

（四）阅读与言语技能训练

阅读与言语技能训练的主要项目有注意力集中训练、手眼协调训练、记忆能力训

练、临摹训练、拼图训练、听理解训练、文章缩写训练和故事续写训练，以提高阅读与言语能力。

注意力被定义为人的心理活动指向和集中于某种事物的能力。每个人的大脑时刻都会涌入各种信息，为了防止大脑超负荷工作，注意力必须过滤掉一些无关的信息，将全部的心理能量专注于重要或者感兴趣的事物。在课堂教学活动中，教师可以提高课堂知识的趣味性，激发学生的学习兴趣，从而提高学生的有意注意和学习积极性，保证学生在课堂中集中注意力。当然，对于一些注意力有问题的学生，还需要借助一些辅助工具和手段进行矫正训练。

手眼协调训练中，要注意创设游戏情境，精心设计教学过程，这有助于学生建立看的自信心，增强看的能力，使学生保持较高的学习训练热情，提高训练实效。首先，在训练中，要注意培养学生互帮互助的精神，建立和谐的团队。其次，充足的课前准备工作是精彩训练的基础。最后，训练应遵循从易到难的原则，小步子循序渐进地推动。训练中要根据学生的进展情况，适当调整训练内容和计划，在集训中要注意发现学生的薄弱面，再根据学生需要进行个训。

总之，上述介绍的几种方法，是一些易于操作且行之有效的矫治具体的知识表征障碍的方法，然而，知识表征障碍的发病原因复杂多样，既有认知神经及脑功能问题，也有行为习惯问题，还可能深受社会文化因素影响，到底采用哪种方法来矫治知识表征障碍儿童所存在的问题，还必须具体问题具体分析。

思 考 题

1. 依据安德森（Anderson）的知识分类，论述知识的类别及其关系。
2. 外部表征有两种不同形式——图像和语言，它们在表征知识方面有哪些不同点？试举例说明。
3. 陈述性知识的表征方式有哪些？
4. 产生式系统有哪些特征？
5. 双重编码理论如何用实验验证？
6. 符号取向的知识表征模型和联结取向的知识表征模型的区别是什么？
7. 符号取向的知识表征模型有哪些？它们相应的实验是怎样进行的？
8. 联结主义模型有哪些特征？
9. 简述知识表征障碍的临床表现及其评定。
10. 知识表征障碍的认知训练方法有哪些？

案例分析

个案5-1： 为什么他教书教得好

基本情况：

李老师，北京市某学校一名初中英语教师，其教学方法独特，教学质量高，深受学生好评，教学12年来，获有"学科教学骨干""教学能手"等称号。以下是研究者与李老师谈话的部分内容。

问:"您觉得教学成功的背后有哪些主要因素呢?"

答:"学生的努力不可忽略,但更重要的是教师的引导。比如,教师能否引起学生的学习兴趣,能否让学生主动汲取知识而不是消极被动地死记硬背等。其中教师的教学策略与方法显得尤为重要。"

问:"您有哪些教学方法以及策略呢?"

答:"我的一些方法主要是想引起学生的兴趣。比如,在课堂上使用投影仪、录音、录像、电视(影)等现代教学手段;恰当运用姿势、表情来活跃课堂气氛;开展阅读小组、朗诵小组、歌咏小组等类似活动。此外,我通常组织戏剧表演项目来创设一定的英语学习环境,最后要求学生课前认真预习,课后要及时复习,上课时做到心到、手到、耳到、口到。"

分析:

针对个案的回答,发现个案运用了双重编码理论,它拥有一种与物理、空间特征类似的编码并区别于命题性的知识编码,即表象(类比)编码。在课堂上有图片、动作等材料,可以进行表象编码,同时老师传授的语言信息以及教材上的文本信息,这些可以进行命题编码。两者相结合,深化了学习者对知识的加工。如果只有表象(类比)编码,那么综合文本信息时就会显得吃力,因为所有的信息将以视觉-听觉类比的形式表现,因此命题编码对知识的学习是非常有益的。此外,在不推论隐含的命题知识的情况下,表象编码也保存了经验中的重要部分,对于验证信息的正确性也有很大帮助。因此,个案的成功无疑是个体成功运用双重编码的结果。

个案5-2: 弗洛伊德长椅上的自由联想

弗洛伊德根据自己的临床经验开创了自由联想法(精神分析疗法)。随着精神分析学派的发展,自由联想法逐渐成为分析性治疗必须的过程。下面为一个患有恐怖障碍的40岁女病人进行自由联想的个案片段。

患者:我开始走啊走,我走到公园里有种兴奋的感觉。在公园找到一张长椅,我坐在上面,忽然听到后面有一阵声音,感到很害怕,这让我想起曾经读过中心公园有变态狂的报道,这个念头很恶心可又让我很兴奋。好像这和我父亲有些联系,但是我说不上来有什么关系,只是让我想起父亲,可又觉得好像有什么就在记忆的边缘似的。(停顿)

分析家:在记忆边缘?有什么?(停顿)

患者:(呼吸加快,好像非常紧张)嗯,还是小女孩时,我和父亲一起睡,这种感觉让我很兴奋。现在我脑子里很乱,好像什么都一塌糊涂,什么事都不能想了似的。

……

患者:是的,是的,但就是想不出来,为什么呢?怎么才能想起来呢?

分析家:你现在正在想什么?

患者:这周日,我胃痛,感到情绪很低落还很害怕。那天晚上我做了一个梦,梦见有一群军官进了我姐姐的房间,我觉得很忌妒,他们对我没兴趣。然后,我好像到了水里。一个人从水里走过来,他走得很自信。随后我看到许多花,并且发现自己迷路了。再之后,我来到一条败落的街道上,看到一匹老马非常衰弱,要被杀掉了。我感到很恐惧、不安。就这些。

分析：

根据激活扩散模型，当某一信息被激活时，会迅速扩散到与之相连的信息单元，患者便在分析家的提示下说出最初的回忆联想。随着时间的推移，激活的速度、强度都在减弱，激活水平降低。降低至意识阈值之下，无法激活与之相连的另一处信息，此时患者想不起该说些什么，而分析家便给予一定的提示。从某种意义上说这是一种刺激强度，使得自由联想继续进行，并形成新的继发激活区域，直至自由联想结束，分析家发现患者潜意识下的冲突矛盾。

拓展学习　　具身理论

心理学的分歧可追溯至现象学和实证主义两大哲学方法论。在现代认知心理学中，认知主义和联结主义占统治地位。而20世纪70年代后，随着实证主义逐渐衰落，人们对认知研究的科学实验范式提出质疑，研究方向开始转向人在现实环境中是如何思考的。具身认知（embodied cognition）在这样的背景下发展起来。

具身认知的发展是多学科的产物，其哲学基础主要是现象学。现象学反对将心智视为独立的属性，强调对主体、客体、身心关系、认识活动之间关系的辩证理解。在心理学领域，"具身性"的相关理论一直存在，如詹姆斯的机能主义、皮亚杰的认知建构理论、吉布森的生态光学理论。"视崖实验"（Gibson，1960）使得生态效度理论已经被认可，并在认知心理学家的实验中作为重要的参考指标。除此之外，动力学也为具身理论提供了相关概念和框架。

具身认知不再把计算作为研究认知的唯一途径，而是将大脑、身体、环境作为一个整体来看待认知活动。具身认知强调身体在认知中发挥关键作用。威尔斯和佩蒂（Wells、Petty，1980）进行了关于耳机舒适度的实验。实验中让被试测验耳机在点头和摇头情况下的舒适度，结果是点头组的被试给予积极评价，摇头组给予消极评价。也就是说，点头增强了被试的积极态度，摇头增强了消极态度，实验结果与具身认知的基本假设是一致的。在哲学、心理学、语言学等不同领域已展开具身认知的相关研究，有研究者将其范式应用于感知觉、情绪、人工智能等领域。近年来，社会心理学家也将具身理论引入，形成具身社会认知新范畴。

与传统的认知科学相比，具身认知是对符号主义以及联结主义等研究范式的发展，它比传统认知更加适合解释日常生活中人们的认知活动。但具身认知也存在如指导思想不统一、相应的研究方法不一致等的缺陷。夏皮罗（Shapiro）指出由于具身研究的散漫和凌乱不能称其为一种理论（Shapiro，2007），有人也对具身的概念提出不同的观点。同时，动力学方法在心理学中无法推广，而第一代认知科学则简化了环境和身体的变量，更适合实证研究，对具身理论的发展有一定的阻碍作用。

总体来看，具身认知还不成熟，无论在理论上还是方法上都还处于发展状态，还需要进一步的整合。随着认知科学的发展，具身理论将会进一步完善，纳入更多的改良范式，以充实表征概念体系。

参考资料

1. 陈琦，刘儒德.教育心理学[M].北京：高等教育出版社，2010.
2. 崔占玲，王德强.少数民族双语者的语言表征和语言联系[J].心理科学进展，2012，20（8）：1222-1228.
3. 费多益.寓身认知心理学[M].上海：上海教育出版社，2010.
4. 龚少英，方富熹.不熟练汉英双语学习者第二语言词汇和概念表征的特点[J].心理科学，2005，28（5）：108-1111.
5. 郝献忠，田玉红.汉语发展性阅读障碍儿童的矫治训练[J].中国全科医学，2008，11（9A）：1569-1570.
6. 黄成玲，王勇慧.联结主义模型及其在心理学中的应爪[J].广州大学学报(社会科学版)，2007，6（11）：18-21.
7. 姜子云，邓铸.问题表征过程中信息提取的实验研究[J].心理科学，2008，31（3）：620-624.
8. John Anderson.秦裕林，程瑶，等，译.认知心理学及其启示[M].北京：人民邮电出版社，2012.
9. John B. Best.黄希庭，译.认知心理学[M].北京：中国轻工业州版社，2000.
10. 连榕.认知心理学[M].北京：高等教育出版社，2010.
11. 梁宁建.当代认如心理学[M].上海：海教育出版社，2004.
12. 刘皓明，张积家，包翠菊.特殊言语损伤症状、诊断及影响因素[J].中国心理卫生杂志，2004，18（11）：770-772.
13. 刘伟志，邓光辉，陈晓霞，等.中一英双语者知识表征的启动效应实验[J].中国临床心理学杂志，2005，13（3）：314-317.
14. M.W.艾森克，M.T.基恩.高定国，肖晓月，译.认知心理学（第四版上册）[M].上海：华东师范大学出版社，2004.
15. 彭聃龄，张必隐.认知心理学[M].杭州：浙江教育出版社，2004.
16. 祁冬晴，江钟立.语义特征分析在失语症治疗中的应用进展[J].中国康复医学杂志，2014，29（3）：282-285.
17. Robert J. Sternberg.杨炳钧，陈燕，等，译.认知心理学[M].北京：中国轻工业出版社，2006.
18. 沙淑颖，周晓林.发展性阅读障碍的康复及其神经基础[J].中国临床康复，2003，7(27)：3734-3735.
19. 吴品，龚海梅，等.英语语法规则获得与迁移的智力技能研究[J].心理科学，2003，26（6）：1060-1064.
20. 伍丽梅，莫雷.说明文阅读中因果序列的表征[J].心理学报，2012，44（1）：63-75.
21. 王瑞明，莫雷，等.言语理解中的知觉符号表征与命题符号表征[J].心理学报，2005，37（2）：143-150.
22. 王瑞明，张清平，邹艳荣.知识背景对信息表征形式的影响[J].华南师范大学学报（社会科学版），2010，2：68-73.
23. 王甦，汪安圣.认知心理学（重排本）[M].北京：北京大学出版社，2011.

24. 徐晓俊，张敏鸣，商德胜，汪启东，罗本燕，翁旭初. 失语症病人皮层语言活动的功能MRI初步研究[J]. 中华放射学杂志，2004，38（10）：30-33.

25. 胥兴春，刘电芝. 数学学习障碍儿童问题解决的表征研究[J]. 心理科学，2005，28（1）：186-188.

26. 叶浩生. 具身认知：认知心理学的新取向[J]. 心理科进展，2007，18（5）：705-710.

27. 张明亮，朱晓文，等. 数学学习障碍儿童的矫治方法[J]. 国际精神病学杂志，2010，37（4）：238-241.

28. 张显达. 初探特定型语言障碍的分类与发展转变[J]. 南京师范大学文学院学报，2018，（3）：1-9.

29. Ahissar Merav, Nahum Mor, Nelken Israel, Hochstein Shaul. Reverse hierarchies and sensory learning[J]. Philosophical Transactions of The Royal Society B, 2008, 364(1515).

30. Ana M, Rosa G C. Mathematics education and learning disabilities in Spain[J]. Journal of Learning Disability, 2004, 37: 62-731.

31. Anderson J R. Problem solving and learning[J]. American Psychologiet, 1993, 48: 35-44.

32. Blachman B A, Schatschneider C, Fletcher J M, et al. Early reading intervention: A classroom prevention study and a remediation study [M] //Foorman BR. Preventing and Remediating Reading Dificulties: Bringing Science to Scale. Timonium, MD: York Press, 2003, 253-271.

33. Bishop D V M. The underlying nature of specific language impairment[J]. Journal of Child Psychology and Psychiatry, 1992, 33(1): 3-66.

34. Chambers D, Reiserg D. What an image depicts depends on what an image means[J]. Cognitive Psychology, 1992, 24(2):145-174.

35. Collins A M, Loftus E F. A spreading activation theory of semantic processing [J]. Psychological Review, 1975, 82: 240-247.

36. Colins A M, Quillian M R. Retrieval time from semantic memory[J]. Journal of Verbal Learning and Verbal Behavior, 1969, 8: 240-247.

37. Contiramsden G, Botting N, Faragher B. Psycholinguistic markers for specific language impairment[J]. J Child Psychol Psychiat, 2001, 42 (6): 741-748.

38. Davies L. Specific language impairment as principle conflict: Evidence from negation[J]. Lingua, 2002, 112(4): 281-300.

39. Fogassi L, Ferrari R, Gesierich B, et al. Parietal lobe: From action organization to intention understanding[J]. Science, 2005, 308(5722): 662-667.

40. Gathercole S E, Baddeley A D. Phonological memory deficits in language disordered children: Is there a causal connection?[J]. Journal of Memory and Language, 1999, 29(3): 336–360.

41. Hegarty M, Mayer R, Monk C. Comprehension of arithmetic word problems: A comparison of successful and unsuccessful problem solvers[J]. Journal Educational Psychology, 1995, 1: 18-32.

42. Joanissea M F, Seidenberg M S. Phonology and syntax in specific language impairment: Evidence from aconnectionist model[J]. Brain and Language, 2003, 86(1): 40-56.

43. Karen Banai, Merav Ahissar. On the importance of anchoring and the consequences of its impairment in dyslexia[J]. Dyslexia, 2010, 16(3).

44. Leonard L B. Language learnability and specific language impairment in children[J]. Applied Psycholinguistics, 1989, 10(2): 179–202.

45. Marianne S. Meyer, Frank B. Wood, Lesley A. Hart, Rebecca H. Felton. Longitudinal course of rapid naming in disabled and nondisabled readers[J]. Annals of Dyslexia, 1998, 48(1).

46. Marinellie S A. Complex syntax used by school-age children with specific language impairment in child-adult coversation[J]. Journal of Communication Disorders, 2004(37): 517-533.

47. Mayer R, Hegarty M, Monk C. Comprehension of arithmetic word problems: A comparison of successful and unsuccessful problem solvers[J]. Journal of Educational Psychology,1995, 1: 18-32.

48. Merav Ahissar, Yulia Oganian. Response to Ziegler: The anchor is in the details[J]. Trends in Cognitive Sciences, 2008, 12(7).

49. Olson R, Wise B, Conners F, Rack J, Fulker D. Specific deficits in component reading and language skills: Genetic and environmental influences[J]. Journal of Learning Disabilities, 1989, 22(6).

50. Pearson R B P D. Essay Book Review: A historically based review of "preventing reading difficulties in young children" [J]. Reading Research Quarterly,1999,34(2): 231-246.

51. Paivio A. Perceptual comparisons trough the mind's eye[J]. Memory and Cognition, 1975, 3: 635-647.

52. Potter M C, So K F, Eckardt B, Feldman L B. Lexical and conceptual representation in beginning and more proficient bilinguals[J]. Journal of Verbal Learning and Verbal Behavior, 1984, 23: 23-38.

53. Ramus F, Szenkovits G. What phonological deficit?[J]. Quarterly Journal of Expermental Psychology, 2008, 61(1): 129-141.

54. Szenkovits G, Ramus F. Exploring dyslexics phonological deficit I: lexical vs sub-lexical and input vs output processes[J]. Dyslexia,2005,11(4):253-268.

推荐书目

1. 费多益. 寓身认知心理学[M].上海：上海教育出版社，2010.

2. 梁宁建.当代认知心理学[M].上海：上海教育出版社，2004.

3. 王甦，汪安圣. 认知心理学(重排本)[M].北京：北京大学出版社，2006.

4. John Anderson. 秦裕林，程瑶，等,译. 认知心理学及其启示[M]. 北京：人民邮电出版社，2012.

第六章 表象

本章要点

在陈述表象基本概念的基础上，重点阐述表象的两类心理操作，包括心理旋转和表象扫描的经典实验研究、最新研究及发展趋势，并从认知神经生理机制的角度探讨表象障碍及其评定，在此基础上介绍表象障碍的认知训练及其应用。

第一节 表象概述

一、表象的定义

表象又叫意象或心象（mental image）。从普通心理学的角度讲表象是事物不在面前时，人们在头脑中出现的关于事物的形象，即曾感知过的客观事物的形象在人脑中的反映。例如，当我们看到或听到"苹果"这个词，在我们头脑中就很容易出现苹果的模样，这就是一种表象。

从信息加工的角度讲，表象被看作当前未直接呈现的客体或事件的心理表征或类似知觉的信息表征，是在没有外在直接信息作用下对内在长时记忆中信息的加工、提取、操作和重组的一种信息表征的方式。表象是非当前的物体或事件的心理表征。20世纪90年代以后，随着认知神经科学的诞生，对表象的研究又进了一步，目前的表象定义为：表象是形成"头脑中的图像"这一相对特殊的活动，或积极回忆或操纵空间表征这种更一般的非言语思维过程的结果。表象与知觉、记忆和形象思维等心理过程都有关系，在认知活动中意义重大。

二、表象的分类

从表象产生的主要感觉通道将表象分为视觉表象（如想起母亲的笑脸）、听觉表象（如想起吉他的声音）、运动表象（如舞蹈的动作）等。视觉表象是人们在视觉活动的基础上，在头脑中形成关于事物的形状、颜色、亮度和空间方位等图像。在人的表象总量中，大多数外界形象信息是通过视觉输入大脑的，并被大脑组合加工，达到较高的表象层次。听觉表象是人们在听觉活动的基础上，在头脑中产生各种声音的形象，以言语听觉表象和音乐听觉表象最为突出。言语听觉表象有语音、语调、声调、重音等方面的形象，它对人们分辨语音、语调等有重大作用。运动表象是肌肉动作的动觉表象与动作视觉表象的结合。当这些运动形象产生时，可以引起人们相应部位肌肉、骨骼的微弱运动，即所谓的念动。它可以帮助学生准确掌握各种运动、生产劳动技能和技巧，也是培养运动员、舞蹈演员进行某种表演、运动创作的重要基础。其他感觉如味觉、嗅觉、触觉等，也都有相应的各种表象。

柯斯林（Kosslyn, 1990）等曾要求学生们在他们的日记中记下他们的心理表象。结果发现，学生们报告出的视觉表象要多于听觉、嗅觉、触觉或味觉表象。当前，认知心理学对表象的研究几乎都是有关视觉表象的，很少涉及其他感觉通道的表象。柯斯林和汤普森（Kosslyn、Thompson，2003）认为，"当一个视觉短时记忆（STM）表征呈现但刺激又没有被实际观察到时，视觉心理表象就会出现；视觉表象就是一种"用心理眼睛来看"的体验。"

从表象的创造性程度，将表象分为记忆表象和想象表象。记忆表象是过去感知的事物形象的简单重现；想象表象是旧表象经过加工改造、重新组合创造出的新形象。记忆表象的两大特征是形象性和概括性。

根据对象范围和概括程度，又可将表象分为个别表象和一般表象。反映某一具体客体的形象，称为个别表象或单一表象；反映关于一类对象共同的特征称为一般表象。例如某人的妈妈的形象，这种对个别、具体事物的表象就是个别表象；而人类所有母亲的形象就是一般表象了。表象总是沿着从个别的向一般的方向不断发展，同时向更富有概括性的方向发展，向更广、更深的方向发展。

三、表象的特性

（一）直观性

表象是在知觉的基础上产生的，构成表象的材料均来自过去知觉过的内容，因此表象与感知觉一样具有直观、形象的特征。当我们唤起视觉表象时就好像在"内心视觉"上看到那个事物一样；当我们唤起听觉表象时就好像在心灵中"听到"那声音一样。但表象又与知觉不同，它只是知觉的概略再现。与知觉比较，表象有下列特点：①表象不如知觉完整，不能反映客体的详尽特征，甚至是残缺的、片断的；②表象不如知觉稳定，是变换的，流动的；③表象不如知觉鲜明，是比较模糊的、暗淡的，它反映的仅是客体的大体轮廓和一些主要特征。例如，我们对一棵树的感知，对它的形状、颜色、大小总是很清晰、全面完整的、也不会变化无常，但将其形象在我们头脑中浮现时就不是那么鲜明生动和全面完整了。然而在某些条件下，表象也可以呈现知觉的细节，它的基本特征是直觉性。例如，在儿童中可发生一种"遗觉象"（eidetic image）现象。向儿童呈现一张内容复杂的画片，几十秒钟后把画片移开，使其目光投向一灰色屏幕上，他就会"看见"同样一张清晰的图画。这些儿童根据当时产生的映像可准确地描述图片中的细节，同时他们也清楚地觉得画片并不在眼前。

（二）概括性

一般来说，表象是多次知觉概括的结果，它有感知的原型，却不限于某个原型，它不表征事物的个别特征，而是表征事物的大体轮廓和主要特征，因此表象具有比感知觉更大的概括性，是对某一类对象的表面感性形象的概括性反映。例如，母亲的表象一般不是某次烫着头发、穿着棉袄、讲着故事的形象，也不是另一次梳着发髻、穿着裙子、烹调时的形象，而是从母亲经常表现的一些特征中概括出来的：慈和、勤劳、自强不息等一般形象。表象的概括是运用形象做的概括，它混杂着事物的本质属性和非本质属性，不同于抽象思维的概括。所以，表象的概括性有一定的限度，对于复杂的事物和关系，表象是难以囊括的。例如，上述产生遗觉象的图片，如果是呈现一个故事的片断，那么，关于整个故事的前因后果，人物关系相互作用的来龙去脉，则不可能在表象中完整地呈现，各个关于故事的表象不过是表达故事片断的例证，要表达故事情节和含义，则要靠语言描述中运用的概念和命题。因此，表象是感知与思维之间的一种过渡反映形式，是二者之间的中介反映阶段。作为反映形式，表象既接近知觉，又高于知觉，因为它可以离开具体对象而产生；表象既具有概括性，又低于词的概括水平，它为词的思维提供感性材料。从个体心理发展来看，表象的发生处于知觉和思维之间。

（三）可操作性

表象作为人的一种知识表征，它在我们头脑中不是凝固不动的，是可以被智力操作进行各种认知加工的。表象在头脑中可以被分析、综合，可以放大、缩小，可以移植，也可以翻转，这种操作就像人们通过外部动作控制和操作客观事物一样。谢帕尔德（R.N.Shepard）在20世纪70年代做的著名心理旋转实验，是表象可以进行操作并可以改变方向、位置的有力证据。谢帕尔德和科柏（Cooper, 1982）的实验又进一步证明：被试在想象中要把某种客体旋转更大的角度，他就需要花更多的时间，而大脑并未限制客体的心理表象必须经过某种轨迹。不过，当用手操纵客体时，手臂却需要经过特定的轨迹。因此，如果人们心里想象在操作某一客体时会看到的什么，那么想象的客体就会通过那种轨迹。柯斯林（Kosslyn）等人还测试了一位脑损伤患者，该患者难于对客体进行心理旋转，测试期间，被试不断移动她的手，好像她确实在对客体进行旋转一样。这表明，如果有谁做了一种特别的举动，他就是在想着自己看到的事物（在对表象进行心理操作）。德劳勒兹（Droulez, 1990）等人还观察到这样一个事实：一个人能旋转某种心理表象（记忆表象）的最快速度与一个人真实的定向运动最大速度是接近的。这一发现使他们提出：心理旋转是以某种定向运动的模拟为基础进行计算的，产生模拟运动的加工与真实运动中采用的加工是相同的。

四、表象的功能

（一）表象在知觉中的作用

长期以来，心理学家将表象和知觉紧密地联系起来，将表象看作已经贮存的知觉象的再现（记忆表象），或经过加工改造而形成的新的形象（想象表象）。主张表象编码说的心理学家承认表象的独立地位和作用，心理旋转和心理扫描的实验也证明了这一点。表象与知觉的机能等价不仅会导致表象对知觉的干涉，而且会出现表象对知觉的促进，这种促进作用也被实验研究证实。

海斯（Hayes, 1973）实验研究表明，当要识别的字母大小与事先表象出的该字母的大小相一致时，识别需要的时间要少于大小不一致的字母。实验中，应用了A、B、D、E、H、K、R、T等8个字母。在每次试验前，先用速示器给被试呈现排成一列的4个点，两个相邻点间的夹角为0.5°，要求被试据此想象某一个正的大写字母，其大小分为两种：一种是"大的"，即想象的字母的大小相当于外侧的上下两点的距离；另一种是"小的"，即想象的字母的大小相当于中间两点的距离。待被试形成要求的某个表象后，由被试按键，速示器即呈现某个相应的"大的"或"小的"正的大写字母。被试的任务是判定呈现的字母与要求他表象的字母是否相同，而不管其大小如何，分别用左右手按键，记录其反应时。

在半数试验中，表象的字母和呈现的字母相同，另一半实验则不同。半数试验中，想象的字母大小和呈现的字母大小相一致，另半数试验则不一致，实验连续进行4天，得到的结果见表6-1。

表6-1　不同条件下的字母判定的反应时（中数/）ms

字母类别	相同字母				不同字母			
投射的表象大小	小		大		小		大	
字母大小	小	大	小	大	小	大	小	大
实验日 1	336	385	450	330	460	450	440	445
2	322	375	360	300	425	425	380	410
3	315	345	355	300	400	395	395	430
4	325	340	395	275	415	415	420	430
平均	324.5	361.2	390	301.2	425	421.2	408.7	428.7

（资料来源：王甦，汪安圣.认知心理学（重排本）[M].北京：北京大学出版社，2007：153）

表6-1中列的是被试的各种条件下的反应时（ms），是以中数表示的。从表中可以看出，在相同的字母的情况下，当呈现的字母的大小与表象出的大小相一致时，识别要快于大小不一致的，平均起来要快60ms以上。但在不同字母的情况下，却未发现这种差别。这个结果说明，在一定的条件下，表象携带的大小信息是有利于知觉的。在另一个类似的实验里，海斯（Hayes）也发现，当呈现一个向左或向右倾斜30°的字母，如果这个字母与事先表象出的字母及其方位相同，那么识别起来就快些，比字母方位不一致的平均要快20ms。这同样表明，表象携带的方位信息也可在一定条件下有利于知觉加工。这也可以说是某种类似模板的东西在起作用。

芬克（Finke，1980）以大学生为被试，让他们先看一个斜置长条形而形成鲜明表象（所看长条形在看完后马上撤销即可形成），然后出示与该表象同形的图像。但图像每次以与表象不同角度的位置来呈现，测量看到图像的反应时。以不预先形成表象的被试为控制组。结果发现，在表象与图像位置完全重合的条件下，反应时比控制组的短；二者角度增大到15°时反应时加长，二者角度增大到45°时反应时增加最多，以后又随角度增大而减少；当二者角度增加到90°时，即图像与表象呈正交位置时，反应时与控制组相若。总地看来，表象与知觉重合时，对知觉起促进作用，表现为反应时比控制组短；表象知觉角度错位在90°以内时，对知觉起干扰作用，表现为反应时加长；表象与知觉相互垂直时，对知觉既不起促进作用，也不起干扰作用，表现为反应时与控制组相同。

以上实验再次说明视觉表象具有很强的空间特性，也有力地支持了奈塞尔（Neisser）的观点：当两个字母及其大小和方位相同时，先形成的第一个字母的表象提供对第二个字母的精确的期待，并使对第二个字母的加工更易于进行。表象为知觉相应的客体做了准备，成为知觉的自上而下的加工的一个重要方面。

柯斯林（Kosslyn，1980、1981）等人指出，知觉可以启动表象，表象反过来也可以启动知觉。例如，他们要求被试先检查一系列词汇并计算出每个单词的元音数目，然后对小写字母的词汇进行想象，并确定开始的字母和最后的字母是否在同样的高度。被试在这种作业中对有启动词汇的作业，其完成时间要比没有启动词汇的要短，被试在对他们先前看到过的词汇进行想象时,可以观察到更多的"启动效应"(启动效应是指,原先学过的知识对当前非有意记忆的促进作用)。在记忆检索(如回忆你居室中有几把椅子)或推理(如想象从你家到机场的最佳路线)过程中,运用记忆表象可以产生明显的启动效应。这时从高层次视觉中枢投射(反馈)到较低层次视觉部位的信息,不仅启动了视知觉表象的匹配加工,还使视觉缓冲器中的神经元阈限降低,以便同时发放电脉冲,从而对当前客体产生更强烈的感知觉。

表象在知觉过程中能起一种整合作用,它不仅能补充、丰富当前的知觉表象,有助于人们对客体的识别,而且能对知觉进行校正。米多(Meado, 1989)及其同事做了一项有趣的实验,他们对三名右顶叶损伤伴有单侧忽视症患者进行了研究,结果发现:患者不仅看不到知觉中左边的客体,也看不到心理表象中左边的客体。主试要求其中一名患者移动他的头和眼,以便在对客体的表象进行回忆时能看到客体的左边(如左半个脸),被试这样做以后,他们发现,被试看表象左边的能力果然大有改进。真实地移动个体愿看到的事物,或是对该事物产生预期,都是形成表象的有效方法。

(二)表象对学习记忆的作用

表象作为一种信息表征,有助于提高学习和记忆的效果。佩沃(Paivio, 1968)做的成对联想学习的实验表明,表象对一些字词的识记具有重要作用。他们先让一些大学生按7个等级来评定一些字词(名词)引起表象的能力。7级为最易引起表象,1级为最难引起表象。得到的结果表明,一些名词容易引起表象,如教堂、大象、乐队、街道、酒精、鳄鱼等名词的等级均在6级以上,即具有较高的表象值;另一些名词则较难引起表象,如上下文、能力、失误、格言等名词的等级均在3级以下,即具有较低的表象值。佩沃等然后应用有不同的表象值,但在意义性和使用频率方面有相同等级的名词进行成对联想学习的实验。在一个词对里,刺激词和反应词可分别有高的或低的表象值。这样刺激词和反应词的配对就有高-高,高-低,低-高,低-低四种。实验结果表明,当刺激词和反应词均有高表象值时(高-高),正确回忆的结果最好;当刺激词和反应词均有低表象值时(低-低),正确回忆的数目最少;而当词对中只有一个词有高表象值时,刺激词有高表象值的回忆效果优于反应词有高表象值的。这些结果提示,表象在一些字词识记中起着中介作用,是有利于学习和记忆的。

之后,佩沃(1975)的双重编码的实验也证明,表象在长时记忆中的作用。双重代码理论认为,人们有两套表现系统,一套是语言系统,另一套是非语言系统。语言系统处理语言代码,储存语言信息。非语言系统则处理意象。这些意象是直观的、人们可以在脑海里"看见"的某种东西。

佩沃设计了一个精巧的实验。实验中,先给被试呈现实验材料卡片(见图6-1),然后让被试判断画中图对标志的一对东西实际上的大小,记录反应时。

实验的理论假设是:①若长时记忆只含有语言编码的信息,那么,对图画的判断要慢于对字词的判断。因为需要把图画转换成语词。如果长时记忆也有视觉表象,对图画的反应时就不会慢于对语词的反应时。②如果长时记忆存在视觉表象,对不一致的图画的反应时应长于一致的图画的反应时;字词则无此问题。因为字词是语言编码。

实验结果:①被试对图画做出判定不仅不比字词慢,反而更快;②对不一致图对的反应时大于对一致的图对,但对字词的反应没有这种差别。

图6-1 两个图对和两个字对

（上面的图对是一致的，下面的图对是不一致的）

这些结果说明，长时记忆中确实有视觉编码。当然语言形式的编码也是存在的。另外，上面的第一个结果说明语言信息要转换成表象，所以费时。

另一个研究康威（Conway，1989）要求被试对一些概念产生表象。概念分四类：类属式、用途式、情绪名称、职业类。表象分三类：一类是属于个人经历，且能回忆其时间；另一类也是属于个人经历，但不能回忆其时间；第三类是根本不能确定其是否属于个人经历。结果如表6-2所示，表中数字为各类概念唤起各类表象的百分比。

表6-2 各类概念唤起各类表象的百分比

概念种类	个人经历且回忆其时间	个人经历但不能回忆其时间	不能确定其是否属个人经历
类属	33.8	36.8	29.4
用途	53.0	23.5	23.5
情绪	59.5	27.2	13.3
职业	36.4	52.3	21.3
平均	43.2	34.9	21.9

（资料来源：基心增.近年来关于表象与知觉、记忆的比较研究[J]. 天津师大学报，1996（3）:36）

可以看出，情绪在有关个人经历且能回忆其时间的表象形成中所起的重要作用。因为情绪类表象能确定其属于个人经历且能回忆其时间者，百分比最高，几达60%，但当其不能确定为是否属于个人经历时，百分比最低，仅约13%。

基心增（1996）用72名大学生作被试，考查认知表征对回忆的影响。要求被试看一个词表一次后回忆表中各词。词表中要求回忆的词共18个，以四种不同的组织方式向被试显示：①把18个词分为两大组，一大组属于厨房用品名称，另一大组属于卧房用品名称。每大组又各分为三小组，每小组均用一个可以包容该小组三种小用品的某个大用品名称，去对三种小用品起组织作用。例如，大用品名称为冰箱，包容的三种小用品名称为牛奶、鸡蛋、黄油。如此开列两张用品名单，一张标明厨房，一张标明卧房。这样可能使被试建立起草图（schema）式的认知表征。测试时只要求回忆指小用品名称的18个单词，6个起组织作用的大用品名称的单词则不要求回忆。②原来指18个小用品的单词不变，起组织作用的大用品名称的单词则改为每三种指小用品名称的单词的上位概念。如上例中将"冰箱"改为"食品"，仍要求被试只回忆指小用品名称的18个单词。③起组织作用的（大用品名称的）6个单词与归其组织的（小用品名称的）各三个单词既无习见的草图式关系，又无上位概念关系，只是在呈现时有空间从属关系，严格说应属于不适当的组织。即将显示方式1的厨房和卧房中的组织词（大用品名称的单词）对调，每个组织词下又均由对方三个组织词下各取一词，仍只要求回忆指小用品名称的18个单词。④指18个小用品名称的单词随机排列，呈现完毕后要求回忆。

学习词表时，主试在指示语的说明中分为要求形成表象和无此要求两种情况。结果见表6-3。

表6-3　词表的不同组织方式对词的回忆的影响

单词显示时组织方式	不要求表象	要求表象	平均回忆数
1	13.56	12.56	13.06
2	12.67	11.50	12.09
3	4.44	4.17	4.31
4	7.97	9.11	7.61
平　均	9.65	9.34	8.53

（资料来源：基心增.近年来关于表象与知觉、记忆的比较研究[J].天津师大学报，1996（3）:37）

可以看出，第1、2两种单词显示时的组织方式的效果无显著差异，而它们与第3、4两种单词显示时的组织方式的效果则有显著差异。第3种单词显示时的组织方式的效果反而较差于第4种的，表明不适当组织的效果反不如随机条件下的主观组织。值得注意的是，识记时主试在指示语的说明中有无建立表象的要求，并未产生回忆效果的差异。这似乎表明，主试的指示语没起作用，即被试不管主试是否提出建立表象的指示语，好像都已经自己建立了表象。而根据佩沃（Paivio，1986）的实验结果，被试在识记时，建立表象比不建立表象（只将原识记材料做简单重复识记）的记忆效果好。如果在本实验中，当主试未提出建立表象的要求时，若被试也果真未建立表象的话，则其回忆效果是应该较差的，但实验结果不是这样：不论主试是否提出建立表象的要求，被试的回忆效果均未产生差异（Nakamura，1992）。

（三）表象对问题解决、思维的作用

心理学家认为表象在问题解决、创造活动中有重要的作用。谢帕尔德（Shepard）等的心理旋转实验也表明，人在完成某种作业或解决某些问题时，主要依赖视觉表象操作或表象过程。这种视觉表象操作实质上是一种视觉思维，属于形象思维的范畴。这种视觉思维具有整体的和类比的性质，与逻辑思维有明显的区别。马尔克斯（Marks，1999）提出的表象活动周期理论则认为，表象对行为的计划、管理和监控起促进作用，表象促进了许多认知任务的完成，表象的清晰度越高，表象起到的促进作用越大。赫特洛切尔（Huttenlocher，1968）的研究也表明，空间表象在线性三段论推论中有重要作用。沃切（Woocher，1978）等的实验，将16个人身高做线性等级排列，然后将这种序列告诉被试使之熟记，后举出两个人，问谁高，要求被试回答并记录反应时。实验结果：被试在头脑中有这种身高序列表象，两个身高差别小，回答就慢，反之则快。这证实表象在推理中的作用。

综上所述，我们不难发现表象研究具有极为重要的理论价值，在认知和思维活动中发挥着十分重要的桥梁作用。表象还具有广泛的应用价值，这在表象训练和表象心理治疗中

体现出来。研究者指出，教学中借助表象训练可提高教学质量，有利于发展学生的思维能力。表象训练已成为一种特殊的，能有效促进学生智力训练的教学手段。表象在特殊教育领域也发挥着重要的作用，有研究（宋丽波等，2003）表明，表象训练技术对提高弱智儿童的表象清晰度和记忆力是有效的，清晰度越高，对记忆提高的帮助越大。此外，有关研究显示，将表象应用于临床心理治疗中可以取得较好的治疗效果。

第二节　表象的心理操作

一、心理旋转

（一）心理旋转

心理旋转（mental rotation）是一种想象自己或客体旋转的空间表征转换能力。它是衡量空间智能的重要标尺之一，是当前空间认知领域中备受关注的重要课题。当我们布置房间时，一般在动手之前总要想象一下家具从原有位置移至新位置的效果；当我们查阅地图时，总会想象自己在地图上如何从当前位置尽快达到目的地；当玩魔方时，会想象如何旋转才能把每一个面对齐。从认知心理学角度讲，这些日常行为引起了大脑对空间表征的动力转换，涉及想象客体或自己旋转的认知加工过程，这就是心理旋转。心理旋转任务早在20世纪30年代就被心理测量学家用以评定人们的空间智能（如三山问题）。但是直到1971年，心理旋转这一概念才由谢帕尔德等人明确提出，开始了对心理旋转的信息加工机制研究。他们的研究所应用的认知心理学方法和取得的结果对后来的表象研究产生了巨大的影响，被空间认知领域称之为经典性研究。

（二）心理旋转的相关研究

1. 经典心理旋转研究

谢帕尔德及其同事于20世纪70年代初开展了"心理旋转"的研究。这项研究应用的方法和取得的结果对后来的表象研究产生了巨大的影响。他们最初做的一个实验是极具代表性的，该实验为表象提供了客观、定量的方法。

实验要求8名被试观察1600对两维的线条画，这些线条画显示了三维的几何形状。在每对关键的形状中，一个几何形状是另一个几何形状经二维空间或三维空间旋转而成的。此外，被试也会看到一些在实验中起干扰作用的几何形状。在每对起干扰作用的几何形状中，一个几何形状并不是另一个几何形状旋转而成的。

实验用的几何形状，旋转的角度有9种，即0°、20°、40°、60°、80°、100°、120°、160°和180°。被试的任务是判断两个几何形状是否相同。①平面对，其中一个图形在平面上旋转80°；②立体对，其中一个图形在空间中旋转了80°；③镜象对，两个不同的图形。实验自变量为图形的三种关系、方位差，因变量为同异判断所需的时间（见图6-2）。

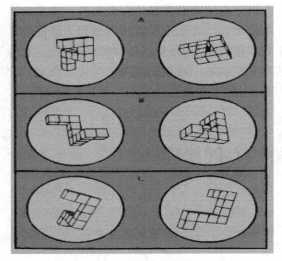

图6-2　心理旋转实验所用的3种图对

注：①平面对，其中一个图形在平面上旋转80°；②立体对，其中一个图形在空间中旋转80°；③镜像对，两个不同的图形。

实验结果表明（见图6-3），无论是平面对还是立体对，如果两个图形的形状和方位都相同，那么被试只需要1s就能看到它们是相同的；然而当其中一个图形转动了一定角度，出现方位差后，反应时就增加了，到转动角度为最大值180°时，平均反应时已超过4s，反应时随方位差度数的增加而增加，二者成正比。不仅如此，从图还可以看出，平均反应时与方位差存在线性关系，反应时是随着方位差度数的增加以固定速率增加的。经过计算方位差增加53°，反应时就增加1s。总体来看，平面对和立体对的结果几乎是一样的。

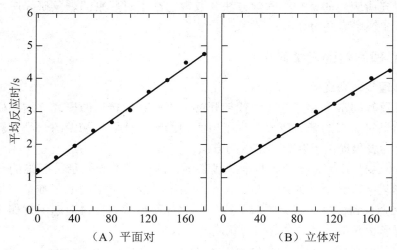

图6-3　判定两个图形相同的反应时是其角度差的函数

根据以上的实验结果，谢帕尔德等指出，被试对两个图形作比较时，是在头脑里将一个图形旋转到另一个图形的方位上来，然后依据匹配的情况再做判定。想象的转动或心理旋转成为这类比较的基础。并且这种旋转的速率是相对稳定的，每秒53°，所以两个图形的方位差愈大，心理旋转所需的时间愈多，表现为反应时是两个图形方位差的线性函数。

被试的报告也支持心理旋转的设想。他们通常说是先将左边的图形转动到使它上面的一条臂与右边图形的相应的臂平行，然后再通过想象将这样转动后的图形的另一端的伸展方向与右边图形的相应部分进行比较。被试的内省报告与反应时的数据是吻合的，都承认心理旋转。实验结果还表明，被试既可以完成平面对的作业，也可以完成立体对的作业。这意味着表象可以表征出物体的三维结构，而不仅是图形的二维结构；并且平面对和立体对的反应时数据包括反应时函数的斜率几乎是一样的，因而可以说，在三维空间中和二维平面上的转动都是同样易于想象的。Shepard等认为，他们确定了心理旋转的事实，而且第一次用实验证明了它的渐进性和空间性的特点。这个研究开创了表象研究的一个新方向，引导出一系列的研究。

后来，包括谢帕尔德在内的一些研究者，将上述旋转角度与反应时之间的关系，扩展到了其他刺激材料（如英文字母）上。

库珀和谢帕尔德（Cooper和Shepard，1973）用不同倾斜角度的正和反的字母、数字对心理旋转作了进一步的研究。向被试呈现一些非对称性的字母（如"R"）或数字。他们系统变化这些字母或数字的倾斜角度，变化范围为0～360°，变化间距为60°（见图6-4）。这意味着有6种不同的倾斜角度，即顺时针方向分别倾斜0°（360°）、60°、120°、180°、240°和300°。此外，旋转为正常角度的刺激，可以是正的，也可以是反的。被试的任务是做"正"或"反"的判断（图6-5）。每个字符的实验是分别进行的。实验的基本过程如下：用速示器将某个字符的某一样本呈现给被试，被试的任务是判定该字符是正的还是反的，而不管其具体的方位如何，按键做出反应，记录其反应时。每个字符的12个样本各呈现一次，其顺序是随机的。要求被试尽快做出反应，而又不犯错误。如果被试做出错误反应，则该次试验以后予以重复，直至做出正确反应。在正式实验前，给被试以练习。

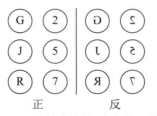

图6-4 心理旋转实验的6个字符及其镜像

（资料来源：王甦，汪安圣.认知心理学（重排本）[M].北京：北京大学出版社，2007：142）

图6-5 不同方位的正的和反的R字符

（资料来源：王甦，汪安圣.认知心理学（重排本）[M].北京：北京大学出版社，2007：142）

实验分为几种。一种即为上述的实验程序。其余几种都比上一种增加了前行信息，即事先将要呈现的字符或/和字符方位告诉被试。字符是以正常的正位样本的略图表示的，字符的方位即所旋转的角度（顺时针方向）是以箭头表示的，箭头的方向指明字符样本顶端的位置。然后，呈现该字符的旋转了相应度数的一个正的或反的样本，让被试判定其正反。

实验自变量为方位差，因变量为判断字母是正向或反向的反应时间。几种设计：①无前行信息；②只告知字母；③只告知方位；④字母方位分开呈现；⑤字母方位结合呈现。结果如图6-6所示。

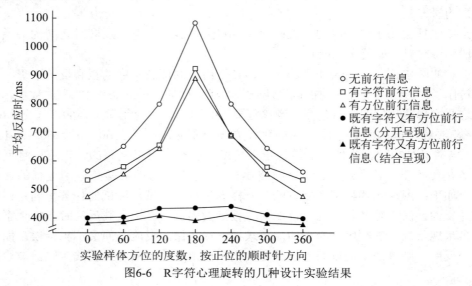

图6-6　R字符心理旋转的几种设计实验结果

（资料来源：王甦，汪安圣.认知心理学（重排本）[M].北京：北京大学出版社，2007：143）

从无前行信息的实验结果看，当样本为垂直的正位时，即旋转的角度为0°或360°，不管是正常的或镜象的，判定所需时间较少，约为0.5s；当样本作了不同角度的旋转，反应时随之增加，当样本旋转180°时，反应时最长，随着样本的旋转度数的进一步增大，反应时反而逐渐减少。以180°为界，曲线的两侧是对称的。有单独的字符前行信息或方位前行信息的实验结果与此类似。但是，既有字符又有方位前行信息的实验，包括字符和方位分开呈现和结合呈现的，其实验结果都与上面所说的不同。在所有这些条件下，无论样本的方位如何，反应时都较短，而且没有发生任何什么大的变化，其曲线几乎是平行于横坐标的直线。

库珀和谢帕尔德认为，在无前行信息的实验中，被试要将呈现的字符样本与该字符在长时记忆中的正常的正位样本进行比较，才能判定正反。当呈现的样本偏离垂直的正位，即旋转了一定度数，被试就要将该样本的表象转回到正位上来，然后再与长时记忆中的正位的表征作比较。因为正位的样本不需要作旋转，就可以与长时记忆中的样本进行比较，所以判定正反所需的时间就少。而对偏离正位的样本做出判定，需要对该样本的表象进行旋转，费时较多。样本偏离正位的度数越大，需要做出的心理旋转就越多，反应时也越长。从图6-6还可以看到，字符表象的旋转速度约为180°/0.5s，远快于前面说的手柄状图形表象的旋转。这与人们熟悉字符及字符的结构比较简单可能有关。图6-6中，无前行信息和只有字符或方位前行信息的反应时曲线在样本方位转动180°两侧是对称的。这说明表象旋转既可沿顺时针方向，也可沿逆时针方向。具体情况是当样本旋转的角度小于180°时，表象旋转是沿逆时针方向的；当样本旋转的度数大于180°时，表象旋转是沿顺时针方向的；只有这样旋转了60°和300°的两个样本以及旋转了120°和240°的两个样本才会有几乎一样的反应时，并且所需的旋转时间都得到节省。这种解释也可用于旋转了180°的样本。这个样本的表象旋转，无论是沿顺时针的或逆时针的方向，都无法节省时间，因而其反应时也最长。这个实验结果表明，人进行心理旋转是要采用一定策略的，表现出明显的智慧色彩。

有字符和方位两种前行信息的实验结果不同于上述没有前行信息的，其反映时并不随样本的方位而发生显著的变化。库珀和谢帕尔德认为，当刺激样本呈现时，被试可以立即将它与已形成的表象进行比较，无须再作心理旋转就可迅速做出判定，因而反应时都比较短，而且不随样本偏离正位的度数而急剧变化。在没有前行信息的实验中，反应时是从刺激样本呈现开始计算的，被试作心理旋转所需的时间包括在反应时之内，反应时是样本偏离正位的度数的函数。在有这些前行信息的实验中，反应时也是从刺激样本呈现开始计算的，但被试做心理旋转所需时间却不包括在反应时之内，不管心理旋转需要多少时间，不同样本的反应时也不会发生显著的变化。有前行信息和无前行信息的实验结果看起来不同，但实质是一样的。

库珀和谢帕尔德（Cooper、Shepard, 1984）用同样的实验程序，以多边形为材料，进行了另一个有前行信息的实验，记录了事先做心理旋转需要的时间，即为做出判定需要的准备时间。实验程序是在呈现某个多边形的正位样本及其方位后（分开呈现的），要求被试将该图形的表象旋转到规定的方位上来，半数实验要求被试沿顺时针旋转，半数实验要求被试按逆时针旋转，记录完成旋转所需的时间。接着呈现刺激样本，要求被试做出正反判定，记录反应时。这样，每次实验都得到两个时间，一个是进行事先的心理旋转需要的时间（准备时间），另一个是对刺激样本做出判定需要的时间（反应时）。实验结果如图6-7所示。

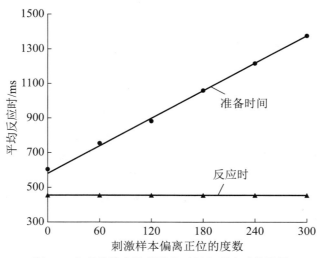

图6-7　心理旋转实验的准备时间和反应时的结果

（资料来源：王甦，汪安圣.认知心理学（重排本）[M].北京：北京大学出版社，2007：145）

从图6-7中可以看出，被试对实验图形做出判定，不管其方位如何，所需的时间基本上没有变化。这个实验结果同前面一个有前行信息的实验结果是一致的。而事先进行心理旋转所需的时间却随着样本偏离正位的度数而增加，呈线形关系。这个结果同前面的没有前行信息的实验结果是一致的。这些实验结果表明，即使是有前行信息的实验，被试也是要做心理旋转的，其所需要的时间依赖样本偏离正位的度数。这个实验还提供了一个新的有意义的结果：在先前的字符实验中，对心理旋转的方向未加规定，因而可能出现的最大旋转度数为180°，并且它需时也最多。但在这个实验里，由于规定了旋转的方向，可以旋转的最大度数为360°。在这个范围内，心理旋转所需的时间与样本偏离正位的度数仍然保持线性关系。样本偏离正位240°和300°的心理旋转的时间多于样本偏离180°的，这与前一个实验不一样。这个结果进一步证实了心理旋转。

从上面的论述可以看出谢帕尔德他们的研究确实意义重大，但是还得回答在进行心理旋转时是经过中间角度的，还是从一个角度跳到另一个角度的？针对这个问题梅茨勒（Metzler, 1973）进行了实验研究。实验材料与前面手柄状图形材料相似。采用延缓呈现刺激材料的方法进行实验。实验步骤：呈现刺激A，并要求被试按一定方向进行旋转，然后经过一定的时间间隔再呈现刺激B（是A旋转一定角度后的刺激物），让被试做出两个图形异同的判定。实验的关键是刺激B什么时候呈现，梅茨勒作了如下的安排：使刺激B的延缓时间等于两个有一定方位差的图形同时呈现需要的心理旋转的时间。实验假设：因为刺激B呈现时被试刚好将图形旋转到B的位置上，所以，如果从刺激B的呈现开始计算反应时，那么反应时应该都很短。结果如图6-8所示。

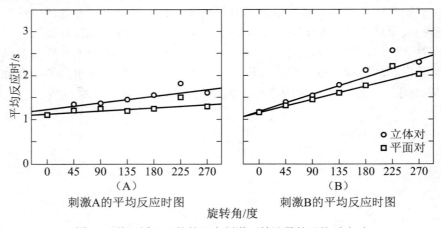

图6-8 从延缓呈现的第二个刺激开始计量的平均反应时

实验结果支持了上述设想。但是反应时曲线并不是一条平行于横坐标的直线，而是随转动的角度略有上升。这是因为刺激B的呈现时间是按照被试的平均反应时来计算的，而事实上被试之间在反应时方面存在着个别差异，被试需要做补充的旋转来校正，导致反应时略有增加。当然，这些实验结果并没有在严格的数学意义上证明心理旋转是连续的，因为连续的旋转必须经过所有可能的中间角度。但心理旋转确实经过了一些中间角度，也许从心理现象的角度可以相对地把心理旋转看成是连续的。

马穆和扎斑科（Marmor、Zaback），卡朋特和艾森伯格（Carpenter、Eisenberg）在盲人身上进行了触觉通道的心理旋转的研究。结果发现，盲人在类似实验中完成触觉通道作业所需的反应时也随刺激样本方位偏离正位的度数增加而增加。可以看出心理旋转不局限于视觉表象,它可作用于没有视觉成分的空间表征。

根据以上所有实验结果,谢帕尔德认为表象的实质就在于它是一种类比表征,表象与外部客体有同构关系;但是表象并不是直接从结构上来表征外部客体,它与外部客体并没有一对一的联系。其同构即为内部表征的机能联系与外部客体的结构联系相似,如我们的心理旋转(对物体的内部表征)与客体的物理旋转(外部客体的结构联系)是相似的。为区别格式塔心理学派说的同构,谢帕尔德称表象与客体的同构为"二级同构"。格式塔式同构是指神经生理事件与其表征的外部客体存在某种结构类似,而二级同构则把表象与客体看成锁和钥匙的关系,锁和钥匙没有结构的类似,但机能水平上却有一对一的联系,一把钥匙开一把锁。与此相应,形成一个表象的神经过程与它表征的外部客体可能是不相似的,但该客体有激活这些神经过程的功能。这个二级同构不但说明表象与外部客体的关系,而且还涉及表象与知觉的关系。表象是记忆表征,信息来自知觉,内部表征的联系类似于外部客体的联系,即客体在表象中的联系类似客体在知觉中的联系。

【专栏6-1】

想象在你面前的空中浮着一个正方体。现在,在头脑中用你的左手抓住立方体前方的左下角,并用右手抓住立方体后部的右上角。在头脑中握住这些角的同时,旋转立方体以使你左手中的一角位于你右手中一角的正下方(就像形成了一根垂直的轴,立方体可以围绕轴旋转)。问:假想的立方体中间有多少个角,即没有被你的双手抓住的?描绘下这些角的位置。

(资料来源:Robert J. Sternberg.杨炳钧,陈燕,邹枝玲,译.认知心理学(第三版)[M].北京:中国轻工业出版社,2006:178)

2. 心理旋转的最新研究

目前,对于心理旋转的研究在理论上和技术上的有了新发展。理论上主要通过对心理旋转中客体旋转和自我旋转进行研究,客体旋转主要针对旋转主体对其外部物体的旋转,如对字母、数字或立方体的旋转。而自我旋转主要针对旋转主体对其本身整个身体或身体某个部位的旋转,如手或脚。具体而言,是给被试呈现与垂直方向成不同的角度的左右手/脚的图片,要求被试判断其是左手/脚还是右手/脚。相关研究发现,被试在此类任务中,是通过对自身相应部位旋转来判断图形显示的是左手/脚或是右手/脚,即想象自己的手或脚旋转至图片内手或脚的位置,而不是把图片内的手或脚旋转至垂直方向来判定的。反应时和图片内的身体部位与被试自身身体部位间的方位差呈线性关系。

研究方法主要有三类:一是信号检测论、项目反应理论的应用,这种方法主要是把心理测量学和实验的方法相结合,以现代测量理论中的项目反应理论的项目参数:项目难度、区分度、猜测参数为指标,考察心理旋转测验中,操作任务的特性对测验项目特性的影响,通过信号检测论分析心理旋转中的性别差异。另一种方法是以眼动测量法考察单个旋转汉字的识别、由旋转汉字组成的短文的阅读过程,对心理旋转操作在旋转汉字辨认过程中的作用及其操作对象进行探讨。还有一种方法是通过观察心理旋转中,事件相关电位(ERP)的P300波幅改变和潜伏期的改变来研究心理旋转的脑机制,发现在心理旋转中随着旋转角度的增加，事件相关电位产生的特异波P300的波幅向负向漂移。采用的被试主要有飞行员、32小时睡眠剥夺特殊状态下的被试的研究，被试的年龄从幼儿期到老年期。还有通过使用功能磁共振成像技术（fMRI）研究以抽象刺激为材料的心理旋转，发现心理旋转过程中大脑的内部顶叶皮层的活动多，使用事件相关电位和正电子发射层描技术（PET）的研究发现，大脑的顶叶部分在心理旋转中的作用更大。

（三）心理旋转的认知神经生理机制

1. 心理旋转的认知加工过程

在认知心理学中，表象产生于感觉、知觉过程，又是感觉、知觉过程的延伸和再现，表象作为一个基本的心理活动、心理过程，同信息的短时记忆和长时记忆有关，因此，表象是工作记忆对信息加工、操作的过程。根据皮亚杰理论，思维的发展经历感知动作阶段、前运算阶段、具体运算阶段和形式运算阶段。思维的发展离不开表象，皮亚杰认为在认知建构过程中，表象是中介，是思维发展的基础，同时，在思维发展的过程中表象也逐渐成长起来。因此，前运算阶段的表象是静态的，具体运算阶段的表象是运动表象和变形表象。具体运算阶段的表象的操作促进了可逆和守衡的概念图式的形成，进而使思维发展水平达到形式运算阶段，反之，图式的形成会促进表象操作能力的进一步发展。因此，表象经历了前心理旋转水平、心理旋转水平和后心理旋转水平。前心理旋转水平主要形成客体的静态表象和静态表象的操作加工能力，而心理旋转水平就可以对心理表象进行旋转操作，后心理旋转水平是进入具体运算的早期时，不仅对表象可以施加正确的旋转操作，而且能使用语言描述、预测物体旋转运动的全部过程，心理旋转实际是表象的旋转。

2. 心理旋转的神经生理机制

认知神经科学家一般是以正常人、脑损伤患者、灵长类动物或小白鼠等为对象来探讨心理旋转的神经生理机制，并在研究过程中运用了多种神经表象技术，如功能磁共振成像技术（fMRI）、脑电技术（EEG）和正电子发射层描技术（PET）等。通过使用fMRI、EEG和PET对心理旋转的研究发现：顶叶、枕叶和额叶是心理旋转的重要的脑活动区。心理旋转涉及大脑皮层动力区域的活动，包括主运动区、前运动区、附运动区、基底神经节和小脑的活动。从总体的脑结构而言，人类的空间能力主要受右半球控制，但在对心理旋转的半球单侧化的研究中发现：对复杂物体或图形的心理旋转是按类比过程说的理论描述的那样以整体方式进行，需要左半球的操作。心理旋转中存在左、右脑半球活动的不对称性，大脑两半球的主要区别位于额叶和顶叶处，右顶叶的脑电位强于左顶叶的脑电位。在心理旋转过程中，不同对象的心理旋转激活的大脑皮层区域存在差异性。柯斯林（Kosslyn，1998）等人发现人在心理旋转三维物体时，顶叶活动具有对称性，但是在对手的心理旋转过程中，存在的是不对称性的左脑半球活动优势现象。右脑是心理旋转的优势半球，但是右脑半球的这种优势并不是绝对的。左、右脑两半球均可以完成心理旋转任务，只是右脑半球在心理旋转中的作用更为有效，但是这种优势程度没有达到左脑半球作为言语优势半球的程度。在三维物体的心理旋转实验中性别差异比较明显，男性的反应时显著快于女性；而且男性的准确性也高于女性；而且女性随旋转角度的增加，反应时的增加率高于男性。心理旋转的性别差异的主要原因是：男性的大脑结构一侧化显著，所以空间能力比女性强。

心理旋转具有相对易变性和可塑性的认知加工特征。目前，如何提高人类的空间智能成为了应用空间认知领域关注的热点问题。实际上，心理旋转与很多领域（如数学、生物学、化学、物理、机械和航空等）的操作能力有很高的相关性。研究发现，通过对这些领域问题解决能力的训练可以提高心理旋转的能力。目前，一些学者发现相关内容的电子游戏训练可以为心理旋转能力的提高提供一个有趣而有效的平台。如李斯（Lisi, 2000）等人对此方法进行了实验研究。他们在被试玩电子游戏（一类游戏与心理旋转任务有关，另一类与心理旋转任务无关）30分钟前和后均进行了两维客体的心理旋转测验。前测结果显示儿童在心理旋转的准确性上存在着性别差异。后测结果显示，玩过心理旋转游戏儿童的心理旋转能力提高，且他们间的心理旋转的性别差异变小。

二、表象扫描

（一）表象扫描

与现实客体的知觉相类似，视觉表象中的客体同样具有大小、方位、距离等空间特性，也是可以被扫描的。所谓表象扫描就是要求被试产生一个表象并加以审视的过程，如同利用内部的"眼睛"来扫描，以确定其中的空间特性。表象扫描常常被人们用来对一些可能的方案形成表象并对发生的某事件做出预先判断以及对各种表象模式进行检查。因此，表象扫描研究对于揭示视觉表象以及整个空间智能的本质，提高航空航天、测绘及体育等涉及空间认知领域内人员选拔和绩效评估的科学性，均具有重要理论和现实意义。

（二）表象扫描的相关研究

1. 经典表象扫描研究

自柯斯林（Kosslyn，1973）开创表象扫描研究以来，这一领域已经形成了两种比较典型的表象扫描实验范式：一种是柯斯林等人（Kosslyn，1978）的实验范式，简称KBR范式；一种是芬克和平克（Finke、Pinker，1982）的实验范式，简称为FP范式。

柯斯林及其同事也在20世纪70年代开始对表象进行一系列的实验研究。他们认为，表象与现实客体的知觉相似。视觉表象中客体同样也有大小、方位、位置等空间特性，也是可以被扫描的。柯斯林等在他们的实验里要求被试构成一个视觉表象并加以审视，如同利用内部的眼睛来扫描，以确定其中的客体或其空间特性，记录所需的时间。这些就是心理扫描实验。柯斯林所做的心理扫描实验主要涉及距离效应和大小效应。

柯斯林（Kosslyn，1973）在实验中先让被试识记一套图片，如汽艇、小汽车等（见图6-9），然后一次表象出其中一个。

图6-9　用于研究心理扫描的图片

实验有两种情况，一种情况是让被试"表象"出的客体的某一部分，如汽艇的尾部；另一种情况则是要求被试注意整个表象。当被试表象出原来识记的一个画片并按要求"注视"后，实验者说出原来的图片中可能有的一件东西的名称，要求被试判定原来的图片中是否有这件东西，记录判定所需的时间。

实验结果表明，如果让被试"注视"汽艇的尾部，而实验者要求确定的是艇首的旗子，则被试所需的时间较长；如果让被试"注视"汽艇中中部的舱门，而实验者要求确定的任是艇首的旗子，则被试所需的时间较短；但是，当被试注意整个表象时，则没有这种时间差别。

这说明表象也是可以被扫描的，并且扫描所需的时间随扫描的距离而增加，这些都类似对实际的图画的扫描。说明视觉表象中存在距离表征。

柯斯林注意到一个极平常的事实，即小的客体总不如大的客体容易看清楚。如果说表象类似知觉，那么表象是否也有这种情况呢？

柯斯林（Kosslyn，1974、1975）又对此进行了一系列的实验研究。在实验中，被试要表象出一个动物（如兔子）靠在另一个大的动物（如大象）或小的动物（如苍蝇）的旁边。绝大多数被试在构成这样的表象之后，都说在大象近旁的兔子要比在苍蝇旁的兔子小得多，如图6-10所示。

图6-10　表象中的大象和苍蝇近旁的兔子

（资料来源：王甦，汪安圣.认知心理学（重排本）[M]. 北京：北京大学出版社，2007：150）

当被试构成一个这样的表象后，实验者说出靶子动物即兔子的一个特征（如耳朵），要求被试利用他们已经构成的表象来确认，记录其反应时。

实验结果表明，被试应用与大象配对的兔子表象来确认兔子是否具有耳朵，其反应时要长于苍蝇配对的兔子。换句话说，评定其主观表象较小的客体要难于其主观表象较大的客体。这是另一种心理扫描，其情况与知觉相似。

在另一个实验里柯斯林先让被试形成4个大小不同的正方形表象，每个正方形的面积比大小次之的正方形大6倍，并且每个正方形都有一个颜色代码。给被试足够的练习，使他们在听到一个颜色名称后能表象出相应大小的正方形。在实验时，实验者说出一个颜色和一个动物的名称，如"绿色的熊"或"淡红色的虎"，要求被试形成与相应的正方形大小相同的动物表象，即使想象的动物填满相应的正方形框架。然后，实验者说出该动物可能有的一个特征，要求被试做出真或伪的判定，记录其反应时。在这个实验里，被试判定小的正方形中的动物是否具有该特征，其所需的时间要多于大的正方形中的动物。这和前一个实验结果是一样的，也是小的东西难于扫描。

这种大小效应的实验也引起争议。批评意见即来自主张命题表征说的学者。安德森（Anderson, 1978）指出，被试在这种实验里不必求助于表象，反应时的差别可以从命题表征得到说明：当被试构成一个较小的表象时，只有少数命题受到激活，因而细节的东西就不容易发现；相反，大的表象涉及较多的命题，细节就易被发现。但是，柯斯林（Kosslyn, 1980）的其他实验结果表明，当被试未被要求去构成视觉表象时，确认所需的时间即反应时不受客体大小的制约，而是受客体和特征的联系的频率所制约。例如，对"猫有爪子吗"的回答就快于对"猫有头吗"的回答，因为猫和爪子的联系有较高的频率。当被试构成视觉表象时，反应时就受客体大小的影响，对"头"的确认比对"爪子"的确认要快。当然，这个问题是当前争论的焦点，需进一步研究。

柯斯林等人（1978）利用虚拟地图做了更为复杂的心理扫描实验。他们让被试识记一个小岛的地图，图中画有茅屋、树、石头、水井、池塘、沙地和草地，如图6-11）。

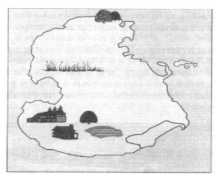

图6-11 用于研究心理扫描的小岛地图

以上7个地点可以配成21对，其中每对之间的距离与长度次之的另一对的距离至少相差0.5cm。给被试足够的练习，使他们能构成精确的相应表象。然后告诉被试，当他们听到实验者说出地图中的一个地名后，他们要表象出整个地图并注视刚才说出的地点。这样注视5s后，实验者说出另一个地名，如果该地点是地图中存在的，被试就应对它扫描，等扫描到该地点时就按键做出反应。

扫描的方式是让被试想象一个小黑点从第一个地点出发，沿最短的直线尽快运动到第二个地点，但小黑点要始终能"看"出来。如果说出来的第二个地点是地图中没有的，则按另一个键做出反应。计时从实验者说第二个地名开始，到被试按键结束。

实验结果表明，对表象扫描所需的时间随扫描距离而增加。这同知觉时对图画进行扫描是一样的。这说明表象是类似图画的表征，它可以取得加工，而不是一种副现象。邓斯（Denis, 1995）等使用相似的范式，但要求被试通过言语学习形成表象，研究了相应的表象扫描过程。结果也发现了扫描距离与反应时之间的线性关系，表明这种表象扫描的距离效应与表象产生的感觉通道无关，可能揭示了视觉表象具有空间结构不变性。

然而，柯斯林等（1973, 1978）的研究结论也受到了质疑。佩利欣（Pylyshyn, 1982）等认为，柯斯林等人的研究中存在实验者预期效应（experimenter expectancy effect），即被试在实验中猜测出扫描实验的目的是为了揭示距离效应，因此会主动控制他们的反应，以符合实验者的预期。同时，被试也可能模拟在相应知觉情景下反应来完成实验任务，因而也就表现出了扫描距离效应，这被称为需要特征（demand characteristics）。因此，他们认

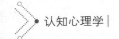

为，根据柯斯林等人的表象扫描实验结果无法得出表象具有空间特征的结论，也就不能作为表象具有类比表征的实验依据。这些批评迫使表象研究者不得不改进他的实验设计。

芬克和平克（Fink、Pinker, 1982）以新的表象扫描实验范式消除了柯斯林等（1978）实验范式中可能存在的需要特征和实验者预期效应，为表象的独立地位及其空间特性的证明提供了坚实的实验依据。他们让被试首先注意和学习一个由4个彩色点构成的点模式4秒钟，空屏1秒后，在此点模式之外的某个意想不到的位置出现一个方位箭头，要求被试尽快判断此箭头是否指向某个彩色点。在此研究中，被试在任何时候都没有被要求产生表象或扫描表象，但实验结果发现这种判断的反应时和箭头与彩色点之间距离成线性关系，这与柯斯林等表象扫描实验结果是一致的。这一结果无法用实验者预期效应或需要特征来解释，因而为表象的类比表征及其空间特性提供了坚实的实验依据。这一结果也得到了芬克和平克（Fink、Pinker, 1983）后续研究的进一步证实。

布朗（Brown, 1997）等开发了FP范式的一种变式。他们首先要被试不限时地学习一个每边各由六个相同小正方形组成的环状正方形刺激，它的三个边上各有一个黑色小正方形。当被试形成此刺激表象后按空格键，一个箭头在环状正方形内边沿范围内某个位置出现，并与环状正方形刺激同时出现50毫秒后一起消失。要求被试判断此箭头是否指向环状正方形上的某个黑色小正方形。在这么短的时间内被试不可能运用知觉进行判断。实验结果发现，被试判断的反应时与箭头和环状正方形中目标刺激之间距离成线性关系。这一结果为表象扫描加工提供了进一步实验依据。

2. 表象扫描最新研究

目前，表象扫描的研究方法上也倾向于运用不易受意志控制的内部生理过程，如肌电、皮电、脑电、眼动以及血压、心搏等指标来考察表象活动的机能特性。在研究内容上，开始探讨表象扫描的认知控制。认知控制是当代心理学的前沿研究领域。伕楠德文·杜克和奈特（Fernandwez-Duque、Knight, 2008）认为认知控制既可由任务要求变化而提高，也可通过任务提示而被有意识提高，前者称为外源性认知控制增强，后者称为内源性认知控制增强。艾戈纳（Egner, 2008），万温和卡特（Van Veen、Carter, 2006）采用各种冲突任务考察了不同冲突引发的认知控制机制。然而，现有研究只着眼于知觉加工条件下的认知控制，那么表象加工中是否也具有类似认知控制机制？这种认知控制与知觉加工条件下的认知控制有何不同？这些都是目前表象扫描的最新研究。梁三才、游旭群（2011）通过建构一个反向扫描任务而形成任务冲突，在实验中考察视觉表象扫描中认知控制与冲突解决机制。结果发现：视觉表象扫描中出现了任务冲突效应；外源性认知控制增强降低了任务冲突效应，但不影响扫描效率；内源性认知控制增强既降低了任务冲突效应，也提高了反向扫描任务扫描效率。这些结果证实视觉表象扫描中存在一个认知控制机制，并发展了现有冲突解决理论。

（三）表象扫描的认知神经生理机制

1. 表象扫描的认知加工机制

无论是KBR范式，还是FP范式均发现了表象扫描的距离效应。然而，这两种实验范式是否反映了同一种表象扫描加工过程？柯斯林等（1994）提出了两种不同表象扫描加工过程：第一种表象扫描是在视觉缓冲器中移动注意窗口，这种过程是对基于注意的表象的扫描。他们认为这种表象扫描加工不会出现"脱屏"（off-screen）现象；第二种表象扫描过程是转换视觉缓冲器中的内容，这种机制依赖于表象中实现眼、头、身等部位移动的运动程序。这些运动程序能用与前面表征接近材料的新表征取代视觉缓冲器中的内容。在此过程中，表象会经常地"滑落"，因此必须不断地引入表象中的相关信息，以防止"脱屏"现象。博尔斯特（Borst，2006）等运用与前人相似的刺激比较了两种表象扫描范式的底层认知加工过程。结果显示，KBR范式下的扫描速度显著低于FP范式；在控制各种因素后的相关分析发现，两种表象扫描范式下扫描成绩之间不存在相关，但FP范式下的扫描成绩与视觉搜索任务显著相关，而FBR范式下的扫描成绩与心理旋转任务显著相关。基于这些研究结果，博尔斯特等认为柯斯林等人的表象扫描范式主要涉及想象平移转换加工；而芬克和平克的表象扫描范式主要涉及视觉缓冲器中注意窗口的移动过程。这说明表象扫描至少包括想象空间中的平移转换加工和表象中注意窗口移动两种不同机制。

2. 表象扫描的神经生理机制

对于表象的认知神经学研究发现，表象和知觉在许多方面是相似的，但又不完全相同。鲁利亚（Luria，1976）和玛莎·法拉赫（Martha Farah，1988、1995）对神经损伤病人的研究发现：大脑左半球的损伤会产生语义记忆障碍的出现，右半球的损伤会产生视觉材料记忆障碍的出现，说明一个系统在进行视觉信息的编码和加工，另一个系统在进行语义信息的编码和加工。罗兰和佛雷伯格（Roland、Friberg，1985）用PET进行了局部脑血流量（regional cerebral blood flow，rCBF）的研究发现：表象产生时，视觉任务中脑后部区域的血流更明显，还产生了负责高级视觉加工和记忆的重要的枕叶和额区的变化，说明表象不仅有视觉加工区域参与，还有记忆区域的参与。这也表明：在知觉过程中，视觉皮层从外界接收到详细的视觉信息，这从信息加工的角度看是一种自下而上的激活，对于当前事物的加工不需要太多的心理努力，但是，表象产生时，人需要从记忆中重新创造出视觉刺激，这是一个自上而下的刺激，需要比较多的心理努力才能完成。

表象由不同于知觉的内在神经功能控制，表象既有视觉特征，又有空间特征。这就有了表象扫描的认知神经的研究。夏洛（Charlot，1992）等人采用单光子发射层描技术（SPECT）对高低表象组被试在小岛模型上完成心理扫描任务的脑血流进行测定，与休息条件相比，没有发现早期视觉皮层的激活。梅莱（Mellet）等人（1995）通过空间能力测验选出8名表象能力较好的被试进行心理扫描任务，通过PET技术发现，与基线条件（休息）相比，心理扫描任务并没有激活初级视皮层17区或18区，而是激活了枕叶上部（大致在19区）。嘉曼（Ghaem，1997）、苏珍（Suchan，2002）和马亚德（Mazard，2001）采用PET技术研究有关视觉表象任务也没有发现17区或18区视皮层的激活。这些研究结果都说明表象与知觉不共用脑皮层。

第三节　表象障碍及评定

一、表象缺失

当个体脑部受损后，出现表象缺失，即脑中没有表象。比如，有这样的病例记录，患者在脑损伤以后反映在梦中视觉影像没有了。一些表象缺失的患者往往同时伴有视觉失认的症状，这样的患者在进行画画作业时，不能依据记忆画出他们认不出的物品。在让他们用语言描述这些物品时，也不能完成。比恩和肯亚娃（Beyn、Knyazeva，1962）曾报道一个失认病例，患者在16个他自己说可以想象出来的物品中可以认出13个；而对于另外16个他自己说无法想象的物品他却只能辨认3个。

对表象缺失的内在机制问题，法拉赫（Farah，1984）等的研究发现，表象的缺失是由于在表象产生方面出现了障碍。最明显的依据是这样的患者虽然不能靠记忆作画，但是当把物品放在他们面前时，他们可以临摹作画。此外，患者虽然不能依据记忆的内容描述一件物品的形状，但他们并没有语言方面的障碍，也没有视觉-言语联合中断的症状。患者申明他们不再能够靠记忆想象事物，但他们的视觉机能则是完好无损的。检查者对患者进行了表象机能的测试，发现他们难以完成表象作业，却可以完成那些不需要表象但任务相当的作业。

二、表象持续

表象持续即表象持续时间过长或表象的病变增强。这主要有两种病症：一种是持续后像症（Palinopsia），另一种是视觉异处感觉症（visual allesthesia）。

持续后像症指的是一只眼可以看到两个影像，或是在看一个物体时得出多个物体的影像的视觉症状，这是很少见的临床神经心理症状。

视觉异处感觉症指的是视觉表象从一侧视野转移到另一侧视野的症状，这是表象持续的症状最明显表现。在临床很少见，其具体的发生机制目前没有很好的探讨。

三、表象障碍涉及的大脑系统及解剖定位

对于表象的认知神经学研究发现，表象与知觉、记忆等在许多方面有联系，但又不完全相同。表象由不同于知觉的内在神经功能控制，表象既有视觉特征，又有空间特征。汤普森和柯斯林（Thompson、Kosslyn，2000）使用PET和fMRI研究表象发现，表象的脑神经功能是：表象的激活模式依赖于任务的操作情况。托德·汉迪（Todd Handy）的fMRI研究也发现，在对于唤起最近编码的图片的表象和对于长时记忆中的图片表象的唤起，激活的大脑的部位不同，虽然在两种刺激下都激活了左前部皮层的活动，但是在不同刺激下激活的额叶不同。在表象的研究中，进一步研究了空间表象，路易吉·特加诺（Luigi Trojano）和他的同事用fMRI的研究发现：后顶叶是空间心理表象的核心部位，但存在视觉刺激的特征，进一步的研究发现：在空间表象的分类和一致性两种加工的任务中，虽然都表现出了超顶叶的激活区，但是并不完全一样。马亚德（Mazard）和她的同事直接用PET实验比较了空间与物体表象的任务，发现两种任务的表象激活了共同的区域，但是在空间表象中，激活的是超顶叶，而物体表象激活了视觉皮层，而且，物体表象先激活视觉皮层，空间表象随后二次激活这个视觉皮层，视觉皮层的作用是使形状信息形象化。涉及空间表象就开始了对心理旋转的研究，黛博拉和丹诺维奇（Deborah、Danovitch，2004）的PET研究发现，心理旋转激活的脑区是：枕叶—顶叶脑沟，中央前额叶和18区和顶叶。塞克（Sack，2005）等人运用穿颅磁刺激（TMS）技术获得的研究结果显示，左顶叶在表象生成时起显著作用，而右顶叶在对表象内容进行空间比较时作用突出。那么，表象是否与记忆相同

呢？用PET研究了专家下盲棋的脑活动发现：记忆任务的操作需要空间信息的储存，问题解决却需要通达长时记忆、需要策略，记忆任务激活颞叶，问题解决激活额叶，因此专家下盲棋的表象和普通意义的心理表象不同，说明视觉表象和记忆表象不同。以上的这些研究成果都是表象生理机制研究的新进展，这些研究不仅为表象的存在提供了生理上的实验证据，而且为深入探讨表象的实质和功能奠定了基础。

四、表象障碍的评定

差异心理学的创始人高尔顿（F.Galton，1880、1883）用问卷法对表象的清晰性进行了定量评定。在一项研究中，他让被试首先回忆早餐时桌上有什么东西，并考查他们将物品视觉化的清晰程度。1909年，柏兹发展了这一方法，形成了心理表象问卷（QMI）。该问卷包括150个项目，分别考察视觉、听觉、触觉、动觉、味觉、嗅觉等。例如，让被试想象太阳在地平线上渐渐下沉的情况，汽车的警笛声，用针扎皮肤的情形，向楼上跑去，盐的味道，新鲜油漆的气味和疲劳时的感觉等。要求被试根据问卷在一个七点量表上标出诱发表象的生动性等级。7分为表象"十分清楚、生动，就像实际存在的体验一样"；1分为"没有表象出现"。由此得到的全部测验分数就可标明一个人的表象生动性水平。研究表明，这一量表的内部一致性很好，初测与复测的信度依赖于两者的时间间隔。时间越短，信度越高；时间越长，信度中等。测验的效度较难回答。谢汉（Sheehan，1967）在柏兹的心理表象问卷基础上，又发展出一种较简单的问卷。每个感觉通道只包括5个问题。在现代关于表象的研究中，一直被大家所采用。谢汉使用的测验图形为抽象的几何图形。被试对这些图形毫无兴趣，也不了解它们的意义。

但是，谢汉和奈塞尔的这一结论受到马尔克斯（Marks，1972、1973）的批评。马尔克斯认为，研究没有得到积极的结果，是由于谢汉实验设计上的两个缺点。首先，谢汉用7种感觉通道的平均值来估计每个被试的表象的生动性，是不适当的。有些被试长于视觉表象，有些被试长于听觉表象，使用7种感觉通道的平均值来估计每个被试的表象的生动性，恰好抹杀了被试之间的这种差别。因此，正确的做法应该根据在作业中被试最起作用的感觉通道来选择被试。由于在各种作业中，视觉表象最易激活，它对记忆的影响也最大，因此，马尔克斯设计了一种视觉表象生动性问卷（VVIQ）。问卷包括10个项目，要求被试在一个五点量表上根据诱发视觉表象的生动性，进行等级评定。结果这个测验的内部一致性不错，初测和再测的信度也很高，因素分析产生了一个单一的维度。马尔克斯经过20多年的研究，1999年修订VVIQ（1973版）。此问卷主要是测查表象清晰度，并比较睁眼和闭眼两种情况下视觉表象的清晰程度。VVIQ要求被试对于一系列的有关人物、自然景观、实物和情境等4个方面的内容进行回忆和想象，再根据其在头脑中唤起的表象按清晰程度在5点等级量表上进行评定。非常清晰记为5分，什么也没有记为1分。每个方面的内容有4个题目，整个量表共有16道题。题目得分为16～80分。表象的心理学研究与想象力训练在头脑中唤起的表象按清晰程度在5点等级量表上进行评定。非常清晰记为5分，什么也没有记为1分。每个方面的内容有4个题目，整个量表共有16道题，题目的得分为16～80分。马尔克斯最先编制并发表了VVIQ之后，麦克凯尔维（McKelvie，1995）采用了元分析的方法研究了150种以表象清晰度问卷为测验工具的研究，研究者将每一个VVIQ研究和其他的表象清晰度测量方法得到的数据间的相关系数输入一个数学公式中计算平均相关系数，这样做是为了检验VVIQ的多种测量学指标，包括结构效度和效标效度。结果证明了该问卷具有比较高的信度和良好的内容效度以及效标效度。VVIQ的结论：①VVIQ的评定结果几乎没有受到外界其他干扰变量，如社会称许性的干扰；②VVIQ具有比较理想的再测信度；③VVIQ具有与其他测查表象方法，如言语报告、生理测量、记忆和认知任务之间的相关比较高，这表明VVIQ有比较令人满意的效度。马尔克斯对于表象清晰度的测量至今仍然是用问卷的方法，他用了近20多年的时间对他编制的问卷进行了反复的修订，可以说，它是目前可广泛应用的信度、效度较高的问卷。中国学者宋丽波对他的问卷进行了中文修订，其信效度也达到了测量学的标准。

第四节　表象障碍的认知训练

一、表象训练的概念

表象训练长期以来主要用于动作、技能性任务训练以及情绪调节与适应中，并取得了良好的训练效果。表象训练是在暗示语的指导下，在头脑中反复想象某种运动动作或运动情境，从而提高运动技能和情绪控制能力的方法。在我国，表象训练又被称为念动训练、想象训练或表象演练等，后来逐渐统一为表象训练。目前，一些学者认为，表象训练主要具有两方面的作用：①情绪调节与适应：通过表象相应情境（如自然风光，获胜，等等）对运动员进行放松、唤醒、自信等情绪心理的调节；②技能学习与成绩改善：通过表象相应技能的视觉、动觉或视动综合表象等内容，帮助运动员建立合理的动作认知，从而促进技能的形成与表现。

二、表象训练的理论依据

表象训练理论就是对表象训练的过程和结果进行解释。到目前为止很多学者都对其进行过研究和总结，但尚未形成一个理想的表象训练的理论，这些理论主要包括：心理神经肌肉理论、符号学习理论、注意唤醒定向假说、生物信息理论、三重编码理论、心理技能训练理论。

心理神经肌肉理论，杰克逊（Jacobson, 1930）认为，由于在大脑运动中枢和骨骼肌之间存在着双向神经联系，人们可以主动地想象做某一运动动作，从而引起有关的运动中枢兴奋，兴奋经传出神经至有关肌肉，往往会引起难以察觉的运动动作。该理论从神经心理和肌肉反馈两方面来解释表象训练，有助于改善运动技能，提高运动绩效。它的有关肌电活动的观点得到了一些实验支持，特别是该理论指出自觉的反馈调节中包含有大量的动觉成分，对于指导动觉表象训练具有重要的理论意义，该理论在心理训练研究领域也产生了重大的影响。但是，对于表象训练能够产生运动时，类似的肌肉运动这一现象的解释，仍然需要大量的实验支持。

符号学习理论，沙奇特（Sackett, 1934）认为，动作实际上是一系列图式的结合，表象并非是直觉的简单派生，而是认知编码的过程，是通过中枢神经系统产生一种成功完成动作的心理蓝图而予以强化，使动作更加熟悉直至达到自动化。该理论强调认知编码的重要性，故表象训练的效果在于个体认知学习的程度，对于认知成分高的运动技能的效果要好于认知成分低的运动技能，对于认知成分较多的任务的效果总是好于那些纯运动性的任务。

注意唤醒定向假说，史帝特（Schidt, 1982），这个理论是将表象训练的认知效应和生理效应结合起来。主要包括两个方面：第一，认为运动员进行表象训练时可以将生理水平唤醒到适宜水平；第二，实际训练前进行短暂的表象练习能够将注意指向与活动有关的事物上，以便排除可能干扰运动操作水平发挥的其他不利因素。该理论预测表象能够通过帮助运动员设置理想的唤醒水平并且将注意集中于任务而增强运动绩效，主要侧重于表述运动操作前表象练习的生理和认知效应，解释熟练的运动技能操作水平的提高。但这个假说从未作为一个正式理论被充分发展和完善，也缺少实验研究的支持。

生物信息理论，兰（Lang, 1979）认为表象是有限的信息结构，它可被缩减成特定的命题集合。这种以命题为单位的表象包括了刺激特征、反应命题或对表象情境的生理的和外显行为的反应。因为，反应命题是如何使运动员去对真实运动情境做出反应的修正和表达，表象的反应命题对继后的外显行为能够产生有利的影响。临床研究表明外显行为的生理变化与表象训练时的生理变化的一致性是表象训练产生作用的原因。所以，表象训练时个体生理变化越强烈，相应的行为变化也越明显。生物信息理论内容晦涩不易理解，但是它是真正对表象认知性与动机性功能都能提供解释的理论，而且内部表象和外部表象的研究也从理论层面上对其提供了支持，前景普遍被看好。

三重编码理论，阿森（Ahsen, 1984）认为表象包括 3 个主要部分：映像、身体的反应和映像的意义。映像包括所有感觉的特征，可以理解为中枢唤醒的感觉。因为映像具有外部世界的表征，使我们与其进行交互作用时，感觉好像是在与外部世界进行作用。身体反应则是因表象训练产生的生理反应。所以，映像对不同的个体有着不同的意义，相同的表象训练指导语也会产生不同的效果，因为每一个体在进行表象训练时都会伴随着自己独特的经验，进行不同的编码，最终意义就不同。这一理论提醒我们，表象训练时要注意表象训练脚本对运动员的作用。由于同样的表象训练脚本可能会对不同个体产生不同的作用，因此，表象训练脚本的个性化在理论和实践中将成为一个新的有意义的命题。

心理技能训练理论认为，表象训练的内在机理是通过发展，或者强化心理技能来影响个体行为表现的。这些心理技能有：降低焦虑技能、注意集中技能和增强自信心技能等。表象训练就是发展个体的这些心理技能的重要手段。总之，心理技能理论将表象训练的作用归结为心理技能的提高。与其他理论相比，一些理论只能解释表象训练对技能学习的作用机制；另一些理论只能找出表象训练对技能表现作用机制的缺陷。心理技能训练理论在一定程度上克服了这些理论的不足。这一理论的缺点是没有详细解释表象训练是如何提高运动员心理技能的。

三、表象训练的过程

随着表象训练研究的深入，1995 年日本筑波大学高野聪等人在深入广泛地研究了国内外已有心理训练方法、尤其是表象训练方法的基础上开发出一个心理表象训练的新程序（简称 MITP）。以往的表象训练只是针对一种表象进行训练，或者视觉表象或者运动表象。这种新的训练程序经实际运用，不仅训练效果良好，而且对表象训练理论方面也产生了一定的影响。训练结果表明，训练前后心理技能和心理状态都有统计意义提高的现象（见表6-4）。

表6-4　MITP新程序的阶段、目标与内容

序号	阶段	时间/小时	训练目标	训练内容
1	准备	2	练习者对MITP的基本了解、激发练习者的训练动机	练习者自我介绍、MITP文字材料说明、有关心理测试（竞技能力诊断）实施
2	唤起表象	2	对唤起表象消除紧张的作用的了解、自律训练法习得	常用紧张消除法的分析比较、呼吸法、自律法的操作练习
3	表象内观	2	表象训练机能与效用理解、掌握表象训练的身体姿势、提高视觉表象的鲜明度	进行各种视觉表象形成的练习、检查表象的鲜明度、逐步提高视觉表象活动的清晰准确性
4	表象运动	2	表象与运动觉关系的理解、提高表象操作时对相关肌肉运动感觉的体验水平	以肌肉运动感觉为基础的表象训练、竞技动作的肌肉运动感觉分析、制作表象检查要点、训练在表象中体验肌肉运动觉-念动训练
5	表象体验	2	采用皮电技术确认唤起表象时的情感反应、练习者运动经验中成功或失败等记忆表象及其情感体验	表象情感关联重要性的理解、表象反馈机制的理解、运动经验中心理表象象与情感关系的体验
6	表象控制	2	对有关提高表象控制能力的方法的了解与尝试、摸索适合自己的应用方法	利用有关表象练习法训练消除和再现表象、努力提高对表象的控制能力
7	想象表象	2	应急方法技术的了解、练习对不测状态进行想象并确立积极有效的对策	思维方式置换（消极-积极思维）、在表象中对不测状态进行处理、确立应急的心理策略
8	表象唤起	2	各个竞赛目标任务明确化、在表象中体验过去比赛经验中达到目的时的成就感和优胜感	表象目标达成的场面并体验相应情感用表象呈现自己的愿望被满足的场面、振奋对今后比赛的期待、自信、欲望
9	表象演习	2	在表象中感受整个比赛的各种状况以及调动自己参赛的整个心身力量、习得在比赛中提高成绩的表象训练方法	在表象中呈现比赛过程中的自我状况、表象激烈的比赛气氛与紧张感、在表象中从头到尾演练整个比赛过程并设定种种应急场面
10	与表象练习同步	2	以表象技法为中心的心理训练程序的做成、训练效果的确认	以该训练为基础制定各个练习者自己的心理训练程序、从心理测验开始确认训练效果、对整个训练程序的评估

（资料来源：刘鸣.关于心理表象训练新程序的探讨[J].心理科学，2001，24（2）:132-134）

在上述以表象技法为中心的心理训练程序中，第1—5属于基础部分，通过这5个步骤的训练可以促进练习者自我理解以及身心状态自我观察能力的提高。第3—5注重表象与动觉和情感体验之间的联系，这是提高表象鲜明、生动性的重要步骤，其练习效果的好坏对后阶段的训练具有很大影响。因为表象的鲜明生动程度不够的话，一是有关技术性动作的训

练效果不佳，二是难以很好地激发练习者的竞技状态。有关研究表明，内视表象（动觉、情感因素参与的、以自己完成动作的实际过程为主的表象体验）比外视表象（单纯地观看演示动作而形成的表象）具有更好的心理训练效果。第6—10属于表象技法的应用实践阶段。第6项训练意在提高练习者对表象的操作控制能力。第7项属于想象表象练习，它和第8、第9项一起构成了一个有关竞技比赛的心理模拟训练。该程序在日程与练习时间方面具有一定的弹性，即每一项练习的时间与各项练习之间的间隔可视不同的练习者的具体情况而有所变化。一般每项练习每次约2小时（1.5～2.5小时亦可）、各项的间隔时间可3—5天，也可一个星期。最早的表象训练是在运动心理学和飞行员飞行训练中进行研究和应用，现在此方法已不限于体育运动，在教育、文艺及技术性学习中亦可采用。

之后一些学者提出了一些新的表象训练模式。Martin 等人（1999）提出了表象训练的一种应用模式，认为表象训练的结果是由运动情境、表象类型和表象能力共同决定的。根据此模式，研究者又提出了不同运动情境与不同表象类型结合所应预测到的结果，研究者认为，一些表象训练研究的效果之所以不佳是因为没有注意到这些因素的相互作用。例如，想要提高竞赛中的策略表现却采用了特殊的动机表象。漆昌柱等人（2001）提出影响表象训练的主要因素需要考虑表象训练的方法、个体差异和情境因素等。其中，方法因素主要包括表象训练的时间变量、表象角度（内部表象还是外部表象）、表象训练的程序（如有无放松训练）等。个体差异主要是指个体的表象能力、对表象训练的认识、以往表象训练经验和运动水平等。情境因素主要受到不同的运动阶段（训练、比赛与恢复）、不同的运动项目、不同种类的技能等因素影响。这些因素在影响表象训练效果时也存在交互作用。此外，关于表象训练的理论知识、社会（包括运动团体）对表象训练的态度等也会对表象训练的效果产生间接的影响。李年红（2003）指出，认知与运动技能、身体练习与心理训练相结合、积极和消极表象、表象演练的时间、表象的能力、放松的作用、熟练者与初学者、内部与外部表象等均会影响到表象训练的效果。所以，一旦我们要进行表象训练，首先要根据想要达成的结果采用合适的运动情境与表象类型。此外，如何提高练习者的表象机能水平（如表象的清晰准确性、鲜明生动性以及对表象的操作控制能力等）则是表象训练所面临的最大难题。

四、表象训练的应用现状

随着表象理论研究的不断深入，表象训练的应用也越来越多。目前，在运动技能方面的运用最为广泛，从现有文献来看，涉及的运动项目有篮球、射击、体操、游泳、铁饼、舞蹈、举重、拳击、网球、足球、武术、跳远等，同时对于个体的情绪调节以及记忆、思维等认知方面也有一定的促进作用。雷启宏（2008）对1994—2005年发表的有关表象训练的文献进行统计发现，表象训练的对象多集中于学生，运动员较为鲜见。而且，表象训练涉及的运动项目多为较复杂项目，其中，以对抗性和唯性项目所占比例较大，而其他项目的表象训练的实验性研究较为少见。近年来的研究对运动员的表象训练也越来越多，且涉及的体育运动项目也越广泛。但目前探讨表象训练脚本的个性化，提高练习者的表象机能水平，则是表象训练面临的最大难题。而且在表象训练的实验研究设计中，实验的信度和效度还需进一步提高。

思 考 题

1. 通过实验简述表象的功能。
2. 试述心理旋转的经典实验。
3. 简述心理旋转的最新研究。
4. 述评表象扫描的KBR和FP范式。
5. 简述表象扫描的认识加工机制。
6. 简述表象的生理机制。
7. 简述表象障碍的种类及其评定。
8. 目前表象训练的理论主要有哪些，如何认识这些理论？

案例分析

病例1：皮层盲　　　　　　　没有知觉的表象

患者：HS，女，46岁，教育程度：8年。1992年患双侧大脑后动脉梗塞，病变为一过性。怀疑心血管系统的血栓，但没有证实。超声检查发现椎基底动脉系统有梗塞。梗塞发作一个月后，HS入院进行康复治疗，这时她出现了皮层盲的症状。检查发现：瞳孔对光反射存在，但是她不能分辨光亮的部分和黑暗的部分。

症状：患者否认自己的盲症。

神经心理学检查：

IQ，只测了言语智商，共测了两次，一次是有皮层盲症状期间，分数为85分，另一次是在皮层盲症状消除之后，分数为86分。

MRI：病变部位在枕叶，双侧枕叶初级皮层严重受损，只留有一点小的地方完好无损。

下述记录为患者在皮层盲阶段与医生的对话，医生力图通过对话的形式，探查她的视觉行为。这段对话在白天光线充足的情况下进行。医生坐在患者面前，患者与医生之间有一张桌子。

医生：你怎么在这里？
HS：我得了中风，我看不了多少东西了。
医生：现在怎么样了？
HS：我只能看到一点点，只是一个轮廓。
医生：你现在可以看到我吗？
HS：我也只是看到一个轮廓。
医生：那你都看到了什么？
HS：头，还有……你穿着一个白大褂。

（这正好是对的，医生确实是穿着白大褂，但是医生一般都是穿白大褂，无法分辨是不是她想象的）

医生这时用一把黑色的扇子把自己的脸盖住了，接着问：你可以看到我的眼睛吗？
HS：可以。

医生：我是不是戴着眼镜？

HS：我想不是。

医生：你看到我的眼镜戴到哪里了？

HS：我想你没有戴眼镜，但是我不能肯定。

医生：你能看到我是不是留着胡子？

HS：我不认为你留着胡子。

医生：我的脸上有什么特别的地方吗？

HS：没有。

医生：你能看到我的脸吗？

HS：可以。

医生：我的脸是黑的还是白的？

HS：你晒黑了些，不太白。

医生：我的头发长吗？

HS：正常的发型。

（注意：HS在描述物体时很像真正看到了一样，她之所以能这样，听觉和触觉信息起了很大作用，这两种信息往往可以诱导她说出相应的物体来）

医生用手晃动着一串钥匙使其发出声响：我手里拿着一个东西，你能猜出我拿的是什么吗？

HS：是钥匙吧？

医生这时将拿着钥匙的手置于桌下，HS无法看到，并且在桌子下面轻轻晃动以免钥匙发出声响：这些钥匙是什么样子的？

HS：钥匙上面是一个圆圈，钥匙齿是黑色的。

医生：你能看得清楚吗？

HS：我看不清，我也能猜一些。

医生轻轻地将剪刀置于桌下：你看到的是什么样的剪刀？上半部是剪刀把，你用手拿着的部分，下半部就是用来切纸的部分。

医生：你正在看着它吗？

HS：是的。

（注意：HS坚持认为她的感觉是视觉性的，尽管她也意识到她的视觉与正常人的不一样了，但她否认那只是脑子里的表象）

医生给HS一把梳子，让她用手触摸并辨认出来。

医生：你看得见一把梳子吗？

HS：只有一点点，我只能猜它是一把梳子。

医生：但是这种猜测可能来自触觉而不是视觉。

HS：是的，如果仅靠视觉我是不能很肯定地认出来的。

医生：你真的是可以看到吗，还是那只是脑子里的一种表象？

HS：我认为我可以看到一点，很微弱。我也可以看到你，在我面前坐着，但是也很微弱。

医生：微弱？

HS：是的。

医生：你说的微弱是什么意思？

HS：很模糊的意思……有些远，不清楚。

医生：你认为我与你离得有多远？

HS：我觉得你是正对着我坐的。

医生：你能触到我吗？

HS：是的。

医生：这么说我们之间有大约1米。

HS：是的。

医生：那么你说的有些远是什么意思？

HS：2~3米吧。

医生：这是你看到的情况吗？

HS：是的。

医生：尽管你知道我实际离你仅有1米左右，你仍然是这种感觉？

HS：是的。你看起来离我远一些。

医生：你怎么会认为我离你这么远呢？

HS：你比你现在所在的实际位置看起来更小一些。

医生：我是一个真实的很实在的形象吗？

HS：我真的可以看到你，是的。

从这些对话我们可以很清楚地看到，患者虽然有严重的视觉障碍，但可以依据各种信息从长时记忆里形成表象来应对现实中的谈话。

理论意义：知觉与表象是不是一个地方？

病例2：失认症　　　　形状失认症患者的表象

患者：DF，女，37岁，右利手。34岁时因一氧化碳中毒导致不可逆的脑损伤。一氧化碳中毒一年后进行MRI检查发现：言语、记忆和思维机能均在正常范围内，最突出的症状是严重的形状失认，即不能辨别普通物体的线描图，甚至无法区别三角形和方形。

对此研究人员深入比较了DF的失认与表象的关系，结果发现：DF虽有严重的形状失认，她无法辨别不同的形状、大小和方位，但是当需从长时记忆里产生具有形状、大小和方位特征的表象时却没有什么困难，她可以在长时记忆里搜寻物体的这些视觉特征并组合成新的表象。

（资料来源：尹文刚.神经心理学[M]. 北京：科学出版社，2007，204-207）

拓展学习

表象产生的大脑机能单侧化问题历来是一个有争议的话题，特别是大脑左半球是否在此加工中表现出一定的专门化趋势问题。从传统观点来看，表象被认为主要是右半球的功能。例如，对大多数人来说，左半球主要处理言语信息，而右半球主要处理表象信息。厄利曼和巴莱特（Erlichman、Barrett，1983）提出此观点没有直接的证据。法拉赫（Farah，

1986）也对这种观点提出了挑战，并提出至少一种加工成分-表象产生成分主要是左半球的功能。在一个关于裂脑人的研究中，法拉赫等人（1995）发现左半球仍然能够完成表象产生任务，而右半球却不能完成，但右半球却保持着除表象产生之外的所有表象加工功能。法拉赫还在表象产生不同成分之间进行了区分，发现当表象产生受损时，左后大脑皮质受到破坏，从而得出大脑左半球专门化于心理表象的产生。蒂佩特（Tippett, 1992）也得出大脑左半球参与表象产生加工。但瑟根特（Sergent, 1989）反对大脑左半球专门化于心理表象产生的假说，认为尽管目前很多研究表明大脑左半球专门化于心理表象的产生，但并不能因此否认右半球在表象产生中的作用，大脑两半球同时共同作用于此加工。博沃斯（Bowers, 1991）的研究表明表象的内容可以决定哪个半球产生表象，客体表象产生在左半球加工，而面部表情的表象产生在右半球加工。关于表象加工的大脑机能单侧化问题还存在众多争论。部分研究对法拉赫援引的证据提出了质疑，而马斯特和柯斯林（Mast、Kosslyn, 2006; Kosslyn, 1995）则试图提出在表象产生过程中存在不同类型的表象信息并且与两半球均有联系。表象产生是一种独立的功能，有一个明显的机能性结构成分促使其产生，但关于这一特定结构成分目前还没有统一的定论。游旭群等（2009）采用柯斯林单侧视野速示技术，以英文字母图片为学习材料，通过三个实验考察了视觉表象产生的大脑半球专门化效应。研究表明：大脑两半球均参与产生视觉心理表象，但分工不同，并表现出不同的单侧化效应：大脑左半球通过运用类别空间关系产生表象更有效，大脑右半球运用数量空间关系产生表象更有效。结果进一步拓展了柯斯林关于视觉空间关系加工的大脑半球专门化观点。

（资料来源：游旭群，宋晓蕾.视觉表象产生的大脑半球专门化效应[J].心理学报，2009，41（10）:911-921）

参考资料

1. 王甦，汪安圣.认知心理学（重排本）[M].北京：北京大学出版社，2007.
2. R. J. 斯腾伯格.杨炳钧，陈燕，邹枝玲，译.认知心理学（第三版）[M].北京：中国轻工业出版社，2006.
3. M. W. 艾森克，M. T. 基恩.高定国，何凌南，译.认知心理学（第五版）[M].上海：华东师范大学出版社，2009.
4. 尹文刚. 神经心理学[M].北京：科学出版社，2007.
5. McKelvie, S. J. The VVIQ as a psychometric test of individual differences in visual imagery vividness. A critical quantitative review and plea for direction[J]. Journal of Mental Imagery, 1995.
6. 彭聃龄，等.认知心理学[M].哈尔滨：黑龙江教育出版社，1990.
7. 宋丽波.表象的心理学研究与想象力训练[M].北京：科学技术出版社，2006
8. （日）高野聪，等. 以表象技法为中心的心理训练程序开发竞技[J].心理学研究，1995，22：1.
9. 武任恒，杨国柱.表象训练的理论、应用及启示[J].教育学术月刊，2009，11：15-19.
10. 宋丽波，张厚粲，蔡文.应用表象训练技术提高弱智儿童表象清晰度和表象记忆实验[J].中国特殊教育，2003，（1）：77-83.

推荐书目

1. 刘鸣. 关于心理表象训练新程序的探讨[J]. 心理科学，2001，24（2）：132-134.
2. Marks, David F. Consciousness, mental imagery and action[J]. British Journal of Psychology，1999.
3. （美）M. S. 加扎尼加.沈政，等，译. 认知神经科学[M]. 上海：上海教育出版社，1998.

第七章 概念形成与推理

本章要点

本章以陈述概念形成和推理的基本定义为基础，详细介绍了概念形成的分类、理论与策略，及推理的主要分类；并对概念形成障碍和推理障碍中临床表现、评定和认知训练进行了重点阐述。

第一节 概念形成

一、概念及概念形成的定义

（一）概念的含义

概念（concept）是人脑对客观事物本质特征的认识，具有共同属性的一类事物的心理表征，是事物的本质反映，如花、草、树木、国家、人民等都是概念。认知心理学认为，概念是人脑对客观事物的本质特征的认识，是通过事物的属性（attribute）（可辨认的各种基本性质或特征）和联系属性的规则来定义的。属性不同，则构成的概念不同；属性相同而规则不同，则构成的概念也不同。这个关系可以表示为：

$C=R(x, y, \cdots)$
C：一个概念
x, y：概念的有关属性
R：将属性联系起来的规则

每一个概念都包括内涵和外延两个方面。内涵是指概念的本质，即概念反映的事物的本质特征。外延是指概念的量，即概念的范围。每一个概念也有不同的等级或层次。概念用词进行标志，词的意义不断扩充的过程，也是概念不断深化的过程。但是，概念和词不是一一对应的。同一个概念可以用不同的词表示，同一个词也可以表示不同的概念。

另外，概念还可以分为以下一些类型：

（1）根据概念指认的事物属性的抽象力与概括程度，可将概念分为具体概念（concrete concept）和抽象概念（abstract concept）。具体概念是根据事物的指认属性形成的概念，如桌子、太阳、爸爸等；抽象概念是根据事物的内在、本质属性形成的概念，如自信、道德、勇敢等。

（2）根据概念反映的事物数量及其相互关系，可将概念分为合取概念（conjunctive concept）、析取概念（disjunctive concept）和关系概念。合取概念是最普遍的概念，它是根据某一类事物中单个或多个相同属性形成的概念，这些属性在概念中必须同时存在，缺一不可。例如"红色的帽子"这个概念必须同时具有两个属性，即"红色的"和"帽子"。析取概念是根据不同的标准，从事物的多个属性中只结合其中单个或多个属性所形成的概念。例如，"好学生"这个概念可以结合各种属性，如"学习努力、成绩好""热爱集体、关心他人、有礼貌"等。一个学生同时具有这些属性固然是好学生，如果只有其中两三种属性也是好学生，所以"好学生"是一个析取概念。关系概念是根据事物各属性之间的相互关系形成的概念，事物各属性之间的关系是关键，而不是事物各属性的特性，如高低、上下、方位等。

（3）根据概念形成的自然性，可将概念分为自然概念（natural concept）和人工概念（artificial concept）。自然概念是指在人类历史发展过程中自然形成的概念，它的内涵和外延是由事物自身属性的特征决定的。例如，在自然科学中，声、光、电、分子、原子等概念；在社会科学中，国家、民族、文化等概念。人工概念是在实验室的条件下，人为的、在程序上模拟的概念，它的内涵和外延常常可以人为确定。

（二）概念形成

概念形成（concept formation）是指个体掌握概念本质属性的过程，也就是个体以直接经验为基础，辩识出一组物体或观点的共同属性的过程。概念形成通过2个途径：日常生活的积累和专门学习。

为阐明概念形成的过程，心理学家通过对人工概念的实验研究，说明自然概念的形成。

下面用布鲁纳、古德诺和奥斯汀（Bruner、Goodnow、Austin, 1956）设计的实验为例来说明概念形成的过程。实验材料是81张牌（见图7-1），牌面的属性按性质分为四个维度：第一个维度为图形，有圆形、方形、十字形；第二个维度为图形数，有一个、两个、三个；第三个维度为颜色，有绿色、黑色、红色；第四个维度为边框数，有一条、两条、三条。

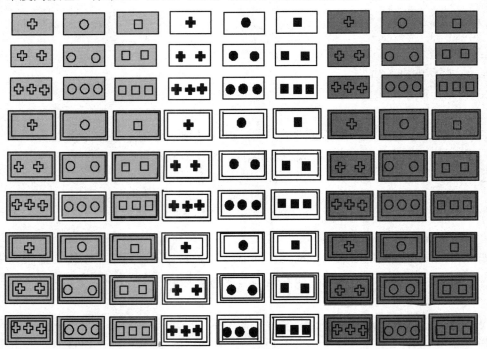

图7-1 布鲁纳古德诺和奥斯汀实验

（资料来源：Bruner, J.S., Goodnow, J.J., Austin. A study of thinking[M]. New York: John Wiley Sons,1956）

实验中，刺激的呈现方式有两种：接受式和选择式。接受式（reception paradigm）是指由主试向被试呈现一张牌，并说明这张牌是否是概念的一个样例。主试呈现的牌可能是概念的正例，也可能是概念的负例。被试要根据主试提供的正、负样例，获得有关的概念。选择式（selection paradigm）是指主试将81张牌同时呈现给被试，由被试主动选择一张牌，试探性地说出它和概念的关系（正例和负例），然后根据主试的反馈，不断修改自己头脑中的假设，直到发现要求的概念。

现在我们举一个例子来具体说明概念形成的过程。

我们采用选择式实验。实验程序是：主试将81张图片同时呈现给被试，并说明图片都有哪些属性，以及怎样将图片结合成概念，然后指着一张图片对被试说：现在我心中有一个概念，概念的属性可以在这张图片上看到。请你按自己的想法，每次指一张图片给我看，我会随时反馈给你"对"与"错"，看看你能否发现我所想的概念。例如，主试提示给被试的图片是一张"单边、一个、黑色、圆形"，主试心中的概念是"黑色圆形"，被试可能按下列顺序发现主试心中的概念。

被试选择	主试判定
① 单边一个黑色圆形	对
② 单边一个红色圆形	错
③ 单边一个黑色方块	错
④ 双边一个黑色圆形	对
⑤ 单边三个黑色圆形	对

实验到此结束，被试说："我认为你心中的概念是'黑色圆形'。"主试说："对。"此时，被试已形成了人工概念。

二、概念形成的理论

在现代心理学对概念形成问题进行研究的数十年间，曾先后提出几个理论来说明概念形成的具体过程，其中最有代表性的有共同要素说、共同中介说和假设考验说。

（一）共同要素说

主要是以美国心理学家C.赫尔（C.L.Hull, 1920）为代表提出的理论。该理论认为，形成概念的过程就是从样例中抽取有关属性或特征规则的过程。抽取的特征可以是一组定义性属性，也可以是一组定义概念的属性。当具有这些共同属性的新刺激出现时，也能引起响应的变化，即出现刺激泛化。

赫尔设计了相关的实验证明该理论。该实验中，赫尔首次使用汉字的偏旁作概念，并用无意义的音节给它们命名，如用"oo"代表"氵"，用"ser"代表"歹"，用"li"代表"力"等，见表7-1：

表7-1　赫尔设计实验所用材料

音　节	概　念	汉　字	
oo	氵	沛泳　沈漆	沼泳港　瀅淌
Ser	歹	殓　殄死殚	殖残　殃死
li	力	敕勖　劫势	募协　勤助
ta	弓	弦弧韦弗	弩张　弱韦
deg	石	君　矴	碧砭砦砸礒

（资料来源：Hull C L. Quantitative aspects of the evolution of comcepts[M]. Psychological Monographs, 1920）

实验方法是配对学习法，将某一个无意义的音节和汉字配对呈现给被试。实验进行中，用12个汉字和无意义的音节组成的一组代表一个概念，共12组，每次给被试呈现一组刺激，直到被试自动将偏旁和无意义的音节联系起来，此时实验结束，说明被试已形成了概念。这个实验表明，被试在概念形成过程中，抓住了这些汉字的共同要素，并且排除了无关要素。例如，"君""矴"等都叫作"deg"，因为它们都用共同的偏旁"石"，而"deg"与"石"建立的联系就是概念形成的过程。

继赫尔之后，许多心理学家也进行了类似的实验，对概念形成过程进行了研究，并得到了认同。但也有人提出了批评，认为赫尔的这种共同要素说实际是一个联想主义学说，因为赫尔将概念形成认为是刺激与反应之间的联系，这个联系依赖于人与同类刺激的多次接触和心理反馈，而这种对概念形成的解说过于机械。

（二）共同中介说

共同中介说又称中介说，主要是以奥斯古德（C.E.Osgood, 1957）为代表提出的理论。奥斯古德认为，赫尔关于概念形成的理论强调刺激特征的辨别与泛化，而没有抓住概念形成的特殊性。因为个体在对某个特定的客体产生的反应中，某些反应依赖于客体的存在而呈现，另一些反应则独立于该客体而呈现。例如，个体与食物产生的许多反应中，如果说咀嚼和吞咽的反应依赖于食物存在于口腔之中，那么唾液的分泌则没有这种依赖关系。经常与某特定客体一起出现的某些刺激可以与该客体引起的全部外显反应相联系，但是当这些刺激单独出现时，则只能引起独立的反应，如单是食物的气味就足以引起唾液分泌。因为当个体接触食物多次后，也可以通过闻到食物的气味，甚至通过看到盛食物的器皿，谈论到食物就可以分泌唾液。因为许多刺激可以与客体所引起的反应的部分片段相联系，并成为这个客体的概念，这个反应的部分片段便代表了客体刺激所引起的全部反应，这便是中介反应。

这种中介反应形成后逐渐内化，成为行为反应的表征。共同中介说认为，这种内化的中介反应便是概念形成的关键。

概念形成过程中，起重要作用的是共同中介反应。例如，杨梅、意大利面、爆米花这三种客体没有共同的要素，但可以引起个体共同的中介反应，如运动性质的、腺体性质的（如唾液分泌）、语言性质的（如有营养的、美味的）等。在这些共同的中介反应中，言语性质的反应了客体的共同意义。因此，奥斯古德认为，概念的形成过程就是获得对一组客体刺激的共同的中介反应，也就是个体在对不同的客体刺激而产生共同的中介反应的过程。

在奥斯古德看来，共同中介说和共同要素说是有很大区别的。共同中介说强调要利用个体中介反应来确认客体刺激，并以此将客体划分到某个范畴，概念的形成与中介刺激反应的获得是分不开的；而共同要素说只是更加便于共同中介说的建立，因为它仍然包含刺激—反应的原则。

（三）假设考验说

主要是以J.布鲁纳（J.Bruner, 1956）为代表提出的理论，是20世纪50年代兴起并已在认知心理学中占主导地位的理论。布鲁纳等认为，个体在概念形成过程中，是利用已获得的和已储存的信息来主动提出一些可能的假设，并主动地验证这些假设的过程。

布鲁纳等人在对人工概念研究设计的实验中，被试通过对实验材料的形状、数目、颜色和边框这四个维度进行分析，以及通过对主试的反馈，提出了许多假设，直到某种假设被肯定之后，概念也形成了。

布鲁纳等人认为，概念的形成过程也是一个富有策略的假设考验过程。该实验过程发现，个体在概念形成过程中，形成和考验假设有一定的策略。这种策略的目的是使个体的每一个假设都能在最小的风险中获得最大限度的信息。该理论认为不管个体是否意识到他的这些策略，从个体每个策略的相应后果就反映出这种策略的目的。也就是说，被试是按照一定的策略来做决定的，这也意味着假设的考验也具有一定的策略性。策略的运用是构成假设考验说的一个核心。

共同要素说和共同中介说的最大缺点是使概念形成过程带有被动的色彩，都是通过将某些刺激呈现给个体，而使个体产生某些反应为原则，没有充分考虑到个体的主动性，因此逐渐不被人们接受。而假设考验说的实验过程中很好的表现出了个体的主动性，这是假设考验说的最突出的特点，也是它胜过其他理论的关键之处。但是，由于假设考验说是在人工概念的条件下实验的，也有一些人为性质的缺点，有待进一步完善。

三、概念形成的策略

概念的形成是一个复杂的过程，通过布鲁纳等人设计的概念形成的实验发现，被试的每一个假设都有一定的策略。被试可能在一开始就会形成一个总体假设，之后根据主试的反馈以及自己的思维而改变以后的部分假设和考验策略。可以说，形成假设和考验假设是一个有机的整体，它们是概念形成策略的内容。布鲁纳等人发现了四种通用的假设考验的策略或概念形成的策略，即同时性扫描、继时性扫描、保守性聚焦和博奕性聚焦。

（一）同时性扫描和继时性扫描

同时性扫描（simultaneous scanning）是根据第一个肯定实例包含的部分属性形成多个部分假设，即先勾勒出所有可能的假设，并在每次实例的反馈后，对其他多个部分进行检验，排除那些不合理的假设。

继时性扫描（successive scanning）是指在已形成的部分假设的基础上，根据主试的反馈，每次只检验一种假设，如果这种假设被证明是正确的，就保留它，否则就采取另一个假设。由于对假设的检验是相继进行的，因此这种策略被称为继时性扫描。被试在使用这个策略时，要先从一个假设开始，如果这个假设正确地预测到了概念的属性，那么就加以保持，否则就马上放弃，再进行另一个假设。

这种扫描策略给被试工作记忆以及记忆的信息加工带来了很大的负担，由于人的短时记忆容量有限，在采用扫描策略过程中常常会出错，因此这种策略被试很少采用。

（二）保守性聚焦和博弈性聚焦

保守性聚焦（conservative focusing）是指把第一个肯定实例（焦点）包含的全部属性看作是未知概念的有关属性，以后只改变其中一个属性。被试用这种策略进行猜测和选择，一直到正确假设为概念的图形，然后再去选择其他卡片图形，即每次只变动最初肯定实例的一个属性，得到证实再选择下一个。例如，在前面概念形成的实验中，焦点卡片是"单边一个黑色圆形"，被试第一次选择了"单边一个红色圆形"，主试的判定为"错"，这时被试知道黑色一定是未知概念的有关属性。被试第二次选取了"单边一个黑色方块"，主试的判定为"错"，这时被试知道圆形一定也是未知概念的有关属性。被试第三次选取的实例是"双边一个黑色圆形"，主试说"对"，被试知道边框数不是未知概念的有关属性。被试第四次选取的实例是"单边三个黑色圆形"，主试说"对"，被试知道图形数也不是未知概念的有关属性。此时，被试知道要发现的概念是"黑色圆形"。

博弈性聚焦（focus gambling）是指第一个肯定实例包含的全部属性都看作是未知概念的有关属性，但同时改变焦点卡片上一个以上的属性。这种策略带有冒险性，被试要不断进行猜测，不能保证成功，但有可能在短时间内发现概念。例如，在上述试验中，焦点卡片仍是"单边一个黑色圆形"，但如果这一次被试选取的实例是"双边两个黑色圆形"，如果主试说"对"，那么被试可以立即将边框数和图形数这两个特征排除出去。这种策略有时能很快地发现概念，但失败的可能性也大。布鲁纳发现采用这种策略的人占少数。

以上四种概念形成策略相比，采用保守性聚焦的策略，被试记忆的负担较轻，并且被试可以根据主试提供的反馈获得较明确的未知概念的有关信息，因此，相对而言，保守性聚焦是一种更有效的概念形成的策略。

【专栏7-1】

个体对概念的形成有很多种方式，因此心理学家对概念形成的见解也就有了很大的差异，心理学界也提出了很多种理论和模型。之后心理学家根据这些理论的影响深远的情况，归纳出了五大流派和两大阵营。其中，五大流派是指经典理论、原型理论、样例理论、图示理论、基于知识的理论，两大阵营是指基于相似性的阵营和基于理论性的阵营。这种划分形式也得到了大部分认知心理学家的肯定。

下面做一道题目，看看你的概念形成方式是哪一种？下图所呈现的六张图片中，偶数位置上的图片为我现在心中所想的概念，请问你知道这个概念吗？

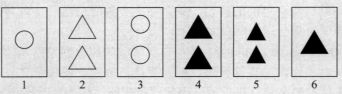

正确答案是：大三角形

（资料来源：邵志芳.思维心理学[M].上海：华东大学出版社，2007年：33）

第二节 推 理

上一节我们学习了概念的定义,以及概念的形成,那么,如何体现概念的运用呢?我们将从这一节的推理里寻得答案。

一、推理的定义

推理是指从已有的知识推出新结论的过程,它是思维活动的一种重要形式。从心理学的角度出发,推理其实也是一个获得信息的过程,这个过程需要从已知的信息推知未知的信息,而不是直接从外界信息获取未知信息。推理的过程体现了思维的间接性。推理一般包括两部分,即前提和结论。例如,"月晕而风""础润而雨",其中"月晕"和"础润"等自然现象,就是前提,而"风""雨"就是人们认为将要来临的结论。

二、推理的类型

推理一般可分为演绎推理和归纳推理两类。

(一)演绎推理

演绎推理是根据一般原理推出新结论的思维过程,它的前提是关于事物一般特征的真实性的判断,然后根据假设为真的论断而得到结论。它主要包括条件推理、三段论推理和华生(Wason)选择任务。

1. 条件推理

条件推理是指人们利用条件性命题或蕴含性命题进行的推理。常见的条件推理包含三部分:一个条件性命题、一个直陈命题和一个结论。例如:

如果天下雪,小王就是医生。
天下了雪。
那么,小王是个医生。

这个推理虽然不合逻辑,但是它是正确的。也就是说,条件推理是利用前提条件进行判断并且得出结论的过程,前提条件的"真""假"判断都是以逻辑为准的,而不是以个体的相关知识为准的,从前提条件推导出结论的过程是建立在一系列规则之上的。在上述的推理中,第一个命题为条件性命题。它的前半部分称前件(antecedent)(以P来表示),后半部分称后件(consequent)(以Q来表示)。它的基本形式可表示为:如果P,那么Q。意思是P为Q发生的条件,或P含有Q。第二个命题为直陈命题。它对条件性命题的前件或后件做出肯定或否定的判断。它的基本形式为:P或非P,Q或非Q。第三个命题是从前提得到结论,它的基本形式也是P或非P,Q或非Q。

条件推理有两个规则:肯定前件规则(modus ponens)和否定后件规则(modus tollens)。前者是指肯定前件就要肯定后件,否定前件不能否定后件;后者是指否定后件就要否定前件，肯定后件不能肯定前件。

条件推理有四种可能的形式：

第一种：如果P，那么Q　　　第二种：如果P，那么Q
　　　　　P　　　　　　　　　　　　非Q
　　　　所以Q　　　　　　　　　　所以非P
第三种：如果P，那么Q　　　第四种：如果P，那么Q
　　　　　非P　　　　　　　　　　　Q
　　　　所以非Q　　　　　　　　　所以P

根据上述规则，第一种形式符合第一种规则，是正确肯定形式，即有前件就有后件；第二种形式符合第二种规则，是正确的否定式，即没有后件就一定没有前件。因此，第一种和第二种是正确的推理；第三种和第四种是不正确的推理。

2. 三段论推理

三段论推理也叫范畴推理，是间接推理的一种，由三个直言命题组成，其中有两个是含有一个共同概念的假定真实的前提，还有一个由可能符合也可能不符合前提的结论所组成的。通常，三段论有四种形式：

① 所有的A都是B，所有的B都是C，因而所有的A都是C；
② 所有的A都不是B，所有的B都是C，因此，所有的A都不是C；
③ 所有的A都是B，所有的C都是B，因而所有的A都是C；
④ 有些A是B，有些B是C，因此，有些A是C。

这四种形式用文氏图的方式也可以表示为（见图7-2）：

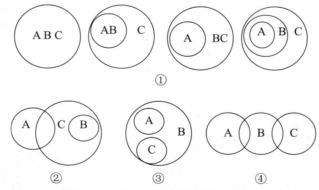

图7-2　三段论的四种形式的文氏图

从图7-2中我们发现，以上的4个推论中只有第一个是正确的，而其他三个都是错误的。但是在实际生活中，大部分人往往认为这4个推论都是正确的。那么影响三段论推论的心理因素有哪些呢？

第一，气氛效应。所谓气氛效应，是指在三段论中，前提中出现的逻辑项或逻辑词会产生一种"气氛"，从而使人们容易倾向于接受具有同一逻辑项或逻辑词的结论。这也就说明人在三段论推理时不一定会严格遵守逻辑规则。这个效应是由伍德沃斯和赛尔斯（Woodworth、Sells，1935）最先在一项研究中发现的。在这项研究中，向被试呈现许多三段论的材料，每个三段论都有许多结论，而只有一个正确结论，要求被试做出正确的选择。例如，其中某段材料是：

所有A是B
有些B是C
所以，
（a）所有A是C
（b）有些A是C
（c）所有A不是C
（d）有些A不是C
（e）上述结论都是错误的

实验结果发现，许多被试都错选了（b），而没有选正确的答案（c）。被试错选的原因是由于受到前提中"有些"的干扰。因此，伍德沃斯等人得出结论，前提中的量词（如"所有""有些""许多"等）和连词（如"是""不是"）会影响人的推理，使人难以避免地产生错误。具体来说，两个全称的前提使人们倾向于选择全称的结论；两个特称的前提使人们倾向于选择特称的结论；两个肯定的前提使人们倾向于选择肯定的结论；两个否定的前提使人们倾向于选择否定的结论。

第二，换位理论。所谓换位理论是指，人们在三段论推理过程中，将前提进行不适当的换位而导致了结论的错误。查普曼等人（Chapman et al., 1959）提出了这个理论，他们不认为人们在推论中出现的错误是由前提的气氛导致的，他们认为人们的推理是合乎逻辑的，之所以出现错误是由于人们错误地解释了前提。比如，人们会将"所有的A是B"认作"所有的B是A"；会将"有些A是B"认作"有些B是A"，会将"有些A不是B"认作"有些B不是A"，会将"所有A不是B"认作"所有B不是A"。查普曼等人设计了实验来证明换位理论。例如在这个实验中，要求被试根据三段论的两个前提选择一个合适的结论。实验所用材料是：

所有的学生都是青年人
一些青年人是球迷
结论为：（a）所有球迷都是学生
　　　　（b）没有一个球迷是学生
　　　　（c）一些球迷是学生
　　　　（d）一些球迷不是学生
　　　　（e）上述结论均不正确

实验结果显示，大多被试会选择了错误答案（c），而正确的答案却是（e）。原因是被试错误的将"所有的学生"和"所有的青年人"等同起来。这就是所谓的换位理论。

人工作记忆的容量是有限的，在推理中，人有时会将前提记忆错误而造成推理错误，这也是换位理论的观点。斯科里普彻（Scribner, 1975）设计了实验证明了这个观点。该实验选择的被试是可佩尔地区的文盲和大三学生以及美国大学生。实验程序是先向被试呈现三段论的材料,然后主试大声的将三段论读给被试,要求被试对结论做出回答,并说明理由;之后让被试重复这个三段论;接着,主试第二次读这个三段论,并让被试再次复述;主试要根据被试的复述来检查被试回忆的准确性。实验结果显示,被试有几个明显的错误:(a)对前提遗漏;(b)将两个前提的项换位;(c)对偷换前提的量词,如将"所有"换为"有些"等。实验结果还显示,文盲的错误率高于大学生;可佩尔地区的大学生错误率高于美国大学生。这说明遗忘导致被试会将前提换位而引起推理错误。

第三,心理模型理论。心理模型是指人们在理解前提时,产生的一种与前提情境相关的、类似于人们感知到或想象到的时间。该理论认为,人在推理中出现错误,原因是工作记忆容量的限制或人们对前提信息加工不够充分,人们只是根据前提创建了一个心理模型,而没有考虑到建立更多的心理模型而造成的。心理模型理论是约翰逊-莱尔德等人(Johnson-Laird,1983、1991)提出的,他们认为人们推理的过程就是创建并检验心理模型的过程。具体来说,人在推理中,首先会根据前提建立一个心理模型,并得出一个初步的结论,然后搜寻其他可能构建的心理模型。如果构建出的各个心理模型之间没有冲突,那么就接受初步得出的结论,反之,则要建立新的结论。心理模型的建立,有利于将人的推理限制在某个方向上,能加快推理的进程,并有利于提高推理的准确性。

3. 华生(Wason)选择任务

在条件推理中,人们通常倾向于证实某种假设或规则,而很少去证伪它们,华生选择任务的实验很好地说明了这一点。

华生的实验中,实验材料是四张卡片,卡片的两面分别写有数字和字母,如图7-3所示。

图7-3 Wason实验所用材料

实验要求被试通过翻动一些卡片来证明一个规则:如果卡片的一面是元音字母,那么另一面必定是偶数。实验结果发现,46%的被试选择了翻动E和4;33%的被试选择只翻动E;而只有4%被试做出了正确的选择,翻动了E和7。实验结果显示,人在检验规则或假设的过程中,被试普遍存在一种强烈的规则证实的倾向,从而忽略了证伪推理的价值,这是一种偏离逻辑规则的倾向。

进一步研究发现,完成选择任务会受到一系列因素的影响以下3个。

(1)材料的属性。约翰逊-莱尔德等人(Johnson-Laird,1972)要求被试将自己设想成邮政工作人员,设计了相关的实验。实验所用材料是一些信封,实验程序是要求被试检查信件是否符合邮局的相关规定:如果信件封了口,则信封上应该贴50里拉的邮票,如图7-4所示。

图7-4 改编自约翰逊-莱尔德等人的实验所用材料

实验结果发现,88%的被试只翻看了贴有40里拉邮票的信封和封口的信封。因此在这种情况下他们正确地遵守了"肯定前件"和"否定后件"的规则。约翰逊-莱尔德等人认为,正是由于实验材料现实意义的影响,才使被试根据现实情境设想解决问题的方法,从而使推理的准确性大大提高了。

（2）被试的知识结构。格里格斯和科克斯（Griggs、Cox, 1982）并不赞成约翰逊-莱尔德等人的观点，他们认为，被试之所以能进行正确的推理可能与被试的知识背景有关。格里格斯等人在佛罗里达大学找了一批被试，重复了约翰逊-莱尔德等人的实验。实验结果并不像约翰逊-莱尔德等人的结论，格里格斯等人认为，由于佛罗里达大学的学生没有英国邮政系统的相关知识，因此推理的准确性并不高。

之后，格里格斯等人又设计了另一个实验。该实验所用材料是分别印有"啤酒"、"可乐""22岁""16岁"字样的四张卡片。实验要求被试尽可能翻动较少的卡片以证明实验规则：如果一个人喝啤酒，那么他的年龄一定在19岁以上。实验结果发现，被试的推理准确性远远高于Wason选择任务的结果。因此，格里格斯等人认为，被试受到长时记忆中经验过的知识的影响，对提高推理准确性有积极的影响。

（3）主试的指导语。对于格里格斯关于知识结构影响推理的观点，克罗斯托夫斯基和格里格斯（Chrostowski、Griggs, 1985）又进行了进一步的研究。他们发现，如果被试的指导语要求被试证实即"结论是否正确"，则知识背景对推理的准确性没有帮助；如果被试的指导语要求被试证伪，则知识背景的作用就显示出来了。

耶奇林（Yachanin, 1986）也进行了同样的研究，并得出了类似的结果。耶奇林设计了实验的几种维度，比如在一些条件下要求被试证实；在一些条件下要求被试证伪；一些材料为被试有相关知识经验的；一些材料为被试没有相关知识经验的。实验结果发现，在指导语要求被试证伪，并且被试有实验材料的相关知识经验的条件下，推理准确性较高；在指导语要求被试证实的条件下，被试有无对实验材料的相关知识经验对推理的准确性没有影响。因此，耶奇林得出结论：在某些条件下，指导语对推理的准确性有一定的影响。

（二）归纳推理

归纳推理是指从具体事物或现象中归纳出一般规律的思维活动。它主要包括因果推论和类比推论。

1. 因果推论

哲学上把现象和现象之间那种"引起和被引起"的关系，叫作因果关系，其中引起某种现象产生的现象叫作原因，被某种现象引起的现象叫作结果。而因果推论便是根据事物的属性，通过分析它的现象，来推论出另一个现象即结果的心理过程。在现实生活中，由于人们有不同的看法，于是对"引起"和"被引起"出现了多种表述形式。但是表述越复杂，越容易出现混乱，这也给科学地认识因果关系造成困难，学界也至今没有建构出完整的理论模型。

英国哲学家穆勒针对因果推论的方法总结了"穆勒四法"：求同法、求异法、共变法和剩余法。这些方法原则可以简单概括为：相同结果必然有相同原因；不同结果必然有不同原因；变化的结果必然有变化的原因；剩余的结果应当有剩余的原因。因果关系的建立具有以下几个特点：

（1）时间性。因果关系的建立必须考虑时间的因素。例如，果树开花后结出果子。"果树开花"是原因，"结出果子"是结果，二者不能颠倒。如果将这个推理写成"因为结果，所以果树开花"，这便是大错特错了，因此可以看出，并不是全部"因为……所以……"的表达形式都是因果关系。

（2）条件性。在因果推论中，与结果现象有关的原因是有无限多个的。例如，手机不能打电话,原因可能是手机没电了,手机没有信号,拨号键盘坏了等。因此,我们在研究因果关系中,必须限定范围,控制其他的变量。

(3)结果不必然性。在因果关系中,原因的存在并不必然引起结果的存在,只有在所有条件都充足的条件下才能使结果出现。例如,在有n个串联开关的电路中,只有在前n-1个开关都打开之后,最后一个开关的打开才是电灯变亮的原因。因此,在研究因果关系时,必须注意特定的条件。

(4)现实性。在因果关系中,我们只有在原因和结果都发生后,才能说,某个原因和某个结果之间有因果关系。例如,当我们看到某人去医院就诊,并不能说明他患病,只有当得知他患病之后,我们可以说,因为某人患病了,所以他去就诊。

2. 类比推论

类比推理(analogism)是指根据两类不同事物之间具有某些类似性,推测其中一类事物具有与另一类事物类似的性质的过程。生活中,人们根据经验解决问题的过程常常是一个类比推理的过程。类比推理可以表示为:

如果A有属性abcd
　　B有属性abc
则B可能有属性d

由此可以看出,类比推理具有一定的猜测性,结论不一定可靠。通常条件下,类比推理的主要步骤为:首先,找出两类事物之间可以确切表述的相似特征;然后,用一类事物的已知特征去推测另一类事物的特征,从而得到一个猜想;最后证明这个猜想。

例如,在推论火星上是否有生命存在时可进行如下推理:首先,我们发现地球和火星都是围绕太阳运行的行星,并且都有大气层,都有季节变更,地球上有适合生物生存的温度,火星上的大部分时间有适合地球上某些生物生存的温度;地球上有生命的存在,我们可推论火星上可能有生命的存在;最后,只需要我们到火星上去验证这个结论的准确性。

【专栏7-2】　　　　　大侦探福尔摩斯

说到大侦探福尔摩斯你眼前肯定会浮现出一个这样的形象:六英尺高,异常消瘦的身材,细长的鹰钩鼻,方正的下颚,经常拿着烟斗与手杖,头戴黑色礼帽,一个有着丰富想象力、令人着迷的形象。

夏洛克·福尔摩斯(Sherlock·Holmes)是由19世纪英国侦探小说家阿瑟·柯南·道尔塑造出的一个才华横溢的侦探家形象。在故事中,福尔摩斯自称是一名"咨询侦探",一般有一些比较难以解决的案子出现时,福尔摩斯便会出门调查。福尔摩斯擅长于运用观察法与演绎推理法来解决问题。

福尔摩斯性情冷漠、孤僻,有点傲慢和自负;平时喜欢穿着宽松的睡衣在家里练习射击,他爱思考,爱小提琴,爱拳击,爱西洋剑,爱化学实验。他的多年密友华生医生(Dr. John H.Watson)一直是他办案的得力助手。华生也为福尔摩斯完成了他的传记。

著名的小说《血字的研究》,讲的是福尔摩斯和华生发现了一具尸体,经尸检无外伤,并发现在现场墙上有用血写着的"RACHE",以及几处抓痕,地上还有散落的一枚戒指和两种不同的脚印。福尔摩斯便利用这几个关键的线索，经过精妙的推理之后，最终找到了真凶。比如，当福尔摩斯看到这枚戒指时，发现是个婚戒，婚戒对于许多人来说都是非常重要的；而这枚戒指又没有戴在死者手上，故判断为凶手的，福尔摩斯据此料到凶手一定会回来取戒指的。

福尔摩斯也常有幽默的一面，有一个笑话是这么说的：有次福尔摩斯和华生去郊外露营，俩人在繁星下扎营。睡至半夜，福尔摩斯突然叫醒华生："华生，你看到这漫天的繁星，有何感想？"华生道："我看到无数的星光，想到了广阔的宇宙，想到其中一些有可能像地球一样，有生命的存在。""华生，你这个蠢才，"福尔摩斯道，"有人偷走了我们的帐篷……"

第三节 概念形成与推理障碍及评定

一、概念形成障碍

（一）定义

概念形成障碍是指病人不能获取事物的本质属性、掌握概念。

（二）临床表现

概念形成障碍通常表现为：失认症、语词新作、概括过程障碍。

1. 失认症

失认症是指脑损伤的患者，无视觉、听觉、躯体感觉、意识及智能障碍，但不能通过某一种感觉将感知到的事物与以往记忆的材料相联系。具体表现为患者不能去辨别、识别物体，以致影响到概念的形成，是一种后天性的认知障碍。失认症有多种亚型，常见的有：听觉失认症、视觉失认症、触觉失认症、自身躯体觉失认症。失认症一般由脑病变引起，如脑血管病、颅内肿瘤、颅脑外伤或手术及颅内感染。

2. 语词新作

语词新作是指患者创造一些文字、图形或符号，并赋予其特殊的涵义，或对常用普通词赋予新的概念。患者有时会将几个无关的概念或几个不完全的词拼凑成新的词，以代表某种新的涵义。这些新的概念除患者本人理解外，不经解释其他人不能理解。语词新作常见于精神分裂症。

3. 概括过程障碍

概括是抽出一类事物的共同特点，摒弃其个别特点。概括是揭示事物的现象和本质之间联系的一种过程，也就是形成概念的过程。患者所形成的概念正常人较难理解。概括过程障碍也就是概念形成障碍，它又分为抽象概括水平下降和抽象概括过程倒错。

抽象概括水平下降是指患者不能抓住事物的本质特征，常根据事物局部的具体特征进行判断，不能进行抽象的概括，不会分析自己所面临的情况，也就是病人不能形成也不能掌握正确的概念。例如病人认为羊和狼不能分在一类，是因为"它们是敌对的"；猫和鸟也不能分在一类，是因为"猫生活在家里，不会飞；而鸟生活在树林里，会飞"。这表明病人没有掌握"动物"这个概念。抽象概括水平下降常见于弥漫性脑病变引起的精神发育迟滞、智能障碍的患者。

抽象概括过程倒错是指病人常常根据事物的一个偶然的现象，力图从"理论立场"来对待，以空洞、抽象的原则来说明事物的相互联系，而抛弃了事物的本质属性，使形成的概念被歪曲。例如患者不敢进食猪肝，理由是"吃了猪肝会变成猪"。抽象概括过程障碍常见于精神分裂症的联想障碍。

二、推理障碍

推理障碍是病人通过混淆概念，导致象征性思维和音义联想；通过混淆概念、以偏概全和无前提推理导致逻辑倒错性思维。

（一）临床表现

推理障碍包括象征性思维、音义联想和逻辑倒错性思维三种。

1. 象征性思维

象征性思维即符号性联想，是指病人用具体的事物混淆抽象概念，如病人谈对象，就要换一条新裤子（具体事物），因为谈对象是新的开始（抽象概念）。象征性思维有正常的也有病理性的。正常的象征性思维特点是，人们易于理解，并且不会当真，对推理的错误有自知力。比如，过春节时会贴一个倒着的福字在米缸等，象征"福到了"，但是，人们不会因此而不去工作，坐享其成。病理性象征性思维的特点是，不经过病人的解释，别人不能理解，并且，病人会将"象征"当真，对错误的推理无自知力。例如，一位病人说一天他去姑母家，表妹拿了一碟玫瑰酥与核桃酥请他吃；他认为玫瑰是爱情的表示，核桃是合起来志同道合的意思，因而他断定表妹看中了他；这显然是患者将具体事物与抽象概念混淆了。象征性思维诊断时只有在病人意识清晰时才有意义，因为在催眠状态下或在睡梦状态下的混淆概念造成推理错误，也是正常现象。通常，精神科提及的象征性思维都属于病理性象征性思维。推理障碍仅限于轻度病理性象征性思维，而重症的病理性象征性思维会导致妄想性解释，从而引起情感和行为的反应，更严重的可能因此而导致自杀等严重后果。象征性思维多见于精神分裂症。

2. 音义联想

音义联想是指由发音联想到发音相似但语义无关的含义，音义联想可分为正常性和病理性。正常人音义联想的特点是，人们易于理解，并且不会当真。比如说，人们认为"8"就是"发"的意思，但不会因为门牌号或者电话号码有一个"8"就坚信自己一定要发横财。病理性的音义联想的特点是，不经病人的解释不能理解，并且病人坚信自己的联想是真实的。比如，病人将"4586"认为是自己会在"45岁发喽"。音义联想与象征性思维的区别在于，前者主要是指说话时同音按不同的字解释，后者主要是指通过具体的行为的言语发音解释不同的字。音义联想既见于精神分裂症，又见于躁狂症。躁狂症患者的音义联想特点是因为思维活动速度过快，导致前一句没有说完整，下一句就说出去了，在前后句连接的过程中出现音、义相近，也称音联、意联。

3. 逻辑倒错性思维

逻辑倒错性思维是指由于推理错误而得出错误的结论的思维过程。主要特点为推理缺乏逻辑性，无前提无根据，或因果倒置，推理古怪不可理解。以混淆概念最为常见，以偏概全和无前提推理少见。

混淆概念是指在病人的思维状态下，对于同一概念的前后含义不一致，从而混淆概念而得出错误的结论。比如，病人认为眼睛长在头上，是用来看事物的，嘴巴也长在头上，也可以用来看事物，从而混淆眼睛和嘴巴的概念。混淆概念可能引起三种结果：①进食障碍。比如，病人不吃蔬菜的理由是，蔬菜以动物粪便为肥料，吃蔬菜就等于吃粪便，从而混淆蔬菜与粪便的概念。②毁坏物品。比如，病人认为有钱会害人，为了不使儿子受伤害，于是将自己仅有的几千元积蓄全部焚烧，而将亲戚给他的零用钱全部给乞丐，这便是混淆了可能害人和必然害人的概念。③怪异行为。比如，病人睡在地上的理由是，床在地上，地也是床，故可以在更宽敞的地上睡觉，这是混淆了床与地的概念。

以偏概全是指病人固执、片面地看待问题而不能被说服。比如，病人不肯吃饭的理由是，吃饭后容易睡觉，睡觉会影响工作，从而影响自己的前途。这个病人只考虑到睡觉影响工作，而没有想到不吃饭引起饥饿，饥饿更会影响工作。

无前提推理是指病人可以在没有前提的情况下进行推理，从而得出错误的结论。比如，病人给父母取绰号，并认为"取绰号可以辟邪，辟邪就可以当官，父母有了绰号就可以当官"。这其中"绰号可以辟邪，辟邪就可以当官"的推理就是无前提推理。

逻辑倒错性思维常见于精神分裂症，也可见于偏执性精神障碍。

概念形成和推理是思维的基本单位，概念形成障碍和推理障碍也就是思维障碍的几种亚型。思维活动属于一种在大脑皮层、丘脑、边缘系统、脑干网状结构、丘脑网状结构等复杂的神经回路网络内，同时持续按注意定向进行的神经兴奋交互作用的冲动活动。据研究，大脑非优势半球顶叶下部临近缘上回的病变可引起失认症，因此失认症病人以大脑右半球受损居多。概念形成障碍和推理障碍，如语词新作、概括过程障碍、象征性思维、音义联想和逻辑倒错性思维都属于思维障碍，这些思维障碍多发于精神分裂症病人。有研究发现，在精神分裂症病人中脑-皮质多巴胺通路功能不足，不能充分激活前额皮质背外侧部的D1受体，引起认知减退，会引起象征性思维、音义联想、逻辑倒错性思维。

四、概念形成与推理障碍的评定

正常的概念形成和推理过程具有一定的目的性、连贯性和逻辑性，这些思维会借助内隐的或外显的语言表现出来。进行正常思维的人都有相应的内省体验，知道自己的思维活动受到自己的控制，当思维过程和内容发生异常时，便是思维障碍，多数精神分裂症病人会有相应体验。因此，检查概念形成障碍和推理障碍可以通过精神检查法、实验室检查法、量表检查法三种方法进行。

（一）精神检查法

由于思维是借助语言来表达的，也通过动作与行为、情感体现出来，因此在检查有思维障碍的病人时可采用精神检查方法来实现。精神检查是通过观察和交谈来检查患者精神状态的一种方法。观察患者的一般表现、情感反应、动作与行为，也可以发现有无错觉或幻觉、自发言语等。通过交谈、观察了解患者的接触、知觉、言语、思维及对自身行为表现的解释等。

（二）实验室检查法

在概念形成障碍和推理障碍的病因中，由于有些病因是器质性病变引起的，如失认症。进行实验室检查也可排除一些器质性病变引起的概念障碍和推理障碍，因此在进行检查时还须进行以下10种实验室检查。

（1）常规检查：血、尿、便三大常规检查。

（2）血生化检查：血沉、血糖、血气、肝功能、肾功能、电解质等。

（3）血清检查：维生素B_{12}和叶酸水平、快速血清反应素试验（梅毒抗体，RPR）、艾滋病抗体（HIV）、同型半胱氨酸水平、病毒抗体等。

（4）内分泌检查：甲状腺功能、肾上腺功能等。

（5）脑脊液检查：常规、蛋白、糖、氯化物、tau蛋白、β淀粉样蛋白（$A\beta$）等。

（6）电生理检查：心电图、脑电图、认知诱发电位（P300）、体感诱发电位（SEP）等。

（7）超声检查：心动超声、颈动脉彩超、经颅多普勒超声（TCD）等。

（8）神经影像学检查：脑CT、CTA、脑MRI、MRA等。

（9）核素扫描检查：SPECT、PET等。

（10）基因学检查：如Notch等。

（三）量表检查法

为了能提供大脑认知研究和诊断的可靠信息，可采用心理测验量表。在量表选择时要注意根据病人的病情、文化背景、年龄等状况选择合适的量表。一般的，对大脑功能进行总体了解常选用的量表有：《韦氏智力量表》《韦氏记忆量表》或《临床记忆量表》。进行个别检查时常用的量表有以下7种。

（1）筛选有无大脑损伤的量表。数字符号测验、符号-数字模式测验、连线测验等。

（2）检查大脑左半球功能的测验。根据目前已有的研究资料，大脑左半球的功能主要是参与言语活动和进行抽象思维。因此，对于检测大脑左半球的测验也可用于检查各类失语症、言语障碍、抽象思维障碍。常用的测验包括各类言语测验、语文作业以及测定抽象思维的测验，如各种失语症以及语言检查《韦氏记忆量表》中言语测验、言语记忆测验、算数运算测验等。

（3）检查大脑右半球功能的测验。大脑右半球主要参与时间和空间的定向知觉、非语言材料的感知、记忆和思维等功能。因此，一些与空间知觉和定位、具体思维有关的测验常用于检查大脑右半球功能的情况，如Benton视觉保留测验、HRB中触摸操作测验和音乐节律测验、选择测验、《韦氏记忆量表》中的木块团和图形拼凑测验、认知测验、瑞文推理测验、失语测验中的临摹测验等。

（4）大脑额叶功能检查的测验。大脑额叶的功能主要是抽象能力、计划和概念转移能力，常用量表为颜色形状分类测验、范畴测验、连线测验、迷津测验等；额叶又与行为的计划性、调整能力有关，常用的检查有算数运算测验、图片排列测验等；额叶与语言行为也有密切关系，常用的测定方法有言语的表达能力测验，如言语流畅性测验、韦氏量表的词汇测验、领悟测验等。

（5）大脑颞叶功能检查的测验。大脑颞叶与视觉记忆功能有关，可选用的量表有：视觉记忆测验、Benton视觉保持记忆测验、人面再认测验、记忆的测验、非语言和语言的记忆测验，整体记忆功能可采用《韦氏记忆量表》《临床记忆量表》进行检测；颞叶还与听觉有关，常用测验有：听知觉的测验、H.R.中的Seashore节律测验、语音知觉测验。

（6）大脑顶叶功能检查的测验。大脑顶叶主要与空间结构性运功功能有关，常用测验有：Benton视觉保持测验、韦氏量表中的积木设计测验、H.R.中的触摸操作测验、小木棒测验、逻辑-语法的准空间测验。

（7）大脑枕叶功能检查的测验。大脑枕叶的主要功能是视觉以及颜色的辨认，可供选择的测验有：言语测验中的颜色测验、人面认知测验、重叠图片认知测验、HRB的视野测验、失语测验中的有关失认测验项目等。

第四节　概念形成障碍与推理障碍的认知训练

概念形成和推理是思维的基本单位，思维活动属于一种在大脑皮层、丘脑、边缘系统、脑干网状结构、丘脑网状结构等复杂的神经回路网络内，同时持续按注意定向进行的神经兴奋交互作用的冲动活动。概念形成障碍和推理障碍是思维障碍的亚型，概念形成障碍通常表现为失认症、语词新作、概括过程障碍；推理障碍包括象征性思维、音义联想和逻辑倒错性思维三种。认知训练可以有效改善患者的概念形成障碍与推理障碍。在认知训练中针对其临床表现，采取不同的认知训练方法。

（1）单侧空间失认：治疗师站在患者忽略的一侧，对忽略侧给予触觉、拍打、按摩、冷热等感觉刺激。让患者健侧上肢越过中线到患侧进行作业，如拼板、插件等。用鲜艳的物体或手电筒光在忽略侧移动，刺激其视觉。阅读时避免读漏，在忽略侧的极端放上颜色鲜艳的规尺，或让患者用手摸着书的边缘。改变所处的环境，促使患者向健侧看。治疗师多做语言提示。

（2）双侧空间失认：①左右失认：在训练初期避免使用左或右的概念性词语，治疗师在指点相应一侧时给予方位的提示，以帮助患者辨认在他左或右的物件，在进行作业时，患者完成后明确喊出相应的左或右的方向。②手指失认：用砂子、冰块分别刺激患者的各手指，同时说出该手指的名称和感觉，在不同的手指上重复进行。先让患者睁眼看着触摸他的某一个手指，再让其闭眼触摸，说出被触摸手指的名称和触及的次数及感觉。同时指导患者进行手指运动。

（3）视觉失认：①颜色失认：提供各种物体的轮廓图让患者填上正确的颜色，反复练习，不正确的给予指示或提醒；②形状失认：让患者进行模仿、复制，并描述在结果用途上的区别，然后将物品分门别类进行摆放，将不同图案的物品堆放在一起，让患者逐一使用，找出相似及不同之处，治疗师给予指示或提醒，再用各种拼板玩具用不同的图形拼出图案，直到选用图形和拼接接近正确为止；③面貌失认：用知名人物或熟悉的人物照片让患者辨认或将照片和写好的名字让患者配对，反复练习达到正确或接近正确为止。

（4）触觉失认：可用视觉输入来弥补。治疗师先将物体通过各个平面移动，并让患者注视，然后改双手移动，让患者闭目进行。在连续多次成功之后，再加入新的物体。

（5）自身躯体觉失认症：治疗师指导患者触摸自己的身体各部位，令其说出所触及部位的名称。在治疗师刺激患者身体某一部位时，让患者说出这一部位的名称，在让患者说出身体某一部位的名称时，让患者刺激他身体的相应部位；然后让患者先指出治疗师身体的某一部位，再指出他自身相应的部位；让患者将分散的人体结构拼板图结合起来；让患者指出人像中的部位名称；指导患者画人像，进行功能活动。

（6）思维障碍：概念形成与推理障碍中的语词新作、概括过程障碍、象征性思维、音义联想和逻辑倒错性思维都属于思维障碍，这些思维障碍多见于精神分裂症病人。对存在思维障碍患者的认知训练，可以利用患者在康复过程的策略学习，将复杂的过程分为技能部分让患者系统地练习，通过角色扮演和观看视频来获得和整合这些技能。常用的有社会认知交互训练（social cognition and interaction training, SCIT）和社会认知技能训练（social cognitive skills training, SCST）。训练有3个步骤：第一步练习一些基本的情绪感知并了解关于情绪、思考和行为之间的关系；第二步是学习使用各种类型的练习、游戏、策略和辅助材料来认识情绪，第三步是将患者在训练中获得的技能和知识运用到现实中。由于有些患者存在多种障碍，受损的认知域不止一个。因此，在认知训练中可以采取综合训练的方法。例如，认知修复治疗加情绪识别训练，神经认知结合社会认知治疗，或认知训练加药物治疗成为认知训练的首选。

思 考 题

1. 名词解释：概念形成、推理、演绎推理、归纳推理
2. 简介概念形成过程中的几个重要的理论。
3. 概念形成过程中人们通常采用哪几种策略，并对其进行简要评价。
4. 简介推理的两种类型。
5. 什么是概念形成障碍？请举例说明概念形成障碍的几种临床表现形式。
6. 什么是推理障碍？常用的临床评测方法有哪些？请简述其中一种方法。
7. 失认症患者如何进行认知训练法。

案例分析　　记忆力差的学习缓慢的人

某女，13岁，长期有学习问题。一年级时，成绩优秀，后出现学习成绩下降并常与同学打架。现在6年级学习，考试中阅读课常不合格，英语和数学也只能勉强通过，但美术和体育尚令人满意。老师形容她"思维刻板，尤其在语文阅读中，不能推断出语篇中暗含的信息，通常数学的应用题读不懂题目的意思，并说她不能很好融入集体生活，常常需要个别辅导。据她自述，成绩下降是因为老师教学质量差。

既往史：5岁时作扁桃体切除及早年患慢性中耳炎。6个月会坐，12个月会走路，18个月开始讲话。检查时，她合作性好，交流顺畅。但她说在学校里"被别人指挥得团团转"，但在邻里中有好朋友。智能测验发现全量表智商（FIQ）是97，多学科成就测验的年级水平分：阅读4.8，数学6.3。

讨论

一般来说，青少年学习问题的出现较复杂且多维度，因此，对于学习问题的鉴别诊断显得尤为重要。尤其需要排除以下几个方面：学校教育质量差，精神发育迟滞、注意缺陷/多动障碍、违抗性障碍、品行障碍和学习障碍。在该案例中，没有出现全班同学的成绩普遍下降，有理由排除学校教育质量差这一因素。经智力测查显示，该女生具有一般智力水平，可排除其精神发育迟滞的诊断。虽然有记录说她"和其他儿童打架"及不能"很好地融入集体"，但在交谈过程中无其他行为证据支持注意缺陷/多动障碍、违抗性障碍或品行障碍这些因素。

学校有提示为学习障碍的证据：她不仅在学校对阅读有特殊困难，而且在阅读成就测验中显著低于预期水平，阅读得分4.8，因此诊断为阅读障碍（DSM-IV）。打架和难以融入集体可以看作学习障碍的伴随症状。

目前，有颇多研究提示早年慢性中耳炎可能与日后的学习困难或言语困难有关。

拓展学习　　关于推理研究的一些补充

1. 推理研究的几个学派

对推理的看法和研究一直都是心理学界的一个重要方向，Gallotti（1999）总结了许多心理学者的理论，最后将他们分成了三个派别：过程分析派，规则-启发派，心理模型派。下面将对三个派别进行详细的阐述。

（1）过程分析派，该学派是以斯腾伯格（R. J. Sternberg, 1977）为代表的。该学派的基本思路是人机类比，分析人推理的过程中由哪些模块构成以及这些模块的运行方式。斯腾伯格经过多次的研究后，提出了一个类比推理的问题："如果华盛顿是一，那么杰弗逊是几？"斯腾伯格指出，若要回答这个问题，则要经历下面几个模块：

首先，要对每一个词进行编码，这要求个体从长时记忆中提取"华盛顿""一""杰佛逊"这三个词的含义；

其次，要推断前两个词之间的联系，此时，个体可能会想到"华盛顿"是美国第"一"任总统；

再次，要找到"华盛顿"和"杰佛逊"的关系，个体就会发现，"杰佛逊"和"华盛顿"一样，都是美国的总统；

最后，要将"华盛顿"和"一"的关系运用到"杰佛逊"的身上。我们知道杰弗逊是美国第三任总统，因此，得出结论，如果华盛顿是一，那么杰弗逊是第三。

在研究过程中，斯腾伯格采用典型的减法反应时的方法估计出了个体在推理过程中每个模块的反应时，实验具体过程在此不加详细叙述。后来，斯腾伯格提出了推理的三个成分：行为成分、元成分和知识获得成分。其中，行为成分就是指前面的模块，元成分是指推理的过程，知识获得成分包括了对编码的整合和信息的选择过程。

（2）规则-启发学派，斯腾伯格的过程分析学派认为推理过程是一个普通的心理活动过程，但是还有一些哲学家、心理学家并不赞成这个观点。他们认为，推理过程是一个特殊的心理过程，因为这个过程中存在一个"心理逻辑"。心理逻辑是一种规则，但是又很难被意识到。但是，如果仔细观察个体在推理中的行为，就会发现，个体在推理过程中又存在某些规律性。因此，规则-启发学派认为，个体在推理时一定遵循某些规则或图示。

有些学者，如布雷恩（Braine, 1990）等认为，个体在推理中遵循的规则或图示是普遍存适用的、抽象的；而程和霍利约克（Cheng & Holyoak, 1985）等不认同这个观点，他们认为人会在不同的情境下采用不同的规则。

（3）心理模型学派，该学派是以约翰逊·莱尔德为代表的，该理论认为推理就是根据前提建立心理模型的过程。而推理的错误则有可能是未建立起相关的心理模型、未能正确评价所建立的心理模型的意义、未能建立足够的模型。

我们在本章第二节中三段论推理部分有对此理论的介绍，此不赘述。

2. 生活中常犯的推理错误

（1）典型特征。典型特征是指一个或一类事物较有代表性的共同特征。人们经常会根据通常的印象对事物进行推断。比如说，在大学校园中，一个个头不高、带着眼镜、提着电脑的中年人朝图书馆的方向走去，请问这个人是教授，还是清洁员？我想大多数人都会回答说是教授，这就是典型特征的作用。

（2）信息的可及性。卡尼曼和特维尔斯基发现，人在推理时容易受到信息可及性的影响。也就是说，人们通常认为容易想起来的事情较容易发生。比如，飞机和汽车哪个危险更大？不少人会说飞机，原因是空难出现时，全世界都会纷纷报道，人们印象深刻，而交通事故频发，新闻报道较少，人们不太关注。

（3）框定效应。主要是指问题的形式可能影响推理的过程。例如，银行的一个理财产品，介绍说有95%的机会盈利，和介绍说有5%的概率会损失，人们的购买率也会不同。

（4）关系错觉。关系错觉是指，人们常常发现那些自己愿意发现的关系。例如关于画人测验发现，每个人画出的人的形象和自身一些情况有很大的相似之处。

（5）索尔所等人（Solso、Maclin、Maclin, 2005）罗列了一些人在生活中常犯的一些推理错误：

① 具体化。指个体把抽象的概念看作具体的物质的存在。例如，一个人成绩不好，便认为是学校不好好教育他，他把"学校"看作一个有行为的个体。

② 对人不对事的争论和个人化的争论。这是美国政客常用的伎俩。

③ 诉诸势力和权利。

④ 诉诸名誉或权威。

⑤ 少数服从多数。

⑥ 稻草人技术。是指将别人的观点加以歪曲，竖起一个不存在的靶子，然后攻击取胜。

（资料来源：邵志芳.思维心理学[M].上海：华东大学出版社，2007.

参考资料

1. 连榕主编.认知心理学[M].北京：高等教育出版社，2010.
2. 彭聃龄主编.普通心理学[M].北京：北京师范大学出版社，2004.
3. 彭聃龄，张必隐.认知心理学[M].杭州：浙江教育出版社，2004.
4. 史忠植.认知科学[M].合肥：中国科学技术大学出版社，2008.
5. Bruner J.S. Neural mechanisms in perception[J]. Psychological Review, 1957, 64: 340-358.
6. Fletcher P.C., Shallice Tdolan R.J. The functional roles of prefrontal cortex in episodic memory[J]. Brain, 1988, 121: 1239-1248.
7. 耿德勤.医学心理学[M].南京：东南大学出版社，2008.

8. 谢欲晓. 认知障碍的康复治疗[J]. 继续医学教育，2006，20（30）：13-16.

9. 李舜伟. 认知功能障碍的诊断与治疗[J]. 中国神经精神疾病杂志，2006，32（2）：189-191.

10. 梁佩鹏，贾秀琴，杨延辉，等. 归纳力度判断的脑区定位：fMRI研究[J]. 生物化学与生物物理学进展，2007，34（增2）：66.

11. 邱江，张庆林，陈安涛，杨红升，罗跃嘉. 关于条件推理的ERP研究[J]. 心理学报，2006，38（1）：7-14.

12. 王宝玺，向玲，邱江，张庆林. 条件推理中无效推断被抑制的ERP研究[J]. 心理科学，2008，31（5）：158-1161.

13. 杨延辉，梁佩鹏，吕胜福，李坤成，钟宁. DLPFC在MCI患者和正常老年人归纳推理过程中的作用：一项fMRI研究[J]. 中国科学C辑：生命科学，2009，39（7）：11-716.

14. Fangmeier T, Knauff M, Ruff C.C, et al. fMRI evidence for a three-stage-model of relation reasoning[J]. Journal of Cognitive Neuroscience, 2006（18）：320-334.

15. Goel V, Dolan R.J. Different involvement of left prefrontal cortex in inductive and deductive reasoning[J]. Cognition, 2004（93）：109-121.

16. Goel V, Brian G, Shitij K, Sylvain H. The seats of reason: a localization study of deductive & inductive reasoning using PET（015）blood flow technique[J]. NeuroReport, 1997, 8（5）：1305-1310.

17. Goel V, Vartanian O. Dissociating the roles of right ventral lateral and dorsal lateral prefrontal and maintenance of hypotheses in set-shift problems[J]. Gerebral Cortex, 2005, 15（8）：1170-1177.

18. 马伟娜. 异常心理学[M]. 杭州：浙江大学出版社，2009.

19. Bruner, J.S., Goodnow, J.J.,& Austin. A study of thinking[M]. New York:John Wiley & Sons,1956.

20. Hull C L. Quantitative aspects of the evolution of concepts[J]. Psychological Monographs, 1920.

21. 魏燕燕，刘涛生，苏彤，等. 精神分裂症认知训练的主要方法及影响因素[J]. 中华精神科杂志，2015，48（6）：365-368.

推荐书目

1. 彭聃龄. 普通心理学[M]. 北京：北京师范大学出版社，2004.

2. 彭聃龄，张必隐. 认知心理学[M]. 浙江：浙江教育出版社，2004.

3. 王甦，汪安圣. 认知心理学（重排本）[M]. 北京：北京大学出版社，2007.

4. Robert J.Sternberg.杨炳钧，陈燕，邹枝玲，译.认知心理学（第三版）[M]. 北京：中国轻工业出版社，2006.

5. M.W.艾森克，M.T.基恩.认知心理学（第五版）[M]. 高定国，何凌南，译[M]. 上海：华东师范大学出版社，2009.

6. 汤慈美，王新德.神经病学.第7卷（神经心理学）[M]北京：人民军医出版社，2001.

第八章 决 策

本章要点

本章在陈述决策基本概念的基础上，重点阐述了决策领域中几个重要的理论模型和影响人类决策行为的一些典型因素，并对个体在决策过程中常用的决策策略进行区分，尤其着重讨论了三种常见的启发式策略（代表性启发式、易得性启发式和锚定与调整启发式）及其导致的系统偏差，最后探讨了决策障碍及其所涉及的大脑系统，并从临床应用的角度对决策障碍的评定与认知康复方法进行了简要介绍。

第一节 决策概述

一、决策的定义

决策（decision making），通俗来讲就是做出决定或选择，即对已有方案进行评估和选择的过程。决策行为与我们的生活息息相关，大到制定国家政策方针，小到人们对日常的衣食住行等的选择。例如，企业要选聘一位新员工，填报高考入学志愿的时候需要选择一个学校及专业，给朋友选购一个生日礼物，都带有决策的性质。应该说，决策与人类活动是密切相关的。到目前为止，学界对决策概念的界定有很多，但仍未形成统一的看法，归纳起来可形成如下三种基本理解。

（1）决策是一个包括提出问题、确立目标、设计和选择方案的过程。这是广义的理解。

（2）决策是指为了达到某目标，个体采用一定的策略，从两个以上的方案中选择一个满意方案的分析选择过程。这是狭义的理解。

（3）决策是对个体在不确定情景下发生的偶发事件进行判断和选择的过程。该界定认为只有承担一定风险的选择才称之为决策。这是对决策的最狭义理解。

如果要准确地理解决策概念，应把握以下几层意思：

（1）决策要有明确的目标。

决策是为了解决某一问题，或者说是为了达到一定目标而进行的选择过程。明确选择的目标是决策的第一步。决策要解决的问题必须明确，要达到的目标必须具体。

（2）决策要有两个以上备选方案。

决策实质上就是在多个不同的备选方案中进行选择的过程。如果只有一个备选方案，就不存在选择的问题。因而，至少要有两个或两个以上备选方案，人们才能从中进行比较、判断和选择，最后确定一个满意的行动方案。

（3）决策后的行动方案需要付诸实施。

如果决策后的方案不付诸行动，决策就毫无意义，因此决策不仅是一个认知过程，也是一个具体的行动过程。

二、决策理论

（一）期望效用理论

在传统经济学中，约翰·冯·纽曼（John Von Neumann）和奥斯卡·摩根斯坦（Oskar Morgenstern）于1947年提出的期望效用理论（expected utility theory）长期占据统治地位。期望效用理论运用逻辑和数学工具，建立了不确定条件下对理性人（rational actor）的决策进行分析的框架。冯·纽曼和摩根斯坦认为，期望效用理论是一种标准化的决策理论。也就是说，该理论并不是要描述人们的实际行为，而是要阐述在满足一定的理性决策的条件下，人们应该如何进行决策。该理论认为，人类总是期望使自己能够得到的效用最大化。因此，在做决策时人们会使用自己的理性，根据自己掌握的所有信息做出最优的选择——这就是"理性人"假设。基于这个假设，期望效用理论认为，期望效用值最大的方案就是最佳决策方案。所谓期望效用值，就是决策可以给人带来的价值。如果某个随机变量X以概率P_i取值x_i，$i=1, 2, \cdots, n$，而某人在确定地得到x_i时的效用为$u(x_i)$，那么，该随机变量的效用为：

$$U(X) = E[u(X)] = P_1u(x_1) + P_2u(x_2) + \ldots + P_nu(x_n)$$

其中，$E[u(X)]$表示关于随机变量X的期望效用。因此，$U(X)$称为期望效用函数，又叫作冯·纽曼—摩根斯坦效用函数（VNM函数）。

冯·纽曼和摩根斯坦提出期望效用理论后，许多其他研究者对此进行了扩展。其中最著名的就是由萨维奇（Savage）于1954年在《统计学基础》一书中提出"主观期望效用理论"。与期望效用理论的最大区别在于，该理论将人们对某事件可能发生的主观概率也纳入了进来，用主观概率代替了期望效用理论中的客观概率。

期望效用理论及主观期望效用理论描述了"理性人"在风险条件下的决策行为，二者对决策研究产生了深远的影响，尤其是对经济学产生了重要的影响。但这两种理论成立的条件均建立在了一系列理想化的假设之上。微观经济学中假定的"理性人"全知全能、头脑冷静，绝不感情用事。这种人具有充足的知识，他对决策目标、决策条件以及备选方案非常熟识，不会遗漏任何信息；他有一个很稳定的偏好体系，这个偏好体系使得他可以对每一个备选方案的客观价值都做出准确的评价；他拥有很强的计算技能，无论备选对象如何复杂，他都能计算出哪个方案是最优的，并把这个最优方案作为自己的最终选择。但实际上人并不是纯粹的理性人，决策还会受到很多复杂心理机制的影响。因此，期望效用理论对人类实际的风险决策的描述效度一直受到怀疑。例如，期望效用理论难以解释阿莱悖论、埃尔斯伯格悖论等现象；没有考虑现实生活中个体效用和主观概率的模糊性；不能解释一些偏好反转现象。随着研究的深入，研究者逐步提出一些其他的替代理论来解释人类在实际生活中的决策行为。

（二）有限理性理论

期望效用理论通常认为，决策者对决策过程中的每一个备选方案的结果及其概率均完全知晓，而且决策者能够理解这些信息。在做决策时，人们会利用自己的理性，根据自己掌握的所有信息作出最优的选择。但在实际生活中，决策者却并不总是如此行事。备选方案的有关信息常常会缺失,或者本来就是不确定的,所以期望效用理论是一个有用的标准化决策模型(在一定假设被满足的条件下,阐述理性个体如何行动的模型),却并不是一个很好的描述性模型(解释个体在真实生活中是如何做出决策的模型)。20世纪50年代之后,人们意识到建立在"理性人"假说之上的决策理论只是一种理想模式,不可能指导实际生活中的决策。1978年诺贝尔经济学奖获得者赫伯特·西蒙(Herbert Simon)1956年提出了"满意标准"(satisficing principle)和"有限理性"(bounded rationality)概念,大大拓展了决策理论的研究领域,产生了新的理论——有限理性决策理论。这是一个比较现实的模型,它认为人的理性是处于完全理性和完全非理性之间的一种有限理性。原因在于:首先,客观环境是复杂多变的,充满着不确定性;其次,人的认知能力无论是在信息加工能力或是信息处理容量上均存在着局限性,例如,人在感知觉、注意、记忆和思维等各个认知过程中均具有限制。因此,西蒙认为,不管有机体在学习和选择情境中的行为多么具有适应性,这种适应能力都无法达到经济理论中理想的"最大化"状态。显然,机体的适应性往往只能够达到"满意",而不是"最优"。

西蒙用"有限理性"取代"无限理性",用"满意原则"取代"最优原则",从心理学的角度出发探讨了人在实际生活中的决策行为,是描述性决策理论的主要创始人,对决策领域的研究具有划时代的贡献,并因此获得了1978年的诺贝尔经济学奖。在"有限理性"的概念框架之下,一些心理学家开始运用实验的方法,从心理学的角度对个体的决策过程进行描述与解释,探讨了人们在决策中所采用的一些启发式策略,并展示了人类在决策行为中表现出来的诸多非理性现象,使决策研究带有了浓厚的心理学色彩。

(三)前景理论

自西蒙的理论出现以后,已经出现了很多替代期望效用理论的观点,其中前景理论(prospect theory)最具影响。这一理论是由丹尼尔·卡尼曼(Daniel Kahneman)和阿莫斯·特沃斯基(Amos Tversky)于1979年共同提出的。前景理论吸纳了个体的偏好具有参照依赖性(reference dependent)的思想,认为人们的偏好取决于对收益和损失的态度,而收益和损失是相对于参照点来定义的,人们会根据不同的参照点将某种结果定义为损失和获益。该理论由价值函数和权重函数构成。

1. 价值函数

前景理论的一个与众不同之处在于其对效用函数的假设(见图8-1)。这个效用函数对获益和损失分别进行了阐述,并具有4个特性:①在获益部分,它是一个凹函数,表现为风险回避;②在损失部分,它是一个凸函数,表现为风险寻求;③最重要的是,该函数在参照点部分发生了纽结,表现为损失规避(loss aversion)——损失函数比收益函数更为陡峭;④许多研究表明,这两个函数是基本相近的,它们都是具有相似指数(都小于1)的幂函数。

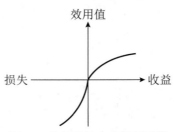

图8-1 前景理论中的效用函数

由于损失的效用函数比获益的效用函数更为陡峭，所以损失会比获益更加突显。例如，损失500元的感觉比获得500元的感觉更加强烈。卡尼曼和特沃斯基认为，损失和获益的心理效用并不相同，客观上的损失比等量获益产生的心理效用更大，并把这种现象命名为"损失规避"，即相同的一样东西，人们失去它经历的痛苦要大于得到它带来的快乐。规避损失所产生的另外一个结果就是禀赋效应（endowment effect），即人们为了得到一个商品所愿支付的最大数量通常少于他们一旦拥有而要放弃它时要求的最小数量。比如说，当人们需要对自己所拥有的一件东西（如咖啡杯）定价时，这一价格通常比他们愿意为购买这件东西而支付的买价更高。之所以出现这一效应是因为损失某一物品的感觉，比获得同样东西的感觉更加强烈。许多公司常常会利用这种不对称性，他们会向消费者提供试用产品，对这些试用品的试用过程常常会增加产品的价值，使得消费者在试用期结束后很不情愿归还这件产品而宁愿买下它。参照依赖性和损失规避有助于解释许多决策现象。例如，损失回避也有助于解释安于现状偏差（status-quo-bias）。

【专栏8-1】 安于现状偏差

安于现状偏差是指个体在决策时，倾向于不作为、维持当前的或者先前决策的一种现象。这一定义揭示个体在决策时偏好事件当前的状态，而且不愿意采取行动来改变这一状态，当面对一系列决策选项时，倾向于选择现状选项。萨缪尔森（Samuelson）和泽科豪瑟（Zeckhauser）1988年首次提出安于现状偏差这一概念，并在实验室实验和现场实验中证实这一决策偏差的存在。在这一经典研究中，被试要在一个假想的决策情境的两种版本中（中立版本与现状版本）进行选择。例如，在中立版本的决策情境中，假设你从你的叔叔那里继承一笔财产，你打算用这笔钱来投资，而且有4个投资资产组合选项可供你选择：中等风险的公司A；高风险的公司B；国库券；地方政府债券。而在现状版本的决策情境中，假设你从你的叔叔那里继承到了一组投资资产，即中等风险的公司A的股票，此时同样有4种投资组合选项可供你选择。但是现状版本中的第一个备选项为现状选项，即持有中等风险投资公司A的股票，且预期的收益和中立版本中的公司A的股票的收益相同。而其余的三个备选项与中立版本中都一样。结果发现，在现状版本中选择公司A的被试人数要远大于中立版本中选择公司A的被试人数。现状版本的决策情境只是把投资公司A的股票描述为现状，从而导致了被试对该选项的偏好。而且当其余三个备选项也被当作现状版本中的现状选项时，被试也倾向于选择现状选项。

那么为什么个体会倾向于维持现状呢？前景理论认为，人们在评价选项或结果的价值时，损失产生的心理感受，比等量获益产生的心理感受更为强烈。所以，与获得收益相比，人们会更强烈地倾向于避免损失，这就是损失规避。现状往往被视为参照点，与参照点相比，改变现状通常意味着在有些维度上会有获益，同时在有些维度上会有损失，所以个体会源于规避损失的倾向，而倾向于选择原选项，由此导致安于现状偏差。当没有更好的选项出现时，我们有理由维持原选择，但当有更好的选项出现后，安于现状偏差可能导致个体在决策时忽视优势选项而错失良机，不能获得最大化的决策效用。

（部分内容来源：刘腾飞，徐富明，张军伟，等. 安于现状偏差的心理机制、影响因素及应用启示[J]. 心理科学进展，2010，18（10）：1636–1643、1636）

2. 权重函数

前景理论和期望效用理论的另一个不同之处在于它们处理结果概率的方式。经典效用理论认为，50%的客观获益概率对于任何决策者来说，就是意味着50%的获益概率。前景理论则认为，偏好是"决策权重"的一个函数，而这些权重并不总是与概率相对应，卡尼曼和特沃斯基提出决策权重是决策者根据结果出现的概率而做出的主观判断。具体而言，此权重函数并不是随概率线性变化，小概率往往被高估，而中、高概率往往被低估（见图8-2）。

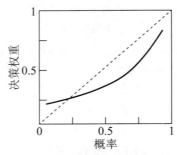

图8-2 前景理论中的权重函数

卡尼曼和特沃斯基（1979）曾利用下面的两个问题来说明人们具有强调小概率事件的倾向：

问题1　A：0.1%的机会赢得5000美元；
　　　　B：100%的机会赢得5美元。
问题2　C：0.1%的可能性输掉5000美元；
　　　　D：肯定输掉5美元。

在问题1中，75%的被试会选择A选项，在问题2中有80%的被试会选择D选项。在被试对这两个问题的回答中都体现出了人们具有高估小概率事件的倾向，这种倾向会使人们在获益时更倾向于冒险，而在损失时更趋向稳重，与前景理论中的效用函数形成鲜明对比。这种高估小概率事件的倾向也可以帮助解释一些日常现象。例如，明知道中奖概率很低，人们仍乐意花钱买彩票，而人们也通常愿意损失一定数量的钱来购买保险，以避免更大的损失，虽然这些损失发生的概率通常很小。

作为心理学家的卡尼曼和特沃斯基，在有限理论的基础上，为人类在不确定条件下的决策行为提出了一套规范的前景理论，这套理论奠定了行为经济学的基础，为判断和决策的跨学科研究做出了开创性的贡献。如今，行为经济学蓬勃发展，卡尼曼也因此获得了2002年诺贝尔经济学奖。正如瑞典皇家科学院认为，"他将其在认知心理学研究中获得的思路整合进了经济科学中，尤其关注了人类在不确定条件下的判断与决策行为，阐明了人类决策如何系统地偏离标准经济学的预测，为一个新的研究领域奠定了基础。他的工作激励了新一代经济学研究者从认知心理学中汲取理解人类内在动机的智慧，从而丰富了经济学理论。"

（四）生态理性理论

由于人类自身存在着许多局限——表现在时间、注意、记忆、加工资源方面。西蒙首先提出有限理性理论，卡尼曼和特沃斯基则发现人们在日常生活中通常会采用一些启发式策略，并会在实际决策中偏离理性，上述观点分别从理论及经验两个层面动摇了"理性人"假设的根基。特沃斯基和卡尼曼的研究着重于理解人类思维能力本身的限制，德国心理学家哥德·吉戈伦尔（Gerd Gigerenzer）教授则从环境结构的角度进一步发展了有限理性的观念，提出了"生态理性"的理论，从生物进化的角度强调个体适应环境的重要性，提倡生态理性。

生态理性这个概念不仅仅说明了人类的理性和思维能力是有限的，更重要的是，它告诉我们，当思维能力与环境相契合时，即使有限的理性也会由于符合环境的要求而快速有效。对于"窍门儿"的态度，吉戈伦尔与卡尼曼和特沃斯基的看法有很大差异。在卡尼曼和特沃斯基看来，窍门儿是人类思维不够完善的标志，他们用窍门儿来解释人们在推理中常常会发生的与逻辑不一致的现象。吉戈伦尔等人的研究则展示出，对人类思维而言，窍门儿并不总是意味着偏误。正相反，尤其当我们考察发生在真实世界中的决策时，窍门儿通常意味着用更少的时间做出更为准确有效的思考。

现以"再认启发式"为例，具体阐明生态理性的内涵。所谓再认启发式就是充分利用再认这种丰富有效的认知资源，推断出关于现实世界未知方面的决策策略。具体来讲，在信息有限的情况下，当个体面临几个选项时，一般会选择能够再认出的备选项。再认启发式是最简单的决策方式，也最适用于限制条件极其严格的环境。例如，当需要在两个物体中选择其一时，如果只有一条信息可用，即"以前我是否遇到过它"，那么该如何选择呢？与"随便在两个选项中挑选一个"相比，基于再认启发式的选择结果要正确得多。例如，有一项研究以美国和德国的大学生为被试，要求他们判断圣地亚哥和圣安东尼奥（两个美国城市）中哪个城市的人口多。结果只有62%的美国学生给出了正确的选择，而100%的德国学生的选择是正确的。为什么呢？因为大城市经常出现在报纸、电视等媒体上，因此有更多的人能够再认它，德国学生正是借助于再认启发式而使他们做出了比美国学生更为正确的判断，这一结果是令人吃惊的。除了再认启发式之外，吉戈伦尔等人在生态理性的框架下，还发现了采纳最佳启发式、采纳最近启发式、排除归类法和满意性规则等大量启发式规则，由于这些启发式能较好地拟合环境结构，因此它们可以帮助人们在利用较少信息与资源的情况下也可做出准确的判断。生态理性强调环境对人的塑造作用，以及人对环境的适应作用，它并没有把人类的决策过程与逻辑或概率规则进行比较，而是考察它在现实环境中的有效性，认为评判任何一种心理活动或人类行为是否具有生态理性的标准就是看它是否反映了当时的环境结构，它能否与当时的环境吻合。生态理性给我们提出了一个新的看待理性的角度，并设计出一系列富有特色的研究且获得了令人印象深刻的结果，由此在当今的决策理论中也占有一席之地。

三、影响决策的因素

（一）问题的措词及框架效应

个体的决策通常并不稳定，具有情景依赖性，问题的措词就是影响个体决策和判断的一个很重要的情景因素。首先请通过下面的"亚洲疾病问题"来看问题的措词是如何来影响个体的决策。

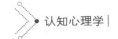

设想美国正在为亚洲爆发的一场非同寻常的疾病做准备，这场疾病会导致600人死亡。为了抗击这场疾病有关部门提出了两个可选方案。假如对各个方案的结果所做的准确科学评估如下：

如果采用方案A，将有200个人获救。

如果采用方案B，将有1/3的可能性600个人都获救，2/3的可能性不能挽救任何人。

那么你愿意选择哪个方案呢？

在该问题的这个版本中，大多数被试支持方案A，表现出风险规避。他们选择能够肯定挽回200人生命的方案。

如果针对同一个问题，只是变化其表述方式，特沃斯基和卡尼曼（Tversky、Kahneman，1981）却得到了完全不同的结果。他们让另一组被试回答本质上相同的问题，只是改变了对备择方案的描述：

如果采用A'，将有400个人死亡。

如果采用B'，将有1/3的可能性没人死亡，2/3的可能性600个人都将死去。

很明显此时大多数被试会更支持方案B'——风险寻求选项。尽管这两个版本并没有本质上的不同，但它们显然激发出了个体不同的反应。仔细考察问题1和2各自的两套方案，可以发现它们在客观上是一致的。但当对结果的描述从挽救生命变成了失去生命时，这种变化却足以使被试从风险规避转向风险寻求。

框架（framing）指对本质上相同的客观信息的不同表述方式。虽然框架的差异不应对理性决策产生影响，但卡尼曼和特沃斯基通过实验发现，采用相同的客观问题，通过变化框架也可引发被试不同的决策行为。但是如何判断两个决策问题是相同的还是不同的呢？对于这个问题没有一个普遍适用的答案。为了解答这个问题，卡尼曼和特沃斯基把框架效应的定义限定为：当决策者经过思考后认为实际上是相同的两个选择问题间所存在的反应分离。上面介绍的亚洲疾病问题符合这一界定，即当要求被试比较这两个版本时，他们几乎一致地认为在这两种情况下应该采取相同的行为。

沙弗（Shafir, 1993）证明了另一种不同的框架效应，他向被试呈现了一个问题，在这个情境中，被试被要求扮演一个法官的角色，来判定离婚父母对一个孩子的监护权。研究者对每位父母的特点进行了描述。其中对一个人的描述比对另一个人多，即对某一个人的描述既包含了更多的正性特性，也有更多的负性特性。指导语的设计会发生变化：一些被试被问到应该接受哪位监护人的请求；而另一些人则需决定应该拒绝哪位监护人的请求。在这两种指导语下，被试都会选择描述更为丰富的那个人，这可能因为当任务是选择接受哪位监护人的请求时，众多的优点就会突显，而当任务的焦点是拒绝时，众多的缺点则会突显出来。

以往人们认为理性决策者不应该受选择框架的影响，然而现在研究者普遍认同问题的表述方式，即问题框架会对决策产生重要的影响。近年来，框架概念在心理学、市场营销、医学和经济学领域中已取得了众多研究进展。框架效应使研究者更全面地理解了人类在判断和决策中的错误和不协调，框架效应表明，许多与决策本身无关的信息也可对人们的决策行为产生重要影响。

（二）评价方式的影响

假设你独立评价两个选项，且对A选项的估价比B选项更高。那么通过逻辑推论你可能会得出，如果在两个选项之间选择，你将会选择A选项。但实际上人们对选项的偏好并不是如此稳定的，通常个体对选项的评价方式也会影响个体对可选项的偏好。例如，在霍西的研究中（Hsee, 1998），如果分别评价的话，个体对溢出小杯的冰激凌（一杯冰激凌有7盎司，却装在5盎司的杯子里面，看上去快要溢出来了）的估价要高于未装满的大杯冰激凌（一杯冰激凌是8盎司，但是装在了10盎司的杯子里，所以看上去还没装满），虽然后者装了更多的冰激凌。但如果让个体同时评价两杯冰激凌的话，个体的估价会发生反转，人们会对未装满的大杯冰激凌估价更高。当人们独立地面对选项的时候，人们对其中一个选项的估价更高，但当同时考虑两个或多个选项时，偏好就会发生逆转，研究者称其为共同与单独的偏好反转（joint versus separate preference reversal）。

在同一研究的另一个情境中，霍西要求被试设想他们在市场中买一本字典。现在有两个备择选项：字典A有2万个词条和破损的外观，而字典B有1万个词条和完整的外观。被试分别在两种条件下报告他们愿意为字典支付的最高价格。一种条件是被试同时评价两本字典，在另一种条件下被试只评价其中的一本字典。结果发现，在第一种情况下，即共同评价时，人们愿为封面有破损的但词条多一倍的字典A支付更高的价格，而在第二种情况下，即单独评价条件下，人们却愿意为词条少但封面完整的字典B支付更高的价格。为什么会出现此种现象呢？

在上述例子中，我们可以注意到，备择选项通常涉及两个完全不同的特征，一种特征会在单独评价时更受偏爱，而另一种特征会在共同评价时更受人偏爱。目前对于这种效应主要有两种解释。巴泽曼（Bazerman）等人针对此效应提出了想要与应该假设（want/should explanation），该假设认为个体想要做什么与个体认为他或她应该做什么之间通常会存在矛盾。情感唤醒选项，或者说"想要"选项，将在单独评价中被给予更高的估价，而更理性的优势选项，或者说"应该"选项，在共同评价中的估价将更高。巴泽曼等人认为当我们对每个选项单独进行评价时，个体通常会根据情绪启发式进行判断，但在共同评价中个体会进行更为理性的分析。霍西等则提出了可评价性假设（evaluability hypothesis）。这种观点认为，每种特征的"可评价性"是不同的，有些特征容易评价（如字典封面有无破损），有些特征则难以评价（如词条数目）。在单独评价时，难以评价的特征的影响力会降低，容易评价的特征对个体的偏好将具有重要影响，即使该特征有时并不是特别重要。而在共同评价时，由于可以互相比较，所有特征都是容易评价的，此时个体会基于更重要的特征对备择选项进行评估，因此该假设也认为在共同评价中个体会做出更为理性的判断。

应该说上述两种解释并不互相排斥，他们都认为共同与单独的偏好反转是由于人们在共同与单独评价条件下，不同的特征被赋予了不同的权重。另外，这两种解释都认为在共同评价条件下，个体会基于更重要的特征作出理性的评价。而单独评价是一个复杂的任务，想要与应该假设强调情绪启发式的作用，认为人们在单独评价时会主要关注能够激发情绪唤醒的特征，重视个体内心的情感反应，而可评价性假设则从认知的角度提出，在单独评价时，难以评价的维度将被低估。总体而言，共同与单独的偏好反转现象很可能是在这两个过程的共同作用下产生的。

（三）情绪的影响

以往研究往往认为情绪是认知评价的副产品，而最近研究者却日益强调情绪在人类行为中的重要作用，甚至认为情绪对人类的影响超过了理性。例如，施瓦茨和克劳尔（Schwarz、Clore, 1983）提出情绪即信息模型（affect as information model），该假说认为情绪可以作为一种信息线索直接影响判断。目前，情绪对决策行为的影响已得到研究者的普遍关注，在决策领域中关注的情绪类型包括两种：一种是与当前决策任务无关的偶然情绪（accidental emotion），另一种是与当前决策任务相关的情绪。与决策任务相关的情绪可进一步分为两种：①预期情绪（anticipated emotion），它不是即时的情绪反应，而是一种由决策者预期的、伴随某种决策结果在未来将要发生的情绪反应，如预期后悔或预期失望。②预支情绪（anticipatory emotion），它是一种由决策情景激发的即时情绪反应，如焦虑、恐惧等。

1. 偶然情绪

偶然情绪是指由非当前决策任务的其他因素诱发的一种情绪体验，它会很自然地随着我们日常生活的好坏体验而波动。例如，看起来并无关系的天气也可以影响个体的情绪体验，因此个体的大多数决策通常都是在某种偶然情绪下作出的。在涉及偶然情绪的具体研究中，研究者通常会在决策任务前通过一定的情绪诱发方式来激发个体的偶然情绪，进而探讨偶然情绪与决策的关系。以往研究发现，偶然情绪会对个体的决策行为具有重要影响。一方面，诸多研究发现，偶然情绪对个体的判断过程及决策策略具有重要影响。通常研究者会认为处于正性情绪下的个体，更容易采用直觉的、启发式的信息加工策略，即自上而下的信息加工方法，会比较依赖于已有的知识结构而忽略了当前的细节问题。相反，处于负性情绪下的个体更容易采用分析的、系统的信息加工策略，即自下而上的加工方法，较少依赖于已有的知识结构而对当前的细节问题给予较多的关注。其次，偶然情绪可以影响个体的判断和决策结果。例如，情绪可以通过情绪一致性的方式来影响个体的知觉、注意和记忆，与负性情绪相比，正性情绪下的个体会对其他事物做出更为积极的评价（Kim、Park、Schwarz, 2010）。

2. 预期后悔和预期失望情绪

如果决策者意识或预期到自己的选择结果可能不如另一种选择的结果好时，就会产生后悔情绪，它是一种基于认知的负性情绪。传统的理性决策理论（如期望效用理论）认为，决策遵循效用最大化的原则，从而选取具有最大效用的方案。卢姆斯、萨格登（Loomes、Sugden, 1982）和贝尔（Bell, 1982）认为后悔也是决策结果的组成部分，这些预期情绪将改变效用函数。决策者在决策中会力争将后悔降至最低。许多研究证明了后悔理论，目前后悔情绪已经被广泛用于解释一些决策现象，如不作为惯性（inaction inertia）。如果人们先前曾错失了一个有吸引力的机会，当下次一些的类似机会再出现时，个体仍会倾向于继续放弃这一机会而选择不作为，这一现象被称为不作为惯性。例如，你很喜欢商场的一款衣服，这款衣服在先前的特价促销活动中曾打过4折，由于种种原因你没有买，现在4折特惠活动已经取消，但该款衣服仍可打7折，那么你会如何选择？通常个体会预期到如果现在购买了该款衣服，但一想到之前曾丧失了更优的机会，自己将来会感到后悔。因此，为了回避未来的预期后悔，此时个体会更倾向于继续放弃这一机会，由此就出现了不作为惯性，当然这只是关于不作为惯性的一种解释。

与后悔情绪密切相关的另一种情绪是失望情绪，它们的共同之处在于这两种情绪都是源于已获得结果和预期结果间的比较，区别在于，后悔是由实际决策结果和另一个自己未选的实际存在（或想象存在）的更好结果对比引起的，而失望是由于决策后的实际结果与个体的预期结果不符导致的。后悔强调不同选择间的比较，而失望强调同一选择内引起的不同结果间的对比。应该说，后悔是一种决策或行为定向的反事实思维性负性情绪，而失望是一种境遇定向的反事实思维性负性情绪。因此可以说，失望和后悔情绪确实是两个相关但又有一定区别的情绪。卢姆斯和萨格登（Loomes、Sugden, 1986）在提出预期后悔理论之后又提出了失望理论，与后悔理论相似，预期的失望情绪可以通过改变效用函数来影响决策，而决策者会倾向于选择可以避免或降低失望情绪的选项。

3. 预支情绪

近年来，随着对情绪与认知关系研究的深入，研究者对情绪影响决策过程的认识也逐渐全面与深刻。例如，勒温斯坦（Loewenstein）等人于2001年提出风险即情绪模型（risk as feelings），该模型提出在决策过程中所产生的即时预支情绪（如愤怒、恐惧、焦虑等）可以直接影响决策行为。此时情绪已成为了与认知过程并驾齐驱，甚至超过认知作用的一种重要因素。

大量的实验证据表明，情绪对决策行为具有直接影响。黛莫西奥（Damasio）等人1994年完成的一项研究就很好地证明了情绪的这种直接作用。他们选取前额皮质受损的病人和正常人作为被试，实验要求被试玩一个赌钱游戏。游戏有4套卡片，其中两套卡片属于高收益、高损失组，它们中既有高额赢钱的卡片，也有高额输钱的卡片；另两套卡片属于低收益、低损失组，它们的赢钱额和输钱额都偏低。每张卡片上都会注明输赢的钱数，被试只需决定在任一套卡片中选取一张卡片即可。结果发现，当抽到高额输钱的卡片后，两组被试在随即的选择中都会避免再从此套卡片中抽取卡片。但是与正常组相比，脑损伤组会更快地回到高风险卡片中。研究者进一步发现，当正常被试要从高风险组选择卡片时就会产生皮电反应，而病人却不会产生这种反应，对此研究者认为病人组虽然知道高回报组的卡片同时伴随着高风险，但由于缺乏对高额损失的恐惧体验，致使他们会很快地再次选择高风险卡片。黛莫西奥等人由此提出：作为躯体标志（somatic mark）的即时情绪在决策中发挥着关键作用，当缺少此种躯体标志时，前额受损的病人就不能考虑或感知自己选择的未来结果，从而作出糟糕的决策。

（四）社会环境的影响

由于人类本质上具有社会性，因此他们的判断和决策很容易受到社会因素的影响。如果想要对人们的决策和判断做出全面的解释，必须要把社会因素考虑进去。例如，很多人会迫于从众压力而做出某个选择，甚至出现群体盲思的现象。

当群体具有高度凝聚力而且相对不受外界影响的时候，群体忠诚和从众压力就很容易导致艾尔芬·詹尼斯（Irving Janis）所说的"群体盲思"（group think）现象。群体盲思是指：群体在决策过程中，由于成员倾向让自己的观点与群体保持一致，因而使整个群体缺乏不同的思考角度、不能对事物进行客观分析的现象。在群体盲思的影响下，没有人能够提出一些有争议、有创意的想法或观点，或是即使提出，这些建议也会遭到群体的忽视或隔离，从而使个体顺从团体的决定。这种现象有可能会导致群体做出不合理的决定。

根据贾尼斯的观点，群体盲思有以下8个普遍的特征：

① 群体中绝大多数或所有成员都抱有一种自己"完全正确"的错觉，这种错觉会导致过分自信以及过度的冒险。

② 群体成员会对某些警示信息集体采取忽视的态度或者对其进行合理化。

③ 坚信该群体固有的道德观。

④ 对建议的提出者充满刻板印象，认为他们太邪恶而不值得与之争论，或认为其太弱或太愚蠢，不会对自己构成严重威胁。

⑤ 少数派会感受到来自群体的压力。

⑥ 群体成员具有一种所有成员都达成了共识的错觉。

⑦ 成员会忽视自己内心对群体意见产生的疑虑并保持沉默，认为自己没有权利可以去质疑多数人的决定或智慧。

⑧ 自封为群体"精神守卫者"的个体会设法使群体远离任何可能破坏群体自满感的信息。

如果一个群体表现出这些特征，那么它就很有可能受到了群体盲思的影响。关于如何才能避免群体盲思，贾尼斯也提供了几条预防措施。其中最重要的是，群体的领导者应该明确鼓励不同的意见和批评——包括对他们自身观点的批评。其次，群体的领导者应该避免在一开始就表明自己的个人偏好。例如，一些企业在开会的时候，通常会让职位最低的群体成员首先发言，然后是职位次低的成员，以此类推。如此一来，群体成员就不会害怕自己的观点与更高职位的成员相悖。另外，也可以事先将群体成员分为几个不同的独立小组，分别同时就有关问题进行讨论和表决，最后的决议在此基础上形成，以避免群体盲思的不良影响。最后一条预防措施是与其他群体（或者与其他领导）共同考虑某一问题，这样就可以形成更多的不同解决方案。例如，群体可以要求群体外的专家或者有资格的同事参加群体的会议，并且鼓励他们挑战群体的一致意见。

第二节 决策策略与决策偏差

一、决策策略

在大多数决策中，人们都需要考虑很多评价标准，如在选购电脑时，人们需要在价格、质量、品牌和售后服务等众多方面上进行考虑。与只有一种评价标准的情况不同，当需要依据不同标准（如价格和质量）做出选择时，通常并没有一个客观的最优化决策，所以在"多属性选择"的研究中，研究者通常关注人们是如何作出决策的，而不是这些决策是否最优。在面临多属性选择时，人们会根据问题的类型而采用不同的策略。当决策者只需要在两种方案中选择其一时，他们常常会采用补偿性策略（compensatory strategy）。

（一）补偿性策略

采用补偿性策略是指，以某一特性的高价值来弥补另一特性的低价值。也就是说，决策者若要提高一个特性的值，往往需要以牺牲另一个特性为代价。例如，为了购买质量更有保障的品牌电脑，人们宁愿付出更多的钱，或者为了获得工作的稳定性，求职者愿意降低工资要求。下面主要介绍三种补偿性策略：

（1）线性加法模型（linear additive model）。根据每一特性的重要性赋予其权重，然后将各个特性的值加权后得到总体价值指数。例如，现在的研究生考试会通常包括笔试和面试两个部分，不同的学校会将笔试成绩和面试成绩赋予不同的权重，然后将笔试和面试成绩加权后得到一个考生的总成绩，进行择优录取。

（2）差异加法模型（additive difference model）。该模型与线性模型的区别在于：在线性模型中，是将每一方案的各个特性的值加权，然后在这些方案中作比较。在差异加法模型中，则先比较每一特性上各个方案的差异，然后对这些差异赋予权重后进行加总。相比于线性模型，该种策略会较好地简化选择过程，而且它也更接近人们的实际决策行为。比如，当老板选聘新员工的时候，通常会比较不同人员在工作经验、性格等特性上的优势和劣势，综合考虑后进行选择。

（3）理想点模型（ideal point model）。该模型的计算方式与线性模型类似，但原理不同。在理性点模型中，决策者心中都有一个理想方案，然后将其拥有的备选方案在各个特性上与理想方案相比较，对这些差异进行加权。

（二）非补偿性策略

人们在面临有多个备选方案的复杂情况时，通常会采用非补偿性策略（non-compensatory strategy）。与补偿性策略相反，这些策略不允许个体在不同特性间进行互相补偿。例如，当面对一些涉及价值目标（valued goal）的特性（如生命、健康、环保、时间等）时，决策者通常难以将其与其他特性（如金钱）进行补偿。这些非补偿性策略通常可以使人们能够用较少的时间获得满意的结果，是人类适应社会的一些有效的启发式策略。下面主要介绍三种非补偿性的策略：

（1）关联原则（conjunctive rule）。决策者要在每个特性上设定一个最低标准，任何方案只要低于某个标准就会被淘汰。任何可能被选择的方案需要在所有特性上达到一个最低标准。关联原则只能达到满意，而不是最优。

（2）词典编辑式策略（lexicographic strategy）。决策者需要首先比较不同特性的相对重要性，然后甄选出最重要的特性，选择出在这一特性最好的方案，如果选出不止一个方案，则再看第二重要的特性，在选出的几个方案中进行选择。如此下去，直到最后只剩一个方案。

（3）逐步淘汰原则（elimination-by-aspects rule）。逐步淘汰原则与词典编辑式策略一样，也需要决策者思考特性之间的相对重要性，然后选出最重要的特性，如果没有满足在这一特性上的最低标准或不具备这一特性的方案就会被淘汰，然后再基于第二重要的特性继续淘汰掉更多的方案，如此下去直到最后只剩下一个方案。

【专栏8-2】　　　　决策与判断的双系统模型

研究者认为个体会基于两种加工方式对风险信息进行处理：基于直觉的启发式系统（heuristic system）和基于理性的分析系统（analytic system）。斯坦诺维奇（Stanovich）和威斯（West）称其为系统1和系统2，并总结了这两种认知过程的主要特性：系统1的操作是快速的、自动化的、不耗费资源的、联结的、内隐的（不经过反省）以及通常是情绪驱动的；它们也被习惯所支配，于是难以控制或修正。系统2的操作是缓慢的、系列的、耗费资源的、更可能被意识监控的和有意控制的；它们也相对灵活，并且潜在地受规则所支配。

系统2对系统1具有监控功能，但卡尼曼和弗雷德里克（Shane Frederick）提出这种监控通常非常松懈，并且允许表现出许多的直觉判断，包括某些错误的直觉判断。弗雷德里克（个人交流，2003年4月29）已经运用了简单的智力问题来研究这种认知性的自我监控，正如下面的这个例子："一个球棒和一个球总共值1.1美元，球棒比球贵1美元。那么这个球值多少钱呢？"几乎所有人开始都会倾向于回答"10美分"，因为总值1.1美元被自然地划分为1美元和10美分，而且10美分接近正确的值。弗雷德里克发现许多聪明人都会屈从于这种即刻的冲动：50%（47/93）的普林斯顿大学的学生和56%（164/293）的密西根大学的学生给出了错误的答案。很明显，这些参与者没有检查就做出了反应。在简单问题中出现的这种令人惊奇的高错误率表明，系统2对系统1的输出结果的监控是如此轻微：人们并不习惯于辛苦地思考，他们通常会满足于相信快速地出现在头脑中的一个似乎合理的判断。值得注意的是，在这个智力问题和其他相同类型的智力问题中发生的错误表明，人们对延迟和欺骗行为都缺乏耐性。

（来源：荆其诚，张厚粲，陈烜之，等. 当代国际心理学进展[M]. 上海：华东师范大学出版社，2006：11-12）

二、启发式策略与偏差

当人们要对一个既复杂模糊又不确定的事件进行决策或判断时，由于没有行之有效的方法，人们通常会依据自己的直觉或者一些经验来进行决策。大多数情况下，启发式能为人们提供应对复杂问题的有效方法，这些思维的捷径有时可帮助人们快速地做出准确的判断，但在有些情况下，如果不适当地过度使用直觉，则会导致一些可预测的系统性偏差。下面将主要讨论三种常见的启发式及其所导致的系统偏差。

（一）代表性启发式及其偏差

代表性启发式（representativeness heuristic）是指人们倾向于根据样本是否代表（或类似）总体来判断其出现的概率，样本越有代表性，则被判断出现的概率越高。一般情况下，代表性是一个有用的启发式，但也可能会产生严重的偏差，导致判断错误。

从一些具体的例子中可以看出代表性直觉在特定情境下是如何起作用的，以及偏差是如何产生的。该例子来自特沃斯基和卡尼曼（1982）的研究，内容如下：

琳达，31岁，单身，坦率直言，性格开朗，她学的专业是哲学。当她还是一个学生的时候，她就非常关注歧视和社会公正问题，同时参加了反对核武器的活动。请从以下选项中选出可能性更高的选项：

A. 琳达是一个银行出纳
B. 琳达是一个银行出纳，同时是一个活跃的女权主义者

特沃斯基和卡尼曼（1982）让86个人回答以上这个问题时，超过90%的人认为琳达是

一个女权主义的银行出纳，而不仅是一个银行出纳。但是这样的答案却违反了概率的基本原则：两个独立事件（"银行出纳员"和"女权主义者"）同时发生的概率不可能高于单个事件发生的概率（如银行出纳员）。出于这样的原因，特沃斯基和卡尼曼（1983）将这种现象称为联合谬误（conjunction fallacy）。

另外，代表性启发式还会使人们导致忽略样本大小。下面这个问题来自特沃斯基和卡尼曼（1974）的研究。

在一个镇子里有一家大医院和一家小医院。大医院每天约有45个婴儿出生，小医院每天约有15个婴儿出生。正如你所知，所有婴儿中男孩大约占50%。但具体的百分比每天都会有差异。有时高于50%，有时则低于50%。在一年内，两家医院都登记了超过60%的出生婴儿是男孩的天数。你认为哪家医院这样的天数更多一些？
A. 小医院
B. 大医院
C. 两家医院相同（即在5%的差异范围之内）

在这一问题中，大部分人都选择了C，认为两家医院大致相当。相比之下，简单的统计学知识告诉我们，就某一天而言，在小医院比在大医院更可能见到60%的男性婴儿，小医院超过60%的婴儿是男孩的天数是大医院同类情况的3倍，因为大样本更不容易偏离平均数。然而，多数人却判断两家医院发生这种情况的概率相当，这实际上是忽视了样本的大小。虽然样本大小在统计学中很重要，但特沃斯基和卡尼曼（1974）却认为在进行直觉判断时，人们很少考虑到样本大小。为什么呢？因为人们在回答抽样问题时，常常使用代表性启发式，例如，他们认为在随机事件中60%的出生婴儿是男孩非常具有代表性，结果人们忽视了样本大小的问题。

（二）易得性启发式及其偏差

人们在进行判断时常常会依赖于最先想到的经验和信息，并认为这些容易知觉到或回想起来的事件更经常出现，以此作为判断的依据，这种判断方式被称为易得性启发式（availability heuristic）。通常情况下，这样的直觉能够很好地发挥作用，在所有条件都平等的情况下，普通的事件要比不常见的事件更容易被记住或者想象出来。决策者利用易得性启发式来估计事件发生的频率和概率往往能够简化决策。但也有一些事件之所以更容易被想到，并不是因为这样的事件具有更高的发生概率，而只是因为该类事件更容易被提取，或者是因为该类事件是刚刚才发生的，也有可能是该类事件掺杂了很多的情绪因素，由此就会导致一些决策或判断偏差。

例如，特沃斯基和卡尼曼（1973）问人们如下问题：在一般的英文词汇当中，以K作为首字母的单词和以K作为第三个字母的单词相比，哪一个更多（不要考虑字母数少于3的单词）？在152个被试中，有105个被试认为以K作为首字母的单词要多。但是事实上，以K作为第三个字母的单词数是以K作为首字母的单词数的两倍。因为人们更容易回忆起以K作为首字母的单词，因此人们会错误估计这两类单词的相对比例。

特沃斯基和卡尼曼认为，当个体根据某一事件中具体实例的易得性来判断该事件发生的频数时，如果这些实例更容易回忆，那么人们往往会高估该事件出现的频率。他们引用了一项实验进一步证明了这种偏差，在这项研究中研究者给两组被试读出列有知名男女姓名的名单。在一组被试听到的名单上，列举的女性比男性更有名，但男性名字的总体数目更多。在另外一组被试听到的名单上，列举的男性比女性更有名，但女性名字的总体数目更多。听完名单之后，两组被试都被问到：名单中男性的数目多，还是女性的数目多？结果发现，两组被试都做出了错误的估计，即都认为哪个性别包含的人物更著名，哪个性别的人数就多。很显然，与不太著名的人物相比，那些家喻户晓的名字更易惹人注意，由此导致了判断误差。

（三）锚定与调整启发式及其偏差

人们在进行判断时常常会根据一些典型特征或过去的经验对事件的发生概率设定某个锚定值，调整的范围也在该锚定值的临近领域，导致人们在判断中常常过分夸大或缩小事件的发生概率，出现非理性倾向。

请设想：你面前有一个幸运轮，幸运轮上有一些数字，当你转动这个幸运轮以后，指针停在了数字65上。然后研究人员问你这样一个问题：非洲国家的数量在联合国中所占的百分比是大于65%还是小于65%？你的答案肯定是小于65%。然后继续问你，非洲国家的数量在整个联合国中占的实际百分比是多少？经过一番思考之后，你给出的答案是45%。

现在请你设想另一种情况：如果你转动幸运轮以后得到的数字是10。研究人员同样问：你认为非洲国家的数量在联合国国家总数中所占的百分比是大于10%还是小于10%？你肯定认为应该是大于10%。然后继续问你，非洲国家的数量在联合国中所占的实际百分比是多少？经过思考之后，你给出的答案是25%。

上面的例子正是特沃斯基和卡尼曼（1974）在研究中所采用实验程序和得到的实验结果。被随机分到数字65条件下的被试给出的平均估计是45%；而被随机分到数字10条件下的被试给出的平均估计是25%。特沃斯基和卡尼曼使用了"锚定与调整"（anchoring and adjustment）的概念来解释这样的现象。也就是说，个体的判断是以一个初始值，或者说是"锚"为依据的，然后会进行并不充分的上下调整。

特沃斯基和卡尼曼（1974）的另一个著名实验，同样说明了锚定效应。当研究人员要求一组学生估算8×7×6×5×4×3×2×1这个算术题的答案时，得到的平均数是2250；而当他们要求另一组学生估算1×2×3×4×5×6×7×8的答案时，所得的平均数只有512。很显然，在降序数列条件下，被试首先锚定的答案是8、7、6的乘积，而在升序数列条件下，被试锚定的是1、2、3的乘积。但是，这两组被试的答案都远远低于该题目的正确答案：40320。

第三节　决策障碍及评定

一、决策障碍

（一）定义

决策障碍（decision-making deficit）指决策者过度偏好于即刻的奖赏而忽视未来的消极

结果，致使他们经常会作出不适当的决策行为。一些精神病患者或一些药物、赌博成瘾者通常伴随着决策障碍。具有决策障碍的人通常会对未来的结果进行异常的加工、对短期获益和长期获益的调节能力会减退、对即刻的奖赏过分敏感，因此导致他们在进行决策任务时，会倾向于偏好短时的获益而不顾长期的损失，在临床上会主要表现为：冲动性决策、决策短视和决策时的冒险行为。

（二）临床表现

1. 冲动性决策

冲动性决策是指当决策者在面对一个可即刻获得但价值较小的奖赏和一个需延时获得但价值较大的奖赏时，他们会更倾向于选择当前的较小奖赏，而放弃延时但较大的奖赏。例如，在进行延迟折扣任务（delay discounting task, DDT）时，药物成瘾者在 DDT 实验中表现出来的折扣率要显著高于控制组，药物成瘾者总是偏好选择那些即刻可获得但价值较小的强化物。

2. 决策短视

决策短视是指在做决策时，决策者会倾向于偏好短时的获益而不顾长期的损失，由此会做出不利的选择。许多研究表明，当腹内侧前额叶（ventro-medial prefrontal cortex, VMPFC）损伤的病人在进行决策时会只顾眼前的利益，而不考虑未来的损失，即使冒着将来遭受消极结果的风险，包括名誉、工作或家庭的损失，他们也会选择即时奖赏。

3. 决策时的冒险行为

当面临一个决策时，不同的人会有不同的偏好。例如，在"确定得到40美元"和"赢100美元与毫无所获的概率各为50%"的赌博中进行选择时，一些人会选择那确定的40美元，而另一些人会选择冒险。如果个体总是偏好选择冒险项目，而且即使没有获得任何奖励，仍不能放弃这一选择倾向的话，这就是决策时的一种冒险行为，也是决策障碍的临床表现之一。以往研究发现，一些药物成瘾者或前额叶有损伤的个体通常会不顾行为后果和负面的结果反馈，而执着地选择高风险、高回报的项目，表现出对概率大小的迟钝而做出了不适当的选择。

二、决策障碍涉及的大脑系统及解剖定位

1848年9月13日，一个名叫盖吉（Phineas Gage）的铁路工人，在美国弗蒙特州施工时，不幸在一次爆炸事故中被一根铁棍击穿头颅。幸运的是，他活了下来。但是原先那个严谨、谦虚和勤奋的他消失了，取而代之的是一个毫无恒心、胡言乱语、攻击性很强的酒鬼，而后来研究者也从这个个案中发现了前额叶在决策中的重要性。近几十年的研究表明，前额叶中对决策起重要作用的主要包括腹内侧前额叶（VMPFC）、眶额叶（orbital frontal cortex, OFC）和背外侧前额叶（dorsal lateral prefrontal cortex, DLPFC）等。这些部位损伤的病人在智力、记忆和认知功能的神经心理学测验中表现正常，但是，在现实生活中却表现得不正常。他们生活没有条理，决策时犹豫不决，经常进行冒险投资，并表现出不适当的社会行为，可以说，他们有持续性的决策障碍。

（一）腹内侧前额叶与决策障碍

VMPFC部位是储存和标识未来结果价值的脑区，该部位的损伤会导致病人过于追求可以带来即时奖赏的行为，而不顾未来的损失，也就是前文提及的决策短视。

研究发现，VMPFC损伤的病人在爱荷华赌博任务（the Iowa Gambling Task, IGT）上会表现出决策功能障碍，而且有61%的药物成瘾者与VMPFC损伤的病人的成绩趋向一致，因而，研究者推测某些药物成瘾者之所以会从偶然用药转变成无法控制的药物滥用，很可能是因为他们同时伴随着VMPFC功能受损，因此导致其在进行决策时会只顾眼前的奖赏，而不顾未来的损失，表现出决策短视。另外，VMPFC的损伤还会导致病人在风险情境下作出更加冒险的决策，例如，脑损伤病人在剑桥赌博任务（the Cambridge Gamble Task, CGT）中会全然不顾赢输的概率而一味增加赌注。

（二）眶额叶与决策障碍

OFC位于额叶腹侧面，它在调节刺激物的奖赏效应、编码预期结果的价值及在冲动的控制上具有非常重要的作用，该部位的损伤会导致病人出现决策障碍，病人常常会做出可带来重大损失（如经济损失、社会地位等的损害）的决策。OFC损伤的病人与VMPFC损伤病人类似也会倾向于做出能带来即刻奖赏的选择而不顾未来的不利结果。

另外，OFC病人在进行风险决策时也存在障碍。研究者采用风险决策任务，将OFC损伤的病人以及健康的对照组进行对比，比较各组执行风险决策的能力。研究发现，对照组在奖赏后的风险选择频率相对较高，在惩罚后的风险选择频率显著下降，呈现出明显的惩罚后风险选择抑制效应，即通过向安全选择的策略转移，以避免面临的威胁和负性结果。而OFC损伤组病人却没有明显的惩罚后风险选择抑制效应，在惩罚后仍然倾向于高风险选择。这表明，惩罚对于OFC损伤组病人随后的决策却无显著影响，说明OFC组病人对惩罚不够敏感，不能通过学习来改变自己的风险行为。

（三）背外侧前额叶与决策障碍

DLPFC与工作记忆密切相关，它的不同部位与不同类型的工作记忆相联系，如DLPFC上部与客体记忆有关，DLPFC下部与空间记忆有关，DLPFC的损伤会直接影响工作记忆。研究表明，DLPFC损伤的病人在爱荷华赌博任务上也表现出了明显的决策障碍，研究者认为，这主要是由于DLPFC损伤会使工作记忆受损，而工作记忆受损则会导致病人在赌博任务上不能做出正常的决策。

除以上几个部位外，前扣带皮层（anterior cingulate cortex, ACC）、脑岛和下顶叶皮层等在决策中也有重要的作用。2005年贝沙拉（Bechara）较为系统地阐述了决策障碍的神经机制。他提出人们的决策过程由两个互相颉颃的神经系统所控制：一个是冲动性的（impulsive）杏仁核系统，该系统包括杏仁核、腹侧纹状体。另一个是沉思性的（reflective）前额叶皮质系统，该系统包括前扣带回、背外侧前额叶、腹内侧前额叶（含眶额叶的部分区域）、脑岛、海马等。沉思系统的作用是促使人们根据长远的结果来作出决策，在正常情况下它对冲动系统具有监控作用，但这种监控不是绝对的，冲动系统的过度活跃或者沉思系统出现损伤都会使这种监控失效，致使个体只在乎眼前的利益，不能深思远虑，而出现决策障碍。

三、决策障碍的临床测评

（一）延迟折扣任务

延迟折扣任务是在跨期选择领域中被广泛应用的一种研究范式，跨期选择是指对发生在未来不同时间点上的结果做出权衡的决策过程。通常奖赏物的主观价值会随着时间的延迟而降低（折扣），即人们会更愿意马上得到较小的奖赏，而不愿意要以后的更大奖赏。尽管个体都有将延迟奖赏打折扣的倾向，但这种倾向在冲动性个体上会表现得更加明显。已有大量行为学研究发现，成瘾人群的时间折扣率显著高于正常人。延迟折扣任务（DDT）的实验程序通常是让被试在假定的两个奖赏之间做出选择：一个是即刻可获得但是价值较小的奖赏，如现在100元；另一个是延迟一段时间但价值较大的奖赏，如1月后的500元。实验者设计不同量级的奖赏和不同的延迟时间，经过一定次数的选择之后，可以得到被试对延迟奖赏（A）在某个延迟时间点（D）上的主观价值（V），使用下面的公式可以计算出被试对延迟奖赏的折扣率（k），折扣率越高说明被试做决策时的冲动性越强。

$$V=\frac{A}{1+kD}$$

DDT原理简单易操作，它采用延迟折扣率作为冲动性的指标，也比较客观，是一种使用得较为普遍的行为测量方法。目前相关研究多用的是"获益"项目，也有研究涉及到了"损失"项目。DDT最大的不足之处可能在于它仅能在单纯的获益或损失情境下评估决策冲动，不能很好地模拟在现实中获益和损失并存的复杂情况。

（二）爱荷华赌博任务

爱荷华赌博任务是贝沙拉等人（1994）在研究腹内侧前额叶皮层受损病人的决策障碍时发展出来的，是目前广泛使用的赌博任务之一。爱荷华赌博任务包括4副纸牌A、B、C、D。纸牌的背面看起来一样，但正面是奖赏或者奖赏与惩罚的结合。纸牌中奖赏的具体安排是：纸牌A每次给100美元的奖赏，但是连续10次中会有5次150～350美元的惩罚，总惩罚额为1250美元；纸牌B每次给的奖赏是100美元，但是连续10次中有一次1250美元的惩罚，纸牌C每次给50美元的奖赏，但连续10次中有5次是25～75美元的惩罚，总惩罚额为250美元；纸牌D每次给50美元的奖赏，但连续10次中有一次250美元的惩罚。因此，从长远来说，纸牌A、B都是不利纸牌，而纸牌C、D是有利纸牌。目前，爱荷华赌博任务通常是在计算机上实现的，被试可以通过鼠标点击每次在4张牌中选择1张，每个被试通常需要进行100次的选择，但被试在实验前不知道实验的总次数，也不知道纸牌中的奖、惩数量和频率等情况，只是被告知每次需任意从4副纸牌中选择1张，以达到尽可能赢更多钱的目的。被试每选择一张牌后，屏幕上就会反馈出该次选择的赢钱数以及目前拥有的金钱总额，如果所选择的牌同时伴有损失，则输钱数也会出现于屏幕上。IGT在分析数据时，主要计算被试选择有利牌的次数减去所选择的不利牌的次数，此指标被称为净分数（net score），即净分数=（C+D）-（A+B）。在具体的实验程序和数据分析中，研究者通常将100次选择划分成5个区组（block），通过比较净分数及其在不同区组中的变化趋势，可以分析出被试的决策特点及其策略调整情况。

IGT通过一个模糊的决策情境来考察个体如何做出有利的选择并根据反馈来调整决策策略，在此过程中还可以评估出他们的决策短视。但也有研究者认为，IGT本身涉及复杂的认知过程，除了决策过程外，可能还包括工作记忆、反转学习等，因而该种评价方法很难明确决策障碍者在IGT会作出更多不利选择的潜在机制。

（三）剑桥赌博任务

剑桥赌博任务（CGT）是罗杰斯（Rogers）等人1999年在评估眶额叶皮层受损伤病人的决策障碍时发展出来的。CGT是在计算机上进行，电脑屏幕上呈现10个小方格，包括红、蓝两色，红色和蓝色方格的数量比有9种情况：9:1、8:2、7:3、6:4、5:5、4:6、3:7、2:8、1:9。在这10个小方格中会有一个特殊的方格，它的背面有黄色的代币。被试需要根据红色和蓝色方格的比值来决定代币会出现在哪种方格下，并以此来分配自己放在红色和蓝色方格上的赌注，赌注是以点数的形式来表示的，被试的初始点数为100。被试可以选择不同的赌注，赌注占被试当前拥有点数的比例有五种：5%、25%、50%、75%、95%，下多少赌注由被试决定。被试首先需要决定要按哪种颜色的按钮，然后再选择赌注。屏幕上会显示反馈结果，如果赌赢了则增加相应的点数，输了则减去相应的点数。在实验过程中，如果被试的点数降到1，则当前的实验结束，自动进行下一轮实验。

CGT的数据分析主要有三个变量：①决策速度，即被试从实验开始到按下颜色按钮的时间。好的决策者可以快速地选择方格数量较多的颜色；②决策质量，以被试选择方格数量较多的那种颜色的次数为指标；③风险调节，以被试投入的赌注占其当前所有点数的比例为指标。由于每次实验红色和蓝色方格的数量比会随机变化，被试需要随着获胜概率的变化而相应地调整赌注，如果被试一味投入高赌注，则会体现出一种冒险行为。研究者通常认为IGT是一种模糊决策任务，而CGT则是一种风险决策任务，即CGT主要考察个体在获益和损失概率已知的风险条件下的决策特点，通过分析被试的思考时间、对高概率结果的选择次数和赌注比例，可以评估被试的决策质量和决策时的冒险程度。

（四）掷骰子任务

掷骰子任务（the Game of Dice Task）是布兰德（Brand）等人2005年在爱荷华赌博任务的基础上发展而来的，与之不同的是，在掷骰子任务期间，收益和损失的概率是固定的。每次掷骰子之前，被试必须猜测下一轮会掷到哪个数字（1～6），他们可选择单个的数字或者一组数字组合（2、3或4个数字）。每次选择后的收益和损失金额与选择的数字个数有关：假如猜1个点数（获胜概率是16.67%），则猜中就能赢1000€，猜错输1000€；如果猜2个点数（获胜概率是33.33%），如果猜中能赢500€，猜错输500€；如果猜3个点数（获胜概率是50%），则猜中赢200€，猜错输200€；如果猜4个点数（获胜概率是66.67%），则猜中赢100€，猜错输100€。收益和损失的数目在任务介绍中是明确的，并且呈现于屏幕上。被试的起始金额为1000€，被试也被告知，他们总共必须做出18次决策。在每一轮之后，收益（假如所选择的数字和掷到的数字相同）或损失（假如所选择的数字和掷到的数字不同）以及赌注的改变都会在屏幕上呈现，剩余的掷骰子的次数也会呈现在屏幕上。掷骰子的结果是虚拟随机的，在赌博任务中，6个数字会各出现三次，出现的顺序会加以平衡。

在对冒险决策的分析中，选择1个或2个数字（收益的概率低于50%，收益高但同时处罚也重）被定义为"不利"或冒险决策；相反，选择3个或4个数字（收益的概率为50%或者更高，收益低但同时处罚也轻）为"有利"或非冒险行为。例如，选择单个数字有1/6（16.67%）的概率得到1000€的收益，但损失1000€的概率为5/6（83.33%）。选择4个数字虽然只有100€的收益，但获益的概率是4/6（66.67%），而损失100€的概率仅为2/6（33.33%）。在掷骰子任务中，可对选择不利（单个或2个数字）与有利（3个或4个数字）决策的频率进行分析，也能对每个选项（单个，2个、3个或4个数字）的选择频率进行分析。掷骰子任务是一种较新的评估方法，它收益和损失的概率是明确且固定的，一般可用于评估个体在风险决策情境下的冒险行为。

第四节 决策障碍的认知训练

一、决策障碍的康复

通常存在决策障碍的一些脑损伤病人也伴随着其他方面的问题，如注意转移、工作记忆或情绪方面的障碍，因此目前针对决策障碍的康复训练多是从这些方面入手的。例如，有些严重的决策障碍患者多是工作记忆存在问题，致使其不能全盘考虑决策选项的不同方面，如只关注选项的当前盈利，而不能考虑备择选项的长期盈利情况。所以可以让患者学会借助一些辅助工具来帮助他们进行决策。例如，可以让他们把当前选择的目的、当前的备择选项和需要关注的特性、各备择选项的优缺点等等用笔写在本子上，以降低工作记忆负荷，使其做出更为理性的决策。

除此之外，决策障碍患者多是由于他们在计划和执行能力方面存在着缺陷，致使他们不能做长远的打算，而只顾眼前利益。正如，一个决策过程通常需要个体通盘考虑整个问题，由此选定一个适当的行动方案，并明确需要利用哪些资源来支持这一行动。应该说，决策过程从更广泛的意义上来说也就是一个计划和执行的过程。计划和执行功能包括自我觉察、计划、自我监控的心理能力。在计划和执行功能方面存在障碍的患者不能做出计划，不能根据规则进行自我调整，难以在活动中监控自我绩效，难以排除不相关任务的干扰、不能对多件事进行统筹安排，在保持注意方面会表现出功能性局限，经常表现出决策困难或障碍。而心理康复专家已经意识到有效决策与计划和执行功能的重要关系，因此决策障碍康复的认知训练可以借鉴计划和执行障碍中的一些训练措施。

二、目标管理训练（GMT）

罗伯特森（Robertson）1996年发展了一套具有成效的目标管理训练（goal management training, GMT）的方法。这项技术来自目标忽略理念（Duncan, 1986），它旨在训练患者发展出一套心理检测程序（mental checking routine）。这套训练程序包括5个步骤，第一步个体需要评估当前状态并确定一些相关的目标；第二步个体要选定目标并对其详细说明；第三步需要确定具体的子目标；第四步需要对目标和子目标进行学习和保持；最后一步需要检查自己的行动是否按计划进行。每次训练的时间持续1小时，具体流程可参见图8-3。李维

（Levine）等2000年对执行功能的自我管理培训（GMT）策略的有效性进行了研究，研究者发现患者的自我学习和自我管理训练对特殊任务及一般功能的计划、问题的解决、目标的制定及自我控制能力均有提高。阿方索（Alfonso）等2011年通过对酒精和药物成瘾者进行为期7周（每周2次，每次1小时）的目标管理训练和正念干预后，与控制组相比，干预组在爱荷华赌博任务中的正分数显著增加，表现出决策能力的提高。

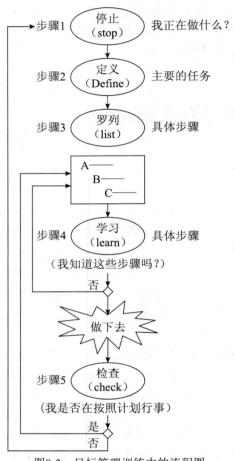

图8-3　目标管理训练中的流程图

三、问题解决框架（PSF）

决策过程从广义上来说，也是一个问题解决的过程。埃文斯（Evans, 2001, 2005）在GMT等的基础上提出了一个注意和问题解决（attention and problem solving, APS）程序。该程序已发展成一套全面的康复计划，一个疗程一般是8到10周。该认知训练也可应用于决策障碍的康复中。最初训练的目的是治疗注意困难，接下来的训练是介绍和练习问题解决框架（problem solving framework, PSF）。PSF有纸版的训练清单和相关的练习模版（见图8-4和图8-5），这套程序主要是鼓励患者采用一种系统的方法来解决问题（防止以一种冲动的方法）以及通过建立一个心理检查程序来监控目标的实现。根据在PSF陈述的步骤中（见图8-4），患者主要是要学会一种"停止：思考"策略，这种策略旨在当患者面临一个问题或实现目标时，阻断他们的冲动行为。当运用PSF时，患者被鼓励运用多种不同的思维方式，产生一系列可能的解决问题的方法，并且使用注意策略、记忆辅助等形成有关管理计划的策略。该训练程序的最后一个步骤是要求患者离开训练中心，并使用PSF计划并完成一天的活动。

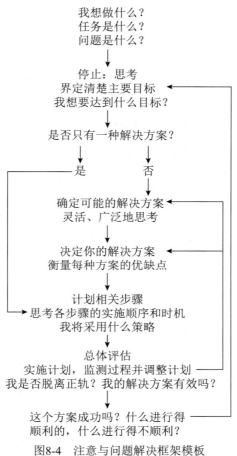

图8-4 注意与问题解决框架模板

1.主要目标_____

2.备选解决方案	优点	缺点

3.决定_____
4.计划　　　　　　　　　　　　　　　　　　成功/失败
步骤1_____ □
步骤2_____ □
步骤3_____ □
步骤4_____ □
步骤5_____ □
步骤6_____ □

5.&6.记住检测和评估！
事情是否进展顺利？若不顺利，是否需要改变计划？

图8-5 问题解决框架模板

思 考 题

1. 前景理论的主要观点有哪些？如何利用前景理论帮助我们解释日常生活中的一些决策现象？
2. 有限理性和生态理性的区别和联系有哪些？
3. 什么是共同与单独的偏好反转现象？为什么会出现这种现象？
4. 如何降低群体盲思？
5. 人们在决策中会采用哪些补偿性策略和非补偿性策略？
6. 目前可以采用哪些方法来评定决策障碍，它们各自适用于评定决策障碍的什么方面？

案例分析　　　别在沉没成本中沦陷

1962年11月29日，英法两国签署了一个联合研制民用客机的协议——"超音速运输计划"，并开始共同出资筹建研制第一架民用超音速飞机的公司——协和公司。最初的市场预测表明，虽然超音速飞机造价比一般飞机高出好几倍，但具有旺盛的市场需求，因此协和公司觉得研制超音速飞机可以赚钱。此时，波音公司也在研制超音速飞机，波音公司同时在研制另外一种飞机，速度没有超音速飞机快，但用油少，价格也更为便宜，也就是著名的波音747飞机。不久后，中东石油危机爆发了，这使得石油价格大幅上升，在这种情况下，波音公司毅然终止了对超音速飞机的研制，全力转向747飞机上面，而协和公司却在继续超音速飞机的研制。协和之所以继续研制超音速飞机有一个很重要的原因，就是当时协和公司已经为这个项目投入了很多钱，如果半途而废中止这个项目，那么之前投入的钱就白费了，这等于是在浪费纳税人的钱。结果，超音速飞机制成之后由于高昂的价格和运行成本，真的少有航空公司问津。本来英法准备制造1370架协和飞机，最后只造了20架，而且很难找到买家，只好由英法两国自己的国有航空公司收购。仅仅从经济上来看，协和超音速飞机是一个重大的失败。

分析：

通常人们在决定是否去做一件事情的时候，不仅是看这件事情对自己有无好处，还要看是不是已经在这件事情上面投入过多。这些已经发生、不可收回的支出，如时间、金钱、精力等称为沉没成本（sunk cost）。当某个人为一件事做了一定的前期投入后，再让他放弃就非常困难，即使他明知道完成的结果并不会像他预料的那样好，甚至投入越多，实际的损失也会越多，他也很难说服自己放弃。人们往往会出于想挽回已经发生却无法收回的沉没成本而做出很多不理性的行为，由此陷入了沉没成本误区。在这里，我们很难评判英法两国坚持协和超音速飞机研制的这个决策一定就是错误的，但是如果因为不想浪费已经投入的成本而坚持在一个明知道会亏钱的项目上继续投入则肯定是不明智的。如果一个人明智的话，在决策时沉没成本是应该忽略的，过去的已经不能挽回，我们现在的决策应该主要考虑这件事情本身可带来的收益和将要付出的成本，不需要考虑也不应该考虑已经付出的成本。

拓展学习　　　过 分 自 信

从20世纪80年代早期到20世纪90年代早期，研究者达成广泛共识，人们在决策和判断中，通常会表现得过分自信（overconfidence）。例如，利希腾斯坦（Lichtenstein）和菲什霍夫（Fischhoff）1977年要求人们判断12个儿童的图画是来自欧洲还是亚洲，并且估计每一次判断的正确性。结果发现，尽管只有53%的判断正确，可是平均的信心评分却达到了68%。过分自信被认为是个体一种普遍的判断模式，当个体说他们对自己答案的正确性有70%的信心时，其实他们的正确率比60%还要低。当他们说有90%的信心时，其正确率大概只有75%。利希腾斯坦等人对准确性和信息之间的对应关系总结如下：过分自信跟决策者的智商水平无关；当判断准确率接近机遇水平时，过分自信达到最大；当准确性从50%增加到80%时，过分自信会随之减少，当准确性超过80%时，人们通常会变得不自信。也就是说，当准确性为80%左右时，准确性与自信心之间的分离程度最小。

当然过分自信也有一定的好处，一般来说，过分自信可以给人勇气，使人乐观，这种积极的心理暗示将有助于人们顺利实现目标。但是过分自信也通常会导致重大的失误，使人大意失荆州。例如，美国人的过分自信使日本人在第二次世界大战期间成功地偷袭了珍珠港。另外，过分自信的研究也提示我们应该对别人的独断性陈述保持谨慎和警惕，即使他看起来非常确信自己是正确。研究者在证实过分自信的同时，也探讨了应该如何消除过分自信的策略。利希腾斯坦、菲施霍夫及其同事通过研究提出了一些可以降低过分自信的策略。首先，他们发现，在进行200次判断并得到集中的反馈之后，一开始过分自信的人能够学会更好地进行校准，即对过分自信的判断给予反馈，可适度地减少这种偏差。其次，科莱特（Koriat）等人发现，如果要求人们重新思考他们的答案为什么可能会出错，可以让他们意识到与自身判断相互冲突的信息，从而减少过分自信。

参考资料

1. Bechara, A. Decision making, impulse control and loss of willpower to resist drugs: A neurocognitive perspective[J]. Nature Neuroscience, 2005（8）：1458-1463.

2. Bechara, A., Damasio, A. R., Damasio, H., & Anderson, S. W. Insensitivity to future consequences following damage to the human prefrontal cortex[J]. Cognition, 1994（50）：7-15.

3. Bechara, A., Damasio, H., Tranel, D., & Damasio, A. R. Deciding advantageously before knowing the advantageous strategy[J]. Science, 1997（275）：1293-1295.

4. Bell, D. E. Regret in decision making under uncertainty[J]. Operations Research, 1982（30）：961-981.

5. Brand, M., Fujiwara, E., Borsutzky, S., Kalbe, E., Kessler, J., Markowitsch, H. J. Decision-making deficits of Korsakoff patients in a new gambling task with explicit rules—associations with executive functions[J]. Neuropsychology, 2005, 19（3）：267-277.

6. Brunswik, E. Scope and aspects of the cognitive problem. In H. Gruber, K. R. Hammond & R. Jessor（Eds.），Contemporary Approaches to Cognition[M]. Cambridge, MA: Harvard University Press, 1957.

7. Duncan, J. Disorganisation of behaviour after frontal lobe damage[J]. Cognitive Neuropsychology, 1986（3）：271-290.

8. Evans, J. J. Can executive impairments be effectively treated? In P. Halligan & D. Wade（Eds.），the Effectiveness of Rehabilitation for Cognitive Deficits[M]. Oxford: Oxford University Press, 2005.

9. Evans, J. J. Rehabilitation of the dysexecutive syndrome. In R. L. I. Wood & T. McMillan (Eds.), Neurobehavioural Disability and Social Handicap[M]. Hove, UK: Psychology Press, 2001.

10. Hsee, C. K. Less is better: When low-value options are valued more highly than high-value options[J]. Journal of Behavioral Decision Making, 1998（11）: 107-121.

11. Janis, I. L. Group Think: Psychological Studies of Policy Decisions and Fiascoes, 2nd ed[M]. Boston: Houghton Mifflin, 1982.

12. Kahneman, D., & Tversky, A. Prospect theory: An analysis of decisions under risk[J]. Econometrica, 1979（47）: 263-291.

13. Kim, H., Park, K., & Schwarz, N. Will this trip really be exciting? The role of incidental emotions in product evaluation[J]. Journal of Consumer Research, 2010（36）: 983-991.

14. Levine, B., Stuss, D.T., Winocur, G., Binns, M. A., Fahy, L., Mandic, M., et al. Cognitive rehabilitation in the elderly: Effects on strategic behavior in relation to goal management[J]. Journal of the International Neuropsychological Society, 2007（13）: 143-152.

15. Lichtenstein, S., & Fischhoff, B. Do those who know more also know more about how much they know? [J]Organizational Behavior and Human Performance, 1977（20）: 159-183.

16. Loewenstein, G.,Weber, E., Hsee, C., Welch, N. Risk as feelings[J]. Psychological Bulletin, 2001, 127（2）: 267-286.

17. Loomes, G. & Sugden, R. Disappointment and dynamic consistency in choice under uncertainty[J]. Review of Economic Studies, 1986（53）: 271-282.

18. Loomes, G. & Sugden, R. Regret theory: An alternative of rational choice under uncertainty[J]. Economic Journal, 1982（92）: 805-824.

19. Robertson, I. H. Goal Management Training: A Clinical Manual[J]. Cambridge: PsyConsult, 1996.

20. Rogers, R. D., Owen, A. M., Middleton, H. C., Williams, E. J., Pickard, J. D., Sahakian, B. J., et al. Choosing between small, likely rewards and large, unlikely rewards activates inferior and orbital prefrontal cortex[J]. Journal of Neuroscience, 1999（19）: 9029-9038.

21. Samuelson, W. & Zeckhauser, R. Status quo bias in decision making[J]. Journal of Risk and Uncertainty, 1988（1）: 7-59.

22. Schwarz, N. & Clore, G. L. Mood, misattribution and judgments of well-being: Informative and directive functions of affective states[J]. Journal of Personality and Social Psychology, 1983（45）: 513-523.

23. Shafir, E. Choosing versus rejecting: Why some options are both better and worse than others[J]. Memory and Cognition, 1993（21）: 546-556.

24. Tversky, A., & Kahneman, D. Availability: A heuristic for judging frequency and probability[J]. Cognitive Psychology, 1973（5）: 207-232.

25. Tversky, A., & Kahneman, D. Extensional versus intuitive reasoning: The conjunction fallacy in probability judgment[J]. Psychological Review, 1983（90）: 293-315.

26. Tversky, A., & Kahneman, D. Judgment under uncertainty: Heuristics and biases[J]. Science, 1974（185）: 1124-1130.

27. Tversky, A., & Kahneman, D. Judgments of and by representativeness. In D. Kahneman, P. Slovic, & A. Tversky（Eds.）, Judgment under uncertainty: Heuristics and biases[M]. Cambridge: Cambridge University Press, 1982.

28. Tversky, A., & Kahneman, D. The framing of decisions and the psychology of choice[M]. Science, 1981（211）: 453-458.

推荐书目

1. 庄锦英. 决策心理学[M]. 上海：上海教育出版社，2006.
2. 斯科特·普劳斯. 决策与判断. 施俊琦. 王星（译）[M]. 北京：人民邮电出版社，2004.
3. 奚恺元. 别做正常的傻瓜.（第二版）[M]. 北京：机械工业出版社，2006.
4. 哥德·吉戈伦尔，彼得·M.托德，刘永芳，译 简捷启发式让我们更精明[M]. 上海：华东师范大学出版社，2002.

第九章 问题解决与创造力

本章要点

在陈述问题解决和创造力的基本概念和特征的基础上,重点阐述问题解决的过程、策略和影响因素,以及如何培养创造力,最后就问题解决障碍的临床表现、临床测评和康复方法进行介绍。

第一节 问题解决的概述

一、问题解决的定义

人们在生活中会遇到并需要解决许多问题。根据纽威尔和西蒙(Newell、Simon)"当一个人想要某种东西但不能立即知道通过怎样的一系列动作才能得到这个东西时,他就面临一个问题"。问题解决(Problem Solving),是由一定的情景引起的,按照一定的目标,应用各种认知活动、技能等,经过一系列的思维操作,使问题得以解决的过程。例如,证明几何题就是一个典型的问题解决的过程。几何题中的已知条件和求证结果构成了问题解决的情境,而要证明结果,必须应用已知的条件进行一系列的认知操作。操作成功,问题得以解决。

二、问题解决的过程

纽威尔和西蒙(Newell、Simon)认为,问题解决的过程分为问题表征、选择算子、应用算子和评价当前状态,从而形成著名的四阶段模式。

(一)问题表征

约翰·安德森(John R. Anderson)认为,问题由起始状态、中间状态和目标状态构成,问题的起始状态、中间状态和目标状态称为问题空间。表征是一种能够代表和传递某种信息的内部心理结构,问题表征就是分析问题和理解问题,包括分析问题的起始状态和目标状态,了解问题的要求和各种约束条件,发现它们的联系,建构问题空间。首先,问题表征先要对问题的起始状态进行表征,即搞清楚问题的已知条件是什么,有哪些已知条件,有哪些信息与这些已知条件相关联等。其次,要对问题的中间状态进行表征。即搞清楚介于起始状态和目标状态之间的中间环节有哪些,问题情境的有关"约束"(不可以做什么的限制,以及问题或问题的特征结合方式的限制)是什么等。最后,要对问题的目标状态进行表征。即搞清楚问题解决所要达到的目标。

表征问题的方式是多种多样的,基本的方式有符号、表格、图形和视觉意象等几种。西蒙提出,表征是问题解决的一个中心环节,如果一个问题得到了正确的表征,那就可以说它已解决了一半。

（二）选择算子

信息加工理论认为，问题解决就是在问题空间，通过一系列认知操作从而使问题从起始状态到达目标状态的过程。从一种状态到另一种状态的认知操作叫作算子，所以问题解决就是在问题空间搜索一系列算子，通过利用算子，使问题从起始状态逐渐转变为目标状态。有些算子可随问题空间的形成而获得，有些则需进行选择。当问题空间较小时，正确的算子易于选择；而当问题空间较大时，则难于选择正确的算子，需应用一定的问题解决策略来进行。例如，下象棋时，由于双方棋局的不断变化，每走一步均可有各种不同的选择，因此需要从中选择最合理的方案和步骤。

人们能不能提出可供选择的不同算子，这依赖于他们思维的灵活性和知识经验。思维越灵活，知识经验越丰富，解决问题的算子就可能越多，而选择某个最好的算子，则依赖于他们的决策能力，这和人的知识经验又有密切的关系。

（三）应用算子

问题解决者运用选定的算子来改变问题的起始状态，使之逐渐接近并达到目标状态。这个过程即执行策略阶段。某些情况下，如在简单问题的解决过程中，选定的算子和策略可顺利的实施，但在复杂的情况下，会出现困难，不能顺利地实施。

（四）评价当前状态

问题解决者对选择的算子和问题解决策略是否合适进行评价，并对问题的状态是否接近目标状态进行评估。在问题获得解决以前，对算子和策略有效性的评估起着重要作用。在一些情况下，经过评估，可以更换算子和改变策略。有时甚至需要对问题的起始状态和目标状态重新进行表征，使问题空间发生剧烈的变化。

问题解决的上述阶段在大的范围内保持以上顺序，但在进行过程中不必严格遵守这个顺序，可以从后一阶段回到前一阶段，这种现象在问题解决过程中是常见的。

三、问题解决的策略

问题解决策略是对人们在解决问题过程中搜索问题空间、选择算子时使用的各种方式、方法的统称。它是影响问题解决效率的重要心理因素之一，它决定着问题解决的具体步骤。问题解决总是由一定策略来引导搜索的。

问题解决策略主要有两类：算法策略和启发式策略。算法策略是指解题的一套规则，它精确地指明解题的步骤。如果一个问题有算法，那么只要按照其规则进行操作，就能得到问题的解决。所谓启发策略，就是凭借个体已有的知识经验，采取较少的操作来解决问题的方法。这种办法不能保证完全成功，因为有关信息和知识的启发可能是不真实的。但它省时省力，简便易行，所以成为人们常用的问题解决策略。常用的问题解决策略有以下几种。

（一）手段-目的分析

手段-目的分析是将问题的目标分解为一个个子目标，通过减少起始状态与一个个子目标之间的差异,最终达到减少起始状态与目标状态之间的差异。因此,手段-目的分析策略又叫减少差异策略。手段-目的分析法的一个核心是将一个较为复杂的问题分解为几个较简单的子问题。其要点是:①比较初始状态和目标状态,提出第一个子问题:如何缩小两者差距。②找出缩小差距的办法及操作。③如果提出的办法实施条件不够成熟,则提出第二个子问题:如何创造条件。④提出创造条件的办法及操作。⑤如果④中提出的办法实施条件也不成熟,则提出第三个子问题,如何创造条件。如此螺旋式地循环前进,直至问题解决。

"河内塔"问题是问题解决研究中常用的经典实验,手段-目的分析是解决"河内塔"问题的最有效方法。"河内塔"问题实验材料是一块有三个柱子的木板,其中左边的柱子上有几个依次增大的圆盘(数目可根据实验要求增减)。实验要求被试把圆盘从第一柱移动到第三柱上,仍需保持原来放置的大小顺序。每次只能移动一个圆盘,且大盘不能放置于小盘之上,在移动时可利用第二柱(见图9-1)。

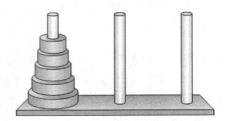

图9-1 河内塔问题

(资料来源:杨治良,王新法,心理实验操作手册[M].上海:华东师范大学出版社,2010:186.)

"河内塔"问题的正确解法为:①在奇数序号步子(如第1、第3步等)移动最小的圆盘,在偶数序号步子移动次小圆盘;②如果圆盘的总数是奇数,则最小的圆盘先从第一柱上移向第三柱,再移到其它柱,如此反复进行;如果圆盘总数是偶数,则最小的圆盘先移到其他柱,再移到第三柱。不管圆盘个数多少,完成"河内塔"任务的最少移动次数为2^n-1,n为圆盘的数目。

不仅像"河内塔"这样的数学问题需要用手段-目的分析来解决,一些为人处世的技巧也含有手段-目的分析的策略。例如,西汉初年魏勃年少时,曾想拜见齐相曹参,因为家境贫寒,地位低下而无法勾通。后来,他想了个曲折的办法,每天早晨洒扫亲近齐相舍人的门庭。起初,舍人感到不解,以为是什么怪物所为。后来通过窥视才发现魏勃。问他为什么天天这样做。魏勃说:"我想拜见齐相,但没有接近机会,所以替你洒扫庭户,求你为我引荐一下。"于是舍人推荐魏勃与齐相曹参。在此例中,魏勃想见曹参却无法直接见到,于是,先通过为他的属下无偿服务的方式,取得其好感和帮助,然后就达到目标了。取得其好感就是子目标,通过这一子目标,再进一步发展,就达到拜见曹参的最终目标了。

(二)逆向工作

问题解决中,逆向工作是从目标状态开始往回搜索,直至找到通往起始状态的路径或方法。人们常说的"逆推法""倒推法"指的便是这种解题策略。问题的结果指什么呢?它不是指问题的答案,也不是指问题的设问,而是指问题涉及的发生事件的结果。这种策略的使用是有限制的,只有在问题情境较清楚和具体、从起始状态到达目标状态只有少数路径时,才可能有效果。能运用逆向策略工作解决的问题的特点是:问题目标一般指向发生事件或发生动作。

例如，从前一农夫有牛若干头。他临死时，对身边的人说：我的妻子分得全部牛的半数再加上半头；长子分给剩下的牛的半数再加半头；次子分给还剩下的牛的半数加半头，小儿子就得最后剩下的牛的半数加半头。人们按照他的遗嘱分牛，结果一头牛也没杀，也没剩下，请问，农夫死时留下了几头牛？解决此题，在不用代数法（列方程）的情况下，就只得求助逆向工作策略。现从发生结果"一头牛既没杀也没剩下"出发，得知小儿所分的牛的头数为1，然后在此基础上逆推出次子分牛2头，逆推出长子分牛4头和妻子分牛8头，最后得知农夫死时留下了15头牛。

（三）计划

在问题解决中，人们常可抛开某些方面或者部分，而抓住一些主要结构，把问题抽象成简单的形式，先解决这个简单问题，然后利用这个解答来帮助或指导更复杂的整个问题的解决。这种方法被称作"计划"或"简单计划"。海斯（Hayes）举出了下述例子来说明"计划"策略。假定我们的任务是根据下面五个等式来找出X和Y的函数关系：$R=Z^2$，$X=R+3$，$2M=3L+6$，$Y=M+1$，$R=3L$。要解决这个问题，可以先对5个方程进行简化，这有助于看出变量之间的关系：$R-Z$，$X-R$，$M-L$，$Y-M$，$R-L$。在这个抽象的表述里，找出X-Y的函数关系便简化为找到一条联络X和Y的途径。这条途径是：$X-R-L-M-Y$。这个抽象的连接途径现在就可以指导原来问题的解决。只要把上面的方程代进去，问题就可以得到解决：$X=R+3=3L+3=2M-6+3=2(Y-1)-6+3=2Y-5$。

> **【专栏9-1】　　　问题解决心理机制之信息加工模式**
>
> 信息加工论者把问题解决看作是信息加工系统（大脑或计算机）对信息的加工，把最初的信息转换成最终状态的信息。随着计算机技术的迅猛发展，许多心理学工作者企图用计算机模拟人问题解决过程，根据计算机以人类解决问题的方式时的运行机制来推测支配人类解决问题过程的某些机制。现在，计算机通过编好的程序可以下棋，诊断病情，证明复杂的数学和逻辑问题等。在这些计算机模拟程序中，最为有名的当属纽威尔和西蒙等人1958年设计的"通用问题解决程序"（general problem solver）。这一程序的编制过程是，先让被试在实验中解决一定的问题，一边解决一边大声说出自己的想法，实验者将这些口语录制下来，进行分析整理，然后编成计算机程序，来模拟人的解决问题的行为。"通用问题解决程序"认为有一种人和计算机通用的解决问题的启发式策略：手段-目的分析法。手段-目的分析把大的目标状态分成一个一个的小目标，然后进行算子搜索，逐渐减少当前问题状态与目标状态之间的差异。
>
> 信息加工论者从信息加工转换的角度来看待问题解决过程，确实给人们对问题解决的认识增添了新的角度。对某一类问题的解决具有一定的指导意义。但是人毕竟不是计算机，计算机加工信息的方式与人类加工信息的方式大有不同，在某些方面甚至有本质的区别，如缺乏对全新情景的应变能力等。因此，用计算机模拟人类解决问题的过程来探讨人类解决实际问题的过程，在逻辑上是根本站不住脚的。
>
> （资料来源：蔡笑岳.问题解决心理学的研究模式及研究取向的演变[J]. 华南师范大学学报（社会科学版），2008，6：103-109）

四、问题解决的影响因素

（一）迁移

在心理学中，迁移指的是一种学习对另一种学习的影响，指在一种情境中获得的技能、知识或态度对另一种情境中技能、知识的获得或态度的形成的影响。迁移首先是使习得的经验得以概括化、系统化，形成一种稳定的整合的心理结构，从而更好地调节人的行为，并能动地作用于客观世界。迁移是向能力转化的关键。能力的形成一方面依赖于知识、技能的掌握；另一方面也依赖于掌握知识和技能的不断概括化、系统化。

当人们面对难以解决的问题时，他们通常会用另一个较易理解的问题来诠释这个问题。这就是迁移对问题解决的影响。举例来说，外科医生需要消灭一位病人胃部的肿瘤，而唯一的办法是使用高剂量的X光。但是，在X光照射肿瘤的路径上，这样的辐射量也会破坏其他健康的组织。如果将X光减至一半就不会破坏健康的组织，但也无法杀死肿瘤。那么该怎么办呢？大多数人都觉得解决这个问题相当困难。但如果有机会可以先学习另一个问题，解决这个问题就会相对变得容易：一支进攻的军队因攻击路线太窄而无法以庞大的队形前进，因此必须分散成小单位，由不同方向前进再集中到敌人的所在地。学到这个问题的解法后，便能想出第一个问题相对应的解法：由两个不同的方向分别施以一半的X光量，经过这两条路径而聚集在肿瘤上。像这样由一个较容易理解的问题切入一个较难的问题便是迁移对问题解决的影响。

（二）原型启发

原型启发是一种创新思维方法，是根据事物的本质特征而产生新的设想和创意。当我们进行创造性想象时，往往会从其他事物中得到启示，从而找到解决问题的方法和途径。我们把这种具有启发作用的事物称作"原型"，问题解决者在"原型"中获得一些原理的启发，使其结合当前问题的有关知识，形成解决方案，从而创造性的解决问题。从本质上说，原型之所以具启发作用，主要是因为这一事物本身的属性和特点，与所要创造的东西有相似之处。例如，鲁班爬山时，手不小心被一种丝茅草割破，疼痛之余，他惊诧柔弱的小草竟如此锋利，他怀着浓厚的兴趣研究、琢磨小草的构造，终于找到了秘密所在：草叶边缘的毛刺就是"利器"。用同样的方式处理一下铁片，岂不可以断木如泥？锯子的雏形就这样产生了。

人们通过对鸟翅膀构造的研究，设计飞机机翼；通过对蝙蝠超声波定位的仿效，制造出雷达；通过对狗鼻子构造的分析，发明了比狗鼻子更灵敏的电子嗅觉器……所以，他山之石，可以攻玉，自然现象、日常用品、机器、文字等，都可能成为富有启发性的原型，开启创造力的源泉。但简单生硬的照搬是不行的，原型启发还要有创新。例如，下雨天，我们讨厌雨水顺着雨衣流进鞋里。北京一个四年级小学生发明了一种充气雨衣，雨衣下面是一个气圈，充气后雨衣张开，雨水便不会灌进鞋子了。他的充气雨衣的构想，便是从芭蕾舞旋转长裙和游泳圈这两个原型得来的。由于具有启发作用的原型与要解决的问题之间有着相似之处，加上创造思维活动，便形成新的构想方案。

（三）定式作用

定式是指心理活动的一种准备状态，它影响问题解决的倾向性。一般情况下问题解决者习惯用过去解决问题的策略和套路来解决当前的相似问题。这时会出现两种可能的结果：如果当前的问题和以前的问题外表不同而本质相同即异形同型，那么解决定势能促进问题解决者快速、正确地解决问题。反之，如果二者是外形相似而本质相异（同形异型）的，那么过去经验形成的这种模式对于当前的问题解决是不适当的。定式有三种：功能固着、程序定式和气氛假设。人们把某种功能赋予某种物体从而无法认识该物体还具有其他功能的倾向称为功能固着，如盒子一定是装东西的，粉笔一定是写黑板字的等。在解决问题的过程中，人们能否改变关于事物具有某种功能的固定认识以面临新的问题情景，常常成为解决问题的一大重要方面。

梅尔的绳子问题是关于定式影响问题解决的一个典型实验。被试要把两根从天花板上垂下来的绳子系住，但这两根绳子相距很远，被试无法把它们同时抓住。房间里还有一把椅子和一把钳子，被试想用椅子来解决问题，但尝试多次都未成功。唯一解决办法是把钳子系在一根绳子上，让它像钟摆一样摆动，然后走过去抓住另一根绳子，把它扯到房子中间，等第一根绳子摆回来时把它抓住，然后把它们系在一起。在梅尔的被试中只有39%能在10分钟内解决这个问题。这儿的困难在于被试不能认识到钳子可以当作摆锤来用（见图9-2）。

图9-2　梅尔的绳子问题

（资料来源：Anderson, J. R. Cognitive psychology and its implications[M]. New York: Freeman. 1985）

（四）情绪与动机

动机是引起、维持个体活动并使之趋向某一目标的心理过程。动机是推动人去解决问题的内部动力。动机不足或动机过分强烈，都会使工作效率下降。个体动机的性质和强度与问题解决效率的关系可以描绘成一条倒转的U形曲线。随着问题解决者的动机从零开始增大，问题解决的效率也随之开始增高；在动机强度适中时，会产生最高的效率，而超过一定强度后，解决的效率又会随之降低。这是因为问题解决者的动机过强，有机体易处于紧张的情绪状态和过强的精神兴奋状态，思路单一和闭塞，容易忽视问题解决的其他重要线索和方法。动机太弱，则在问题解决中调动不起问题解决者的积极性，注意力容易分散、容易受无关因素的干扰和诱惑，不利于问题快速解决。研究还发现，动机的最佳水平随问题的性质不同而不同，在比较容易的问题当中，工作效率随动机强度而上升，随着问题难度的增加，动机的最佳水平有逐渐下降的趋势，这就是著名的耶基斯—多德森法则。

人的情绪高低也会影响问题解决。良好的情绪状态可以提高人的思维积极性，有利于问题的解决；而消极的情绪则干扰问题的解决。不管问题解决者动机如何，也不论问题解决者以往的成败体验如何，当人面临问题时，一般都会有担忧、紧张和不安等焦虑情绪。情绪和问题解决的关系类似于动机强度和问题解决的关系。适度的焦虑情绪唤醒能够集中问题解决者的注意力，促进他对问题信息的知觉和表征，唤起长时记忆中的相关信息，更进一步激起问题解决者在问题的表征和原有认知之间的信息加工和模式识别，发展问题解决的策略。反之，则阻碍问题的解决。而紧张、惶恐、烦躁、压抑等消极情绪会阻碍问题解决的速度。例如，学生高考时，由于情绪过于紧张焦虑，会使其思路阻塞，有时面对容易的问题也束手无策。

第二节 创造力

一、创造力的内涵

创造力是人类解决新问题的个体综合能力，代表着新思想的产生，新事物的发现和创造；是人类进步的原始动力。创造力与问题解决的关系非常密切，二者常常互相包含、互相渗透而不可分割。

创造力也是一种特殊的解决问题的能力，一个重要的问题得以解决与创造力得以发展，其经历的认知过程和步骤大致相同，即从感觉到问题存在，到产生问题解决办法，在现已具备的条件到目标状态之间进行一系列的转化过程，将不同的原来处于无关状态的抽象观念或物质联系起来，直至获得成功。一个重要问题的解决相当于发明创造的成功。

但创造力与问题解决也存在不同。问题解决是一种高级的学习活动，而创造力则是问题解决的更高表现，是以新颖、独特的方式来解决问题。奥苏伯尔和鲁宾逊把有意义学习由低到高分成六级：代表性学习、概念学习、命题学习、运用（已经习得的概念和命题的应用）、问题解决和创造性。其中问题解决是对已知命题的转化，已知的命题与解答有关，转化的程序一般受"策略"的指导。而创造性是利用认知结构中遥远的观念之间的关系造成新的事物，事先并不知道哪些命题是有关的，转化的规则也不清楚。因此可以说，创造力是问题解决的最高表现。

创造力的的内涵指根据一定目的和任务，运用一切已知信息，开展能动思维活动，产生出某种新颖、独特、有社会或个人价值的产品的能力或心理特质。创造力是由美国心理学家吉尔福特（J.P.Guiford）在20世纪50年代就任美国心理学会会长时的就职演讲辞《论创造力》中首次提出。进入20世纪80年代以来，国外创造力理论研究有了新的进展，心理学家从不同的角度提出了不同的理论。

在创造力系统理论（creative system theory）研究中，美国社会心理学家艾曼贝尔（T. Amabile），首次提出创造力成分模型（creative componential model），该模型是一种构成要素理论，提出了一切领域产生创造性的必要和充分构成要素。该理论认为创造力工作动机、领域相关技能、创造力相关技能三个基本成分相互作用的结果。其中创造力相关技能包括：①认知风格，包括如何应对困难，如何在问题解决中打破思维定势；②启发产生新观念的知识，如反直觉的方法；③工作方式，如工作时是否聚精会神，能否把其他的困难暂时放置一边，是否精力充沛。1996年她修正其成分模型并加入"社会环境"的成分，强调社会环境会直接影响内在动机、统合外在动机，进而影响创造过程。

契克森米哈（Mihaly Csikszentmihalyi）构建了"个体""领域"和"场"组成的创造力系统模型。"个体"指整体性的人，是创造的主体，是具有认知能力（主要是发散思维能力）和人格特质（动机、忍耐性等）的个体；"领域"即文化，可以理解为知识领域，是创造力发挥的一个必要成分，因为人们很难脱离某个具体的知识领域而去发挥创造力；"场"即社会，指影响个体创造力的社会环境因素，是创造力生成的重要成分，并由社会来对创造力做出选择和评价。创造力系统理论不仅重视创造结果，而且重视创造过程的复杂性以及创造力的长期发展过程，尤其是创造性人格的"累积"发展过程，创造性产品赖以产生的众多心理条件和环境支持，强调静态的创造产品与动态的创造过程的统一性、个人与社会的统一性，对于探讨潜在创造力现实化的途径具有重要的启示。

二、创造力的特征

吉尔福特在创造力的研究上做了大量的工作，他把创造力思维分为发散思维和聚合思维，并认为创造力的核心是发散思维。他指出，由发散思维表现出来的行为，代表一个人的创造力，这种能力具备变通性、独特性和流畅性三个特征。所谓变通性，是指具有创造能力人的思维变化多端、举一反三、一题多解、触类旁通。当解决问题的思路受阻时，能另辟蹊径，寻找解决问题的其他方法。对同一问题，想出不同类型答案越多，其变通性越高。所谓思维的独特性，是指对问题能够提出不同寻常的独特、新颖的见解，行为表现超常。对同一问题，意见越奇特，其独创性越高。所谓思维的流畅性，是指思维的敏捷性或速度，对问题从不同角度在短时间内做出迅速而众多的反应。创造能力高的人，思维活动则多流畅、少阻滞，能在短时间内表达众多的观念，使用较多文字，产生较多联想等。

创造力的特征包括以下四个方面。

（一）创造性认知和思维特征

创造性思维是提供新颖的、独特的有价值的产品的思维，它是多种形式思维协调活动的综合体。发散思维是创造力思维的重要构成，而创造力是发散思维的功能。发散思维是从已知信息向各种不同方向、不同范围产生大量变化的独特的新信息的能力。发散思维的能力，决定着一个人创造力的高低。另外，国内有学者概括了创造力的认知风格的7个特点：①感知敏锐，善于质疑，有很强的好奇心和观察力，注意力能够集中；②感知全面、客观，能调动各种感官感知事物，存储丰富的表象，场独立性强；③思维流畅，记忆准确、广阔，信息存储方式有利于迅速产生连锁反应，善于掌握事物的内在联系，不追求唯一正确答案；④思维灵活，不受事物原有形象或功能的束缚，容忍模糊，注意力能够适时转移；⑤宽容地对待各种设想，具有浪漫精神和超现实感；⑥敢于冒险，不怕失败，大胆创新；⑦富有想象力和幽默感，视觉表象丰富，能把两类相距很远的事物联系在一起。

（二）创造性人格特征

创造性人格是创造力发展的动力和方向保证，主要指个体在创造活动中表现出来的个性心理倾向，是创造者具有的那种对创造力发展和创造任务完成起促进或保证作用的个性特征。戴维斯在1980年召开的第22届国际心理学大会上提出：具有创造力的人，独立性强，自信心强，勇于冒风险，具有好奇心，有理想抱负，不轻听他人的意见，对于复杂奇怪的事物感到一种魅力，而且有艺术上的审美观和幽默感，兴趣既广泛又专一。许多关于创造性人格特征的论著和研究表明，高创造力者常表现出与一般人不同的个性特征。例如，创造力高的人对于客观事物中存在的明显失常、矛盾和不平衡现象易产生强烈的兴趣，给人一种心理上不平衡的印象。他们对事物的感受性特别强，能抓住易为常人漠视的问题；且意志坚强，自信心强，易反抗旧习俗，自我意识强烈，能认识与评价自己与别人的行为和观点等。美国心理学家吉尔福特提出创造性人格有 8 个方面：①有高度的自觉性和独立性，不求雷同；②有旺盛的求知欲；③有强烈的好奇心，对事物的运动机理有深究的动机；④知识面广，善于观察；⑤工作中讲求理性、准确性和严格性；⑥有丰富的想像力、敏锐的直觉，喜欢抽象思维，对智力活动和游戏有广泛的兴趣；⑦富有幽默感，表现出卓越的文艺天赋；⑧意志品质出众，能排除外界干扰，长时间地专注于某个感兴趣的问题之中。

（三）创造性动机特征

动机是引导个体行为的驱动力量或刺激因素，一般可划分为外在动机和内在动机。"内在动机原则"认为，当人们被工作本身的满意和挑战所激发，而不是被外在的压力所激发时，才表现得最有创造力。内在动机无疑更有益于创造力的发挥，但外在动机在某些情况下也可变成有益因素，前提是个体必须不被外在动机所提供的诱惑迷住。但也有学者认为，影响创造力的关键性因素，不在于动机本身到底是内在的还是外在的，而在于动机以何种方式影响个体对任务的注意力。只要动机能引导个体把更多的精力投入创造行为上，就有可能做出创造性的成绩。

（四）创造性社会环境特征

创造力不仅体现在个人，也体现为社会现象。作为社会现象的创造力，社会环境的影响更为重要。有助于创造天赋的环境导致人们更有创造性，其中帮助者和榜样在发展创造天赋中起着重要作用。许多诺贝尔奖获得者是在以前的诺贝尔奖获得者基础上进行研究的，或者他们周围有许多人可以激发他们的灵感。在科学研究中，往往是一个人提供一个前提条件，另一个人提供另一个前提条件，第三个人从这两个前提中得出结论。当一个具有创造性的人周围有许多其他的具有创造性的人时，他最能获得成功，因为他会与其他人甚至竞争对手相辅相成。

三、创造力的培养

创造力的培养是一个系统工程，综合应用有关创造力的结构、过程和条件等方面的理论，提出一个创造力培养过程的模式，具有重要的理论意义和实践意义。

培养创造力，要着重从培养发散思维能力、辩证批判思维能力、隐喻联想思维能力和有助于创造力的人格因素入手。

（一）培养发散思维的能力

发散思维是创造性的主要心理成分，因此发展发散思维对培养创造性有重要的作用。

实验心理学研究表明，通过教学有意识的训练，可以发展学生思维的流畅性和灵活性，使学生学会摆脱各种心理障碍的干扰。例如，通过一题多解和一题多变的练习，可以使学生摆脱定势；鼓励学生自编应用题，可以发展学生思维的独特性和新颖性。

另外，当发散思维指向于解决某个问题时，人们必须把发散的结果与原有的任务对照，并从各种不同的解决方案中作出正确的选择，这一过程同样不能离开聚合思维。例如，我国著名骨科医生陈中伟教授，几年前在进行带血管神经的肌肉移植手术时，想到了利用人体上各种肌肉的可能性，这是发散思维。以后，他在杀鸡时看到鸡的胸大肌特别发达，因而受到启发，决定采用胸大肌，因为移植胸大肌既能解决断臂康复，又能减轻被移植部位所受的影响。他根据既定的原理和要求，从各种解决方案中作出了最合理的选择，这就有聚合思维的参加。因此，只有发散思维和聚合思维在不同水平上的结合，才能构成创造性。

（二）培养辩证批判思维能力

辩证批判思维能力泛指个人能够辩证地评估、判断某一事物和现象好坏利弊的能力。辩证思维是按对立统一的矛盾运动形式来反映客观事物的思维活动，是在形式逻辑思维基础上产生的，是人类思维发展的最高形式。就创造力而言，辩证思维可包括积极进取、欣赏困境及和谐冲突等方法。诚如量子物理学家尼尔斯·玻尔而言"当我们遇到自相矛盾的问题时，真是太棒了！因为我们就有希望获得一些进展了。"

另一方面，批判思维指个人对某一事物和现象长短利弊的评判，它要求人对周围的人和事物不断形成独立的见解。其中，激发念头可谓批判思维的关键，激发念头并不一定要寻求正确，而是要激发人们对同一事物（现象）采取不同的认识。就创造力而言，批判思维是破除人们思想认识中功能固着和思维惯性的关键。培养辩证批判思维，对于突破聚合思维对创造力发展的束缚，开发个人的发散思维能力，具有十分重要的推动作用。

（三）培养隐喻联想思维能力

隐喻联想思维，指个人可以将截然不同的事物有机地接合起来。这种联想通常是隐喻的、直觉的、跳跃的、模棱两可的。美国创造学专家戈尔顿对隐喻联想思维提出一个形象的口号："将生疏的事物看得熟悉，将熟悉的事物看得生疏。"隐喻联想可促使人们在日常的分析、解决问题过程中更具创意。科学上的许大重大突破，都是隐喻联想的结果。强化隐喻联想还可突破知识专业化对个人知识结构的束缚，使人们学会在不同领域的知识中寻找专业发展的灵感和突破点。

（四）注意培养创造性的人格和动机

创造性的人格在创造行为中举足轻重，它是创造性设想得以实现的个人保证，而创造性人格的形成和培养更需要长期的努力。这就要求创造者喜欢表现自己，敢于与众不同，在自己的想法与他人不同时能够坚持自己的观点，并主动验证自己的想法；面对困难时，战胜困难，愿意在解决一个又一个的问题中成长起来，并相信自己有战胜困难的能力和方法，遇到不明情境和问题时一方面努力探索，另一方面还在耐心等待问题明朗化，不能因急于求成或为追求社会（或他人）赞同而改变自己的观点。

第三节 问题解决障碍及评定

一、问题解决障碍

（一）问题解决障碍的定义

自从心理学成为一门科学以来，问题解决一直是许多理论探讨的主题。问题解决的过程分为表征问题、选择算子、应用算子和评价当前状态。当一个人把算子保存在头脑中并实际地用算子指导行为时，问题解决的最后阶段就可能到来。在这个阶段，一个人对其行为进行评价，并确定问题是否得到了解决。评价包含错误觉察与错误修正，后者导致对前面的问题解决的某一阶段的修正。问题解决障碍可以表现在任何一个加工过程，包括对问题空间的持续表征、对某一算子的持续使用、策略使用的失败，或不能有效利用出错信息等。

（二）问题解决障碍的临床表现

很多精神疾病、神经系统疾病存在问题解决障碍。例如，是以不自主运动、精神异常和进行性痴呆为主要临床特点的显性遗传性神经系统变性病，主要的病理改变在新纹状体。由于病变会累及额叶与基底神经节和丘脑间的双向纤维联系，患者在延时反应、空间工作记忆任务中表现较差。研究显示，纹状体的神经元受损是从背侧向腹侧、从内侧向外侧扩展，因而纹状体的背内侧会最早受累。早期亨廷顿病会选择性地累及背外侧前额叶环路，而腹内侧前额叶环路正常。这使得在亨廷顿病患者中，不同的功能障碍的发生具有时间性，如计划功能依赖于背外侧环路，因而较早受累，而决策过程依赖于腹内侧环路，较晚受累。相反，额颞痴呆患者表现出正常的决策过程，但计划过程受损，因为他们的眶额环路要比背外侧前额叶环路的受损早而严重。

（三）问题解决障碍所涉及的大脑系统及解剖定位

功能磁共振成像（fMRI）与正电子发射断层成像（PET）的应用，使人类在思维活动时脑内的变化可以清楚地被观察到，而不像以前那样靠推测，这改变了以前很多的推测和结论。在这种创新的方法应用下，研究发现：思维活动中脑区的活动是成团的、大范围的，大脑内主要兴奋区域在不断转换，不同的思维活动有相对特异的兴奋区，但并不局限。认知心理学方面的研究也趋向认为大脑在进行认知活动时其工作方式是平行进行的，即思维活动时整个大脑都兴奋起来了，根据不同的思维内容，各个兴奋区的兴奋强度不同，随着思维活动的进行，兴奋区域也在转换。这很像目前普及并高速发展的网络。在网络的世界里，信息传播变得高效和迅速，修复损伤变得更加强大，能适应不断变动的环境。人体大量的复杂适应性系统，诸如脑的解剖、功能结构，都普遍符合网络的这种特征。从现有的解剖学知识和实验结果看，大脑的解剖结构就是神经元之间的突触神经连接、核团、脑区之间的神经传导束纵横交错的网络，相对应的，关于大脑的功能结构就是各脑区同步兴奋或序列活动兴奋强度不同的网络系统。大脑高级功能工作方式符合网络的特征，以网络的形式存在，动态地保持着，原来大脑皮质以功能代表区的认识已不能满足目前需要。这种网络系统使大脑高级功能具有高效的信息传递、抵抗破坏并针对环境变化不断的修复完善自我的能力，神经心理学研究也证明了这一点。

从问题解决模型理论的四阶段来看，人们要成功进行一项任务的问题解决，就几乎调用了所有的认知过程——从最初的感知觉输入、问题解决过程中的监控和评价调整到最后的行为输出，这意味着问题解决涵盖了整个大脑认知活动。研究表明，与问题解决相关的脑结构包括额叶-纹状体环路和小脑等。额叶-纹状体环路包括背外侧前额叶、眶额叶、前扣带回和基底神经节等。作为大脑进化中最高级的部分，额叶处于额叶-纹状体环路的中心。额叶损伤患者在许多问题解决任务中的成绩都较差，但是他们的其他认知功能，如记忆和智能等可以表现正常。额叶的不同部位受损对问题解决的影响也不同，如背外侧额叶损伤对于注意、计划等影响较大，而眶额叶损伤的患者则在抑制功能、情绪等方面的障碍更为明显。有研究发现前额叶损伤病人的计划能力也会下降或缺失，前额叶受损的病人迷宫问题中计划能力缺失。沙利斯（Shallice）采用"河内塔"问题的一个变式，即伦敦塔问题来考察脑损伤患者的计划和问题解决能力，结果表明前额叶损伤患者成绩很差，主要原因是患者缺乏有效的提前计划能力造成的。

二、问题解决障碍的评定

问题解决障碍是认知功能障碍的一种表现形式，问题解决障碍的评定与康复必然与认知功能障碍的评定与康复紧密相连。目前，对问题解决障碍的评定与康复研究多为认知功能障碍研究的一部分。

问题解决障碍的评估有简单的口头询问，也有通过量表、工具等进行系统的检测和研究。有单个认知成分的评估，如记忆、注意、执行功能等。而综合的认知功能评估，一般采用量表形式，如韦氏成人智力量表。量表的优点是测试内容比较全面，局限是消耗时间长，需专业测量人员进行测试。由于问题解决是一种比较复杂的活动过程，因此尚没有很满意的、获得公认的评定方法。现在常用的、可在某种程度上反映问题解决功能的心理测验有：伦敦塔测验、迷宫测验和威斯康星卡片分类测验。

（一）伦敦塔测验（Tower of London）

沙利斯在"河内塔"任务基础上设计了伦敦塔任务，该测验中被试会同时看到两幅图片，每幅图片上有三种不同颜色的球摆放在三个柱上，但是球的排列在两幅图中各不相同。一幅图中的球移动后，就可以使其排列与另一幅中相同，但必须遵守下列规则：①每一次只能移动一个球；②球移动之前都必须插在柱子上；③不能将球移回原处。让被试说出至少需要移动几次才能让两幅图变得一样。

（二）迷宫测验（Maze Trial）

加罗夫（Gallhofer）描述了迷宫测验的具体方法：被试在不碰壁的条件下用尽可能短的时间走出迷宫，迷宫分为从最简单的测试运动功能的螺旋形迷宫到复杂的测试额叶认知功能的迷宫测验，它需要使用工作记忆的前额叶参与。越复杂的迷宫测验，越能显示额叶认知功能的损害程度。

（三）威斯康星卡片分类测验（Wisconsin Card Sorting Test, WCST）

WCST首先由Berg用于检测正常人的抽象思维能力，后来发现它是为数不多的能够较敏感的检测有无额叶局部脑损害的神经心理测验之一。测验方法是先摆放四张刺激卡片，图案分别为：单个红三角；2个绿五角星；3个黄"十"字；4个蓝圆形。将另一叠128张卡片逐张发给被试，图案依颜色、形状、数量的不同而各异。被试的任务是将逐张呈现的卡片与4张刺激卡片中的一张归为一类。最先设定颜色为分类原则，将呈现卡片与颜色相同的刺激卡片分为一类为正确，否则为错。连续正确完成10张卡片才算完成这个分类，然后依次转至形状、数量等分类，完成标准同上。如未能连续正确完成10张卡片则不变换分类原则，完成全部6个分类或用完128张卡片为测验终止。

第四节 问题解决障碍的认知训练

目前，认知心理学理论在问题解决障碍的训练中占据不可替代的地位，根据正常的认知系统模型及其组成部分，认知心理学理论对患者的认知功能障碍做具体、详细的分析，找出功能缺陷的主要认知成分，并据此制定出针对性的训练方案，对障碍环节采用反复的学习和训练，以修复、调整或代偿损害、紊乱及破坏的认知成分。临床上，认知训练是针对重点环节并以点带面全面进行干预，常常更关注去纠正注意障碍或执行功能等严重障碍的认知成分，从而达到记忆、学习、问题解决等整体认知水平的提高。而在训练注意或执行功能时，往往也同时使记忆力、学习、问题解决的能力等得到了提高。

Levine Brian等对执行功能的目标管理训练策略进行研究，被试完成5个步骤的自我管理训练，包括定向及对任务终止的注意、目标的制定及详细说明、制定步骤、学习并按照这个步骤、检查是否按计划完成任务。每次训练的时间持续约1小时。研究发现患者的自我学习、自我管理、对特殊任务及一般功能的计划、问题解决、目标的制定及自我控制能力均有提高。

人类解决问题的思维过程包括了分析、推理、综合、比较、抽象、概括等各个方面。问题解决障碍患者不能将各个步骤组合成一个序列，比如难以开车、付账、烹饪和打电话。问题解决障碍常常是额叶或颞叶损伤造成，训练问题解决的能力也就训练了抽象逻辑思维能力，包括获取信息、排列问题、处理问题、顺序、演绎推理、分类等方面的训练。这从一个侧面说明基于整体观念和着重实际操作能力的虚拟现实技术在认知训练中的重要作用。但针对不同的认知成分障碍，又有相对特异的训练方法，临床上常采用患者感兴趣项目刺激患者注意，如电脑游戏、虚拟现实技术的应用等。电脑游戏及虚拟现实的场景通过丰富形象生动的画面和声音，对患者积极性和主动参与加以调动，对训练患者的注意、记忆、学习、操作等全面的认知障碍成分比传统的那些死板枯燥的说教更有效。

目前，电脑辅助衍生的训练软件、虚拟技术、远程康复等已经越来越成为认知训练中重要的一部分：电脑辅助的认知障碍训练软件提供两种治疗方法，即特殊活动的方法和分等级的方法。前者是针对某一认知成分障碍进行编程给予训练，后者从最基本的记忆、注意力、视知觉等认知成分开始训练的软件，最后进行到认知综合性较高水平的问题解决、制订计划等的训练。这种治疗模式在欧美等发达国家已经有广泛的开展和应用。虚拟技术，就是模拟真实自然和生活环境，因其众多无法替代的优点使这项技术在认知训练的评估和治疗中都有广泛的应用。一些研究者已将虚拟技术和以分析认知过程和认知成分的现代神经认知心理学有机融合在一起，把注意、记忆过程以及问题解决的训练直接与使用公共交通工具、烹调菜肴、学习、娱乐等日常生活活动结合在一起。虚拟技术与电脑辅助的认知障碍训练相比，让患者置身其中及交互作用的优势是后者不能比拟的。患者在虚拟环境下进行训练，实际的操作能力、问题解决、计划、调整的灵活性等认知能力均获得提高。

虚拟技术与电脑辅助的认知障碍训练形式：①由专业治疗师、心理学家、神经科学家、生物工程师、程序师共同设计虚拟训练系统；②患者被放置在一个虚拟的环境，通过抠相技术，患者可在屏幕上看到自己或以虚拟人形式出现；③患者体验不同的视觉和听觉刺激，根据屏幕中情景的变化和提示做各种动作，以保持屏幕中情景模式的继续，直到患者完成特定的任务，如通过设计城市场景，训练患者如何使用交通工具等社会适应能力；④通过展示患者自己或虚拟人的行为表现，让患者直接学习心理活动带来的后果；⑤利用智能人体运动捕捉技术，对患者进行人体识别定位，设定训练目标，患者完成一个时间段的训练后，系统自动报告训练结果。实践证明，在完成任务的过程中，患者会不断得到反馈，促使行为模式不断调整，从而形成优化的神经网络和行为程序。过程中还会涉及精美的画面、优美的音乐和正向的反馈等刺激，可以使患者在心理上降低对训练的恐惧感，从而达到尽快恢复的效果。

思 考 题

1. 名词解释：问题解决的过程，创造力的内涵，创造力的特征
2. 问题解决的策略有哪些？
3. 影响问题解决的因素有哪些？
4. 创造力与问题解决的关系是怎样的？
5. 问题解决障碍有哪些新的训练手段？

案例分析　　　　　　　小白鼠巧穿电线

一个建筑公司的经理忽然收到一份购买两只小白鼠的账单，不由得好生奇怪！原来，这两只老鼠是他的一个部下买的。他把那个部下叫来，问他为什么买两只小白鼠。

部下答道："上星期我们公司去修的那所房子，要安装新电线。我们要把电线穿过一个10米长，但直径只有2.5厘米的管道，而且管道是砌在砖石里，并且弯了4个弯。我们当中谁也想不出怎么让电线穿过去，最后我想了一个好主意。我到一个商店买了两只小白鼠，一公一母。然后我们把一根电线绑在公鼠身上并把它放到管子的一端，另一名工作人员则把母鼠放到管子的另一端，逗它吱吱叫。公鼠听到母鼠的叫声，就沿着管子跑去救它。公鼠沿着管子跑，身后的那根线也被拖着跑。我把电线拴在线上，小公鼠就拉着线和电线跑过了整个管道。"

分析：

案例中的那个部下换了一种思维方式，就使得他们的难题得到了巧妙的解决，他的这

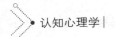

种思维就属于创造性思维。任何人都知道，那么小的管道，如果硬是拆开，建筑公司不知道要花费多少力气，浪费多少资金，怎样也不可能只是买两只小老鼠的价格。而部下的一个创造念头，联想到让线绑住老鼠，让老鼠穿过通道，带过电线，就这样解决了问题。这个创新的思维不是单凭知识的积累就能做得到的，它同时还需要人的童心参与，并善于发现事物的特征。如那个部下就还有着童心，他能够在看到电线管道的大小时联想到跟比管道口更小的小老鼠，并想到用两只老鼠，一公一母，以母老鼠为饵，唤起公鼠的营救之心，再让线绑住公鼠，让公鼠拖着连着线的电线跑，自然就将新电线穿过了管道。

拓展学习　　　　　知识经验与问题解决

根据知识在问题解决中的作用，可以把问题分成两类。一类不需要具有专门领域的知识，如河内塔问题，这些问题也叫语意贫乏问题；另一类是语意丰富问题，解决这些问题需要大量语意知识或专门领域的知识，如数学问题、社会科学问题等。近二三十年来，研究语意丰富问题，是认知心理学家特别关注的一个领域。

知识经验在解决问题时起着重要作用。知识经验不仅帮助人们理解问题，形成正确的内部表征，而且能缩小问题空间，指导搜索，采取正确的策略和算子把问题的起始状态转化为目标状态。善于解决问题的专家与新手的区别，在于前者具备有关问题的知识经验并善于实际运用这些知识来解决问题。例如，一位老医生与一名刚参加工作的年轻医生，在面对一名具有很多症状的患者时就采取了不同的处理方式。年轻医生不确定病人患了什么疾病，于是便为病人开出了各种各样的医学检查单，在有了一套几乎完整的症状信息之后，才可能做出正确的诊断。但有经验的老医生很可能会立即认定这些症状符合某种或少数几种疾病的诊断模式，仅仅对病人做了有限的检查后便很快做出了相当准确的最后诊断。

那么，知识经验为什么能促进问题的解决呢？西蒙等人对这个问题进行过研究。他们把具有25个棋子的国际象棋盘以5秒的时间向国际象棋大师和棋艺不太好的一般棋手呈现（5秒的时间，被试完全能看清棋盘，但不能存入长时记忆）。分两种实验条件：第一种是把象棋好手下到一半的真实棋盘布局呈现给这两组；第二种是在棋盘上随机摆上25个棋子的布局呈现给这两组。呈现棋盘撤走后，要求被试把刚才看过的棋盘布局在另一棋盘上摆出来。结果发现：对于真实的棋盘布局，象棋大师能恢复25个棋子中的23个，而一般棋手则只能恢复6个左右；对于随机排列的棋盘布局，象棋大师和一般棋手能恢复的数量是相等的，都是6个。研究还表明，专家在看棋盘上的有规律的25个棋子时，并不是看25个孤立的东西，而是以组块为单元，加上组块之间的关系来看这棋盘的。根据对国际象棋大师的研究，西蒙认为，任何一个专家必须储存有5万～10万个组块的知识，而要获得这些知识不得少于10年。由于专家储存有大量的知识以及把这些知识运用于各种不同情况的丰富经验，因而他能熟练地解决本领域遇到的各种问题。需要新手冥思苦想才能解决的问题，对专家来说也许只要检查一下储存的解法就可以了。

参考资料

1. 林崇德，杨治良，黄希庭.心理学大辞典[M].上海：上海教育出版社，2004.

2. [美]吉尔福特.施良方,等,译.创造性才能——它们的性质、用途与培养[M]. 北京：人民教育出版社，1991.

推荐书目

1. 程明亮，等.解决问题心理学[M]. 重庆：重庆大学出版社，1991.
2. 罗伯特， L.索尔索.何华，等译.认知心理学[M]. 南京：江苏教育出版社，2006.

第十章 语言

本章要点

本章在陈述语言习得阶段、儿童语言获得理论以及语言表征与加工的基础上，重点对不同类型言语障碍的特点和生理解剖定位进行阐述，并总结概括了当前比较常见的言语障碍的评定技术与脑卒中病人及其他类型失语症康复训练的方法与技术。

第一节 语言的习得

一、语言习得的阶段

研究表明，人类在习得其母语时，似乎都有非常相似的顺序和几乎相同的方式。也就是说，婴儿最初能够辨别所有可能的语音差异，但一段时间后，就失去了辨别非母语差异的能力，而更能辨别那些母语环境中使用的语音。因此，婴儿言语知觉和产生能力从更具普遍性的能力发展成为更具特殊性的能力。那么，儿童是如何获得语言的，期间经历哪些阶段？

（一）儿童语言的准备期（0~1岁）

儿童语言发生的准备包含两个方面，发音（说出词句）和理解。

1. 发音的准备

儿童发音的准备大致经历简单发音阶段（1~3月）、连续音节阶段（4~8月）和模仿发音阶段（9~12月）三个时期。哭是儿童最早的发音，伴随哭声，儿童发出"ei、ou"的声音。慢慢地，ai、a、e、nei等音节陆续出现，这是简单发音准备阶段，是一种本能的行为；在连续音节阶段，儿童出现自主发音，发音变得频繁，而且连续重复同一音节，如ba-ba、ma-ma等；到了模仿发音阶段，儿童明显增加了不同音节的连续发音，音调也多样化，出现四声，好像在说话。

2. 语音理解的准备

婴儿对言语刺激非常敏感，出生10天左右的儿童就能区分语音和其他的声音，表现出对语音的明显的"偏爱"。8~9个月的儿童能对成人的语言做出相应的反应。但这时的反应主要是针对语调和整个情境，而非词的含义。比如，给9个月的儿童看"狼"和"羊"的图片。每当出现"羊"时，实验者用温柔的声音说"羊，羊，这是小羊"，而当出现"狼"的图片时，用凶狠的声音说"狼，狼，这时老狼"。若干次后，儿童能对成人的语音做出正确的反应，即当成人温柔地说羊时，婴儿会指羊的图片。但实验者突然改变语调，用凶狠的声音说"羊呢？羊在哪里"，婴儿会指向狼的图片（陈帼眉等，1995）。一般到11个月后，语词才逐渐从符合情境中分离出来，真正作为独立信号引发儿童相应的反应。

(二)儿童语言的形成期(1~3岁)

1. 不完整句阶段(1~2岁)

儿童语言的形成过程,首先经历不完整句阶段。在1~1.5岁,儿童语言的发展主要反应在言语理解方面。也开始主动说一些有一定意义的词。在理解词的过程中,儿童最先理解经常接触的物体名称和对成人的称呼,比如,"灯灯""妈妈",儿童理解的词的词义笼统,词与物体有固定的联系。到了1.5~2岁的阶段,儿童出现较多的双词句子。比如,"妈妈抱抱",也叫电报句阶段。这个阶段儿童说出的句子简单、不完整,而且出现词序颠倒的特点。比如,"妈妈,鞋鞋"(妈妈,我要穿鞋鞋);"不拿动"(拿不动)。

2. 完整句阶段(2~3岁)

2~3岁是儿童口语发展的关键期。这个阶段儿童语言的特点是能说出完整的简单句,并出现复合句子。在语言表达的内容方面也发生了很大变化,儿童开始能表达过去的经验,开始理解事物之间的因果关系,并能使用自己的语言表述。另外,儿童的词汇增长非常迅速,3岁的儿童大约能掌握1000个词,儿童能够顺利地使用语言交流和表达。

二、儿童语言获得的理论

语言符号系统的内部结构非常庞杂,儿童却能在出生后短短几年内获得语言,其速度是惊人的。儿童是如何获得语言的?这是长期以来吸引众多心理语言学家探讨的课题。不同的理论家从不同的立场出发提出了人类语言获得的理论假设。

(一)强调后天学习因素的外因论

外因论以行为主义学习理论为依据,提出语言是一种后天获得的行为习惯,是学习的结果。根据对语言行为获得方式和途径的不同看法,又可分为强化论和模仿论。

1. 强化理论

以美国行为主义心理学家斯金纳为代表,行为主义把语言定义为一系列的刺激和反应。听到的、看到的、感受到的东西是刺激,说出的话是反应。有什么样的刺激就会有什么样的反应,可以用公式S—R表示,S是刺激,R是受刺激后产生的外显行为。儿童学说话就是对周围环境或成人的话语做出合适的反应,如果反应正确,成人就会给予物质或精神上的鼓励,这就是强化。经过多次的重复和强化,儿童就能够辨别正确的发音、词以及句法。比如,儿童在牙牙学语时会自发的、无目的地发出各种声音,当儿童发出"mama"声音时,妈妈立刻出现,并以此重复进行强化,使母亲的形象与"mama"声之间建立联系,多次反复之后儿童就会将发音"mama"与妈妈的形象联系在一起,"妈妈"这个词就学会了。因此该派观点认为,言语行为和其他行为毫无区别,都是一系列刺激和反应的连锁活动。儿童的语言和其他条件反射的建立一样,是通过联想的原则,经过强化而获得的。

2. 模仿论

美国心理学家班杜拉用社会学习理论即模仿理论解释儿童的语言学习,强调语言模式和模仿的作用。他认为,儿童通过观察和模仿获得语言。他肯定社会语言模型对儿童言语发展的重大影响,如果没有语言范型,儿童就不可能获得词汇和语法结构。班杜拉认为,模仿和观察不仅可以产生模式行为的实际摹本,而且可以得出模式行为的基本原则,并利用这些原则创造出与模式同样全新的行为。他认为，儿童语言和儿童的心理发展一样，是通过社会模式的呈现和社会训练、实践而构成的。

有的行为主义学者认为，模仿和强化是不能分离的。他们认为，模仿过程本身也可以成为强化，即所谓的"自我强化"，从而导致儿童进一步模仿。因此，相对来说，模仿是一个更为灵活、更加常见的策略，通过它，儿童能够迅速地学会复杂的言语行为。

（二）强调先天因素的内因论

以美国著名语言学家乔姆斯基为代表提出语言习得的LAD（language acquisition device）理论（Chomsky, 1959）。乔姆斯基认为，儿童天生就有一种语言获得装置即LAD，LAD是语言获得能力的机制。只要儿童处于适当的环境中，语言获得装置便会自动运作，促使儿童对其广泛接触的语言材料进行处理，并逐步转换成一整套语言系统。根据这一假设，语法规则是由LAD中的普遍语法规则转换而来的。或者说，经过LAD对语言材料进行过滤和选择，使普遍语法转换成母语的语法，并运用这些语法实现深层结构向表层结构的转换，使有限的规则创造出无限的句子。但是，对于LAD是否存在，其所处部位及其性质等问题还有待进一步探讨。

【专栏10-1】 乔 姆 斯 基

乔姆斯基（Noam Chomsky, 1928—）美国语言学家，生成语法的创始人。1928年12月7日生于美国费城，1955年获宾州大学博士学位，此后在麻省理工学院任教，并任美国科学促进会会员、全国科学院院士、美国文理科学院院士。

乔姆斯基在大学时代学过数学、哲学，后攻读语言学。1957年，他的《句法结构》一书在荷兰出版，提出来生成语法的理论。他主张语言学家的研究对象应从语言转为语法，研究范围应从语言使用转为语言能力，研究目标应从观察现象转为描写和解释现象，从而在语言学界掀起了一场革命。

1965年，乔姆斯基发表《句法理论的若干问题》，试图建立包括句法、音系、语义三部分的全面语法系统。20世纪70年代末80年代初，提出来普遍语法原则。

乔姆斯基认为，语言能力一部分是先天的，即全人类共同的，它是生物遗传和进化的结果。他认为，儿童习得语言是生来具有的语言获得装置（language acquisition device, LAD）发挥作用的结果。

（资料来源：中国大百科全书总编辑委员会《语言文字》编辑委员会. 中国大百科全书·语言文字[M]. 北京：中国大百科全书出版社，1991：313）

（三）相互作用论

以瑞士著名心理学家皮亚杰为代表，提出了语言学习的相互作用论。相互作用论既重视先天的作用，同时重视后天因素的作用，认为儿童的语言是在先天因素与后天因素相互作用之中发展起来的。儿童的语言能力是其认知结构的一部分，人脑中的先天机制不是语法知识的，而是一种认知潜能，这种一般性的认知潜能适用于包括语言在内的所有认知能力。语言获得必须以最初的认知发展为基础，并通过同化和顺应过程来完成。用熟悉的形式去理解不熟悉的话语（言语理解），用熟悉的结构去创造新的用法（言语产生）。

第二节 语言的表征和加工

一、语言的表征

语言表征指的是语言材料所负载的信息在头脑中存在的方式。根据信息加工理论的观点，当人们对外界信息进行加工时，这些信息是以表征的形式在头脑中存储的。例如，"狗"在人们头脑中的表征，或许是一只"狗"的表象，或许是一个命题——"狗"是一种会叫的嗅觉和听觉都很灵敏的家畜。由于构成语言的要素不同，语言表征也具有不同的形式。语言表征可以是语音的表征、词语的表征，也可以是句子、段落的表征。但在语言具体以哪种方式表征上目前还存在争议，或许只有一种表征方式，也或许两种或两种以上的表征形式同时存在。

二、语言的加工

语言的加工（language processing）是指对输入的语言信息进行编码、转换、存储、提取的过程。这种加工过程首先是从语言材料的输入开始的，如听或读，然后将输入的材料输送到大脑的语言区，输入材料在这些区域得到加工，最后经过提取过程，人们或者理解了输入材料的含义，或者产生了语言以表达思想。语言的加工可分为自动加工和受控制加工、系列加工和平行加工、模块化加工和交互作用式加工。

根据语言的加工过程中对注意资源参与的需求程度，语言加工可分为自动化加工和受控制的加工两种形式。自动化加工是不需要注意资源参与，不受人的意识控制的加工。例如，看到一个词，你立即理解了它的含义，这就是自动化加工。相反，受控制加工则是一种需要应用注意资源，受人的意识控制的加工。

启动（priming）的实验范式是研究语言自动化加工的一种非常有用的技术。这种实验范式是由梅耶等人（Meyer et al., 1971）提出的。在典型的启动实验中，首先给被试短暂地呈现一个词语（启动词），然后再以同样的方法呈现另一个词语（目标词），被试的任务是判断目标词是否是词，或者命名目标词。实验的结果是，当启动词与目标词具有某种联系（如语义相关、语音相同或者字形相似）时较启动词和目标词没有联系时，被试能更快或更好地识别目标词。例如，先呈现"护士"再呈现"医生"时，比先呈现"面包"再呈现"医生"时，被试判断"医生"是词的反应要快。人们一般把这种效应称为启动效应（priming effect）。

根据语言加工时各种成分间是否存在相互作用，语言加工又可分为模块化（modular）加工和交互作用式（interactive）加工。

认知模块化加工理论认为，语言加工系统是由一系列在功能上彼此独立的模块组成的，每个模块是独立的加工单位，加工或是自动的或是强制的，这个过程不受其他模块的影响。例如，词汇加工或句法加工作为独立的模块，其加工不受句子语境等高层次因素的影响。交互作用式加工理论则认为，语言各成分间的加工不是单独进行的，它们之间相互作用，如词汇的加工影响句子的加工，句子的加工也会影响词汇的加工（缪小春，1992）。

交互作用式加工主张句法加工和语义加工在早期阶段就存在交互作用。在句子加工中，句法加工所得到的句法结构是各种信息交互作用、相互制约与满足的结果，而非句法加工独立作用的产物。也就是说，加工系统中的多重信息是相互依赖、共同作用的，句法加工时根据各方面提供的信息进行综合，选择最终的句法结构表征，从而帮助人们有效地理解句子。

根据句法加工和语义加工之间的关系，将语言加工分为系列加工和平行加工两种形式。系列加工认为句法加工是先于语义加工的独立过程，句法加工首先以独立于词汇信息的单词类属信息为基础建构最简单的句法结构，句法加工结束后进入语义加工，语义加工完成后进入整合阶段。平行加工认为句法加工和语义加工无主次之分，当语义加工在先时，语义加工的结果会影响句法加工。不存在完全独立的句法加工和语义加工过程，句法加工和语义加工一直交织在一起，共同促进对句子的理解。

第三节 语言的理解与表达

在正常的社会生活中，每个个体都需要使用语言与他人进行交流、沟通和协作。一方面，个体需要理解别人的话语以及文字材料所表达的思想。另一方面，个体也需要通过语言或文字表达自己，以便被别人更好地理解。语言的理解与表达是个非常复杂的心理过程。

一、语言的理解

语言的理解包含两个方面，分别是理解别人的口头语言和理解书面文字材料。理解语言是一种可以主动、积极的建构意义的过程。语言接受者在头脑中想象语言所描述的情景，通过期待、推理等心理活动区揭示语言的意义。语言的理解可以分为三级水平，第一，词汇是语言材料最小的意义单位，各种复杂的语义都依靠词汇来表达，词汇的识别和理解是人们理解语言的第一级水平。第二，句子的意义不仅仅是词义的简单相加，它处在语言环境的影响之中，需要借助句法和语义知识进行意义的建构，理解句子是更为复杂的认知活动，属于理解语言的第二级水平。第三，段落是由若干前后连贯的句子组成的，在理解词汇和句子的基础之上，对句子间的关系进行推理、整合和提取意义等认知操作，是语言理解的最高水平。

（一）词汇理解

词汇是指人们通过视觉或听觉，接受输入的词形或语音信息，通过在头脑中激活相应的事物或者对象，从而在大脑中揭示词义的过程。词汇理解也称为词汇识别（word recognition）或词汇通达（lexical access）。词汇理解的过程依赖于字词的物理特征、语境信息、语音的感觉输入以及人脑中已经储备的关于词汇的各种信息。

1. 心理词典（mental lexicon）

心理词典是心理语言学与认知科学的一个重要概念，是存在于人脑中的一种类似于词典的机制，储存了大量的词条，每个词条包含了音、形、义、语法特性等词汇信息（Bierwisch & Schreuder, 1992）。这些信息在人脑中表征了字词的意义，人们根据词形或语音在心理词典中找到相应的词条并理解它的意义，从而识别该词。

2. 词频效应

影响字词识别的另外一个重要因素是词的使用频率。与低频词相比，人们能够更快地识别高频词，这一现象叫做词频效应。Howes（1951）等人通过实验发现，对于高频的单词，被试识别时花费的时间短，对单词的觉察阈限低，而对于低频的单词则正相反。词频效应在进行中文实验时，在被试身上也得到了相同的研究结果。

3. 语词启动效应

语词启动效应是指先前呈现的字词的语义加工使得后继语义性任务操作的反应时减少，准确率提高。在词汇识别过程中，一个词汇的出现往往会影响到对另一些词汇的识别能力。首先出现的词为启动词，之后被影响的词为目标词。在词汇判断任务中，启动词的启动效应使得对目标词判断更快、更准确。比如，启动词为"教室"，就会促进被试对目标词"黑板"的判断。

（二）句子理解

句子理解是指在词汇理解的基础之上，对句子的句法和语义进行分析，从而获得句子的意义。

句法分析决定了人们对句子的组成成分进行怎样的切分，因此对句子的理解有重要的作用。例如，句子"下雨天留客天留我不留"，这个句子可以切分为："下雨天留客天，留我不留？"和"下雨天留客，天留我不留。"不同的切分使句子的意义完全不同。

另外，在句子理解过程中，语义分析也发挥着很大的作用。例如，在理解"猫追老鼠""人吃饭"这些句子时，会利用对"猫"和"老鼠"与"人"和"饭"这些词的意义和相互关系的了解来加工句子。在这个过程中，语义知识起了很大的作用，在语义知识的帮助下，即使词序出现颠倒，人们对语言材料也不会产生误解。例如，把"阳光充满大厅"改为"大厅充满阳光"，词序不同，但人们理解的句子的意思是一样的。

（三）段落的理解

段落是由若干个前后连贯的句子组成的，不同的句子有不同的主题，人们将不同句子的主题整合在一起，其实质就是在读者头脑中构建起一个关于段落内容层次及主题的表征系统，这就是段落的理解。

1. 词汇的影响

理解段落首先要理解组成段落的词汇。不同的词汇代表不同的意义，对段落理解所起的作用也不同。人们通常在有意义或语义丰富的词汇上停留较多的时间。眼—脑假说（Just & Carpenter, 1987）认为，阅读者在阅读过程中对每个单词的理解发生在阅读者注视它们的时候，可以通过注视时间的长短了解词汇理解的难易。Just和Carpenter（1987）通过眼动研究记录了被试在阅读时对文本的注视时间。结果表明，阅读过程包括一系列的注视以及注视之间的跳跃。注视平均持续时间为250毫秒，跳跃周期为10~20毫秒。他们认为词的长度、词频、词的性质等因素都会影响注视的持续时间。

2. 命题表征模型和情境模型

Kintsch和Dijk于1978提出命题表征模型。指出命题是由一个名词和一个形容词或动词组合成的基本段落意义单位。阅读者在阅读过程中通过不同的命题对段落的意义进行表征。Kintsch和Dijk的研究表明，两个长度相当的句子，其加工难度可能会不同，难度主要由句子命题的复杂性决定。命题表征模型把段落的理解局限在段落自身的心理表征，忽视了对段落更深层次的理解。Kintsch等人（1983）修改了命题表征模型，将表征扩展为三个层次：表层编码、表征句子的准确字词与句法；课文基面，包含保持精确的课文意义的一系列命题；情境模型，表征的是课文内容或微观世界。情境模型是在课文命题表征的基础上，与读者的背景知识相互作用经推理而成，表征了对课文更深水平的理解（迟毓凯，莫雷，2001）。

3. 阅读的"已知—新知策略"

阅读的"已知—新知"策略也称为句子的整合模型。该模型认为任何一个句子都包含已知信息和新信息，听者或者读者是通过将句子划分为已知信息部分和新信息部分来加工句子的。句子的已知信息是说话人、听者或读者已经知道的信息，包括从先前语境中或从背景知识中获得的熟悉的信息；而新信息则是说话人或作者假定听者或读者不知道的信息。听者或读者首先在记忆中搜索与已知信息相对应的信息，然后再通过整合新的信息来更新记忆。这种整合通常是对已知信息的一种精致化。

以下面两个句子为例：

语境句：We got some beer out of the trunk.（我们从桶里取出一些啤酒。）

目标句：The beer was warm.（啤酒是温的。）

在理解目标句时，首先划分出已知信息和新信息。定冠词"the"说明"beer"是已知的，而"warm"是未知的。于是读者就到记忆中去搜索前面提到的"beer"的地方，可以在语境句里找到它，最后就可以把"啤酒是温的"这条信息和前面存储的信息匹配起来了。

Van den Broek和Gustafson（1999）总结了有关研究后得出三个结论：第一，读者在阅读中构建的心理表征远远超出了文章本身所提供的信息，这意味着人们是运用自己掌握的背景知识进行推论从而对文章加以理解的；第二，好的心理表征是连贯一致的，也就是说，读者会将文章中的信息结合在一起；第三，读者的注意是有限的，为了减少工作量，读者不会对文章中的所有内容都做出逻辑关系方面的推论（这种推论可以是无限多的），只有读者认为需要建立联系时，推论才会被创建。

二、语言的表达

（一）语言产生的性质

语言产生是指人们通过语言器官或手的活动，把所要表达的思想说出或写出来，包括说话和书写两种形式。语言活动是受目标指引的一种活动。在日常生活中，当人们有交流或写作需求的时候，就需要通过说话或者写作来表达自己的思想。人的语言活动就是在一定的目的和动机的支配之下产生的，说话和写作的目的和动机不同，语言表达的内容和方式也不同。尤其在口语表达过程中，语言活动又受情境以及交流对象的影响。所谓"一种场合说一种话""看对象讲话"，指的就是这个意思。比如，有人问："你今天干了些什么？"你的回答是与你对问话者的问话意图的了解分不开的。如果你认为问话者仅仅出于客套，你可能只是随口说一句"没干什么，哪里也没去"；如果问话者是你的好友，你认为他非常关心自己的活动，你的回答必然是认真而仔细的。而且，在口语表达过程中，有很多意思可以借助语境来表达，即使在语言不完整的情况下，对方也能明白，不会造成理解困难或沟通障碍。另外，记忆、思维和决策在人的语言产生中也发挥着很大的作用。

（二）语言表达的理论

安德森（Anderson, 1980）提出了语言产出的三阶段模型（见图10-1）。它包括：

（1）构建阶段，说话者根据目的确定要表达的思想。确定表达的思想也就是确定表达的目的，这一过程往往受到动机、情绪、任务和情境等因素的影响。

（2）转换阶段，运用句法规则将要表达的思想转换成语言结构。在这个过程中，句法结构最为重要，它为以后的转换提供了整体框架，并引导和限定词汇的选择及语法形式的确定。

（3）执行阶段，将转换得到的语言结构表达出来。

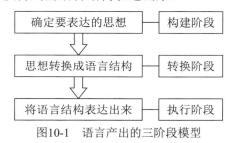

图10-1 语言产出的三阶段模型

（资料来源：Anderson, J. R.. Cognitive psychology and its implications[M]. San Francisco, CA: Freeman,1985: 267.）

Dell（1986）认为，语言的产生包括语义、句法、构词法、语音四种不同的加工水平。通过语义水平的加工确定语言要表达的意义；句法水平的加工是为词语选择适当的句法结构；构词法水平的加工包括确定名词单复数以及动词时态等过程；语音水平的加工包括提取语音和发出语音等过程。这四种水平的加工彼此之间相互作用。

Levelt（1989）认为，语言产生包括三个主要的阶段：第一阶段是概念化阶段（conception stage），这一阶段的任务是对所要表达的概念产生前词汇的信息。第二阶段是公式化阶段（formulation stage），这一阶段的任务是把前词汇的信息映射（map）到语言形式（linguistic form）表征中。这一阶段又可以划分为两个小阶段：在第一个小阶段要选择适当的词汇以表达语义，并确定词汇的句法特征；第二个小阶段要确定词汇的语音。与Dell的观点不同的是，Levelt认为，这两个小阶段是严格按前后顺序加工的，两者之间不存在相互作用的关系。第三个阶段是发音阶段（articulation stage），这一阶段的任务是把语音通过发声器官发送出去。

第四节 言语障碍的解剖定位及评定

言语障碍是脑损伤后导致的言语机能障碍,是神经心理学研究的主要内容之一。言语障碍包含较多的类型,但目前依然没有统一认可的对言语机能障碍的分类,下面分别对失语症、失读症和失写症进行阐述。

一、失语症

(一)失语症的定义

失语症(Aphasia)是指由于脑病变或脑损伤导致个体原本具备的语言机能出现障碍,表现在理解语言和运用语言两个方面。国内外失语症的分类方法较多,但至今尚无统一的分类方法。1979年Benson在"失语、失写和失读"中开始应用"失语综合症一词,并逐步得到广泛应用。一般而言,广义的失语症包括失读症和失写症,前者指对书面语言的理解障碍,后者指对书面语言的运用障碍;狭义的失语症一般指有声语言的表达和理解障碍。

(二)失语症的临床类型、表现及病区定位

1. 运动性失语症

运动性失语症,也叫布洛卡(Broca)失语症或表达性失语症。该类失语症以严重的口语表达障碍为特点,严重者仅能发出个别的字音,一般情况下可以说出简单的语词或短句,患者通常发音模糊,咬字不清。但在听力理解、书面语理解以及书面语表达方面的能力仍有保留。神经系统检查大多有不同程度右侧肢体偏瘫,可出现左手的意向运动性失用。病灶部位大多在优势半球额叶布洛卡区——额下回后部额盖,Brodmann4区。该区能产生详细而协调的发音程序,这种程序被送到相邻的运动皮层的颜面区,从而激活嘴、咽、舌、唇和其他与语言动作有关的肌肉。布洛卡区受到损害,导致发音程序被破坏,进而产生语言发音障碍(鲁利亚,1986)。

【专栏10-2】 **布 洛 卡**

1861年,法国神经学家兼外科医生保罗.布洛卡(Paul Broca,1824—1880)注意到一位失语症病人,该患者名为Lebourgne,从儿时开始就患有癫痫病,但仍能从事正常劳动。他在30岁时几乎丧失了全部的语言表达能力,因此被送进医院。他唯一能说出的一个词就是"Tan",因此被人们称为"Tan先生"。除了语言表达障碍之外,Lebourgne的身体状况良好,他在医院的生活能基本自理,他其他的语言能力表现正常,能够理解别人对他讲的语言,而且能用非口语方式进行交际。大约在他住院10年后,病情恶化,右臂丧失了正常功能,后来,右腿也瘫痪了。Lebourgne去世后,布洛卡马上对其尸体进行解剖,发现患者的优势半球的第三额受损(即额下回后部

脑44、45区受损），并在解剖结果的基础上撰写了他第一篇著名的论文《通过对一例失语症患者的观察看言语产生的部位》。Lebourgne的口语障碍以及相应的大脑左前部额叶的第三前回的损伤使布洛卡得出结论：左前部额叶的第三前回控制着人们的口语表达能力。

到1863年，布洛卡已经研究了20个与Lebourgne相似的病例，其中的19位患者的大脑损伤部位都在大脑左前部额叶的第三前回。由于大多数人（97%）是右利手的缘故，损伤的语言运动脑区一般在左脑，该脑区也以其发现者的名字命名为布洛卡区。

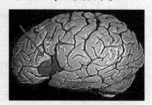

资料来源：http://matrix.msu.edu/hst/hst425/hst425.php?page=session12

2. 感受性失语症

感受性失语症也叫威尔尼克（Wernicke）失语症。1874年由德国学者威尔尼克发现并因此得名。感受性失语以严重的听理解障碍为特点，患者语调正常，口音表达流利，不能正确复述和书写。威尔尼克区在大脑左半球颞叶颞上回后部，Brodmann22区，该区的主要作用是分辨语音，形成语意，和语言的接受有密切的关系。从临床观察来看，感受性失语症不只限于威尔尼克区，还包括了初级听觉皮质、第二颞回的一部分以及部分角回。

3. 传导性失语症

传导性失语症，也叫传入—运动性失语或中央型失语症，最核心的症状是复述障碍。患者言语流畅，用字发音不准，复述障碍与听理解障碍不成比例，患者能听懂的词和句却不能正确复述出来。复述障碍明显而听理解障碍不明显是传导性失语症和感受性失语症的主要区别。传导性失语症主要发生在左侧半球缘上回，常累及颞叶感受性言语区。

4. 经皮层性失语症

经皮层性失语症又叫前部孤立综合症或动力性失语症。该类失语症的临床表现为口语流利，听理解障碍明显但复述正常。患者自发性言语明显很少，严重者可达到缄默的程度。该类失语症主要发生在不包括威尔尼克区的广泛性顶颞区域，常见于左侧额叶分水岭区域，即大脑前、中、后动脉之间的边界区。

5. 命名性失语症

命名性失语症的核心症状为命名障碍。命名障碍是指患者知道物品的用途和意义但叫不出该物品的名称。与命名障碍相比，命名性失语症患者的其他认知障碍相对不明显。该类失语症主要发生在左侧颞中回后部或颞枕叶联结处。

6. 混合性失语症

混合性失语症也叫完全性失语，是最严重的失语类型，临床表现为言语表达、理解以及复述的明显障碍，阅读和书写障碍也常有发生。尤其在口语表达上存在严重障碍，典型的表现为患者可以发音，但多位单音节的简单字词或最常用的字句，表达得言语刻板。该类失语症的病变部位比较广泛，最常涉及的是左侧半球大脑中动脉分布区，累及额、颞和顶等多个部位。

二、失读症

（一）失读症的定义

失读症（Dyslexia）又叫诵读障碍或阅读障碍，是一种常见的学习障碍。这种障碍的原因不是智力落后，也不是视力问题，而是缺乏加工图形字符的能力。阅读是一个非常复杂的心理过程，失读症的形成有很多可能的原因。神经生理学的观点认为，阅读困难可能是来自先天的基因缺陷，在发育过程中没有明显的脑损伤，即发展性失读症，在儿童中的发病率约为5%～10%（John，2001）；后天的脑损伤以及相应的听觉和视觉障碍，也可能造成失读症。

（二）失读症的临床类型、表现及病区定位

1. 临床学将失读症分为两类

单纯性失读和伴失写失读。单纯性失读的患者对书面语仅存感知理解的障碍，而伴失写失读是指失读的同时伴发失写。

2. 认识神经心理学将失读症分为三类

（1）表层失读症。错读和同音字混淆，是表层失读症患者主要的临床特征。通常在阅读不规则发音的字时将它们规则化，即错读现象。比如，将"埋"读成"里"（尹文刚，1990）。表层失读是在拼音文字中发现的，这种现象通过对中国病人认读规则汉字、不规则汉字、假字及声旁字的研究发现，表层失读在汉字认读中也存在，但与拼音文字相比，患者较少出现同音字混淆的现象，说明了汉字阅读与拼音文字阅读存在差异性的神经心理机制。

（2）深层失读症。深层失读症的主要特征是患者在阅读过程中不能正确读出目标字，读出的字在语义上与目标词存在某种关联。如将"cat"读成"dog"。这种现象在汉字阅读中也存在。语义性错误有几个主要类型，一是与目标字词是同义词，如委托人—律师；二是目标字词的反义词，如黑—白；三是目标字词的从属词，如水果—苹果；四是目标字词的联想词，如晚上—睡觉（尹文刚，2007）。

（3）音韵失读症。拼音规则丧失是音韵失读症的主要特征。患者在读字时将组成词汇的文字行列（如"speak"）从左到右一字一字处理后变换为语音，它应用文字—音韵对应规则，患者处理文字—音韵的速度及质量都比较低，音韵功能的激活发生困难。汉字阅读对应于形音式失读，即字形与字义联系正常，字形与字音联系中断。

3. 失读症的神经解剖基础

大量研究表明，位于顶—枕叶交界处，威尔尼克区上方的角回与单词的视觉记忆有密切关系，负责书面语言和口语的互相转换，该区域损伤会导致失读症，因此被称为阅读中枢。脑成像研究显示，被诊断为阅读障碍的患者的左侧角回血流量显著低于正常水平。该区域血流量与阅读障碍的严重程度高度相关，血流量越少，阅读障碍越严重。语言中枢皮层定位如图10-2所示。

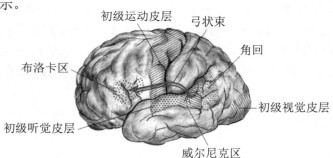

图10-2　语言中枢皮层定位图

（图片来源：http://bafree.net/arabneuropsych/wernicke-geschwind.jpg）

三、失写症

早在1867年，Ogle首先使用失写症这一名称，认为它是由于脑功能障碍所致。1881年，Exner明确提出书写中枢的概念，他收集了5例有书写障碍但无失语症的病例，发现病变区均累及左侧第二额回后部，因此认定人类大脑有专门负责书写机能的区域，即书写中枢。Exner认为书写中枢如有损伤，就会导致失写症。但该观点受到后来诸多研究者的质疑。到目前，对于人类大脑是否存在书写中枢的问题依然存在着争议。下面简单介绍失写症的常见类型及临床表现。

（一）失写症的定义

失写症（Agraphia）是指脑损害所引起原有的书写功能受损或丧失。不同部位的脑损害可导致不同形式的失写症。失写症患者不能以书写形式表达思想，与大脑优势半球额叶中部后侧脑回部的运动性书写中枢损害有关，而与运动、言语或理解功能障碍无关。

（二）失写症的临床类型及表现

（1）失语性失写症。失语性失写体现在西文患者身上，主要为听写非字词时表现出明显的困难，听写真实字词时无障碍；体现在汉字患者身上，主要为书写字形结构的各种障碍，如笔画、偏旁的遗漏、添加或错误替代，甚至写出符合汉字形体规则，但汉字中没有的新字等（刘晓加等，1998）。

（2）失用性失写症。患者知道该如何写，可以口述字的偏旁，但书写极端笨拙，无法辨认正确的字形。

（3）镜像书写症。它是指患者书写时出现字体及笔画顺序的逆转，即书写的字左右颠倒，像照在镜子里一样。

（4）新语症。指的是患者的言语中出现大量符合患者所用语言的拼写规则的非字词，好像是患者自己编造的新字词。

（三）失写症的神经解剖基础

Exner最早提出书写机能的专门区域，即书写中枢，位于左大脑皮层额中回（即第二额回）后部。其主要功能是负责书面语表达，该区域损伤会导致失写症。这个观点受到了众多学者的争议，因此，目前还没有达成关于失写症的神经解剖基础的统一认识。

四、言语障碍的评定

言语障碍是脑血管病、脑外伤、脑肿瘤和大脑发育不全等脑部疾病的常见症状。言语障碍影响患者正常的社会交往、劳动协作、求职等诸多能力，给患者带来生活上的极大不便和巨大的心理阴影。言语矫治对患者提高生活质量、重返社会有重要的价值和意义。

失语症评定的主要目的是判定患者有无失语症、失语症的类型和轻重程度，了解各种影响患者交流能力的因素，判定患者残存的交流能力，确定治疗目标，制定详细的治疗康复计划。

（一）失语症筛查

通过筛查大致了解患者的言语障碍程度，采用简单明确的方法，尽量做到在最短时间内掌握患者的情况，这种检查适合初诊患者，尤其是急性期患者，检查时间一般为数分钟至十几分钟。检查中应重点观察以下几个方面：

1. 言语表达

采取自然会话形式，如询问患者的姓名、年龄、身体情况、睡眠情况和饮食情况等。同时观察患者的言语表达为流畅型或非流畅型以及是否可以复述。通过对身边物体的呼名判断是否有命名障碍。患者有错语时是哪种错语，是否伴有刻板语。另外还要观察是否伴有构音障碍。

2. 听觉理解

通过上述会话检查，对患者的言语表达做出初步判断。在做听觉理解检查时，可以将4到5个日常用品摆放在患者的面前并说出名称，由患者指认所说的物品，来观察患者对单词的理解。如果患者的理解较好，可以让他按指令摆放物品。另外也可以进行身体部位的理解检查。

3. 阅读和理解

给患者出示一些物品的名称，请患者读出，随后让患者按要求移动物品。进行书写检查时，可以让患者书写自己的名字或物品的名称。

4. 高级皮层机能

失语症患者除了有语言障碍，还常常伴有大脑高级皮层机能障碍。研究者认为注意力的唤醒与语言加工之间有一个与语言相关的左半球的注意力系统，并提出一个"失语症的整合注意理论"。一些实验也发现治疗失语症患者并发的记忆力障碍，可以改善患者的语言功能和交流能力。因此，在检查中需要观察患者的注意、记忆等功能是否正常。

5. 其他观察

情绪方面是否焦躁、易怒、不安、抑郁。还有对周围事物的关心程度，是否能配合检查、训练意欲等。以上各项评定结束后，要结合评定前已掌握的患者的相关医学情况进行分析（如发病原因、性质，发病时间的长短，既往是否有脑血管病史、癫痫发作史、心血管疾病，视力、听力、CT、MRI检查结果），最后判断是否有失语症，如果有进一步判断轻重程度和病症可能的所属类型。

（二）失语症综合检查

1. 国外常见的失语症综合检查

（1）波士顿失语症诊断检查（BDAE）

该测评系统由22个分测验组成，有五个大项目：①会话和自发性言语，②听觉理解，③口语表达，④书面语言理解，⑤书写机能。BDAE将失语症严重程度分为6级。

（2）日本标准失语症检查（SLTA）

该测评系统由26个分测验组成，包括五个项目，听、说、读、写和计算。按6个阶段进行评分。SLTA易于操作，而且对训练有明显的指导作用。

（3）西方失语症成套测验（WAB）

该测验提供了失语指数、操作指数和大脑皮层指数三个指标，对失语症的评定非常有效。失语指数反映失语的严重程度，可以作为失语康复的疗效评定指标。操作指数反映大脑的非口语性功能状态，即书面语的感知、表达、运用、计算以及推理能力。大脑皮层指数反映综合性的关于患者的认知机能的总体印象。

（三）国内常用的失语症检查

1. 汉语标准失语症检查（CRRCAE）

该测验是中国康复研究中心借鉴日本标准失语症检查，按照汉语词句用语的习惯和规则编制而成的适用于汉语语言环境的检查量表。包括听理解、复述、表达、出声读、阅读理解、抄写、描写、听写和计算。此检查适合成人失语症患者。

2. 北京医科大学汉语失语症成套测验（ABC）

该测验参照西方失语症成套测验（WAB），结合汉语失语症研究的临床实践编制而成。1988年开始在临床上使用，由口语表达、听理解、阅读、书写、神经心理学检查和利手测查6大项目组成。

第五节 言语障碍的康复训练

言语障碍的不同类型中，失语症的临床表现更为复杂，发病率也较其他言语障碍都高一些，针对性的康复治疗技术也相对成熟，下面就失语症康复的训练技术进行介绍。

（一）脑卒中后失语症的训练

1. 注意训练

裴倩，张道和宋鲁平（2014）采用功能性磁共振成像观察了注意训练对脑卒中后非流畅性失语患者汉字加工能力的影响，结果显示，训练后，实验组成员的右侧额下回、双侧顶叶、双侧小脑被显著激活，而对照组的情况与接受组内训练前相比，未见显著变化。该研究从影像学的角度证明，注意训练可改善非流畅性失语症患者的语言功能。

2. 音乐疗法结合言语训练

张媛，姚永坤和卢香云（2015）的研究表明，音乐结合言语训练对脑卒中后失语症患者言语恢复有改善作用。张媛等人采用了40例失语症患者，将其随机分为观察组与对照组，各组分别20例，2组均进行听、说、读、写的言语训练。观察组同时给予听音乐、哼曲调、跟唱歌曲等音乐训练。训练前后采用汉语标准失语症检查法（CRRCAE）进行评估。结果表明，训练两个月后，两组患者的CRRCAE评分在听理解、复述、说、出声读、阅读及计算方面与训练前相比有显著提高，但在句子层面的复述、出声读、阅读、主动说及书写能力方面与训练前比较，差异不显著；而观察组在听理解、说、出声读、阅读及计算方面较对照组提高得更为明显。因此，与单纯的言语训练相比，音乐结合言语训练可以更好地改善失语症患者的听理解、说、出声读、阅读和计算等方面的能力。但音乐训练对于不同类型的患者介入的时间不同，其作用也有所差异。使用语言治疗仪与神经病学机制的音乐治疗相结合的方法对非流畅性失语症患者进行治疗，结果表明音乐治疗和语言治疗对慢性非流畅性失语症患者都有一定疗效，但针对急性非流畅性失语症患者（发病3个月内即接受治疗），音乐治疗是更为有效的。这一结果显示脑卒中后非流畅性失语症患者在发病后3个月内接受音乐治疗的效果会更好。

3. 手动作观察训练

陈文莉等人（2014）对1例经皮质运动性失语症患者进行了为期3周的训练，要求患者观察操作物体的手动作视频（第1、3周），或观察不同物体的静态图片视频（第2周），并且观察手动作视频或静态图片视频的同时对所观察物体进行复述。每次训练时间为30分钟，6次/周。每周训练前后进行60张国际标准图片命名检查和西方失语症成套测验（WAB）的失语商评定。结果显示，手动作观察较静态图片观察训练更能改善该例经皮质运动性失语症患者的语言功能，该效应机制和方法是否有助于其他类型失语症患者值得进一步探讨。

（二）其他失语症的治疗方法

1. 语言治疗技术

针对患者某一具体的损伤的语言技能进行训练，即治疗人员给予某种刺激，使患者做出反应，对正确的反应进行强化，对错误的反应进行更正。只是训练采用的作业组织形式会有所不同。在言语治疗中，语义特征分析的引入最初用于改善命名障碍，但是从词汇命名的心理模型及语义特征分析的研究历程出发，语义特征分析几乎可以运用于所有类型的失语症患者（Boyle, 2010）。事实上，研究显示综合语义和语义提示的治疗效果最理想（Maher & Raymer, 2004）。而语义特征分析是以语义水平为主，综合语音提示和正字法的一种补偿性技术，适用范围很广，影响疗效水平的不在于失语症的类型，而在于患者语义缺陷的程度。

相关的治疗技术主要有：

（1）SchuelI刺激法

20世纪60年代，SchuelI认为语言是与感觉、运动有联系的整合活动，大多数失语症患者是因为言语分析器的失灵、处理过程混乱而不能恰当地协调完整的动作，最终导致语言系统的工作效率减退。应该使用强有力的、集中的听觉刺激作为基本工具，最大限度地促进语言再组织和恢复。该方法通常采用丰富、多变、有意义的材料作为刺激物，给予适当的、多途径的语言刺激和强有力的、集中的听觉刺激，同时可辅加视觉作为基本工具，促进脑内语言模式的组织、储存和提取。该方法强调反复刺激，即一次刺激得不到正确反应，反复多次刺激以提高反应的正确性。同时，强调促进和刺激语言产生，而不是单纯地教授语言。至今语言治疗学仍将Schuell刺激疗法作为各种语言治疗技术的基础（徐玲丽等，2007）。

（2）阻断去除法

20世纪60年代，Weigl提出了阻断去除法。阻断去除法建立于简单再学习机制假设之上，Weigl将言语阻断去除法功能障碍归因于损伤所造成的该语言功能的"阻断"，并发现用一种语言材料进行练习不仅可使患者对该语言材料出现正确反应（恢复），而且可使患者对相似内容或结构的语言材料做出正确的反应。因此可以利用未受阻断的较好的语言形式中的语言材料作为"前刺激"，来引出对另一语言形式中有语义关联的语言材料（被阻断者）的正确反应，从而去除阻断。此方法基于功能重组理论，用刺激促进神经系统的功能重组，阻断去除法对于命名性失语症的康复效果较好，而对非流利性失语症的康复效果较差。

（3）程序操作法

该方法由Lapointe提出，运用操作条件反射原理，把认知刺激法和操作条件反射法有机结合起来。其治疗方法是通过对正常状态下获得的行为进行结构分析的基础上，设计一系列细致的、有严格限制的逻辑性步骤，指导患者逐步接近目标行为。此方法较前几种方法的最大优点是在刺激的基础上结合条件反射，重视患者的反应，局限性在于忽略了失语症治疗过程的不可预测性，有严格限制的治疗步骤，不够灵活。

（4）功能重组法

功能重组法的提出者Luria认为，言语损伤是由于功能系统受到了干扰，而恢复则是通过对功能系统残存成分的重新组织或增加新的成分，而产生出一个适合于操作的新的功能系统，从而达到语言能力改善的目的。分为系统内重组与系统间重组两种。系统内重组是指先分析在哪个构成环节（要素）上受到了损害，通过对这些环节的训练，来达到受损害功能内各要素的重组。系统间重组是指利用正常的功能系统促进受损的功能系统的改善（董瑞国，高素荣，2003）。

2. 音乐疗法

音乐疗法作为失语症的康复手段之一，其治疗主要集中在发音呼吸的控制、说话频率的调节、促进发音力量的音调训练、旋律和节奏的协调，以及发音清晰度的提高。主要的训练方法有节奏音高训练法、听音模唱训练法、练声训练法、歌曲理解训练法等。治疗目的是刺激、控制、矫正、改善和提高患者残缺的语言能力，其作用效果是多方面的，如通过音乐训练可以促发患者的自发语言的形成。通过歌唱可以提高患者语言的清晰度和嗓音音量，通过音乐的情感体验有助于患者保持长期训练的积极性等（蔡丽娇、陈锦秀，2012）。Breier等（2010）、卫东洁等（2008）的研究均表明音乐疗法有助于改善失语症患者的言语功能。

3. 计算机辅助治疗

随着科学技术的发展，计算机开始用于失语症的治疗，不但提高了治疗师的工作效率，还可以根据患者的需要对治疗作业进行控制。计算机软件可以使用多媒体图形、图形化视觉反馈、声音的听觉反馈，给患者多重的训练刺激，如对视觉刺激呈现的大小、位置、颜色等，听觉刺激的强度、时间、音调等均可改变。根据患者的反应，使用软件程序来改变这些条件，从而达到改变作业难度的目的，使作业适合不同的患者，增加训练的趣味性，提高患者认知能力的恢复。计算机提供的治疗作业还可以准确测定患者完成作业的反应时，进一步评定治疗疗效。计算机辅助极大地方便了失语症的治疗，提高了治疗效果。

4. 认知神经康复治疗

20世纪80年代，认知心理学家从认知过程的角度分析语言损伤，提出多种语言的认知模式。McNeil等（1991）提出了失语症的整合注意理论。有研究发现（姚聪燕，2004）治疗失语症患者并存的记忆力障碍，可以改善语言功能和交流能力。交流能力的提高也依赖于相关认知能力，（如注意力和记忆力等）的发展，治疗认知功能缺陷能促进交流能力的提高。认知神经心理学把语言看作由输入、整合、输出等多个模块组成，而失语是该系统中的某个模块受损造成的。治疗方法主要是刺激受损的模块，强调运用连贯语言（句子或段落）的口语阅读治疗失读症，从而改善失语症状（田野等，2011）。代欣等（2011）的研究表明，结合认知康复治疗的失语症患者较采用单一治疗方法的患者对时间与地点的定位更为准确，知觉与视觉方面的恢复程度更好，对治疗师口令理解更准确，反应更迅速，更能主动与人交流，有一定问题解决能力，语言功能恢复速度较快。

5. 社交心理治疗

个人社交心理的调整及个人同社会的接触交流对失语症患者的康复有重要的影响。它给患者提供了一种积极的气氛和与其他患者接触的机会。每个患者都可以自由表达自己的情绪变化,并学会处理因失语症造成的心理影响,加强人际关系。根据治疗目的差异,设计不同的小组开展治疗。比如,以心理调整为目的小组治疗、以社会交往为目的的小组治疗和以语言治疗为目的的小组治疗等。确定治疗目的,并根据难度分层次排列,使各种程度的患者能够在一个组中接受治疗。这种治疗突破了传统以治疗师为主以患者为辅的治疗格局,充分调动了患者参与治疗的积极性。社交心理治疗可使失语症患者在治疗和交流中,重新找到认同感,放松心情,逐渐以坦然的心态应对失语障碍。治疗师要有效地针对不同程度的失语患者,根据康复效果提出交流主题。

思 考 题

1. 语言获得有哪几种理论解释?
2. 语言习得经历几个阶段?
3. 语言加工有哪几种模式?
4. 词汇理解受到哪些因素的影响?
5. 人们是如何理解段落的?
6. 言语障碍的类型及其神经机制是什么?
7. 常见的言语障碍评定的手段有哪些?
8. 脑卒中后失语症病人的语言康复训练有哪些方法?
9. 失语症的康复训练有哪些技术?

案例分析　　　　一个失语症患者的个案研究与康复训练

个案简介:

患者,女,50岁,右利手,干部,大专文化程度。2005年10月31日上午工作时,突然感觉眩晕、言语不利,与他人谈工作时话语总是以重复性语言代替要表达的新信息。之后不久,患者晕倒,被送入医院接受治疗。

临床诊断结果:

脑CT显示,左侧颞、额叶分别见大片状低密度阴影,脑室无扩张,中线结构居中。医生诊断为脑血栓,左侧颞、额叶脑软化。

言语障碍表现:

言语表达和理解方面均存在障碍。比如,语言持续现象,命名障碍,迂回性言语,亲属关系错乱,错语,词语搭配错误等。

语言康复训练:

第一阶段:

1. 发病第一个月(前10天)

患者的语言表现主要停留在音节阶段,语音、语调正常,持续性言语出现的频率极高,无法表述自己的意思。患者苏醒后第二天开始进行康复训练,训练的内容为亲属的名字，让患者跟读或复读，加强记忆，进行少量的指认训练。按照少量多次的原则进行。

2. 第11天到一个月

缺乏语法词汇，持续性言语现象仍然存在，但对亲属名字、称谓关系等理解困难。训练主要以患者实际生活需要为主要内容，包括经常使用的日常生活用语、物品名称、身体部位、亲属名字及称谓等。

第二阶段：（第二个月到第6个月）

对人的称谓语言、一些名词的命名依然缺失，动词选词困难，有语义性错语，缺乏语法词。训练中继续物品名称和亲属关系称谓的训练，同时开始进行文章朗读训练、事件描述和日记训练。

第三阶段：（第七个月至十八个月）

经过前两个阶段的训练，患者语言能力恢复较快。人际交往基本无障碍，但语篇的构成缺少必要的连接词。训练方法是让患者回归生活，在家庭和工作环境中进行日常话语的训练。

经过语言康复训练，患者的日常生活交流已基本无障碍，只是偶有选词困难存在。

（资料来源：王珺.一个失语症患者的个案研究与康复训练[D].吉林大学硕士论文，2007：2-23.）

拓展学习

语法转换生成理论

语法转换生成理论产生于20世纪50年代，是由乔姆斯基提出来的。他认为仅仅描写语法形式是不够的，需要探索隐藏在语法行为背后的人类普遍的"语法能力"，这种语法能力通过一套"深层结构"向"表层结构"的转换规则，从而把意义和形式结合起来，完成对句子意义的建构过程。这些规则包括短语结构规则和转换规则。任何句子都包含两个层次的结构：表层结构和深层结构。表层结构是人们实际听到、看到的语句形式或书写采用的书面形式；深层结构是指说话者试图表达的句子的意思。语法转换生成理论重点研究句子是如何生成和转换的，也就是句法问题。所有现实的和潜在的句子，都可分为核心句和转换句两大类。核心句是基本句，转换句是由核心句转换出来的派生句。从核心句到转换句遵循的原则，就是转换原则，利用转换原则系统，可以生成和理解出层出不穷的句子，这就是语言能力。以对歧义句的转换和理解为例，说明乔姆斯基的语法转换生成理论。如图10-3所示。

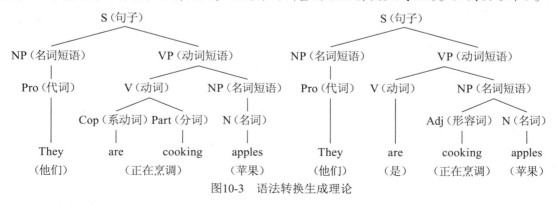

图10-3 语法转换生成理论

（图片来源：彭聃龄.普通心理学[M].北京：北京师范大学出版社，2004：292.

与失写症有关的其他障碍

人类普遍认识到口头语言和书面语言加工的中枢在脑中是分离的。这为我们判断失写症儿童可能不存在其他语言问题提供了依据。但事实上，具有其他方面语言天赋的失写症儿童，在试图将其思想转换成书面形式时会遇到很大挫折。这种挫折感最终会击垮他们，使他们不再书写。教师有时会将这些行为误以为是懒散、漫不经心或态度不端正等表现。失写症也往往伴随着其他方面的缺陷或障碍。

排序困难（Sequencing Problems）。一些大脑存在缺陷的个体在加工序列信息和推理问题方面存在困难。这类学生在写字的时候会分不清字母、数字或者字词的先后顺序。他们常常需要放慢写字的速度，将注意力集中在拼写、标点符号和字词顺序的加工上。其结果就是他们过于注重写字的细节，从而可能忘记了想要表达的思想。

注意缺陷多动障碍（ADHD）。有ADHD的儿童在一般性书写方面存在困难，并且在手写方面尤其困难。他们可以以极快的速度加工信息，但缺乏清晰地写下这些想法所需的精细动作技能。

听觉加工障碍（Auditory Processing Disorder）。由听觉加工缺陷引起语言障碍的儿童，其书写通常会存在困难。有表达性语言障碍的学生，书写能力尤其低下，因为书写是一种最困难的表达性语言。

视觉加工障碍（Visual Processing Disorder）。失写症患者一般都不会存在视觉加工障碍。然而，有很小一部分的学生确实会存在写字速度比较慢或者字迹不清晰等问题，因为当他们将思想写到纸上时，他们不能充分地进行视觉信息加工。

（资料来源：David A Sousa. 董奇，等，译. 有特殊需要的脑与学习[M]. 北京：中国轻工业出版社，2005：73-75）

参考资料

1. 蔡丽娇，陈锦秀. 音乐疗法在失语症康复中的应用[J]. 中华护理杂志，2012，47（8）：766-768.
2. 陈帼眉. 学前儿童发展心理学.（2版）[M]. 北京：北京师范大学出版社，1995.
3. 崔刚，张伟. 布洛卡的失语症研究及其对神经语言学的贡献[J]. 清华大学学报（哲学社会科学版）2002，（s1）：46-50.
4. 迟毓凯，莫雷. 课文表征研究新进展：从命题表征到情境模型[J]. 心理科学进展，2001，9（1）：25-30.
5. 陈文莉，夏扬，杨玺，叶芊，季相通，陈巍等. 手动作观察训练对脑卒中失语症患者语言功能的影响[J]. 中国康复医学杂志，2014，29（2）：141-144.
6. David A. Sousa. 有特殊需要的脑与学习[M]. 北京：中国轻工业出版社，2005.
7. 董瑞国，高素荣. 失语症[J]. 医师进修杂志. 2003，26（6）：9-1.
8. 代欣，李继来，杜继臣. 认知功能训练对脑卒中后失语症康复疗效的影响[J]. 中国康复理论与实践，2011，17（1）：66-67.
9. 鲁利亚，汪青. 神经心理学原理[M]. 北京：科学出版社，1986.
10. 刘晓加，梁秀龄，陆兵勋，李卫平，吕庆文. 各类汉语失写症的定位研究[J]. 心理科学1988，（2）：178-179.

11. 缪小春.语言加工的模块理论[J].应用心理学，1992，（3）：42-50.

12. 裴倩，张通，宋鲁平.注意训练对卒中后非流畅性失语症患者汉字加工能力的影响[J].中国康复理论与实践，2015，21（3）：296-302.

13. 彭聃龄.普通心理学.（3版）[M].北京：北京师范大学出版社，2004.

14. 田野，林伟，叶祥明，周亮.汉语失语症诊治进展[J].中国康复理论与实践，2011，17（2）：151-154.

15. 王珺.一个失语症患者的个案研究与康复训练.（Doctoral dissertation，吉林大学）.

16. 徐玲丽，沈志祥.失语症的康复治疗[J].中国组织工程研究，2007，11（17）：3387-3389.

17. 姚聪燕.音乐治疗用于失语症的康复：1例报告[J].中国组织工程研究，2004，8（25）：5228-5229.

18. 尹文刚.汉字失读的类型与意义[J].心理学报1990，（3）：297-305.

19. 尹文刚.神经心理学[M].北京：科学出版社，2007.

20. 张玉梅，王拥军，张宁.失语症的发病及恢复机制[J].中国组织工程研究，2005，9（1）：144-145.

21. 张媛，姚永坤，卢香云.音乐和语言治疗在卒中后非流畅性失语症患者中的疗效观察[J].中华神经科杂志，2015，48（4）：274-278.

22. Anderson, J. R. Cognitive psychology and its implications[M]. San Francisco, CA: Freeman, 1980.

23. Berthier, M. L., Green, C., Higueras, C., Fernández, I., Hinojosa, J., & Martín, M. C. A randomized, placebo-controlled study of donepezil in poststroke aphasia[J]. Neurology, 2006, 67（9）：1687-1689.

24. Bierwisch, M., & Schreuder, R. From concepts to lexical items[J]. Cognition,1992, 42（1）：23-60.

25. Boyle, M. Semantic feature analysis treatment for aphasic word retrieval impairments: What's in a name? [J]. Topics in Stroke Rehabilitation, 2010, 17（6）：411-422.

26. Dell, G. S. A spreading-activation theory of retrieval in sentence production[J]. Psychological Review, 1986, 93（3）：283.

27. Howes, D. H., & Solomon, R. L. Visual duration threshold as a function of word-probability[J]. Journal of Experimental Psychology, 1951, 41（6）：401.

28. Just, M. A., & Carpenter, P. A. The psychology of reading and language comprehension[M]. Gognitive Processes，518.

29. Kintsch, W., & Van Dijk, T. A. Toward a model of text comprehension and production[J]. Psychological review, 1978, 85（5）：363.

30. Maher, L. M., & Raymer, A. M. Management of anomia[J]. Topics in Stroke Rehabilitation, 2004, 11（1）：10-21.

31. Mozhdeh, S., Esmaeal, I., Bahram, N., Samad, Z., Ali, A., & Katayoun, H., et al. A new pharmacological role for donepezil: attenuation of morphine-induced tolerance and apoptosis in rat central nervous system[J]. Journal of Biomedical Science,2014，21（1）：1-9.

32. Stein, J. The magnocellular theory of developmental dyslexia[J]. Dyslexia, 2001, 7（1）: 12-36.

33. Seniów, J., Litwin, M., Litwin, T., Leśniak, M., & Czlonkowska, A. New approach to the rehabilitation of post-stroke focal cognitive syndrome: effect of levodopa combined with speech and language therapy on functional recovery from aphasia[J]. Journal of the Neurological Sciences, 2009, 283（1-2）: 214.

34. Van Den Broek, P., & Gustafson, M. Comprehension and memory for texts: Three generations of reading research[M]. Narrative comprehension, causality, and coherence: Essays in honor of Tom Trabasso, 1999.

推荐书目

尹文刚. 神经心理学[M]. 北京：科学出版社，2007.

第十一章 元认知

本章要点

本章在陈述元认知基本概念的基础上，重点阐述了元认知的构成成分、元认知理论与元认知的发展，并对元认知的神经机制进行了介绍，最后从临床应用的角度介绍了元认知干预技术及元认知的训练。

第一节 元认知概述

一、元认知的定义

元认知是一个复杂的认知系统，因此对于它的认识与定义尚无统一的定论。在众多的元认知定义中，以元认知研究的开创者弗拉维尔（Flavell）所做的定义最具代表性。1976年，他将元认知表述为"个人关于自己的认知过程及结果或其他相关事情的知识"，以及"为完成某一具体目标或任务，依据认知对象对认知过程进行主动的监测以及连续的调节和协调"。1981年，他对元认知做了更简练的概括："反映或调节认知活动的任一方面的知识或认知活动。"

另外，国外其他一些研究者也从自己的研究角度提出了"元认知"的概念：霍夫施塔特（Hofstadter, 1979）认为元认知是跳出一个系统后去观察这个系统的认知加工过程；克鲁维（Kluwe, 1982）认为元认知是明确而专门指向个体自己认知活动的积极的反省认知加工过程；布朗（Brown, 1983）和勃兰斯福特（Bransford, 1983）认为元认知是任何以认知过程和结果为对象的知识，是任何调节认知过程的认知活动。国内学者也展开了相应研究，朱智贤（1986）年提出的元认知的实质是思维活动的自我意识，是思维心理结构中的控制结构；董奇（1989）认为，元认知是人对认知活动的自我意识和自我调节。

尽管不同研究者对元认知有不同的描述，但也存在着共识，即元认知都涉及认知，是以认知本身为对象的一种认知，这也就是元认知的本质特征。具体而言，元认知可以被理解为一种静动结合的过程，它既包括个体对认知活动及其影响因素的认识（即有关认知的知识），也包括对当前认知活动进行的监控和调节。也就是说，一方面，元认知是一个知识实体，它包含与静态的认知能力、动态的认知活动等相联系的知识，是相对静态的；另一方面，元认知也是一种动态的过程，即对当前认知活动的意识过程、监督调节过程。作为"关于认知的认知"，元认知被认为是认知活动的核心，在认知活动中起着重要作用。

【专栏11-1】 "元认知"概念的提出

弗拉维尔（Flavell）在对儿童的思维过程进行研究的基础上提出了"元认知"这一概念。弗拉维尔在研究中发现：让学前儿童和小学生同时学习一组材料，直到他们都确信自己完全能够回忆出来为止。

> 小学生在学习这组材料一段时间以后，说他们已经完全掌握了。通常实际情况与他们所说的是吻合的，即小学生能够正确地回忆每一部分材料。
>
> 学前儿童学习这组材料一段时间后也说他们已经掌握了，但是实际情况并非如此，他们往往不能完整地回忆学习材料。
>
> 弗拉维尔指出，这是因为学前儿童不能像小学生那样有效地监控和调节他们当前的记忆能力。控制和调节自己当前的记忆能力正是元认知（具体说是元记忆）的功能。弗拉维尔由此研究提出了"元认知"的概念（1976）。
>
> （资料来源：姜英杰.元认知的理论与实证研究[M].长春：东北师范大学出版社，2007：18）

二、元认知的构成成分

关于元认知的成分，研究者们的观点并不一致。弗拉维尔（Flavell）认为元认知的两大要素是"元认知知识"和"元认知体验"。元认知知识指个体所存储的既和认知主体有关又和各种任务、目标、活动及经验有关的知识片断。元认知体验即伴随并从属于智力活动的有意识的认知体验或情感体验。布朗（Brown）等人则认为元认知的两大要素是"关于认知的知识"和"认知调节"。"关于认知的知识"是个体关于他自己的认知资源及学习者与学习情境之间相容性的知识。事实上，"关于认知的知识"即类似于弗拉维尔所谓的"元认知知识"。"认知调节"是指一个主动的学习者在力图解决问题的过程中所使用的调节机制，它包括一系列的调节技能，如计划、检查、监测、检验等。国内研究者则倾向于认为，元认知由三部分组成：元认知知识、元认知体验、元认知监控。

（一）元认知知识

元认知知识指个体对于影响认知过程和认知结果的那些因素的认识。在经过许多次的认知活动之后，个体会逐渐积累起关于认知活动的影响因素及其影响方式的一些知识，这就是元认知知识。由于可将影响认知活动的各种因素归为三个主要因素，即个人因素、任务和目标因素及策略因素，故元认知知识就是对这三种主要因素的认识。

1. 对个人因素的认识

对个人因素的认识即对自身及他人认知能力与特点的认识。主要可概括为三个方面：第一，对个体内差异的认识，即主体能正确认识自己的兴趣、爱好、能力、学习特点以及思维特点，比如知道自己擅长于逻辑推理、抽象思维等。第二，对个体间差异的认识，即能认识到自己与他人在认知能力上的差异。例如，一个人认识到某同学的直觉思维能力比自己强，而自己的学习习惯比他好，某同学的人际交往能力比自己好，而自己在社会适应能力上较周围其他人强。第三，对存在不同层次认知方式的认识。即人在发展中可能逐渐认识到，自身的认识能力在不同的发展阶段可能达到不同的水平。也可能认识到，即使处于同一发展阶段，个体间也存在着不同的认知方式。如，你认识到目前对某一事物是理解的，但这不能说明自己对该事物的理解程度不会发生变化，以后你可能对你现在认为完全理解的事物有更深入的理解，也可能会对现在认为完全理解的事物完全不理解。

2. 对任务和目标因素的认识

对任务和目标因素的认识即对在完成认知任务或目标中所涉及的各种有关信息的认识。主要可分为：第一，对认知材料的认识。如，认识到哪些信息对完成任务有用，哪些无用；哪些信息的获得是轻而易举的，哪些信息必须经过推理与思考之后才能获得；哪些信息是自己感兴趣的，哪些信息是枯燥无味但又必须通过意志努力去掌握的。第二，对任务性质的认识。如认识到读懂一篇文章与按此文章的格式写出一篇文章的难度是不同的。

3. 对策略因素的认识

对策略因素的认识即对在完成认知过程中各种有关策略知识的认识。例如，认识到要达到认知目标有哪些可利用的认知策略，根据认知任务及目标的性质与特征，哪些是首选策略，哪些是备选策略。怎样运用这些策略，为什么及在什么时候运用这些策略。例如，你可能意识到在观察时可采用顺序观察法、特征观察法、视觉分割观察法（利用想象出的横线与纵线将对象分成若干部分）、比较观察法等方法进行观察。对一事物进行观察时，若无时间限制，可用顺序观察法，若有时间限制，可用特征观察法。要求观察两事物的异同时，可利用视觉分割法来比较观察。

（二）元认知体验

1. 元认知体验的概念

元认知体验是伴随认知活动的一种情绪体验，它可能发生在认知活动的任一时刻。这种体验在时间上可长可短，在内容上可繁可简。例如，在教学中，某学生意识到他已理解并记住了大部分教学内容，从而产生轻松、愉悦的心情，另一位学生意识到自己理解这段文字相当困难，从而产生悲观、焦躁的情绪。弗拉维尔认为，元认知体验最可能发生在思维活动水平较高的情况下。例如，在学习一个较难的数学定理时，每向前推进一步，都伴随着成功与失败，理解后的喜悦，百思不解时的困惑，兴奋与焦虑等交织在一起，直到整个认知过程结束。

2. 元认知知识与元认知体验的相互作用

从以上的分析可以看出，元认知知识与元认知体验既相互区别又相互联系。弗拉维尔认为：元认知知识与元认知体验具有部分重叠关系，某些元认知体验具有元认知知识的成分，而某些元认知知识可上升为意识并形成相应的元认知体验。例如，当你被某一难题困扰时，突然想到了与此相似的另一个已用某种方式解决了的问题。你感到困惑是元认知体验，而同时，又想到已往的成功经验，这又涉及元认知知识。所以弗拉维尔又说，某些元认知体验最好描述为已进入意识中的元认知知识。再如，当你遇到一个对其他人来说感到十分困难的问题时，由于你已有成功运用元认知知识的经验，所以你对这一问题并不感到困惑，这就是弗拉维尔所说的元认知知识又产生了元认知体验。在认知过程中，元认知知识与元认知体验相互作用。例如，当你在解决某一难题时，百思不得其解，你现有的元认知知识与元认知体验使你选择这样一种策略，即向有经验的教师或其他人请教，他们对该问题的解答又激起你对原先的努力是否有效的元认知体验，这些元认知体验又促使你产生新的元认知知识，如此二者相互作用，相互补充，逐渐完善，最终达到解决问题的目的。

3. 元认知体验的获得

元认知体验在激活相关的元认知知识的过程中起着关键的作用。这种对当前认知活动有关情况的觉察或感受会激活记忆库中有关的元认知知识，将它们从"沉睡"的状态中"唤醒"，出现在个体的工作记忆之中，从而能够被个体用来为调节活动提供指导。那么，怎样可以获得元认知体验呢？

汪玲、郭德俊和方平（2000）认为，通过进行反省性自我提问，可以激发相应的元认知体验。以问题解决过程为例，在认知活动的早期阶段，通过向自己提问"它属于哪种类型""这方面我知道哪些基本知识""它有多难"等，可以使个体产生关于题目的熟悉程度、难度以及成功解答的把握程度等方面的元认知体验。在中期阶段，通过向自己提问"我的进展如何""我遇到了什么困难""障碍在哪里"等问题，可以使个体产生关于活动的进展、障碍等方面的元认知体验。在认知活动的后期阶段，通过提问"目标是否达到""还有没有更好的解决方法""我学到了哪些知识"等问题，可以使个体产生关于活动的效果、效率及收获等方面的元认知体验。这些体验既能激发相关的元认知知识，又能为调节过程提供必要的信息，从而能使元认知活动进行得更为顺利。

（三）元认知监控

元认知监控是指个体在进行认知活动的全过程中，将自己正在进行的意识活动作为意识不断对其进行积极、自觉的监视、控制和调节。元认知监控是元认知的核心，通常包括三个重要的活动：计划、监测和调节。

1. 计划

元认知监控中的计划是指个体对即将采取的认知行动进行策划。在认知活动的早期阶段，计划主要体现为明确题意、明确目标、回忆相关知识、选择解题策略、确定解题思路等。值得一提的是，计划并不仅仅发生在认知活动的早期阶段，在认知活动进行的过程中也有。比如，个体在对自己的认知活动采取某种调整措施之前，也会就如何调整做出相应的计划。

2. 监测

元认知监控中的监测是指对认知活动的进程及效果进行评估。亦即在认知活动进行的过程中以及结束后，个体对认知活动的效果所做的自我反馈。在认知活动的中期，监测主要包括获知活动的进展、检查自己有无出错、检验思路是否可行。在认知活动的后期，监测活动主要表现为对认知活动的效果、效率以及收获的评价，如检验是否完成了任务，评价认知活动的效率如何，以及总结自己的收获、经验、教训等。

3. 调节

元认知监控中的调节是指根据监测所得来的信息，对认知活动采取适当的矫正性或补救性措施，包括纠正错误、排除障碍、调整思路等。调整并不仅仅发生在认知活动的后期阶段，而是存在于认知活动的整个进程当中，个体可以根据实际情况随时对认知活动进行必要、适当的调整。

在实际的认知活动中，元认知知识、元认知体验和元认知监控三者互相依赖、相互制约，有机构成了一个对认知活动具有高水平的自我意识、自我调节功能的开放的动态系统。具体而言，主体所拥有的各种元认知知识，只有通过元认知监控这个具体的操作过程才能发挥效用。同时，主体还要通过元认知监控这个实践性的环节，不断地检验、修正和发展有关元认知的知识，使主体所拥有的元认知知识结构更加丰富和完善。主体产生的关于某一具体认知任务的元认知体验，受其所掌握的相关的元认知知识的制约，同时元认知体验又可以转变成元认知知识而进入主体的长时记忆中，成为其元认知知识结构中的一部分。元认知监控的每一具体步骤的效应，都会对元认知体验产生影响，而元认知体验也会对元认知监控产生动力性作用。

二、元认知的发展

元认知不是人天生就有的,而是在长期的学习活动中逐步发展起来的,其发展具有自身特点。

(一)元认知发展的总体特点

1. 随着年龄的增长而增长

元认知是个体在学习中随着经验的增长而逐渐发展起来的。这一特点在元记忆、阅读理解、数学元认知等领域都得到了证实。在元记忆研究方面,西格勒(Siegler, 1975)和力博特(Liebert, 1975)的研究发现:在没有明确要求的条件下,13岁儿童比10岁儿童能更多地利用外部记录来帮助记忆,但相当一部分儿童不会这样做。弗拉维尔(Flavell, 1976)将其称为生成缺失,即儿童不能主动地生成策略来帮助记忆。这一现象已为许多研究所证实。在幼儿、小学生、中学低年级学生都有这种现象。在阅读理解能力方面的研究中,米尔斯(Myers, 1978)和派瑞斯(Paris, 1978)对8~12岁儿童的阅读能力进行了研究,发现年龄稍大的儿童较年幼儿童能更多地意识到影响阅读理解的有关因素,并能应用更多有助于理解的阅读策略。考贝西根等人(Kobasigen, 1980)对10~14岁儿童进行有关快速阅读方面的调查,发现所有被试都知道什么是快速阅读,但仅有年龄较大的儿童才将快速阅读作为一种策略来应用。同样,在阅读理解监控的研究中,海威斯能等人(Havis, 1981)发现,在错误检测测验中,12岁儿童较8岁儿童更有可能鉴别出与文章不一致的句子来。在数学元认知的研究方面,王葵(2004)对4~6岁儿童简单加法进行研究时发现,元认知对于策略运用的影响随着年龄而发生变化:刚开始元认知不影响策略选择,也不影响策略执行;但随着年龄的增长,虽然元认知对策略选择没有明显的影响,但对策略执行却产生了影响,这种转折期很可能发生在5.5岁。

2. 从他控到自控

在儿童还没有判别是非和控制自身的能力时(即元认知还未发展之前),他们的学习活动通常是在教师、家长等他人的直接指导、要求和监督下进行的。一旦离开了成人的指导和安排,他们往往束手无策。随着关于活动规律、实践对象以及自身能力、个性特征等方面知识的不断丰富,自觉或不自觉地对自身实践活动做出独立判断、决定和行为经验的日益增多,儿童积极主动调整和控制实践活动的能力便开始从无到有、由低级到高级发展起来。此时,外界的指导和监督所起的作用由主导作用变为辅助作用。

3. 从不自觉到自觉再到自动化

儿童的元认知发展经历了从不自觉到自觉再到自动化的进程。最初,儿童没有监控学习活动的经历与经验,往往是无意识或不自觉的自我监控,当这种不自觉的监控获得成效时,它就会受到强化,进而促使再次的监控和体验,这样儿童就会从不自觉的监控逐渐转化为自觉的监控。随着自觉监控的经常运用和完善,元认知水平不断提高,逐渐变得娴熟,最终达到自动化水平。

4. 从局部到整体

儿童对学习活动的自我观察与监控只是针对学习活动中的某一环节、某一侧面或某一学科内容进行的。随着儿童在这些领域的成功及元认知知识和体验的增加,他们的自我观察、自我监控才不断从某一环节扩展到学习的整个过程,并迁移到不同的学科内容上。

（二）元认知各成分的发展

在儿童及青少年认知发展的过程中，构成元认知的各成分相互联系、相互依存。一方面，主体所拥有的各种元认知知识通过元认知监控这个具体的操作过程才能发挥出效用；另一方面，主体可通过元认知监控这个实践性环节，不断地检验、修正和发展元认知知识。这两者相辅相成、相互制约、协同发展。

1. 元认知知识的发展

弗拉维尔（Flavell）认为，像多数其他知识一样，元认知知识是逐渐习得的。以元记忆知识为例，多数幼儿及一年级儿童认为其记忆能力比其朋友好。9~11岁儿童能够认识到记忆能力因人因地而变化。克罗采（Kreutzer, 1975）研究了一、三、五年级儿童如何选择策略来完成一些日常生活中可能遇到的记忆任务。结果发现：策略数量随年龄增加；外部策略多于内部策略；三、五年级被试的策略更为简洁、有效。我国学者陈英和等（2008）使用分类任务和拼图任务对幼儿的元认知知识进行测查。让幼儿进行不同形式的卡片分类和不同难度的拼图任务，任务完成后向幼儿提问，测查幼儿的主体性知识、任务难度知识和策略知识。其研究发现：随着年龄的增长，幼儿关于主体性知识的认识趋于稳定；不同年龄的儿童对任务难度元认知知识的认识差异显著；同时研究还发现，随着年龄增大，儿童内部策略的使用不断增加，差异主要存在于3岁组和4岁组之间。随着年龄的增长，幼儿的主体性知识、任务难度知识和策略知识在不同难度的任务中都有不同程度的增加，尤其是对于任务难度和内部策略的元认知知识发展非常明显。

2. 元认知监控的发展

儿童及青少年的自我监控能力与元认知知识一样随着年龄的增长而增长。以元注意监控能力的发展为例，米勒（Miller, 1979）和比其（Bigi, 1979）观察发现：4岁儿童能够调整自己的速度以适应2岁儿童的需要来维持其注意。布朗（Brown, 1980）和坎皮奥内（Campione, 1980）的研究发现：五年级儿童能自发地生成适当的策略以维持注意，二年级儿童则不能。当他们面临选择性任务时（即相关和无关信息同时呈现时），五年级儿童不能自发生成策略，只有八年级儿童能自发生成适当的策略。另外，国外研究者利用学习判断任务（judgment-of-learning, JOL）测查了幼儿园、二年级和四年级儿童记忆监控的发展特点，研究发现年龄较大的儿童的记忆监控模式与成人相似，并且程序性元记忆的发展不是取决于一般的监控技能，而是取决于监控和自我调节活动之间的相互影响。我国学者陈英和等（2006，2010）通过使用不同难度的拼图任务，分别考查了幼儿到小学阶段儿童元认知监控的发展。并且在对小学阶段儿童的考察中，依据元认知监控在拼图任务进程中的发生时间，将元认知监控划分为在线元认知监控和离线元认知监控。其中，发生于问题解决之前或者之后的预测和评价过程，称为离线元认知监控，测量指标包括：预测准确性和评价准确性；发生于问题解决之中的则是在线元认知监控，包括计划过程、策略选择、调整过程等。其研究结果描绘了儿童青少年元认知监控的发展特点，3~5岁幼儿表现出一定的元认知监控能力，6~12岁儿童的元认知监控随年龄升高逐步增加，离线元认知监控的发展略先于在线元认知监控的发展。

四、元认知与认知的关系

（一）元认知与认知的联系

元认知和认知都属于人的认识和思维活动，两者相互联系、不可分割。认知是元认知的基础，没有认知，元认知便没有对象；元认知通过对认知的调控，促进认知的发展。元认知和认知共同作用，促进和保证认知主体完成认知任务，实现认知目标。

（二）元认知与认知的区别

从本质上讲，元认知是不同于认知的另一种现象，它反映了主体对自己"认知"的认知。二者的区别主要表现在以下几个方面：

1. 认识和思考的对象不同

认知活动的对象是外在的、具体的，如记忆的对象是某个具体的事件或某篇文章，阅读的对象是某段具体的文字；而元认知的对象是内在的、抽象的，是主体自身正在进行的认知活动。

2. 活动的内容不同

认知活动的内容是对认识对象进行某种智力操作。例如，阅读某一篇文章，通过对这篇文章的字词进行辨认，对句子、段落进行理解，最后达到对文章的整体把握。元认知活动的内容是对认知活动进行调节和监控，例如，阅读中的元认知活动有：明确阅读目的、将注意力集中在阅读材料中的主要内容上、对当前阅读活动不断进行调节、自我提问以检查阅读效果、随时采取修正策略等。

3. 作用方式不同

认知活动可以直接使认知主体取得认知活动的进展。例如，个体阅读一篇文章，就可以知道这篇文章的大意、中心思想。而元认知只能通过对认知活动的调控，间接地影响主体的认知活动。例如，通过自我检查确认主体的阅读是否达到预期目标。

4. 发展速度不同

从发展程度和进程来看，元认知落后于认知的发展。研究表明，婴儿出生以后就有了一定的认知能力。而幼儿到了学前期才开始获得一些零星的、肤浅的元认知能力，这时元认知能力才开始发展。在大学生中，元认知能力存在着极大的个体差异，通过加强对元认知的学习和培养，能使大学生的元认知能力获得迅速发展。

【专栏11-2】　　　　元认知与认知可以区分吗？

元认知与认知这两个概念究竟有无区别，斯利弗（Slife），斯汪森（Swanson）等人的实验研究对这一问题做出了肯定的回答。

斯利弗（Slife）等人研究了认知水平相当的被试在元认知能力上的差异。被试有两组：学习困难儿童和正常儿童，两组儿童的IQ分数无显著差异，并且在10道数学题及数学成就测验的得分上是匹配的。结果表明，在进行问题解决时，两组被试在两项元认知指标上存在显著差异：学习困难儿童对自己的解题技能的知识较不准确；学习困难儿童在检测自己的解题成绩时较不准确，倾向于高估。认知水平相当的被试在元认知方面却有不同的表现，可见，元认知与认知是可以分离的两个概念。

其次，斯汪森（Swanson）等人的实验研究发现如果没有元认知策略的使用，一个人即使有很强的一般认知能力，在解决问题过程中也得不到有效的发挥。反之亦然。

（资料来源：汪玲，方平，郭德俊.元认知的性质、结构与评定方法.心理学动态，1999，7（1）：7）

第二节 元认知的理论

一、元认知的早期理论

（一）弗拉维尔的界说及其模型建构

弗拉维尔认为，记忆研究有记忆容量、策略、非策略性知识和元认知等四个相互联系的领域，而元认知是指对记忆过程和内容本身的了解和控制。弗拉维尔的元认知概念是很宽泛的，包括个体有关信息编码和提取所有方面的知识及其对自己记忆的功能和所使用的策略等的了解程度。他具体地把元认知的内容划分为"敏度"和"变量"两个主要维度。"敏度"是指个体对什么时候需要记忆策略的敏感程度，是个体对自己的记忆活动的监控能力。变量维度是对影响记忆活动的"变量"的了解程度。"变量"分为三类：一是个人变量，指所有影响记忆的个人特征，诸如个人的知识经验、记忆容量、情绪、动机以及智力等；二是任务变量，指所有影响记忆的任务特征，诸如材料的类似性、长度、有意义性以及呈现的时间等；三是策略变量，指所有的可用来帮助记忆的策略。个体对上述三方面变量的了解程度构成了自身的元认知的主要内容。

（二）布朗的观点

布朗认为元认知主要是对记忆过程的监控，他的研究对象是"有能力的信息加工者"，即拥有控制认知行为的有效措施的人。这种人意识到了系统的容量限制和策略，能够分析新的问题、选择适当的策略和着手解决问题。重要的是，这种人监控着正在进行的记忆活动，知道哪些策略可以使用，哪些策略必须用新的、更有用的策略来代替。此外，"有能力的信息加工者"知道自己什么时候能够解决一个问题，什么时候不能。布朗认为监控在策略的执行中起着很大的作用，元认知对记忆的调整作用是影响执行效果的最为重要的因素。

二、元认知的加工水平理论

20世纪90年代中期以后，元认知加工机制研究不断深入，主要体现在认知心理学领域，其中影响最大的是尼尔森（Nelson）和纳伦森（Narens）提出的加工水平模型。该模型将人的信息加工划分为两个相互关联的水平：元水平和客体水平。元水平动态评估当前情况，受内省的指导；客体水平包括个体的动作、行为和对当前情景外部状态的描述。在此基础上，元认知加工被区分为监测和控制两个过程：监测指客体水平的信息反映到元水平；控制指元水平对客体水平的调节。

如图11-1所示是一个简单的元认知系统，它包括两个相关水平，即"元水平"与"目标水平"（对更多水平的概括化）。这一模型有三个特征：监测，即信息从客体水平向元水平流动，它使元水平得知客体水平所处的状态；控制，即信息从元水平向客体水平流动，它使客体水平得知下一步该做什么；元水平具有某种模型，这一模型包括目标以及达到目标的方式。在元认知模型中，元水平通过与客体水平之间进行信息的往返交流（亦即反复的监测和控制）达到认知目标。

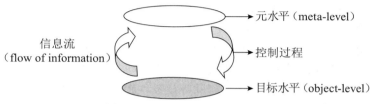

图11-1　元认知的加工水平模型

（资料来源：钟毅平，叶茂林.认知心理学高级教程[M].合肥：安徽人民出版社，2010：343）

1. 控制

其含义在这里如同电话机上的话筒部分，是元级水平用来调节客体水平的。从元级水平到客体水平的信息流既可以改变客体水平工作过程的状态，也可以改变客体水平工作过程本身。因此这种对客体水平作用的结果包括了启动一个新行为：维持或调节先前的行为，以及终止一个行为。然而，这种自我控制并不能获得来自客体水平的信息，因此需要一个监督装置，并且从逻辑上（即便不是心理上）讲这个监督装置是独立于控制装置的。

2. 监测（及主体报告）

其含义在这里类似于电话机上的听筒部分，是元级水平用以从客体水平获取信息的。这个可以用来调整元级水平模型的当前状态。在这里，产生元认知监测信息的主要方法就是个人的主体报告。近年来，心理学家大多认为这种主体报告是通过各种信息流加以传递的。

第三节　元认知的神经机制

绝大多数的研究者把元认知视为一个复杂的动态过程，包括洞察力、认知控制和记忆策略等。因此，对元认知的脑机制研究最初被认为是不可行的。但是，随着功能性磁共振成像技术（fMRI）的飞速发展，研究者发现了前额叶皮质（prefrontal cortex，PFC）在认知控制中的重要作用，元认知的脑机制研究开始有了长足的进展。

一、元认知神经机制的理论基础

依据尼尔森（Nelson）和纳伦斯（Narens）提出的具有深远影响力的加工水平模型，元认知被定义为监测和控制的认知加工过程，是元水平与客体水平这两个信息加工水平的相互作用。依据此观点,元认知对我们监控自身的感知、思维、记忆和行为是必不可少的。如尼尔森(Nelson)和纳伦斯(Narens)的加工水平模型所述,从某种程度来讲,元认知迫使个体对信息产生自上而下的加工调节,而这一概念与执行控制的许多方面密切相关,例如选择性注意、工作记忆、冲突解决、任务转换等。大量神经行为学的研究表明前额叶皮质(PFC)在自上而下控制的信息加工中具有关键作用。此外,一些理论家已经明确了前额叶皮质(PFC)与元认知加工之间的联系。

为了描绘元认知的认知神经机制,岛村(Shimamura, 1996、2000)提出了动态过滤理论(见图11-2),从元认知神经机制的角度出发描述了尼尔森(Nelson)和纳伦斯(Narens)的加工水平模型。这一理论指出,前额叶皮质(PFC)对于许多大脑皮质区域具有发达的传入和传出的纤维联系,通过过滤或者控制入口的方式调节后皮质回路。就这一观点而言,客体水平的处理器分布在后大脑皮层区域,并且被分布在前额叶皮质(PFC)的元水平的处理器所控制。前额叶皮质(PFC)通过动态过滤执行元认知控制,即选择适当的信号和监控不适当的信号。因此,前额叶皮质(PFC)的作用是通过增加信号以及减少额外噪音来改善或增强神经活动。更重要的是,当个体执行抑制控制任务时常常会导致客体水平加工器的相互干扰。当冲突发生时,必须立即作出决策去抑制一些活动,同时保障其他的神经活动。当监测机制揭示了客体水平加工器之间的冲突时,过滤机制显得至关重要。基于动态过滤理论,个体在执行选择和抑制控制加工时,前额叶皮质(PFC)与后部区域会相互影响,如果没有前额叶皮质(PFC)的控制,客体水平的加工器会受到更大的由其他处理器所诱发的额外信号的干扰。

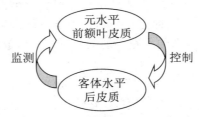

图11-2 基于加工水平模型的元认知神经机制图解

(资料来源:Shimamura, A. P. 2008. A neurocognitive approach to metacognitive monitoring and control. In Handbook of memory and metamemory: essays in honor of Thomas O. Nelson(eds J. Dunlosky & R. Bjork), p. 374. New York, NY: Psychology Press.)

二、元认知涉及的脑区及解剖定位

前额叶皮质(PFC)在认知控制中具有重要作用。来自于神经成像的研究指出了在前额叶皮质(PFC)进行加工的各种信息类型的区域特异性。研究者通过空间特性和诸如布洛德曼分区(Brodmann areas, BAs)这样的解剖特征来确认这些区域(见图11-3)。

前额叶皮质(PFC)区域包括额极区(BA10)、背外侧前额叶皮质(BA9, BA46)、腹外侧前额叶皮质(BA44, BA45, BA47)、向背中线前额叶皮质(BA24, BA32)、腹正中前额叶皮质(BA11, BA12)以及第六个区域BA8,BA8也是前额叶皮质的一部分并且包括额叶眼动区。这些区域与皮层和前额叶皮质范围外的皮层下区域复杂地连接在一起,并且各区域之间也相互连接,各区域之间依据解剖特征和功能特征来区分。

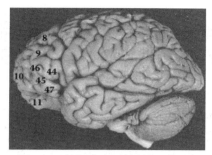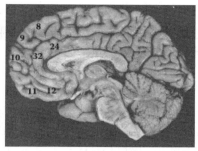

图11-3 前额叶皮层的外侧面（左图）和内侧面（右图）及相应的布洛德曼区

（资料来源：Shimamura, A. P. 2008. A neurocognitive approach to metacognitive monitoring and control. In Handbook of memory and metamemory: essays in honor of Thomas O. Nelson（eds J. Dunlosky & R. Bjork），p. 376. New York, NY: Psychology Press.）

神经成像的研究表明不同的前额叶皮质（PFC）区域服务于不同的控制功能。腹外侧前额叶皮质（ventrolateral PFC）完全负责语义信息的选择和工作记忆中的信息保持；向背中线前额叶皮质（dorsomedial PFC）涉及监测客体水平加工器中的认知冲突；背外侧前额叶皮质（dorsolateral PFC）通过更新和重布信息处理来促进工作记忆中的信息加工；腹正中前额叶皮质（ventromedial PFC）与和学习记忆有关的元认知加工牵连较少，主要与情绪的调控有关，一项ERP的研究表明腹正中前额叶皮质的损伤患者表现出对于情绪刺激的抑制失败，因此腹正中前额叶皮层可以被视为情绪负载的元水平处理器；额极区（anterior PFC）涉及包含复杂加工的任务，例如理性决策、类比推理以及记忆的自有检索；前额叶皮质（PFC）在元认知中扮演着重要角色。它不是语义知识或自传体记忆的储藏库，它监测和控制着与选择、编码、更新和记忆提取有关的客体水平的加工。没有前额叶皮质（PFC）的控制，记忆难以被编码，并且主体会受到来自无关激活的强烈干扰。依据动态过滤模型，元水平的控制器分布在前额叶皮质（PFC），每一个控制器服务于一个具体的客体水平处理器。

三、元认知监控障碍的神经机制

元认知的加工水平模型解释了个体在客体水平和元水平的行为层级的分离。客体水平指认知，而元水平则被概念化为对客体水平的监测和控制。通过元水平的监测与控制，人类意识到自己的认知活动，并且对监控结果进行自我报告，但是在一定程度上，如果元水平没有完成对客体水平的监控，认知的自我报告将是不准确的，表现为个体对客体水平缺乏意识。从神经水平上解释元认知必须从理解元水平对客体水平的监控失败开始，而这种监控失败常常发生在脑损伤和精神异常的患者身上。

赫斯特（Hirst）等人对科萨科夫氏综合症（Korsakoff's syndrome）患者，即健忘症患者进行了研究，该类病人的临床表现为选择性的认知功能障碍，赫斯特（Hirst）等人认为健忘症患者的元认知能力受到了损伤，其研究结果也的确发现该类病人的脑结构发生了改变，包括脑脊液增加以及眶额叶皮质和丘脑的萎缩。岛村（Shimamura）和斯奎尔（Squire）的研究发现，健忘症患者与遗忘症患者相比，其在知道感判断上具有选择性损伤，尽管两类患者在记忆的再认成绩上是相同的。另外，后续研究发现具有额叶损伤的非遗忘症患者同样表现出了较差的元记忆准确性。

史耶（Schnyer）等人的研究发现右侧腹内侧前额叶皮质（VMPFC）损伤者的知道感判断的准确性较低，但是有正常的信心判断（confidence judgments）。这表明不同类型的元认知判断可能存在分离，内侧前额叶皮质在像知道感这样的前瞻性元记忆判断中扮演着重要角色。

另外，脑功能成像研究表明，元记忆判断激活内侧前额叶皮质和外侧前额叶皮质，前瞻性判断和回顾性判断都调节前额叶皮质区域的激活。有研究显示在正确的知道感判断中，腹内侧前额叶皮质（VMPFC）表现出更强的激活，并且与低水平的控制任务相比，在知道感的判断条件下，腹内侧前额叶皮质增强了与内侧颞叶记忆结构的连通性。

第四节 元认知的临床应用及训练

一、元认知的临床应用

（一）元认知干预技术的内涵

元认知干预技术（也称元认知心理干预技术）主要是在临床心理治疗或辅导基础上，使人们能够对自身的潜意识和其他心理活动进行自我觉知、反思、监督、调控的心理干预操作程序及其理论体系。其内涵包括以下三个方面：

第一，从治疗强迫症、抑郁症、精神病等疑难心理障碍的意义上来说，元认知干预技术是通过提升当事人的自觉能力而使顽固心理障碍彻底治愈和不再复发的技术。而彻底治愈和不复发的关键原因在于整个治疗过程中，使患者形成了元认知智慧能力——患者对自身的心理障碍形成的原理和干预技巧有自己的理解和控制技能，形成有效适应自身的生活环境的理解能力和技能，最终使自己的心理症状完全消灭在有效的积极适应生活和高效的自我调适当中。

第二，从如何使患者迅速治愈的临床意义上说，元认知干预技术是对自身心理活动寻找高效层面理解和高效临床干预的技术。人们往往从不同层面、不同角度、不同意义去解释和干预一种心理障碍，而且都会有自己的理论解释和效果的自圆其说。其中有高效层面的解释和干预，也有低效、微效和无效层面的解释和干预。元认知干预技术自觉地认识和解决了心理治疗方法中的这一局限，重新解释催眠，重新解释思维，重新解释元认知，重新解释潜意识、意识与知识的关系等，最终它只把握高效层面的理论解释实施技术干预，以获得最佳的临床诊断与干预效果。

第三，元认知干预技术是一种标准化了的临床咨询、诊断与治疗手段和智慧，它可以被传授，即培训许多普通人共同从事同样的标准化临床技术操作，并且达到同样的临床效果。我们之所以要称该种临床方法为技术，是因为它首先不是一套被教育工作者、思想政治工作者和某些优秀咨询工作者称为艺术的东西。因为它的每一个主要操作步骤都有足够的理论依据、逻辑思维和操作程序的支持；每一个临床成功和失败的人，都有明确清晰的技术路线为依据。

（二）元认知干预技术的心理机制

按照尼尔森（Nelson）和纳伦斯（Narens）的观点，元认知的每个部分都可以通过监控而达到理想的状态。也就是说，这种"影响当前状态的行动"是相应于心理刺激对行动的评估结果而做出的，当个体评估这个行动会带来积极后果的时候，行动便相应发生；相反，当个体评估这个行动会带来消极后果的时候，行动会因此而受阻或取消。为此，格雷（Gray）认为人们在预期的状态与实际的状态之间存在一个比较装置。他认为许多人的曲解都是由于他们的预期与其随后对所执行行动的认知之间的相互矛盾引起的。针对这一现象，临床心理学家们采取了一些举措来激活这种元认知意识以进行干预。下面以实际研究为例证来说明元认知干预的心理机制。

1. 精神分裂症

1992年，弗里思（Frith）提出个体行动和意向的自我监督是造成大部分精神分裂症阳性症状的一个基本问题。后来赫尔伯特（Hurlburt）等人的一些实证研究证明了弗里思（Frith）的这个假设。发现精神分裂症患者的自我监督存在错误，即"个体所报告的监督可能会遗漏某些输入信息，同时会增加某些可能并不存在的内容"。

认知心理学家注意到，在精神分裂症患者元认知监督的输出中可能会不适当的强调某些正常人通常会忽视或自动淡忘的细节。沙克（Shakow）认为，精神分裂症患者的这种对现实的错误解释，是由于他们不能够像正常人一样去反映多变的生活事件，相反，他们更容易把一些重要的事件忽视掉而去钻牛角尖。当然，实际上，在日常生活中，许多与临床症状无关的问题也会因为不能正常地去关注多样化生活事件而发生。

除了这种遗漏某些相关的输入信息和增加某些无关的输出信息之外，精神分裂症患者可能还包含有监督源（source monitoring）本身的错误。他们不能区分哪些现实事件是由于自我造成的或哪些是外部环境作用的结果。这种监督源的错误可能还同时包括了对于控制的错误归因，行动会被错误地解释为对外部刺激的反应，而不是由于自己的个人意愿所激发的。不过，这种说法并不新鲜，在过去的社会心理学中也曾经强调人们会因为不能将现实与想象的内容加以区分而对一些正常的心理事件做出错误的归因。譬如，当人们描述一些外国的或不是很熟悉的事件时常常会如此。当我们对于一些事件（或观念）并不熟悉的时候，就有可能因此而产生幻觉或错觉。

2. 不适当的过度愤怒

按照卡西诺夫（Kassinove, 1995）等人的观点，具有易激怒倾向的个体与精神分裂症患者具有某些相同的个性品质。强烈的愤怒往往都会导致认知扭曲和缺损（如预制某种观念、评价或归因不当、错误谴责别人、不够公正或过于激烈等）。愤怒的范围十分广泛，包括了从被激怒到狂怒的不同水平。在日常生活中人们经常会出现一些低水平的愤怒，这些通常并不会对健康造成伤害。

按照这种认知心理学的观点，元认知自动监控系统可直接被用于对愤怒的临床治疗。患者可以通过适当的帮助取得对某些被激怒感觉的更加精确的认知，从而可以有机会用更加善意的方式来对那些被认知为是怀有敌意的一方再次做出标签。举例来说，具有愤怒倾向的人经常会认为自己受到别人的冷遇或怀有敌意的对待，但是这类人可以通过观察其他人的类似行为来改善自己。他们会发现，这种愤怒不是出自于其他人的激惹，而恰恰是由于自己看待他人时的固有成见所致。也有一些理论认为易怒者经常是被一连串的未经证实的假设所激怒的,而事实上这个事件并不存在。譬如,在许多家庭暴力中,始作俑者往往是彼此间的揣测。元认知训练则是帮助这些家庭成员意识到这种促使攻击倾向增强的相互猜忌,并且用一种更为建设性的态度去看待彼此。

艾克哈特(Eckhardt)等人在情绪实验室中对家庭暴力中的男子一方的研究证明,有必要通过训练来帮助这些个体学会监督这些释放愤怒的认知行为。这一方面是因为他们的信念趋于不合理(尤其在关于自我和配偶的评价上),同时,另一方面也是因为他们在有关对非暴力家庭成员采取控制的想法上也是矛盾的。元认知监督训练或许可以帮助这些具有愤怒倾向的个体们去重新标签他们的想法,使之更加符合现实。在治疗中,可以通过将他们的观念与一定的标准相比较,并通过实际的元认知监督行动(如自我谈话),来促使他们的行为向与现实标准更加一致的方向靠近。

二、元认知训练

近年来,心理学研究发现,个体的元认知能力可以通过训练得到提升。如莫雷诺(Moreno, 2005)和索尔达娜(Saldaña, 2005)采用了一对一的电脑辅助的理解和转换认知训练程序对被试进行思考技能训练,研究结果发现,训练组被试的元认知能力得到显著提高;艾伦(Alan, 2006)和亨尼(Hennie, 2006)对学生进行了元认知训练,结果显示,元认知训练能有效提高学生的思维技巧;马尔特林(Martrin, 2007)和拉姆佐登(Ramsoden, 2007)对大一学生进行元认知训练,研究表明,元认知训练的迁移效果明显;奥兹索伊(Ozsoy, 2009)等人对五年级的学生进行了元认知策略的训练,结果发现,与控制组相比,训练组在数学问题的解决与元认知技能上有了显著的提高。

(一)训练任务

1. 元认知策略教学

奥兹索伊(Ozsoy, 2009)等人选取五年级的47名学生为研究对象,其中,24名学生为实验组,23名学生为控制组,探讨了元认知策略教学对数学问题解决的影响。训练任务采用的是"使用问题解决活动的元认知策略教学",该方法涵盖了给出反馈、交互问题解决、反思性问题等策略。具体的训练由任课教师来完成,在训练前,实验者在两周之内对老师进行了指导。学生按照在列表中列出的各个阶段的要求执行,并在完成每个阶段的任务后填写相关内容。教师在这些活动中的主要作用是监督学生的活动,引导学生提出问题,以保证训练正常进行。当学生在解决表格中的问题时,教师需要提出一些问题,以起到引导、监控的作用,并激发学生的元认知思维。如:"你第一次阅读这个问题时是怎么想的?""你把问题读明白了吗?""你认为你理解这个问题吗?""告诉我你脑子里想的是什么?""你现在怎么办?""你会解决这个问题吗?""你认为你能解决这个问题吗?"这些问题是为了激发学生关注自己思考的过程,鼓励学生自己向自己提问。整个训练研究持续了9周(19个课时)。在9周(19课时)的训练中,学生们需要解决23个问题。在元认知问题解决活动中,教师的指导要遵循以下方法:

(1)在训练活动的过程中,要提醒学生根据表中的阶段进行;

(2)当学生认为已经准备好进行问题解决活动时,教师提供给他们表格;

(3)规定时间内只允许学生们阅读问题,而不能做其他事情;

（4）要求学生在所给的规定的阶段进行学习，并且如果有必要，可以重复该过程；

（5）尽可能多的在表中写出他们的想法；

（6）在学习的过程中，教师监控学生们处理问题，鼓励他们积极思考。最重要的是鼓励他们思考自己的思维过程；

（7）当大多数学生完成学习时，要求几个学生分享他们解决问题的方法。在这一过程中，特别要鼓励学生讲述他们自己的思考过程。例如，"你为什么这样？""你为什么这么认为？""你能用不同的方法解决这个问题吗？"这在发展元认知技能中发挥着重要作用，这种做法使学生们能够表达自己的思想，教师能够监视其他学生的思维过程；

（8）在学习结束时，要求学生进行自我评估，学生们需要评估自己的思考技能；

（9）学生们在学习日记中写出他们关于学习的想法与观点；

（10）每个问题结束时，教师进行检查，对学生的发展进行监控，并将关于学生发展的建议写在这些表格上，完成后将表格还给学生，目的是让他们监督自己的发展。

Huang（2005）将元认知训练应用在英语语言学习中，例如，当学生读了一篇文章并完成了这篇文章的理解练习时，教师要求学生试着把注意力集中在阅读过程上，让他们回忆起他们是如何得到答案的。并在小组内分享自己的反思与想法，

以提高学生的策略意识，扩大策略运用等。具体包括以下过程：

（1）选择教学材料；

（2）在阅读教学中采用过程教学法，例如，全班讨论成功使用阅读策略的方法等；

（3）理解监控过程的详细指导；

（4）阅读理解监控和有声思维法教学；

（5）阅读日记，对他们阅读过程的失败和成功、解决问题的方法与努力进行思考。

2. 元认知训练程序

莫拉（Mora，1997）等人采用理解和转化程序（Comprehending and Transforming，C&T）对智力低下的儿童进行了元认知训练，相较于控制组被试，该训练程序对其智力水平和社会性调节能力产生了显著的影响。但是由于该程序是以班级为主进行的小组训练，而且被试有较严重的认知困难，导致被试不能再在教室内进行更加广泛的讨论。因此，在后来的训练中，为了突出个人化的训练环境，研究者使用电脑作为辅助工具。研究采用了一对一的电脑辅助的理解和转换L版（Comprehending and Transforming-L Version）认知训练程序对认知障碍患者进行了思考技能训练。例如，莫雷诺（Moreno，2005）和索尔达娜（Saldaña，2005）采用的一对一电脑辅助方法。

该训练程序强调在问题解决过程中指导者的调解和对元认知有一个明确的定位。也就是说，训练程序是以被试—教练机—计算机这样的三角形结构为支撑，而不是仅仅在被试—计算机这样的封闭结构上进行。这一方法涉及两个主要的元素：任务解决的结构和指导者（教练机）和被试间的相互作用。指导者对被试的指导遵循以下步骤：

（1）问题构想。这一阶段的重点是分析所提出问题的确切表述和解决问题的困难。如果可能，训练者可以表达对该任务的预期想法；

（2）任务要素。对任务中所涉及的因素进行进一步的分析，鼓励分析不同的任务要素，并列举出与问题最相关的一个要素，以帮助有效解决问题；

（3）实际任务的解决。第一，修订。指导者和训练者共同关注解决问题的过程和发现其中的困难；第二，对有效策略的明确。根据修订过程及自己对该任务的理解，要求训练

者想出一个解决问题的策略；第三，再概念化。在明确定义了该策略后，可以尝试将该策略应用到其他环境中；第四，元认知分析。尝试对任务前后的认知过程进行元认知修正。

该训练程序同时强调指导者与训练者间的交互同样能够促进元认知的发展，交互的活动主要包括：以过程为导向的活动、自我概念的激励、提出认知冲突、认知建模、分离或发散思维。应用于当前训练程序版本中的任务包括：以言语标记为中心的活动、知觉分析、冲动控制、分类、系统探索和注意控制任务，包括听觉和视觉刺激。

（二）训练效果的评估

为了有效的评估训练对个体元认知能力的改善，研究者采用了不同的指标和任务对个体的元认知能力进行了测量。如元认知技能和知识评价量表（Metacognitive Skills and Knowledge Assessment, MSA-TR）。MSA主要评估两个元认知成分（知识和技能），包括七个元认知因素（声明性、程序性、条件性知识、预测、计划、监控和评估技能）（Desoete, Roeyers and Buysse, 2001）。

另外，评估任务还包括工作记忆广度分类任务（Categorization working memory span CWMS, adapted from DeBeni et al., 1998）和评估元认知能力和动机的相关问卷，具体包括用于评估被试参与并喜欢思考程度的认知需要量表（Need for cognition）（Cacioppo et al., 1996）、用于评估个体记忆能力的记忆自我效力问卷（Memory Self-efficacy Questionnaire）（adapted from De Beni et al., 2003）、用于评估对自己记忆力满意度的多因子记忆问卷（multifactorial memory questionnaire contentment, MMQ-Contentment）（Troyer and Rich, 2002）、用于评估对自己记忆能力的觉察程度的MMQ-Ability（adapted from Troyer and Rich, 2002）问卷及用于评估每天在记忆任务中使用记忆策略的问卷（MMQ-Strategies）（adapted from Troyer and Rich, 2002）。还有研究使用了数学问题解决成就测验（Mathematical Problem Solving Achievement Test, MPSAT）和元认知技能与知识评价测验（Metacognitive Skills and Knowledge Assessment, MSA-TR）（Ozsoy et al., 2009）。认知行为量表（Cognitively Enriched Behavior Matrix, CEBM）（Mora and Mora-Merchán, 1995）也被用来作为考察训练前后元认知能力的工具。

在罗贝斯（Roebers, 2017）的研究中，总结了2～6岁个体元认知能力发展的任务及元认知能力发展的水平（见表11-1），为元认知能力训练任务的设置和效果的评估提供了很好的借鉴。

表11-1　2～6岁儿童元认知早期发展成就

年龄	元　认　知
2岁	1. 隐藏和寻找游戏（Hide and Seek game）（DeLoache, et al., 1985）：2～3岁儿童表现不同，通常通过特殊行为防止遗忘（如，偷看、指、接近、可视化等）。 2. 建塔任务（Tower Building task）（Bullock & Lütkenhaus, 1988）：85%～100%的26～32个月儿童能够将自己的结构与目标进行比较（体现了监测能力）；48%～58%的26～32个月儿童在建造过程中能够正确完成（体现了控制能力）。
3岁	1. 与实验者互动（Revelle et al., 1985）：当要求他们带一个描述比较模糊的东西，50%的3岁儿童会询问明确的特征（体现了监测能力）。 2. 知觉认同任务（Coughlin et al., 2015）：对错误知觉有40%的自信（3点评分量表），对正确反应知觉有50%的自信（体现了监测能力）；当自信度低于40%时会选择寻求帮助，然后得到较高的正确率（体现了控制能力）。

续表

年龄	元认知
3岁	3. 有退出权的图片命名任务（Bernard et al., 2015）：3岁儿童在正确解决了7%的题目后选择退出，表明他们具有对不确定事物的监控能力。 4. 相关配对学习任务（Paired-associate learning task）（Balcomb and Gerken, 2008）：3岁儿童对一些再认试次拒绝完成（体现了监控能力），对于他们认为能够接受完成的试次，正确率为80%。
4岁	1. 对第三个人告知或不告知关于盒子里面的东西（Kim et al., 2016）：对于4岁儿童，当他们在不知道的情况下，他们对35%~45%的任务表示不确定。 2. 感觉知道的判断（FoKs; Cultice, Somerville, & Wellman, 1983）：对某种熟悉的事物，儿童正确再认率为51%（体现了监测能力）。 3. 图片匹配学习和再认任务（Geurten et al., 2016）：在学习判断过程中，利用"易学易记"启发法对困难图片配对有50%的确信度，对简单图片配对有70%的确信度。
5岁	1. 新旧再认范式（Hembacher & Ghetti, 2014）：对于不正确再认任务的确信度为50%，对正确再认任务的确信度为86%（体现了监测能力）；当再认失败时，正确撤销的正确率为54%；当再认正确时，能够继续保持的正确率为93%（体现了控制能力）。 2. 物体知觉任务（Lyons & Ghetti, 2013）：对不正确反应的自信判断（2点评分量表）为55%（体现监测能力）；对53%的试次选择不进行反应，从而使得整个任务的正确率提高（体现了控制能力）。 3. 火车轨道建筑任务（Bryce & Whitebread, 2012）：平均4.8min在自己和目标的火车轨道之间对比一次（监测任务）；平均2.2min控制一下行为（改变策略、寻找和清理障碍物）。 4. 配对学习和再认任务（Destan et al., 2014）：在正确（56%的确信度）和错误（68%的确信度）的再认任务中进行自信判断（体现监测能力）；59%的儿童能够正确控制决定（如从不正确的再认中退出）。
6岁	1. 配对学习和再认任务（Destan et al., 2014; Roebers, 2014）：对于困难任务的学习比容易任务只多0.5s（基于控制的监测）。 2. 配对学习和再认任务（Destan & Roebers, 2015）：58%的儿童能够控制正确的决定（如从不正确的再认任务中退出和对正确任务的继续保持）。

（三）训练的时间

由于训练任务、形式和对象的不同，元认知训练花费的时间也不同。如卡雷特（Carretti, 2011）等人对老年人进行了为期两周的记忆策略的训练，训练分为6个阶段，每周训练三个阶段，每个阶段的训练需要30~60min；黄静（Huang, 2005）的研究中对大学生进行了为期4周的元认知训练课程；奥兹索伊（Ozsoy, 2009）等人对五年级的学生进行了为期9周的元认知策略训练；莫雷诺（Moreno, 2005）和索尔达娜（Saldaña, 2005）对36名认知障碍患者进行了3个月的思考技能训练。

思 考 题

1. 名词解释：元认知，元认知知识，元认知体验，元认知监控
2. 元认知的构成成分是什么？
3. 元认知与认知的关系是什么？
4. 元认知发展的一般特点是什么？

5. 如何解释元认知的加工水平模型?
6. 前额叶皮质在元认知加工中的重要作用是什么?
7. 举例说明元认知干预的心理机制。
8. 举例说明元认知训练的程序。

案例分析

个案11-1: 为什么不用写也可以学得好?

基本情况:

某男,中国科大少年班学生,学习方法独特,他上课从不记笔记,用过的教科书上没有任何记号或批语,几乎像新书一样,他完成的作业量常常不到教师布置量的一半。但是,其各科(理科)成绩极佳。以下是研究者与其谈话的大致内容。

问:"你是用什么方法进行学习的?"

答:"上课时集中注意听、下课后边在校园散步,边努力回忆上课的内容,问自己,哪些已经记住了,哪些记得模糊或完全没有记住。开始时,只能回忆出大约60%的内容,而现在有时可回忆出大约95%的内容。进一步考虑哪些是要点,自己对这些要点理解得如何,各要点之间有何联系,例如,考虑某些定理的来龙去脉及适用的范围等。有时还根据已有的知识去推导教师尚未讲到的内容。"

问:"那你为什么不做作业呢?"

答:"其实我把所有的作业都在头脑里演算过了,只有那些较难或多解的题目才动手去做。我认为,应该多动脑,少动手,先动脑,后动手。"

分析:

针对个案的回答,可以发现个案能够主动监控和评估自身的认知过程,并且能够有意识地反思自己的学习效果,其学习过程集中体现了个体的元认知能力,而其独特的学习方法正是元认知的学习策略。个案极佳的学业成绩无疑是个体成功运用元认知策略的结果。

个案11-2: 广泛性焦虑障碍的元认知心理干预

基本情况:

某女,22岁,大学学生,身体状况良好,家中无精神病史。来访时自述,凡是到了"自由受到限制"(活动范围比较小)的时候就会紧张、恐惧,经常出现心悸。例如,上课的时候觉得自己活动的范围只有座位那么大,自由便受到了限制,坐不住,不断地想自己为什么只能坐在这,随之开始出现胸闷、气短、心悸、全身抖动等症状,只有出去症状才能得到缓解。平日不敢坐车、跑步,甚至不敢和别人一起走路。一旦进入类似情境,就会出现胸闷、气短、心悸等症状,在她看来这些都是自由受到了限制。脑子里反复想这些事情,想控制又控制不住,常做噩梦、挑食,和同学在一起的时候总觉得别人在议论她。以上种种状况严重地影响了她正常的学习和生活。

第一次症状出现是在2006年冬季(高二),在一次跑操中脚步跑错了,开始着急,越着急越改不过来,改不过来便更加着急,导致心悸出现,随之蹲下。因她在前排使班级的队伍全乱了,她很自责。之后心悸便经常出现,自己要求去医院检查,检查后显示身体都正常。2007年9月(高三)时加重,去看中医,采用针灸并配合中药治疗1周后好转,但坐车时还是会感觉紧张、恐惧,感觉心像是揪在一起。2007年12月到某医院心理科就诊,诊断为强迫症并予治疗,开始服用帕罗西汀片和劳拉西泮片,半年后只服用劳拉西泮片。2009年3月因为觉得服用药物后自己会异常的兴奋,故停药。

诊断:

个案的汉密尔顿焦虑量表得分为34分,属严重焦虑。SCL—90测试结果中除敌对因子外,其他因子均显示异常,焦虑、恐怖这两项尤其突出,根据美国精神疾病诊断标准DSM—IV对个案进行评估,结果符合广泛性焦虑障碍的诊断标准。

元认知干预:

首先,使被试了解在广泛性焦虑障碍发作过程中认知评价性情绪E'的作用,以及症状形成的过程,掌握症状发作的关键所在,自己可以有针对性地解决自己的问题。

注:S表示刺激情境;E表示条件性情绪;R表示不良反应;E'表示评价性情绪。

图11-4 个案广泛性焦虑障碍形成过程示意

其次,运用元认知干预技术对个案进行干预,目的是消除被试消极的条件性情绪反应,建立积极的条件性情绪反应。以轻松的音乐为背景,采用渐进式肌肉放松结合场景想象放松的方法,在个案进入放松的状态后运用风景想象或者想象自己现在已经是一个快乐的人了,来调动个案的积极情绪(事先设计好)。让个案想象自己已经成功地战胜了自己,可以控制自己的情绪,充分体会成功后积极愉悦的情绪状态,体会心情是轻松、平静和微微愉快的。此时接着想象上课、跑步等情境,建立积极的条件性情绪反应。这样,下次再进入以往使其高度焦虑的情境时就能够自动地产生积极的情绪反应,替代了原有的消极的错误的程序,促进认知、情绪以及行为的改变,形成不断增强的良性循环系统,达到消除症状的目的。

(来源:金洪源,王韶华,赵越.大学生广泛性焦虑障碍的元认知心理干预效果实验研究.中国健康心理学杂志,2011,19(7):791-794)

拓展学习

11-1　　　　　　　元认知与执行控制的比较

元认知是指一切对认知有监察和控制作用的认知过程。元认知与执行控制有相似点。脑成像研究发现,前额叶皮质在矛盾解决、错误纠正和情绪控制过程中被激活。对有执行控制作用脑区的进一步解剖研究增加了对这些机制如何受成熟和学习的影响以及它们与元认知活动的关系的认识。

（一）研究侧重点的比较

元认知与执行功能关系密切，执行功能包括对信息加工进行监控以控制行为的能力。尽管二者的概念相似，但是大多数关于元认知和执行功能作用的研究都是相对独立进行的。例如，元认知研究者将兴趣大多放在元认知知识（尤其是记忆领域）上。许多这类研究都重点研究元认知发展和其在儿童教育中的重要性。因此，这种方法将元认知研究集中在自然任务上。相反，执行功能研究者中的一些认知神经科学家们将目光放在正常成人和脑损伤患者的身上。认知神经科学已经为任务执行提供了分析过程，并且试图将认知控制过程与脑结构联系起来。脑成像技术的发展也使执行注意下的神经回路研究成为可能。例如，脑成像技术可以使研究者观察到儿童获得复杂认知能力时的脑变化（如阅读、数理加工）。另外也有一些重要进展，如抑制控制研究因为脑成像方法也成为可能。因此，与元认知相关的教育和发展问题现在也可以利用认知神经科学方法进行研究。

（二）心理机制的比较

根据元认知的有关理论，认知过程可以分为两个相互关联的水平：元水平和客体水平。元水平包含一个客体的认知模型，这个模型是根据一定的元认知规则构建的。元水平随着材料信息不断更新，反过来又通过自上而下输入，开始或结束客体水平的活动。因此，元认知控制是一个调节低水平认识过程的元水平系统。它为认知过程增加灵活性，以减少对外在线索的依赖性。与此类似，执行功能理论认为，控制系统根据主体愿望调节低水平计划。在缺乏控制系统时，信息会按计划自动进行加工。所以，如果没有执行控制，信息加工就会失去灵活性并受到外界刺激的约束。执行控制系统在客体水平上存在一个概念性的认知功能模型。客体水平包含图式，是行为和思维的基本单元，可以通过外在线索激活（如自动加工）。因此，图式选择既依靠感觉（自下而上），又依靠注意调节（自上而下）。日常生活中，元认知或执行功能在没有足够图式实现目标时对行为进行指导，如当处于一个新环境之中时。因此，元认知或执行功能用来作决定、处理困难、进行策略选择和解决非常规性行为。这些认知任务对于人类行为很重要。可是，由于它们的复杂性，只有将这些任务分解为更简单的心理操作才能够弄清楚其心理机制，它包括矛盾解决、抑制控制、错误检测和情绪调节等。未来的研究应该对这些基本执行功能的神经基础进行进一步探究，并以控制过程的认知神经科学研究为元认知的研究提供依据。

（三）元认知与执行功能脑机制的比较

尽管执行功能可能是大脑各区域共同作用的结果，但是临床研究表明前额叶是一个主要参与者。很可能不同的执行过程是由前额叶不同的部位完成的，尽管存在交互作用。在许多关于额叶正常和病理状态（如衰老、脑损伤、痴呆症、精神分裂症和注意缺陷障碍）的研究中都发现有执行系统功能异常。其他类型的皮质损伤（如帕金森氏病）也可以导致执行功能缺陷。当执行系统出现功能障碍时，主体选择未激活图式的能力降低。这样有时候会导致言语重复，即在没有适当刺激时出现重复性反应。额叶损伤会导致分心，因为在缺乏自上而下激活的情况下，图式会被不恰当的刺激激活。其他执行缺陷包括缺乏计划、监察缺陷和记忆障碍，这些都与元认知调节有密切关系。神经成像研究也表明在执行控制任务中，额叶网络被激活。被激活区域通常包括前回及相应运动区、基底神经节和丘脑等。这些区域在激活时用来处理矛盾、错误和情绪,因此需要认知过程的努力。这些心理能力也许是元认知能力强的人在复杂任务(问题解决、策略选择和作决定)中取得成功的基础。对矛盾解决、错误检测和情绪控制已经有相应的认知神经科学的研究。其他执行功能(如计划和记忆调节)对元认知来说同样重要,但是已有的神经成像数据目前还不能提供确定的依据。

11-2 元认知的新兴研究领域

(一)元认知与心理障碍

依据近期的一些理论,认为元认知是心理障碍发展的重要因素。自我调节执行功能(self-regulatory executive function,S—REF)模型将引起心理障碍中的元认知因素概念化为信息加工成分。这种方法的基本原则是心理障碍包含一个对思维活动进行指导的元认知成分。个体既有思维的积极和消极信念影响评价,也有确定的元认知过程形成计划和程序来对认知和行为进行指导。是某些元认知成分造成了不良的反应形式,又反过来导致心理障碍的发展。心理障碍者的元认知将个体的注意集中在异常信息上,使用不恰当的目标和内部标准作为认知和行为的基础,并使用导致修改消极评价和信念失败的思维控制策略。

(二)儿童元认知测量工具的发展

教育的一个目的是提高和发展学生的自我调节能力,实践者和研究者们都将兴趣放在学龄儿童自我调节能力的拓展上。元认知和其他自我调节过程的测量成了当前的一个需要。利用有效的测量研究自我调节构成之间的关系,会促进今后的理论和测试发展,目前对学前和小学儿童元认知的测量研究还相对较少,应该成为今后研究的重点。因为对这一年龄阶段的儿童的元认知研究不但具有重要的教育价值,而且对于探讨元认知的产生和发展也具有重要意义。

(三)元认知发生理论的研究

最近关于元认知的发生理论集中在非认知因素对学术表现的影响上,如归因和学习方式上。这一问题的前提假设是个人动机因素能激发人在进行策略选择、执行功能和监控时所必需的自我调节和执行加工过程。一两个加工过程的缺陷(如自我调节和动机水平)也可能是造成个体差异的原因。动机因素可以驱动个人自我调节的学习,同时这也可以改变人的性格与动机系统、自我学术价值感等。

(四)元认知研究的认知神经科学取向

元认知被认为是一种执行控制过程,这些过程广泛地存在于选择注意、比较解决方法、察觉错误、抑制控制等活动中。对认知心理学、认知神经科学以及发展心理学中的研究结果进行总结可以发现,元认知调控与执行控制之间存在着密切的关系,这些结果还强调元认知的生理基础,认为中前部脑区是产生元认知调控的神经回路的组成部分。对元认知的认知神经科学研究已经取得了大量成果,并将成为今后研究的新热点。

参考资料

1. 杜晓新，冯震.元认知与学习策略[M].北京：人民教育出版社，1999.
2. 裘国祥.元认知：理论与教育实践[M].杭州：浙江人民出版社，2001.
3. 张庆林，杨东.高效率教学[M].北京：人民教育出版社，2002.
4. 姜英杰.元认知的历史潮流与发展趋势[J].东北师大学报（哲学社会科学版），2007，226（2）：156-161.
5. 姜英杰.元认知：理论质疑与界说[J].东北师大学报（哲学社会科学版），2008，232（2）：135-140.
6. 傅宏.元认知模型在心理治疗中的应用研究[J].南京师大学报（社会科学版），2001（6）：67-72.
7. 陈英和，韩瑽瑽.儿童青少年元认知的发展特点及作用的心理机制[J].心理科学，2012，35（3）：537-543.
8. 田学红.国内外有关元认知研究的综述[J].浙江师大学报（社会科学版），2000，104（2）：75-79.
9. 李洪玉，尹红新.儿童元认知发展的研究综述[J].心理与行为研究，2004，2（1）：383-387.
10. 金洪源，王韶华，赵越.大学生广泛性焦虑障碍的元认知心理干预效果实验研究[J].中国健康心理学杂志，2011，19（7）：791-794.
11. 汪玲，郭德俊，方平.元认知要素的研究[J].心理发展与教育，2002（1）：44-49.
12. 汪玲，方平，郭德俊.元认知的性质、结构与评定方法[J].心理学动态，1999，7（1）：6-11.
13. 董奇.10～17岁儿童元认知发展的研究[J].心理发展与教育，1989，5（4）：11-17.
14. Dunlosky.J & Bjork.R.A.Handbook of metamemory and memory. In J. Dunlosky & R.Bjork（Eds），A Neurocognitive approach to metacognitive monitoring and control. Mahwah[M]. NJ: Erlbaum, 2008.
15. Fleming. S. M & Dolan. R. J.The neural basis of metacognitive ability[J]. Philosophical Transactions, 2012, 367: 1338-1349
16. Roebers, C. M. Executive function and metacognition: towards a unifying framework of cognitive self-regulation[M]. Developmental Review, 2017.
17. zsoy, Gokhan|Ataman, Aysegul. The effect of metacognitive strategy training on mathematical problem solving achievement[J]. International Electronic Journal of Elementary Education,2009, 1（2）：227-235.
18. Metcalfe, J., & Schwartz, B. L. The ghost in the machine: Self-reflective consciousness and the neuroscience of metacognition[M]. In J. Dunlosky & S. K. Tauber（Eds.），The Oxford Handbook of Metamemory, 2016.
19. Moreno, J., & Saldaña, D. Use of a computer-assisted program to improve metacognition in persons with severe intellectual disabilities[J]. Research in Developmental Disability, 2005, 26（4）: 341-357.
20. Carretti, B., Borella, E., Zavagnin, M., & De, B. R. Impact of metacognition and

motivation on the efficacy of strategic memory training in older adults: analysis of specific, transfer and maintenance effects[J]. Archives of Gerontology & Geriatrics, 2011, 52（3）: e192.

推荐书目

1. 姜英杰.元认知的理论与实证研究[M]. 长春：东北师范大学出版社，2007.

第十二章 认知的毕生发展

本章要点

本章在陈述个体认知发展基本特征和规律的基础上，重点阐述感知觉、记忆和思维的个体发展特点，并就皮亚杰认知发展理论和现代认知神经科学的发现进行介绍；从临床角度阐述了几种常见认知发展障碍（言语、学习与痴呆）的评估方法，并强调脑可塑性对认知发展障碍治疗与康复的指导作用。

第一节 认知发展历程

一、感知能力的发展

感知能力就是通过感觉、知觉对感官刺激赋予的意义进行认知的水平。感知能力的高低取决于不同感官对刺激的敏感程度，而且经验和知觉决定了对刺激的判断。所谓感觉是人脑对直接作用于感觉器官的客观事物的个别属性如光、色、声、味、力、冷、热、痛的反映；知觉则是作用于感觉器官的客观事物的整体在人脑中的反映，是在充分考虑了人们的期望、先前经历和文化的基础上，对感觉信息进行综合并赋予其意义。感知能力的发展根据感知的不同器官，分为视觉、听觉、味觉、嗅觉、触觉、空间知觉和知觉综合。

1. 视觉

视觉主要是对物体和信息的察觉和识别。主要视觉技能包括视觉居中、视觉追踪、颜色视觉、视敏度、形状知觉、大小恒常和面孔识别。新生儿已经具备视觉的能力，并且获得了基本的视觉发展。

（1）视觉居中：婴儿对90厘米内的物体最容易看到。研究发现，新生儿眼球的天然焦距是17厘米，对眼睛前方20厘米左右的物体看的比较清楚；0～5个月的婴儿对位于中线左右25～30度，视线上下10度范围内的物体可以较为清晰的看见。

（2）视觉追踪：2～3个月的婴儿能顺利追随移动的物体。

（3）颜色视觉：2～3个月的婴儿对颜色的识别和成年人无异。

（4）视敏度：出生两个月内的婴儿已经开始形成视敏度，呈现出视觉的偏向性，对高对比度图形的偏向性尤其突出；4～5个月的婴儿已经有了视觉反应能力；6岁的孩子的视敏度发展已经达到了成人水平。

（5）形状知觉：两个月的婴儿可以通过视觉将碎片进行分析并将其组合成一个完整的视觉形状；7个月的婴儿可以和成年人一样将如图12-1所示的碎片下意识地组合，从而识别出中间的正方形。8个月的婴儿时已经形成视觉的形状知觉，可以区分不同形状、颜色、运动变化的物体；12个月的婴儿能根据光电的运动轨迹知觉到完整的形状；3岁的幼儿基本上能辨认出相同的几何图形。

图12-1　形状知觉整合材料

（资料来源：Bertenthal B, Campos J & Haith M.Development of Visual Organization: The Perception of Subjective Contours[J]. Child Development,1980, 51（4）：1072-1080）

（6）面孔识别：研究发现，新生儿比较偏向上半部分汇聚了较多元素的图片，这一发现被认为是新生儿脸孔认知的基础。布什内尔（Bushnell, 1998）发现，当母亲的面孔在婴儿视野内累计呈现12小时后，婴儿能够区分出母亲的面孔并对母亲的面孔表现出偏爱。婴儿不仅对熟悉的面孔存在偏爱，并且开始学会识别不同的面部表情。1个月的婴儿喜欢看头或脸的边缘，而两个月的婴儿发展至看头或脸的边缘和中心。

（7）大小恒常：大小的恒常性是指物体的知觉大小不完全随视像大小而变化。在偏好实验中，当婴儿看到两个视觉大小相同，但实际大小不同的物体时，婴儿倾向于注视离自己距离较远的物体（见图12-2）。

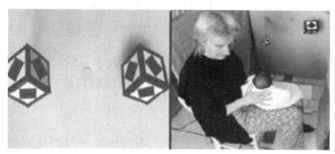

图12-2　大小恒常材料

（资料来源：Slater A, Mattock A & Brown E.Size constancy at birth: Newborn infants' responses to retinal and real size[J]. Journal of Experimental Child Psychology ,1990,49（2）：314–322）

（8）深度知觉：1个月的婴儿通过视觉扩展来感知深度，也就是通过物体占据背景面积的百分比大小作为深度感知的线索，占据背景面积越大，说明该物体距离越近。4个月的婴儿通过双眼视差来感知立体成像。当看远近不同的平面物体时，由于两眼相距约65mm，两眼视像便不完全落到对应部位，这时左眼看物体的左边多些，右眼看物体的右边多些，但都偏向鼻侧。这种不在同一平面上的物体在两眼视网膜上的成像差异，称为双眼视差。吉布森（Gibson1961）等通过视崖装置发现6个月的婴儿已经具有深度知觉；6～7个月的婴儿已开始通过客观条件和机体内部条件或线索并综合已有的视觉经验来感知深度，对物体遮挡、线条透视、明暗、阴影等单眼线索感知敏感。

2. 听觉

听觉是婴儿获取外界信息、适应环境的重要途径。婴儿的听觉包括听觉的辨认能力、语音感知、音乐感知和视听协调能力。听觉系统是人类发展较早的一个系统，5～6岁的幼儿的听觉已经发育完好，和成人类似。

(1) 听觉辨认能力：新生儿出生即能辨别细微的声音差异。

(2) 语音感知：婴儿偏爱母亲的声音，出生几天的婴儿听到母亲的声音时，吮吸的动作会加速。

(3) 音乐感知：两个月的婴儿更喜欢优美舒缓的音乐而不喜欢强烈紧张的音乐；6个月的婴儿会随着音乐的出现表现出愉悦的身体动作，此时，即便改变音量，同样的旋律仍然会让婴儿感到熟悉和愉快，说明此阶段的婴儿开始对音乐的节奏敏感。

(4) 视听协调能力：新生儿出生后即表现出对声音的敏感性，他们会转向有声音的一方，这表示新生儿具有对声音位置加以判断的能力。

3. 味觉

味觉是新生儿出生前最发达的感觉，在胎儿时期味觉就已开始发展。新生儿偏爱母乳或出生后"第一口"尝到的味道，同时新生儿具有区别不同味道的能力。麦克法兰（MacFarlane, 1975）发现，两周的婴儿就能区别母亲母乳和其他母乳的区别；新生儿对无味、甜、酸、苦等不同味道有不同的面部表情，当尝到甜味时，婴儿会发笑和咂嘴，尝到酸味时会皱鼻子和噘嘴，尝到苦味时，婴儿会嘴角下撇，伸舌头，吐口水，溶液的浓度越高，婴儿相应的表情越明显。

4. 嗅觉

嗅觉在新生儿出生24小时就有表现，1周的婴儿就有能力对不同的气味进行辨别。人类嗅觉能力的发展可以持续至成年，到老年才开始衰退。

5. 触觉

婴儿通过主动接触周围环境来学习和适应环境。几个月的婴儿开始将物体放入口中，通过口腔的触觉来感知物体。4个月后，婴儿开始用手代替口腔来感知物体。新生儿一出生就有温觉反应和痛觉反应，但后者较前者较为迟钝。

6. 空间知觉

与其他感知觉相比，空间知觉的发展较晚。不同年龄阶段的幼儿对方位的感知呈现出以下规律：3岁的幼儿能感知上下，4岁的幼儿能感知前后，5～7岁的幼儿以自己为中心辨别左右，7～9岁的孩子能辨别左右，但仍需要依赖自身动作，9岁之后的孩子能灵活地掌握左右概念。不同于其他的感知觉发展，空间知觉的个体差异很大。

7. 知觉综合

非常小的婴儿就开始表现出多通道感知整合能力，如视觉-听觉整合能力、唇部-视觉整合能力和视觉-触觉整合能力。斯佩尔克（1976, 1979）让4个月的婴儿同时看两个无声短片，发现婴儿会倾向于看与他们听到的声音相一致的短片。沃克（Walker-Andrew, 1997）发现5个月的婴儿能够将不同的面部表情和相应的言语语气相连接。多通道信息感知刺激假设（intersensory redundancy hypothesis）认为对刺激的整体觉察有助于个体感觉的发展和分化。新生儿的感知觉是整体化和未分化的，随着年龄的增长和经验的丰富，逐渐学会运用多种途径来感知事物，从而促进跨通道感知觉的发展。

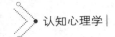
【专栏12-1】　　　　　婴儿的数字认知实验

实验者给6～8个月的婴儿呈现一系列成对的幻灯片，一个幻灯片里有两个物体，另一个幻灯片里有三个物体（Ⅳ）。在呈现成对幻灯片的同时，婴儿会听到两声或三声的鼓声

（Ⅳ）。在该实验中，自变量为物体数量和鼓声的组合，因变量为婴儿目光停留在幻灯片上的时间。实验者发现，婴儿在和鼓声数量相配的幻灯片上停留时间较长。婴儿在听到两声鼓声时，目光会在有两个物体的幻灯片上停留较久（DV），在听到三声鼓声时，目光会在有三个物体的幻灯片上停留较久。结果显示婴儿可以识别数字信息，匹配"相似"的信息。但这并不能证明婴儿有足够的能力认知数字，只证明了婴儿具有对数字认知的本能。

（资料来源：Butler G & McManus F. Psychology: A Very Short Introduction[M]. Oxford University Press, 2000: 72）

二、记忆的发展

人类的记忆是一种复杂的活动，它让我们储存信息，在我们需要有用信息时提取相关信息，并抑制无关信息。记忆是人类社会情感和认知功能的基础。

记忆系统在个体的不同阶段随着大脑的发育展现出不同的记忆特性。比如，年幼的孩子可能有很好的视觉后像记忆（指"当视觉作用停止之后，感觉并不立刻消失"的现象），他们可以记住一张图片的所有细节，但是语义记忆却远远不如成人。

记忆发展可以分为短期记忆和长时记忆两个类型。其中短期记忆以记忆容量变化（记忆广度）为标准，长期记忆以不同记忆特点的发展为标准。

短期记忆发展特点：幼儿的短期记忆发展呈现出先快后慢的特点。研究表明，中国的幼儿记忆容量3岁时为3.91个信息单位，4岁时为5.14个信息单位，5岁时为5.69个信息单位，6岁时为6.10个信息单位。小学儿童（≥7岁）的记忆广度和成人水平相似，为7±2个信息单位，11~16岁的青少年的记忆广度为11.04±0.4个信息单位，高于成人水平。成年人的记忆广度再次回到7±2个信息单位。老年人因为经验、记忆策略、长时记忆特点等不同原因，使得短期记忆的测量变得很复杂，因此不能笼统地对其进行概括。

长时记忆的发展特点：幼儿的记忆以无意识记忆为主，有意识记忆较为薄弱。研究发现，很多成年人对他们3岁半前的事情难以描述，感到"失忆"，称之为"幼儿期记忆丧失"（infantile amnesia）。因为处于幼儿阶段的个体具有一个原始的记忆系统，对具体的事件或者物体无法进行加工编码，只有当幼儿对其发生的具体事件有能力进行复述或阐述时，幼儿的记忆系统才开始成熟起来。幼儿的无意识记忆和有意识记忆随着年龄的增长而增长，有意记忆的增长更为明显。在小学阶段，有意识记忆开始超过无意识记忆，有意识记忆超越无意识记忆是儿童记忆发展中的一个里程碑，在之后的不同年龄阶段，有意识记忆都占有主导地位，但也不意味着无意识记忆的消失，而是显得薄弱。

机械记忆和意义记忆相互作用，相互影响。幼儿初期，机械记忆占主要地位，到了小学阶段，意义记忆逐渐占据主导地位，对需要记住的信息进行有意义的加工，从而提高记忆效率，此时，机械记忆的运用不再显著。机械记忆和意义记忆在儿童期（7~12岁）相互作用，任何一种记忆策略的发展不足都会影响另一种记忆策略和整体记忆的发展。到了青少年期，记忆能力达到了高峰，青少年在自主运用意义记忆的基础上，有效地运用机械记忆。

幼儿的记忆内容以形象记忆为主，抽象记忆较为薄弱，随着年龄的增长，抽象记忆的发展逐渐超过形象记忆。到了小学阶段，儿童的抽象记忆在不断的学习中得到发展，表现在词语、数字和符号的运用上。到了青少年阶段，记忆能力达到一个高峰，尤其抽象记忆得到高速发展。

记忆的策略在幼儿期开始萌芽，初期以视觉复述策略（幼儿更容易记住那些不断在其视野范围内暴露的物体和事件）和特征定位策略（幼儿通过"定位"事物或事件的特点或特征而进行记忆）为主。到了小学阶段，背诵成了儿童主要的记忆策略，对需要记忆的信息和知识有意识地、有目的地、主动地不断进行重复，同时，该阶段的儿童开始使用组织记忆策略，对需要记忆的信息按照内容和内在的意义将具有共同特征的信息"归类"以提高记忆效率。三年级以后的儿童能够运用"系列化"的记忆策略，有能力将归类的信息按体系进行梳理。背诵和组织记忆策略的出现验证了小学儿童的有意识记忆和抽象记忆的发展。青少年能更加熟练并且灵活地运用各种记忆策略，同时记忆策略运用也受本身的经验和知识的影响。

成年人的记忆特点因教育、知识、社会环境、记忆策略的不同而很难系统地对其进行归纳和统一，存在着较大的个体差异。成年人对已有的记忆内容相对保持稳定，但对于新信息的记忆能力下降；成年人的记忆更侧重于内容和本质，对信息的细节关注较少；成年人的情景记忆能力随着年龄的增长而下降较快，而语义记忆的下降相对缓慢。

老年人的记忆随着年龄的增长而下降。一般来讲，成人的记忆从50岁就开始有减退的迹象，70岁时明显减退，过了80岁其记忆减退更为显著。一方面，老年人对过去已经识记的信息和技能保持平稳，但反应速度减慢，根本原因是记忆加工速度减慢和记忆容量（即短期记忆）的下降，但给予一定的线索提示或适当的时间后可提高老年人的回忆能力；另一方面，老年人对新事物或新技能的学习能力下降。老年人长期的社会经验以及其他认知能力的成熟可以对记忆能力损失提供一定的补偿。

三、思维的发展

思维是人脑对客观现实概括的和间接的反映，它反映的是事物的本质和事物间规律性的联系，包括逻辑思维和形象思维。通常学龄前儿童的逻辑思维未形成，随着人们对概念、判断、推理的逐渐掌握，逻辑思维的能力慢慢形成。

1. 婴儿

人类的思维从婴儿时期的感知觉发展开始，最初和婴儿的行为密切相关，称之为直觉行动思维。直觉行动思维建立在感知觉的基础上并带有一定狭隘性，具有以下特点：直观性、行动性、间接性、概括性、缺乏对行为结果的预见性和计划性。随着年龄的增长，言语逐步得到发展，3岁的婴儿基本上能掌握母语的全部发音，并且能开始使用完整句，此时的思维出现形象性的特点。根据皮亚杰的理论，幼儿时期的思维最重要的特点是"客体永久性"，即幼儿明白即使物体不在他们的视野范围内也并不代表该物体不复存在了。

问题解决能力在婴儿阶段开始发展。2岁左右的婴儿在执行某些简单命令时能按照任务目标开始行动，并且能意识到练习的作用。

1岁左右的婴儿已经有了推理能力的萌芽，婴儿有能力从相似的练习中学到规律并运用到其他相类似的任务中。这种推理能力建立在感觉基础上，也就是在有现实物体存在的基础上，相关实验发现，11~12个月的婴儿在进行多次演示练习后，能完成类似的任务，如拉动毛毯，拉动绳子来得到玩具。

2. 幼儿

3～6岁的幼儿开始意识到思维存在于人类和某些动物之中，并且还能将思维活动和行为相区分，明白思维活动是存在于头脑里的，是内在的；而行动是物理行为，是外在的；幼儿也意识到思维是可以有内容的，但这些内容可以不出现在他们的视野范围内，甚至这些内容可以是不真实的；幼儿开始可以感受到他人强烈的思维内容，并且可以在特定的环境下加以区分。心理理论（theory of mind）中的"错误信念"（false belief）证明了这一点。其经典的"糖果—蜡笔"实验如下：实验者将一个印有糖果图案的糖果盒子给一个5岁的幼儿，并问她这个盒子里有什么，这个5岁的孩子回答"糖果"，但当这个实验者让这个孩子看盒子里实际装的物体时，孩子发现里面不是糖果是蜡笔，于是这个实验者紧接着问这个孩子，如果有另外一个孩子也和她之前一样，只看到糖果盒子，那么那个孩子会认为盒子里装的是什么，这个5岁的孩子回答"糖果"。然而在同样的情景下，3岁孩子对第二个问题回答的则是"蜡笔"。这个实验提示了3岁幼儿的认知是以自我为中心的认知，无法区分出自身和别人的想法和信念，此阶段的儿童元认知还没有萌芽，心理表征也还没有发育。5岁的幼儿开始有心理表征的发育，能够理解"错误信念"。

幼儿的思维是具体形象思维，能够将感知行为内化为表象，也就是将各种感知到的信息与行为简化，压缩形成表象，并且根据各种表象之间的联系进行思维活动。幼儿的思维内容缺乏本质，更多是基于感知和行为的思维活动，大部分依靠其表面特征和外部联系，同时具有不清晰性和不稳定性的特点。幼儿的思维是抽象逻辑思维的萌芽，幼儿有能力用语言和符号对物体和行为进行描述，并且这种符号功能有一定的发展规律。2～3岁的幼儿绘画的图形符号是象征性的，如用香蕉表示电话等，这种符号只对幼儿本身有意义，其他人无法了解该图形符号的含义；4～5岁的幼儿绘画的图形符号开始具有一般性的意义，如太阳、树、房子等，其他人也能了解其含义。幼儿对言语和符号的使用也显示了这一阶段的儿童抽象思维的萌芽。2～3岁的幼儿的求知欲望变得强烈，对周围的事物充满好奇心，经常提问"是什么"；随着年龄的增长，4～5岁的幼儿提问类型变成了"为什么"，显示了该阶段的幼儿开始关注对事物的内部规律和本质的探索，概括能力也开始萌芽；6～8岁幼儿能够同时关注物体的不同属性，如质量、体积、形状是物体可以共同拥有的属性。最后，随着发展，幼儿思维呈现出可逆性的特点：这种思维的可逆性在孩子6～8岁时得到发展，表现为对守恒问题的理解。

在体积守恒实验中，实验者首先在两个相同形状的杯子中倒入同一体积的水，即两个杯中的液体水平线在同一高度，然后将一个杯子中的水全部注入一个较扁平的杯子中，问幼儿哪个杯子里的水多。3～6幼儿倾向回答在扁平杯子中的水较多，而6～8岁的孩子开始意识到水的体积不会因为形状的改变而改变。

在幼儿时期，问题解决能力也得到了很大的提升。幼儿会运用简单的思维策略来完成直接且显而易见的任务，确定目标后，一步一步朝向目标，但完成复杂的、短期内看不到目标的任务则较困难。可见，幼儿的思维策略存在明显的局限性，缺乏灵活性和推断能力。但幼儿能够根据图片或符号来进行推理，并且随着年龄的增长，推理能力逐渐增长。实验发现，图片推理的准确性在幼儿4岁、5岁和9岁时的正确率分为为59%、66%和94%。幼儿的推理能力建立在感知觉的基础上，还不具备对"表象-本质"的区别能力。大部分是根据物体的名称进行推理而对本质的认识不深。根据皮亚杰的研究，该阶段的幼儿处于前运算阶段。乌利彦柯娃（1958）利用三段式推理发现了幼儿推理能力有5个层次：第一，不能运用一般概念，对自己下的结论比较武断，无法提供证据；第二，能运用一般概念，并偶尔能从特征上找到证据来验证自己的结论，但无法正确地完成推理；第三，能运用一般概念，并且能在一定程度上发现事物的本质和规律，但对个别或特殊情况认识不清，还不能准确地做出推理；第四，不能说明一般规律，但能正确地完成推理；第五，能正确地运用一般概念准确地完成推理。查子秀（1984）通过图形、实物和数字发现了幼儿的推理规律：第一阶段时不会推理；第二阶段是低水平期，推理准确却无法提供证据；第三阶段是过渡阶段，能根据外在相似性完成推理；第四阶段是较高水平期，对关系有了基本理解，但不能用语言进行准确的表达；第五阶段是高水平期，不仅能理解事物间的关系，而且能通过语言来表达。

3. 儿童

儿童时期（7~12岁）是思维发展最迅速的时期。一般认为，除了儿童时期的感知觉、记忆迅速发展的原因外，教育对儿童的思维发展起了很大的作用。该阶段思维发展的主要表现是从具体形象思维向抽象逻辑思维过渡。这个阶段的儿童有能力对现实存在的物体进行逻辑思维，如在大人的演示下学会如何用洗衣机洗衣服，但仅仅通过口头教授，该阶段的儿童无法学会。尽管三至六年级的儿童开始能够区分事物本质和非本质的部分，但并不意味着高年级的儿童可以独立地运用抽象逻辑思维。因为此阶段儿童的思维仍受感知觉的限制，带有具体形象性的思维特点，且这种思维形式占有很大的比重。朱智贤（1979）对各年级儿童的思维在"选择定义"、"属性关系"和"定义概念"三个方面进行测验，发现随着年龄的增长，儿童对事物本质、关系的认识更为精准，这种进步和小学的教育密不可分。发展心理学家发现，四年级（10~11岁）是从具体形象思维到抽象逻辑思维过渡的关键期；也有研究发现关键期并非固定不变的，根据不同的环境、不同的教学培训，关键期可以提前至三年级，或延后至五年级。儿童期从具体形象思维向抽象逻辑思维过渡存在着不平衡性，不同的思维内容、不同的思维训练、不同的生理发展、生长环境都能影响思维的发展，但随着年龄的增长，儿童的思维更具完整性。该阶段儿童能逐步意识到思维的目的性，拥有相对完善的思维内容和相对完整的思维过程，并且能够在一定程度上进行自我调节。

小学儿童的概括能力、比较能力、分类能力、概念认识和推理能力有了质的发展。

受知识和经验影响，儿童的概括能力仍具有具体形象的特点，但随着年龄的增长，儿童的思维越来越具有抽象性。儿童概括能力分为三个阶段，第一阶段是直观形象水平，该水平儿童和幼儿的概括能力相似，不能认识到事物的本质，只能概括事物的表象特征；第二阶段是形象抽象水平，该水平的儿童正处于关键的过渡期，对事物的概括越来越接近本质；第三阶段是初步本质抽象水平，该水平的儿童已经能够对简单熟悉事物的本质进行识别。儿童的概括能力主要体现在词语概括和数的概括上。二至四年级时期儿童的词语概括能力发展较为缓慢，四、五年级是儿童的词语概括能力发展的关键期。儿童的词语概括能力也受到具体材料的影响，材料越多、越复杂，儿童概括能力越差。林崇德（1981）把儿童期的数的概括能力分为五个水平：（1）直接概括能力水平，该水平的儿童需要依靠手指、玩具等实物来理解10以内的数字概念；（2）具体形象概念水平，该水平的儿童掌握了一定的整数概念和规律；（3）形象抽象概念水平，该水平的儿童开始掌握小数、分数的概念，并能将其与整数进行区别，同时几何概念开始萌芽；（4）初步的本质抽象概括水平，该水平的儿童能运用符号来代替数字；（5）代数命题概括运算水平，该水平的儿童能根据假设进行概括，不需要用到具体的数字或符号，但鲜少有小学儿童可以达到该水平。

小学儿童比较能力的发展具有以下几个特点：从比较事物的不同点发展到比较事物的相同点；从比较事物的一个方面发展到从不同方面对事物进行比较；从比较事物的表象特征发展到比较事物的本质特征。

小学儿童分类能力的发展特点表现为从事物的表象特点进行区分发展到从事物的本质进行区分，这和儿童的抽象思维发展相对应，也说明了只有在抽象思维发展的基础上，分类能力才能得到发展。三、四年级是分类能力发展的关键时期。

在比较能力、分类能力和思维能力的基础上，小学儿童的概念掌握从事物表象特征的认知发展到对事物本质的认知，形成了对事物的概念理解。小学儿童的概念理解发展包括理解的深入性、内容的丰富性和概念的系统化。小学儿童的概念理解分为八个阶段：不能理解阶段；原词造句阶段；具体实例阶段；直接特征阶段；重要属性阶段；实际功能阶段；种属关系阶段；正确定义阶段。随着年龄和受教育水平的增长，儿童概念理解所处的阶段越高，内容也愈加丰富，如数概念、词语概念、时间概念、空间概念等，其中以数概念和词语概念最为重要。同时，概念的系统化（儿童对各种概念之间的联系和区分）在小学阶段开始发展。概念系统化的发展是通过儿童对各种概念进行排列组合，从而发现各种概念之间的关系而发展的，如相似、相反、从属等。

儿童的推理能力较幼儿更加进步。幼儿只能对自己熟悉的，能直接感知到的事物进行推理，而儿童能够在普遍一般的事物中更为自然的进行推理。儿童能运用算数运算、文字，甚至代数进行归纳推理，并且通过和自己熟悉的事物相比较，有能力掌握自己不太熟悉但相类似的特殊物体的一般规律。儿童的演绎推理能力发展大致可以分为四等级：（1）根据一般性的前提直接进行具体化的演绎推理；（2）根据一般性的前提，开始用简单文字、字母直接演绎推理；（3）根据一般性的前提，可以进行多步骤、多层次的具体演绎推理；（4）根据一般性的前提，可以运用代数或几何，进行多步骤、多层次的演绎推理。年级越高的儿童对归纳推理和演绎推理的运用能力越强、越自如，并且在各等级推理能力任务中准确性越高。小学儿童的类比推理能力随着年龄的增长，准确性也逐步增长，这与儿童的思维发展相适应，同时也受到教育的影响。

在小学阶段，儿童思维在敏捷性、灵活性、深刻性和创造性方面得到长足的发展，各种认知能力的处理速度不断提升，能从多方面、多角度对事物的本质进行分析和掌握，新的思维形式随之出现。首先，该阶段儿童的思维开始有守恒的概念，在体积守恒实验中，低年级的儿童已经开始意识到水的体积不会因容器形状的不同而不同。其次，该阶段儿童的思维具有可逆性，当他们意识到当A＞B成立时，B＜A同样成立。最后，该阶段儿童的思维有了补偿性，他们可以通过不同的角度来看待同一个事物或可以通过不同途径来达到同一个目的。

4. 青少年

经过思维过渡期，青少年可以更加自主地运用抽象逻辑思维，逐渐摆脱直观形象的束缚，能离开具体情境和事物，改用数字、符号或文字进行抽象思维。具体表现在两个方面：第一，青少年可以根据现有材料，从不同方面建立假设，并且通过进一步的逻辑分析，寻找最合适的结果。这个思维过程包括青少年对材料的一般性规律和特殊规律的分析，对思维目的的分析，对现实性的不断验证和舍弃，对不同假设成立与否的分析，对自己思维的自我监控和调整，最后得出符合现有材料和当下情景的最高概率结果。这是个极

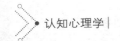

其复杂的思维过程，需要形象逻辑和抽象逻辑的共同参与且自主运用该两种逻辑，其中，抽象逻辑处于主导位置。青少年的思维带有矛盾感，看待问题带有片面性，只关注局部而容易忽略整体，因此鲜有青少年能达到逻辑运用的"现实性"，但这种矛盾性是青少年思维成长的正常阶段，也是青少年思维的一个重要特点。第二，青少年可以对逻辑思维进行灵活运用，可以将思维形式和思维内容进行分离。

5. 青年

辩证思维是青年期思维发展的主要特点，从"非黑即白"式思维认知逐渐向"相对论"式的思维发展，思维中的绝对性成分越来越少。他们开始意识到对事物的认知判断需要从多个角度从不同情境进行全面了解，同一事物可以存在很多面，不同条件下同一事物也可以表现出矛盾面，并非只有两种态度。帕瑞将青年辩证思维的发展分为三个阶段，第一阶段是二元论思维阶段，此时，辩证思维还没有萌芽，青年对事物的看法具有"非黑即白"的特点；第二个阶段是相对论阶段，青年对事物的看法不再绝对，可以从不同的方面和角度看待事物；第三个阶段是决定性阶段，青年意识到对事物的看法要从实际情况出发，在不同的条件和情景下，事物可以有截然不同的表现，开始认识到世上没有绝对的事情，且有了自己的立场和观点。拉勃维维夫认为思维的这种变化也是一种思维运用策略的发展，是思维不断成熟的表现。

6. 中年

辩证思维在中年期得到进一步发展，主要表现在思维方式和思维组织形式两个发面。成人辩证思维的发展是辩证思维和抽象思维的相互促进、相互补充。成人的思维组织形式特点是各种思维形式相互作用的横向组织，而婴幼儿至青少年的思维组织形式是单种思维形式的纵向组织，如抽象思维逐渐代替形象思维。成人的思维发展越来越注重实用性，思维越来越内在化，更注重个人内部的感受。

7. 老年期

由于老年人认知加工速度和记忆广度能力的下降，对思维产生一定的影响，老年人的思维总体呈现逐步下降的趋势。老年人的思维可退化至前运算阶段，表现出以自我为中心的特点。也有研究认为，由于老年人拥有比成年人更多的生活经验和阅历，老年人的智慧高于成年人。

四、认知发展——成长与衰落

（一）认知发展的成长

上一节我们对感知觉、记忆和思维进行了细述，本节我们将针对认知的总体发展趋势进行阐述。人类一生中经历了生理和心理上的成长和衰落，各种感知和记忆从婴儿时期开始发展，到青少年时期达到顶峰，之后慢慢衰退。接下来，我们用皮亚杰的发展四阶段理论来描述人类从出生至15岁的生理心理成长过程。

皮亚杰把人类的生理和心理发展分成四个阶段，分别是感知运动阶段、前运算阶段、具体运算阶段和形式运算阶段。这四个阶段是连续发展的阶段，不是相互分离的，每个阶段都有其独特的特征，但是皮亚杰认为只有在前一阶段的基础上，才能发展至下一阶段。

1. 感知运动阶段

0~2岁的婴幼儿处于感知运动阶段，这个阶段的婴幼儿主要是通过感知觉和动作来获得分辨自身和周边事物的知识和一些思维方面的基础能力。该阶段可细分为6个分阶段：（1）反射图式的形成（0~1.5个月）：婴儿先天的不自主运动，如吮吸、握拳、吞咽等通过不断的反复，婴儿同化和顺化能力得到不断地发展。（2）重复习惯动作（1.5~4个月）：重复习惯动作是婴儿知觉形成的基础，婴儿通过个体的整合作用将单个习惯动作连接起来形成一连串新动作。（3）中级重复回应动作（4~8个月）：婴儿开始意识到自身动作带来的结果，如重复击打玩具可能会引起父母的注意，并逐渐形成视觉和抓握的协调能力。（4）重复回应动作的整合（8~12个月）：婴儿指挥动作开始出现并获得"客体永久性"。这个阶段的婴儿开始有能力通过整合简单动作来达到目的，如通过拉毛毯来拿到毛毯上的玩具，婴儿也开始明白即使客体不在他们的视野范围内，这个客体依然存在。（5）高级重复回应动作（12~18个月）：婴儿通过实验发现自身动作带来的结果，通过主动行为来探索周围的世界。（6）抽象理解（18~24个月）：这个时期的婴幼儿不再局限于物理世界，开始明白符号的意义。

2. 前运算阶段

2~7岁的孩子处于前运算阶段。该阶段共分为前概念阶段（2~4岁）和直觉阶段（4~7岁）两个分阶段。在前概念阶段，孩子在符号的认知和运用上继续发展，他们把上一阶段获得的感知运动图示内化为表象，同时发展出置换的能力，开始能够表达或思考那些不在他们视野范围内的物体。处于前运算阶段的孩子开始有能力识别"表像—本质"问题，但是无法进行意识上的推理和概括，思维具有不可逆性。同时该阶段的孩子有了自我的萌芽，表现出以自我为中心的特点，他们认为所有人都能知道他们所知道的，而不能从其他方面或他人的角度来考虑问题。

3. 具体运算阶段

6~12岁的孩子通常处于具体运算阶段。该阶段孩子的思维具有可逆性，有充分的能力来解决"具体"的问题，不易被表象所迷惑，能从不同角度来考虑事物。同时，有了守恒概念，但对守恒的认识受到具体形象的限制。

皮亚杰的守恒概念是其认知发展概念中的核心概念之一。从前运算阶段到具体运算阶段，儿童获得对质量、重量、面积、体积、长度等的守恒概念。守恒是指无论物体的形式怎样变化，它的内部性质保持不变。皮亚杰发现儿童的守恒概念的掌握从只关注物体的个别属性，发展到能注意到物体的不同方面的特征，直到能综合地观察分析物体各个方面的特征，由此获得守恒概念。具体来说，皮亚杰观察儿童在不同年龄阶段获得不同的守恒概念：数目守恒（6~7岁），质量守恒（7~8岁），长度守恒（7~8岁），面积守恒（8~9岁），重量守恒（9~10岁）和体积守恒（12~13岁）。在研究守恒概念的研究中，其实验设计都很类似。首先，对儿童呈现外部属性和内在质量相一致的两个物体，之后实验者会改变物体的外部属性，如长短、形状、位置，随后要求儿童判断这两个物体是否一样。拿数目守恒举例来说，研究者将同样数量、颜色、大小、形状的纽扣排成两排，确定儿童意识到这两排纽扣是一样的，之后，实验者将其中一派纽扣的距离拉开（邻近两个纽扣的间距增大，使得两排纽扣的长度不一样），要求儿童判断这两排纽扣是否一样多（见图12-3）。质量守恒研究中最著名的是水量多少实验。实验者将两杯同样多的液体倒入形状不同的容器中（见图12-4），一个细而长，一个扁而宽，之后实验者询问儿童哪个容器中的液体多一些。7～8岁的儿童开始意识到即使细长的容器中液体的高度较高，但两个容器中的液体是一样多的。说明了这个年龄阶段的儿童已经具备了质量守恒的概念。

图12-3　数目守恒实验材料图　　　　图12-4　体积守恒实验材料

（资料来源：李红（主编）.2007. 普通高等教育十一五国家级规划教材·幼儿心理学）

同时，这个阶段的儿童的自我认知也得到了发展，可以区别自身和他人的角度不同。其中，最著名的是皮亚杰的"三山实验"（见专栏二）。"三山实验"结果表明8～9岁的孩子能理解不同的观察点，知道因自己的位置和娃娃的位置不同而看到的景色也不同，但是对抽象问题依然觉得困惑。

【专栏12-2】　三 山 实 验

皮亚杰的三山实验是证明幼儿以自我为中心的最著名的实验。在该实验中，把三座大小不同的山模型放在桌子上，四周各放上一把椅子。幼儿被带领着围绕模型散步，从而可以从不同角度来观察这三座山。之后，幼儿被要求坐在一把椅子上，在其他三把椅子上放上玩具娃娃。然后实验者问幼儿放在其他椅子上的玩具娃娃看到的是什么。4～6岁的幼儿不能区分他们自己和娃娃所看到的景色因为位置的不同而不同。

（资料来源：桑标. 当代儿童发展心理学. 上海：上海教育出版社，2003，120）

4. 形式运算阶段

通常12岁以后的孩子处于形式运算阶段。该阶段的孩子不再依靠具体事物和情景进行思考，而是可以通过想象、运用思维来解决问题。除了能够抽象思考问题之外，处于这个阶段的个体开始可以运用假设进行演绎推理，通过对环境的观察、对变量的考察，建立假设，最后对假设进行验证，得出结论。

成年人和老年人的认知发展更为复杂，受到自我要求、社会期望、生活环境等多方面因素的影响。因此，维果茨基认为应该以整体的、因果的和社会关系相联系的角度来认识个体认知发展。他认为个体存在低级心理机能和高级心理机能，并且强调符号和工具的中介作用，以实现低级向高级的转化，因此在维果茨基的认知发展理论中，言语和符号起了很大的作用。他认为个体认知的发展离不开外界环境的作用，并且提出两个基本心理发展规律：第一，个体的心理机制不是由内部自发产生的，而是产生于人们的协同活动和人与人的交往中；第二，个体特有的心理结果是从外部转移至内部的。在此基础上，维果茨基提出了儿童文化发展的规律："在儿童的发展中，所有的高级心理机能都两次登台：第一次是作为集体活动、社会活动，即作为心理间的机能，第二次是作为个体活动，作为儿童的内部思维方式，作为内部心理机能。"维果茨基的认知理论还提出了"内在化（internalization）"的概念：认知的发展是个体在特定环境下，对各种认知工具、认知策略灵活运用的发展，并通过社会文化的中介作用，从人际沟通的角度，通过个体-个体，个体—社会之间的互动来实现个体的认知发展。在内在化过程中，个体知道如何运用认知工具来理解环境，并处理各种认知任务，同时个体知道运用何种认知工具、认知策略可以更恰当更高效地处理各种认知任务。维果茨基提出了发展区的概念，并定义其为"实际的发展水平与潜在的发展水平之间的差距。前者由儿童独立解决问题的能力而定，后者则是指在成人的指导下或者与能力较强的同伴合作时，儿童能够解决问题的能力"。因此维果茨基很重视教育的作用，认为教育要先于个体自身的认知发展，提高个体的学习潜能。认知发展与社会因素两者之间相互影响、相互促进又相互制约，导致认知的成长和衰退。

（二）认知发展的衰落

认识发展的衰退发生在成年后期到老年期。辛格·曼诺等（Singh Manoux A, 2011）进行的一项法国流行病学和人口卫生研究中心联合英国伦敦大学学院对伦敦公务员进行连续10年的认知能力跟踪实验发现，认知的衰退在人45岁时就已开始。其中45-49岁的男子和女子在10年之间内思维能力下降均为3.6%；65～70岁的男子和女子在10年之间思维能力下降分别为9.6%和7.4%。随着年龄的增长，人的感知觉阈值提高，感知觉能力下降，表现为视觉、听觉、味觉、触觉敏感性减退。60岁是感知觉下降的加速期，60岁以后，老年人易出现"老花眼"，听觉和听觉理解力下降，味觉的多样性下降。随着年龄的增长，记忆能力也逐渐衰退。从中年开始，个体对新信息的加工速度下降，尤其是在有干扰的情况下，对于信息的读取和保存能力下降。人在老年期，除了对新信息的读取和保存能力下降以外，对于已经记住的事物的信息提取速度也不如以前。

对老年人认知的发展普遍抱负面的看法，认为老年人的智力、记忆力、社会功能下降，思维、行为显得刻板和不灵活。有研究发现，随着年龄的增长，人的IQ分数下降，60岁以后下降更为明显。然而上述研究和对老年人的普遍看法忽略了"时代"的现象，也就是出生于不同年代的个体尽管年龄相似，但其智力的发展和智力发展特点因生活环境和社会环境发展的不同而不同。同时，IQ测试的分数受教育水平以及营养程度（nutrition）影响，与教育水平以及营养程度呈正相关。更令人惊奇的是，当对同一批人群进行纵向研究并测试同一批人群的IQ时发现，鲜少有证据证明老年期的IQ低于中年期，而更多的证据证明老年期的智力与中年期的智力保持水平。有研究通过对每日生活事件和回忆来检测记忆，表明老年人正确记忆生活事件的数量高于年轻人。也有社会学家把中年后期和老年期认知下降的主要原因归于社会与自身对其要求和期待的下降。

也有理论认为老年人认知下降的印象形成是个体对自身的暗示作用，个体"自认为"自身存在认知下降，从而对认知的训练不如以前，对遗忘的关注度远远高于对识记的关注度，就会加速认知的下降，而如果个体保持思维的活动性，认知衰退就不明显。当然，需要排除如脑萎缩等生理因素造成的认知功能减退。脱离（disengagement）理论认为，老年人的生理变化要求他们慢慢地脱离社会，回归家庭，而从进化学上理解这种脱离行为是给其下一代提供了生存和发展的机会。一些老年人通过学习新的兴趣爱好来代替工作；也有一些老年人在脱离工作后感到孤独和失落。从埃里克森的关于老年人的社会心理发展任务研究来看，那些感到孤独和失落的老人的认知发展不完善。

认知包括感知觉、记忆、思维、语言等多种能力，各种认知能力之间彼此影响。对每种单一认知能力的解释需要持有谨慎的态度，要考虑不同个体、不同情境，不同心理状态、不同社会期待和时代特征等因素的影响。

第二节　认知发展进程中神经生理的变化和脑结构基础

一、神经元复杂性的增强

神经内分泌系统和身体的逐渐成熟是认知发展的生理基础。发展认知神经科学综合了生物学、生理解剖学、神经学、基因和社会心理学的内容，旨在研究生理发展和认知发展之间的关系。近年来，随着脑结构和脑功能影像学的飞速发展，生理发展和认知发展之间的关系也开始越来越受到关注。个体的认知发展在该章的前一节已经进行了详细的阐述，这一节的重点在于阐述认知的生理基础，将分为三部分进行阐述。第一部分主要讲述低等神经生理发展，主要是神经元的成熟和突触的发展；第二部分阐述高等神经生理发展，即中枢神经系统、大脑认知功能网络的发展；第三部分是关于认知的脑结构基础。

埃里克·甘丹和詹姆斯·施瓦茨早在1981就已经提出了认知行为是建立在适当的脑神经元组织连接的基础上的观点。生理学家认为大脑皮层的突触架构（synaptic architecture）决定了认知的局限，并且决定了如何组织适当的突触来完成对应的认知任务。突触是一个神经元与另一个神经元相接触部位。神经元的成熟也存在一个过程。大脑神经发展开始于受孕后的第三周，各种原始神经细胞开始分化。神经元的形成最早出现在胚胎早期，所有的神经元都是从胚胎结构中的一个单一的薄层组织发展而来的。在受孕后的42天，人类的第一个神经元开始形成大脑皮层，在胎儿出生前的120天，大脑神经元的组织形状完整。有研究认为新生儿的大脑包含了近6千亿个神经元，这意味着在这120天内，神经元以每天58万个的速度增长。随着大脑神经元的形成和脑发育，神经元开始从初始存在的位置转移到目标位置。在转移过程中，神经元开始长出树突和轴突。基因决定了神经元最终的目的位置。神经元的转移发生在婴儿出生前4个月，并在出生前完成转移。一旦轴突识别到了目标细胞，突触就形成了。赫滕洛切是早期研究突触密度的神经科学专家之一（突触密度是指每个单位的大脑皮层中的突触数量）。赫滕洛切在解剖的基础上，测量了额叶、视觉皮层和听觉皮层中突触密度在人类一生中的变化，看到突触密度的发展呈现了"倒U"形的曲线。他发现新生儿额叶的突触密度和成年人相符，之后突触密度急剧上升，在婴儿1~2岁期间达到顶峰，比成人高出将近50%，之后突触密度相对保持稳定，直到16岁，突触密度开始下降至成年人水平；新生儿的视觉皮层的突触密度和成年人相仿，在2~4个月开始飞速发展，到8~12个月达到顶峰，比成年人高出将近60%，3岁开始突触密度开始下降，直到11岁达到成人水平；听觉皮层的突触密度在婴儿3个月时达到高峰，之后在3岁半时再次达到高峰，直到12岁听觉皮层的突触密度开始下降。赫滕洛切认为突触密度的下降是人类大脑成熟的一个关键提示，表明突触水平上的信息传递更有选择性和高效性，这个推断和人类的感知觉发展到执行功能的认知发展相匹配。赫滕洛切的研究存在不足之处，其一，研究数量不足，尤其是缺少青少年个体的研究，而青少年是人类认知高速发展的阶段；其二，他的研究建立在解剖学基础上，而现在功能影像的发展提示人类认知的发展不仅仅建立在大脑结构连接上，还建立在大脑功能连接上。脑功能影像的发展弥补了赫滕洛切研究的不足。PET针对脑内葡萄糖新陈代谢的研究也发现了类似的倒U形曲线，从而丰满了赫滕洛切的研究结果。

总的来说，1~3岁是人类神经生理发展的一个关键时期，青少年（12岁左右）是认知发展的关键时期。神经元的成熟和突触组织的发展存在"区域性"，即在不同脑区域的发展速度不同，这种"区域性"发展和认知的不平衡发展相符合，认知功能的神经元的特异性发展决定了认知发展的阶段性特点。随着时间的增长，不断的外在刺激和情景暴露使不同大脑区域的功能特异性不断增强，并且与周围的神经组建的微观结构性连接也不断的改变，从而再次促进更高一级的认知发展。

总之，大脑神经元的发展接近成人水平，人类神经元的成熟在胚胎期就开始发展，在出生前已基本形成；突触的形成出现在婴儿4个月左右，1~3岁的突触密度达到顶峰，并且在12岁左右开始下降，形成了"倒U"形曲线，突触密度的下降提示了大脑回路开始成熟。

二、中枢神经系统结构的成熟

大脑是人类认知活动的主要枢纽，大脑结构性连接和功能性连接的成熟共同影响认知的发展。大脑结构性连接是指大脑皮层和皮层下的复杂而又密集的交叉系统，从单个突触水平到大脑白质。大脑的功能性连接是指一种在特定认知过程中短暂灵活的，建立在有限的大脑解剖结构基础上的功能集成。"神经构建"理论（neural constructivism）认为在不同年龄时期认知发展是神经网络之间关联性增强和功能特异性发展的共通作用。逐渐成熟的结构性连接和功能性连接保证了不同脑区域、脑环路之间的相互沟通，从而个体可更有效地进行各种认知活动。在婴幼儿时期，大脑结构性连接的成熟较快，随着年龄的增长，其功能性连接的成熟逐渐替代其结构性的发展，但这不意味着成年后大脑功能性连接能独立于大脑结构性连接。

1. 结构性连接的发展

婴儿出生前的时期可以分为两个阶段：胚芽或胚胎期和胎儿期。胚芽期是指受孕到受孕后第8周，胚胎期是指受孕后第8周到胎儿出生的这段时期。在受孕后的两周，胚芽是一个简单的、椭圆的双胚层结构。在受孕后第3周，胚芽发展为三胚层结构，三个胚层会发育成婴儿的神经组织和器官。其中，上胚层中的一部分细胞会分化为个体的中枢神经系统，即大脑、脊椎，我们称之为原始神经细胞（neural progenitor cells）。在受孕后的第3周左右（受孕后第20~27天），第一个神经结构神经管开始形成。具体来说，原始神经细胞是由原始神经细胞增殖、内陷，最终脱离外胚层而形成的中空神经管。其中在受孕第25天和第28天，神经管的前端神经孔（anterior neuropore）和后端神经孔（posterior neuropore）闭合。在前端神经孔的原始神经细胞将会分化为婴儿的大脑，而位于后端神经孔的原始神经细胞将会分化为婴儿的脊髓。其中在受孕后第28天，神经管的前端神经孔已经开始形成三个鼓泡，即原始脑泡，并将分化为前脑、中脑和菱脑。在受孕后的第49天，次级脑泡开始形成，前脑分化为端脑和间脑；菱脑分化为后脑和末脑；中脑不再分化。在受孕后的第8周，大脑皮层的感觉运动区域的原始模式已经建立，并且间脑和中脑的主要部分已经分化，后脑和脊椎的结构性组织也已经分化。因此在胚芽阶段，个体初期的大脑结构和中枢神经系统，包括皮层和下皮层结构和一些主要的纤维网络已经形成，以及中枢和周边神经系统的一些成分已经形成。在胎儿期，大脑从光滑的结构渐渐发展成为有脑回、脑沟的成熟结构。脑回、脑沟的发展存在顺序，从大脑前端发展到大脑后端，开始于妊娠第8周，在妊娠第22周完成，主要分成3个时段。第一时段：最先出现的脑沟是分开左右大脑的脑沟，随后妊娠第14周至第26周发育其他的主要脑回：外侧裂、扣带回、顶枕叶和距状沟在妊娠第14至16周发育；中央和定颞叶在妊娠第20至24周发育；上额叶、下额叶、中央前沟、中央后沟和顶叶内沟在妊娠25至26周发育。第二时段：脑沟发育出现在妊娠第30至35周。第三时段：脑沟发育从妊娠第36周开始，一直延伸到婴儿出生。

婴幼儿和儿童期间大脑的发展迅速，新生儿的大脑重量达到了成人大脑重量的25%，并在第二年迅速发展到成人大脑重量的75%。但是，和突触形成类似，大脑的发展并不是平衡的而是具有"区域性"，即不同的脑区域发展存在先后顺序，并认为和个体认知发展相匹配。例如，海马的成熟是个体形成陈述性记忆的重要脑基础，大部分海马体的细胞在个体出生阶段的后期已经开始形成；海马齿状回是海马体和大脑皮层连接的主要组成部分，在12~15个月时与成人无异。Casey等人（2000）对脑结构进行了系统总结，发现了以下规律：（1）5岁以后，大脑的体积保持不变；（2）12岁之后，大脑灰质的体积开始下降；（3）儿童和青少年时期，大脑白质开始增长；（4）在儿童时期，尤其在男性中，大脑皮层下灰色区域，如基底节，体积开始萎缩，但大脑皮层灰色区域萎缩不明显；（5）大脑颞叶的体积在4~18岁期间保持稳定，而随着年龄的增长，女性中海马的体积增长而男性中杏仁核的体积下降；（6）前额叶皮层被认为是大脑成熟最晚的一个区域，并且对生理年龄的增长最为敏感。老年个体（50~90岁）面临着大脑密度和大脑重量的下降，尤其表现在额叶和颞叶（海马体），和成人个体相比，重量下降了5%~10%，其中水的流失占了绝大部分的重量。老年个体的大脑在额叶和运动相关脑区域（小脑和基底神经核）出现了细胞流失，并且老年期大脑的脑沟开始变宽，脑回萎缩。但是也是研究发现老年个体的大脑额叶和颞叶的结构稳定。因此，老年期的脑结构变化还需要更多的研究，现在的研究只提示了老年性脑改变不是整个大脑的平均下降，且老年性脑改变存在着个体差异，如不同基因的影响等。

2. 功能性连接发展

大脑功能性连接的发展对认知发展起了很大的作用，从某种程度上来说，其重要性高于大脑结构性连接的发展。大脑具有可塑性，如果大脑某一区域受损或者发展不好，大脑其他部位会"代替"受损部位来发挥必要的认知功能。如日常生活中，我们常常看到视力不佳的人的其他感觉往往比一般人敏感。随着脑影像技术的发展，通过功能磁共振和EEG对静息状态的扫描是研究脑功能性连接的有效手段。研究发现，随着年龄的增长，远距离脑区域之间的功能连接越来越强，而附近脑区域之间的功能连接越来越弱，同时大脑功能性连接的程度和范围也不同。凯西等人（Casey, 1995）对9~12岁儿童的工作记忆进行功能磁共振的研究，发现背侧前额叶的信号活跃，而科恩等人（Cohen, 1994）对成人的工作记忆研究发现了相似的前额叶信号活跃，而儿童的信号强度是成人的2~3倍。在相同记忆任务下，成人的准确率高于儿童。在对前额叶的选择性注意研究中发现儿童和成人的前额叶都出现了信号增强，而儿童信号的增强范围大于成年人，两组的准确率具有统计学意义，成人明显高于儿童。以上发现提示了成人的认知系统或者认知环路较儿童成熟，体现在成人执行认知任务时运用的脑区域和脑能量比儿童的少。并且，随着年龄的增长，大脑功能性连接的变化也体现于脑区域位置的变化，中年后，个体的神经细胞和脑环路表现出一定的可塑性。老年期的脑代偿变化很好地说明了功能性连接变化。老年人对应的老年性脑改变（如某些部位的脑萎缩）和在另一些部位的脑功能活跃性增强这两者之间存在一个"此消彼长"的平衡状态。实验发现老年人左右两侧前额叶的脑活跃程度强于成年人。实验认为，当老年人面对一项相对困难的任务时，大脑会自动的采用其他的信息传导系统和激活相对应的脑区域来支援和补偿该任务相关的信息传导系统和脑区域，来保持认知的相对正常。在执行认知任务时，右前额叶支援左前额叶。费拉等人（Fera, 2005）称这一现象为"双侧信息传导优势"（bilateral processing advantage, BPA）。帕克（Park, 2009）提出了"认知老化的支架理论（scaffolding theory of aging and cognition）"。该理论认为，随着年龄的增长，额叶的活跃程度增强，这是体现大脑代偿性的一个指标。当老年人面对一个困难的任务时，大脑会自主激活其他补偿性信息传导系统和相应脑区域来补偿已经发生脑萎缩和脑改变的区域的功能。除此之外，戴维（David）和他的同事（2011）通过功能磁共振（fMRI）比较了18位年轻人和16位健康老年人在任务状态下的脑激活状态和在静息状态下的脑功能性连接。在该实验中，他们采用词义搭配的实验，测查年轻人和健康老年人的行为学差异，即词义搭配的准确率，和相应的脑活跃程度。fMRI的结果显示在相似的测试准确度下，年轻人的左右额叶活跃度相似，而老年人的右侧额叶的活跃度高于左侧额叶。并且，他们发现在健康老年人中，左右额叶的连接性也远远高于年轻人。该结果再次肯定了在健康老年人中存在双侧信息传导优势。因此，脑代偿机制保持了健康老年人的总体认知相对正常，并且，诸多实验发现额叶对颞叶的萎缩有代偿作用，右额叶对左额叶有代偿作用。

原始的认知形成和发展取决于基因的作用，并在基因的作用下，各种神经元的形成和成熟是各种初级认知活动的基础，如视觉感知或听觉感知。随着个体的成长，脑区和周边的连接越来越紧密。并且随着神经环路不断激活，脑区域变得越来越具有"功能特异性"。

三、认知的脑结构基础

认知的脑结构基础是大脑皮层。大脑皮层由主区（primary cortex）和辅助区（associated cortex）组成，对事物的观察、分析与判断以及对躯体运动的协调均由主区控制，但主区完成这些功能依赖辅助区对行为和智能进行的高层次整合。

布罗德曼（Brodmann）根据形态特征将大脑皮层分为52个功能区，并提出不同的皮层形态分区分别执行不同的功能。

（1）额叶皮层区负责自主运动，包括书写、记忆、创造性思维、判断、远见、社会责任感等复杂的智力活动，该区损伤将导致中侧性偏瘫（4区）、失写症（6区）及额叶性痴呆（9区和12区）等；脑左半球额叶皮层布洛卡（Broca's）语言区（44区和45区）损伤将导致运动性失语症。

（2）顶叶皮层的主要功能是对感觉信息的高级加工和整合。顶叶皮层1区至3区的损伤将导致对侧感觉障碍；39区的损伤将导致感觉性失读症（此时患者无构语障碍，但不能理解书写的文字）；40区的损伤将引起触觉缺失等。

（3）颞叶接受听觉刺激，其41区和42区感受声音，而听觉辅助皮层22区帮助对声音的理解，22区损伤将导致感觉性（Wernicke's）失语症，与布洛卡（Broca's）失语症不同，韦尼克（Wernicke's）失语症者不能正确使用语言和语法，常常言不达意；颞叶的海马和蓝斑结构参与记忆加工。损伤时分别引起空间或情感记忆障碍。

（4）枕叶含有原始视觉皮层，17区感知和接受视觉刺激，该区损伤引起视野缺陷；视觉联络皮层18区和19区包绕视皮层，诠释视觉信息和内容。该区损伤将导致个体不能识别物体，不理解物体的用途或生命的形式（如不能区别猫和狗）。

第三节 认知发展障碍与评定

认知发展障碍是指在认知发展过程中出现的不同程度的认知功能损害的临床综合征。常见的认知发展障碍有：言语和语言发展障碍、学习障碍、痴呆等。导致认知发展障碍的原因有很多，如精神发育迟滞、儿童自闭症（孤独症）、外伤或中毒以及其他全身性严重疾病导致的智能损害、中枢神经系统退行性病变、大脑继发器质性病变等。本节简单阐述几种常见的认知发展障碍及其相关评定。

1. 言语发展障碍及相关评定

言语发展障碍是指在发展过程中，儿童对语言的符号和规则在理解和表达等方面出现的异常现象，常见于脑瘫、唐氏症、自闭症、发育迟缓、多动症等儿童，正常儿童中也有一部分伴有言语问题。常见言语发展障碍表现形式有：构音障碍、表达性言语障碍、接受性言语障碍、理解性-表达性混合言语障碍等。言语发展障碍的判断标准是相对而言的。一个儿童是否有言语发展障碍，需要根据其年龄水平、已有的知识经验以及所处的语言文化环境等因素进行综合考察，可以使用言语能力评估、智力测验、听力测验等评估方式对言语能力发展水平进行评定。儿童言语发育常见的标准化筛查测验有：

（1）小儿发育筛查：该测验是丹佛发育筛查测验（Denver development screen test, DDST）在我国标准化了的一种儿童发育筛查方法，适用于0～6岁幼儿。共有104个项目，内容涉及刚出生至6岁的婴幼儿的四个有关方面的测验，这四个方面又称四个能区，包括个人-社交能区、精细动作-适应性能区、语言能区、大运动能区。

（2）婴幼儿发育评定量表：该量表是盖塞尔发展量表（Gesell development schedules）在我国的修订本，可用于0～3岁的婴幼儿。检查内容包括适应性行为、大运动行为、精细动作行为、语言行为和个人-社交行为等五大方面。

（3）伊利诺斯心理语言能力测验（Illinois test of psycholinguitic abilities, ITPA），该测验适用于3～10岁儿童，以测查能力为主，用来测量儿童在理解、加工和产生言语和非言语性语言的能力。1968年美国开始使用这种办法，整个检查由五大部分、十个分测验组成，包括：理解能力（语言理解、图画理解）；综合能力（语言推理、图画类推）；表达能力（语言表达、动作表达）；构成能力（作文、构图）；记忆能力（数字记忆、图形记忆）。

（4）韦克斯勒学龄儿童智力量表（Wechsler intelligence scale for children, WISC）：该量表适用于6～16岁儿童，分为言语测验和操作测验两大部分。言语测验内容包括普通知识、一般理解、算术、找出事物相关点、词汇理解、数字广度。操作测验包括填图、图片排列、积木图案、物体装配、代码配对、迷津。

（5）韦克斯勒学龄前儿童智力量表（Wechsler preschool and primary scale of intelligence, WPPSI）：该量表是对学龄儿童智力量表的延伸，用于4～6.5岁的儿童，分为言语测验和操作测验两大部分，共计11个子测验，包括知识、图片词汇、算术、图片概括、领悟、动物房子、图画填充、迷津、木块图案、几何图形。

2. 学习障碍及其相关评定

学习障碍是指学生在学习期间出现的由于听、说、谈、写、算等方面能力不足所致的学习失败，但其原因不是智力问题，也没有感觉器官的缺损、疾病，没有情绪因素的困扰，也不是由人为地剥夺学习机会而导致的。学习障碍儿童常常难以通过一般方法改善学习上的毛病，这类儿童一般都伴有学习成绩的落后，但需要说明的是，并不是所有成绩落后的儿童都是学习障碍患者。学习障碍的评定从智力、学习能力及心理过程多方面进行。智力测验包括WISC、WPPSI、瑞文推理测验等，智力有问题的儿童不可断定是学习障碍；学习能力测验包括视—动统合、阅读理解、听知觉和语音记忆、动作协调性、听说能力、书写能力与数学能力的测验等；心理过程测验可采用ITPA。这些测验结果，需要对儿童在学校的学业成绩表现与其智力水平、身体健康水平、教育环境等因素进行综合考察，若这些因素均不能解释其学习困难程度，则说明学习技能的损害可能为儿童发育内在因素。

3. 痴呆及其相关评定

痴呆是一种由大脑病变而引起的综合征，主要表现为记忆、计算、理解、判断、推理和抽象思维等多种认知功能的减退，并可能伴有幻觉、妄想、行为紊乱和人格改变等。广义的痴呆是指18岁以后出现的智力减退，40岁以前发病较少见，而60岁以后发病率呈上升趋势。对一个可疑痴呆病人，首先要评定有无认知障碍，障碍累及了哪些功能，以及障碍的严重程度，这就要进行神经心理学测验。它包括注意与集中、定向、记忆、计算、语言、抽象思维、空间知觉、结构能力、运用、执行、认知灵活性和速度等，此外还包括社会适应能力、人际关系和生活能力以及个性上的改变即所谓行为评定。心理学测验就是对这些心理现象所表现出的行为样本进行客观的标准测量，它把心理现象进行数量化的描述，采取一套严格设计的问题或作业（即标准程序）由被试回答或完成，然后对回答的情况进行评定。其优点是资料的收集与解释是标准的，有可能提高诊断的准确性，同时对不同来源的资料可以比较借鉴，是确定痴呆必不可少的工具。但是每一测验量表都不是十全十美的，故需使用多种量表检测并结合临床所见进行综合分析、判断。

常用的量表包括以下几种：

（1）简短智能状态量表（mini-mental state examination, MMSE）：总分为30分。文盲的得分≤17分时，小学文化程度的得分≤20分时，中学文化程度的得分≤24分时，判定为有认知功能障碍。

（2）常识-记忆-注意测验（information memory concentration test, IMCT）：总分36分。文盲的得分≤19分时，小学的得分≤23分进，中学以上的得分≤26分进，判定为有认知功能障碍。

（3）简易认知分量表（mini-Cog）：是极简短的认知筛查工具，学习3个单词后接着画钟，画钟后回忆3个单词，画钟2分、3个单词回忆3分，满分5分，得分≤3分时判定为有认知功能障碍。

（4）蒙特利尔认知评估量表（Montreal Cognitive Assessment, MoCA）：对识别MCI及痴呆的敏感性较高，耗时约15 min，总分30分，在不同地区、不同版本中MoCA的划界分值有差别，但集中在22～26分之间。本量表的不足在于缺少与教育程度相关的判断阈值，对文盲和低教育程度老人的适用性较差。

（5）日常生活能力量表（activity of daily living scale, ADL）：总分20分为正常，有两项以上功能丧失或总分>26分时，认为日常生活能力缺损。

（6）社会功能活动问卷（functional activites questionnaire, FAQ）：总分范围0～20分，该项活动能力减退评1分，能力丧失评2分。有两项或两项以上活动能力丧失即有社会功能缺损。若以总分计，则总分＞5分时可以认为社会功能缺损。

（7）汉密顿抑郁量表（Hamilton depression scale, HAMD）：临床上判定抑郁状态最常用的量表，大部分项目采用5级评分法，少部分项目按三级评分，根据精神状态检查及临床观察后综合评定，总分超过35分时可能为严重抑郁，超过20分时可能为轻或中等抑郁，没有超过7分时认为没有抑郁。

（8）总体衰退量表（global deterioate scale, GDS）：评估痴呆的严重程度，共分7级，每一级的评定均有详细描述性定义。

（9）临床痴呆评定表（clincal dementia rating, CDR）：评估痴呆的严重程度，只有当损害是由于认知功能缺损时才记录，CDR=0.5（可疑痴呆），CDR=1.0（轻度痴呆），CDR=2.0（中度痴呆），CDR=3.0（重度痴呆）。

（10）神经精神症状问卷（the neuropsychiatric inventory, NPI）：根据对照料者的一系列提问来评分，NPI评价包括妄想、幻觉、激越、抑郁、焦虑、淡漠、欣快、脱抑制行为、易激怒或情绪不稳、异常动作、夜间行为紊乱、饮食异常12个痴呆常见的精神行为症状。评定症状的发生频率和严重程度。病情严重程度按轻、中、重3级评分。另外，该量表要求评定照料者的心理痛苦，按6级评分评定。

第四节　认知发展障碍的训练

脑可塑性是上世纪80年代以来神经科学发展的重要进展，包括结构和功能的可塑性。结构可塑性通常表现为神经元的树突改变，如树突数量增长、树突延长、树突结构变化等，还包括支持细胞如神经胶质细胞等支持细胞的增长或修复。莫兹尼奇（Merzenich MM, 1983 & 1984）通过强化训练猴子手指的触觉，研究行为训练对大脑皮层结构的影响，发现猴子第2、3、4、5四根手指的触觉越来越发达，而感知这四根手指的脑部区域也扩大了。当把猴子其中的一根手指切掉后，原来只接收被切除手指感觉信息的脑区开始接收来自临近手指（未被切除的手指）的感觉信息。这个研究为脑可塑性奠定了理论基础，它提示我们，只要合理的训练，认知发展是毕生的。脑可塑性的发展，是认知发展障碍训练的重要依据。本章节主要阐述几种常见认知发展障碍的训练与康复。

1. 言语发展障碍的训练

对于有言语发展障碍的患儿，首先要认清其言语障碍的性质，进行及时干预，年龄越小，越容易矫正或改善，而年龄越大，则训练越困难。其次，需要有针对性地对他们的语言功能进行特殊训练，如行为训练、纠正、模仿等。对患有接受性语言障碍的儿童，需着重训练对语言的理解以及听力能力，而对患有表达性语言障碍的儿童则着重训练患儿模仿他人说话的能力，监护者最好也参与训练。言语功能的训练因遵循由易到难、长期坚持的原则，虽然过程艰辛，但可望有较大改善。表达性语言障碍者愈后表现较好，即使不经治疗也可随年龄增长而逐渐获得言语表达的能力，但可能由于沟通不畅，出现学习障碍、冲动、攻击等行为。接受性语言障碍者愈后较差，但在进行专业化的训练后，其言语能力也可有不同程度的恢复。言语发展障碍的患儿或多或少存在口部肌肉问题，国外有一些较为成熟的口部肌肉训练方法：层次式气息训练（腹腔分级调控），下颌分级调控，圆唇突唇训练，舌后缩分级控制（层次式吸管）以及失用症训练工具等。

2. 学习障碍的训练

（1）感觉统合训练

感觉统合训练是一种基于儿童神经需要，引导儿童对感觉刺激做出适当反应的训练模式。该训练提供感觉刺激输入的控制，特别是前庭系统（重力与运动）、本体感觉（肌肉与感觉）以及触觉等刺激的全身感觉输入，其目的不在于增强儿童的运动技能，而在于改善儿童大脑处理感觉信息以及组织并且构成感觉信息的方法，并同时做出适应性的反应。

由于知觉运动是最基本的功能，因此，不论何种类别的能力缺陷，运动训练都是主要的。提高运动能力的活动有：滑板、跳绳、平衡木、单杠、海洋球、拍球、对墙托球等，每次训练虽不需要进行每一项活动，但应强调每种运动的刺激量要足够。通过提高视觉记忆、视觉理解及分辨力各方面能力，比如拼图、连点成线、涂色、绘画、迷宫、剪贴等活动可以提高儿童的视觉能力。为提高言语能力，可以进行听故事、复述、讲故事、组词造句、作文等练习。儿童的各种能力随着年龄增长而发展，对于能力发展相对滞后的孩子，经过训练可达到正常水平，能力发展障碍的患儿，经过训练其相关能力也有一定程度的提高。一般每周训练2～3次，每次两个小时，需要坚持1年左右方可使习得的能力得到巩固。开始训练时的年龄越小，效果越好。

通过训练，儿童通常能感到心神集中且宁静，注意力得到明显改进。再坚持训练，就能发现儿童的作业情况也得到改善，字迹变得工整，涂抹现象减少，作业效率提高。并且逐渐能够发现儿童开始愿意与同学接触，人际交往能力得到进一步发展。

（2）教育与心理疗法

学习成绩与学习能力是两个既有联系又有区别的概念。通过行为矫正、感觉统合训练等练习能在一定程度上提高学习障碍患儿的学习能力，但有些儿童，在其学习能力提高后，学习成绩并未出现明显的提高，其原因之一是儿童学习基础较差。学习是一个不断积累的过程，如果没有掌握好以前的知识则会影响下一步的学习。对于这样的儿童，最好给予适应他们现有能力的个别补习。此外，学习成绩亦与学习兴趣、学习动机、学习习惯息息相关。长期处于学习失败的孩子常伴有焦虑、抑郁、交往不良，甚至攻击行为等相关问题的困扰。因此，支持性心理治疗、情绪管理、认知行为治疗、操作性处理法、沙盘训练、脑电生物反馈训练、习题巩固等各种教育与心理训练方式对此症状有显著疗效。

3. 痴呆的训练

（1）预防性训练

对痴呆患者可以通过宣传教育，来预防各级危险因素如高血压、动脉硬化、高血脂、糖尿病、心脏病等以及吸烟等不良生活方式。积极治疗暂时性脑缺血发作和腔隙性脑梗塞，防止脑卒中反复发作。长期服用小剂量的肠溶性阿司匹林被认为是有效的预防方法之一。利用脑可塑性理论，采用尽可能多的刺激方式，利用一切可以利用的形式，使患者的身体和大脑都活动起来，从而达到预防和减少高级心理功能减退的目的。

（2）康复训练

运动疗法：牵张短缩的肌肉、肌腱、关节囊及其他软组织，扩大关节活动度；增强肌肉的肌力和肌肉活动的耐力；抑制肌肉的异常张力，使肌肉松弛，缓解其紧张度；对平衡功能和运动协调性有障碍的患者，实行提高平衡和协调性功能的训练；提高患者日常生活中活动能力的运动动作训练。

作业疗法：功能性作业疗法是指根据患者的运动障碍的程度、心理状态和兴趣爱好而设计和选择相应的作业活动，如工艺、木工、雕刻、游戏等，患者通过完成由治疗师精心设计的某项感兴趣的活动，达到治疗的目的；心理性作业疗法是指根据患者心理异常的不同阶段，设计相应的作业活动，帮助患者摆脱否认、愤怒、抑郁、失望等不安的状态，向心理适应期过渡。对具有情绪异常的患者，可以设计陶艺、金工、木工等活动，通过敲敲打打进行宣泄。

记忆训练：瞬时记忆训练时可以对患者念一串不按顺序排列的数字，从三位数起，每次增加一位，如125、2334、51498…念完后立即让患者复述，直至其不能复述为止；短时记忆训练时可以给患者看几件物品，如手机、苹果、饭碗、电池等，然后马上收起来，让患者回忆刚才看到了什么东西。物品数量可由少到多，逐渐增加，观看的时间可由长到短；长时记忆训练时可以让患者回忆一下家里的亲戚朋友，原来单位同事的姓名，前几天看过的电视内容，家中发生的事情，等。

有益的智力训练：逻辑联想、思维灵活性训练时可以从儿童玩具中去寻找一些有益于开发智力的玩具，如按照图纸用积木搭出各种造型；分析和综合能力训练时可以经常让患者对一些图片、实物、单词作归纳和分类。比如拿出一些小孩用的图画卡片，让患者将动物、植物、生活用品等分开归类；理解和表达能力训练时可以给患者讲述一些事情，讲完后可以提一些问题让患者回答；数字大小、多少的概念和计算能力的训练时可以将筷子分成两堆，让患者比较哪堆多，哪堆少。

（3）康复护理

将患者安置在良好的生活环境和保护环境中。例如在洗澡时要监视重症患者的安全；合理安排患者的饮食和营养；有二便失禁的患者，频繁排便时每两小时做一次护理以减少并发症，增加患者舒适度。

思 考 题

1. 婴幼儿时期个体感知觉发展的规律。
2. 青少年时期个体思维发展的规律。
3. 老年期个体记忆发展的规律。
4. 皮亚杰主义的认知发展四阶段。
5. 大脑神经元、突触发展和脑结构发展。
6. 认知发展障碍训练的重要依据。

个案：

个案简介：

生活中，老年人的"丢三落四""爱啰唆""变得敏感多疑"被认为是老年人的正常改变。李女士近一年以来明显感觉到经常会忘记要参加的活动，不得不越来越依靠记事本，否则很容易忘记。她平时工作严谨，同事关系好，因此对记忆力减退感到非常不安，不自信，害怕出现问题。为防止工作中出现问题，便有意推掉许多社会工作与兼职。日常独立生活无障碍。后来被女儿小王接来同住，发现她经常重复询问同一个问题，住了半年仍然记不住常用物品放在哪里，常常烧菜忘记放盐，有时忘记关煤气。不开心，不爱说话，爱发脾气，遇事挑剔，变得自私，夜不成寐，经常头晕、头痛。抱怨在女儿家无事可做，不熟悉周围环境，多次要求回自己家。小王觉得周围和她妈妈年龄相仿的老年人虽然记忆下降，但是没有到这样的程度，所以带着妈妈去了医院检查，经过医院的系统检查，李女士被诊断患上了老年痴呆症早期。

分析：

很多人认为，个体随着年龄的发展，尤其是50岁后，记忆力开始下降，因此对老年人的记忆下降不重视。但是，我们要注意区分正常老人的记忆改变和老年痴呆患者记忆改变的差别。第一，正常老人的记忆下降是局部的，对部分事物记忆下降，但通过提示可以回忆；但老年痴呆患者的记忆下降先是最近记忆的下降，对刚刚发生过的事情表现出遗忘，尤其是对新的事物无法记住，即使通过提示也无法回忆，随着症状的加深，长期记忆也开始下降。第二，正常老人对时间、地点、人物的认知保持相对稳定；但老年痴呆症的病人对周围环境丧失了判别能力，如不知道年、月、日，不知季节变化，不知身在何处，有时甚至找不到回家的路、不认识亲人。第三，正常老人会通过各种措施和手段来提醒自己需要记住的事情，如写便签条、设闹钟等；但老年痴呆的病人对记忆力下降毫无烦恼，无求医愿望，思维越来越迟钝，言语越来越贫乏，找词、命名困难，很少会采取有效措施来弥补自己的记忆下降。第四，正常老人随着年龄的增长，脾气秉性不太会改变；但老年痴呆的病人的情感会变得淡漠，有些会变得和以前截然不同，如本来很大方的变得很小气。因此，正确的识别老年期正常的记忆改变和老年痴呆导致的记忆下降很重要，及早发现、及早干预是老年痴呆症目前最好的治疗措施。

拓展学习

12-1　　　　额外的训练是否能帮助婴儿的发展？[1]

格赛尔（A. Gesell, 1929）通过一对同卵双胞胎进行爬楼训练来观察额外的训练是否能促进婴儿的发展。他给予其中一个婴儿很多额外的爬行训练，而只给予另外一个较少时间的训练，之后对这对双胞胎的爬行能力进行检测，发现两个孩子的爬行能力相似。并且，在爬行训练中，研究者发现在身体机能发育成熟后的适当训练的效果和在身体机能发

---

[1] Butler G & McManus（2000）. PSYCHOLOGY: A Very Short Introduction. Page: 73.Oxford

育成熟前的大量训练的效果相似。因此，在婴儿时期，额外的训练对婴儿的发展没有促进作用。

12-2　　　　　　　　　　　认知剥夺的影响[①]

吉尼（Genie）在她13岁的时候被发现受虐严重而引起了极大的关注。在她13年的成长过程中，她遭到了父母的虐待。她被父母捆绑着，单独关在一个小房间。不许她说话，如果发出一点响声就要遭到毒打。当吉尼被发现后，她应该发展的基本认知都没有发展。她不会咀嚼，不会直立行走，并且听不懂语言。随后，她被一户有专业医学知识的家庭收养，并进行了一系列的复原（rehabilitation）训练，在社会和身体机能上取得了很大的进步。其中，她的语言得到了很大的进步，能理解一部分言语，但在语法和发音的运用上仍然存在着明显的异常。

12-3　　　　　　　　　　　新皮亚杰主义[②]

新皮亚杰理论将信息加工的观点与皮亚杰理论相结合，在三个方面对皮亚杰理论进行了修订和发展。

（1）新皮亚杰理论强调个体差异，重视社会环境和教育的作用。认为儿童的认知发展的重要基础是自身知识和经验的存储量，而非皮亚杰认为的全体人类共有的"阶段性"发展。因此，新皮亚杰主义者提出对个体"风格"的研究，即对个体适应社会，在特定环境中发展成长的特异性进行研究。并且和皮亚杰主义不同，他们更多地从社会学和社会心理学的角度进行研究，从环境和教育如何影响个体形成自己的"风格"、个体自身"风格"如何选择环境、适应和塑造适合自身的环境等多方面对个体的认知发展进行研究，加强了个体变化和认知发展的普遍规律之间的关系。

（2）新皮亚杰主义试图建立不同情境下的认知特点。认为情境背景对知识有很大的作用，知识不能独立于背景而存在。同时不同的认知发展特点在不同的情景背景下存在个体差异和特点。因此在新皮亚杰主义者的认知实验中，实验者建立几个变量相互影响的背景，给予被试尝试的机会，从而观察被试在实验中的个体认知特点和发展。

（3）新皮亚杰主义强调心理学研究的应用作用，主张更全面综合的研究个体的心理发展。认知的发展和人格、情绪、生活环境等因素相结合。

参考资料

1. Seigler, R., DeLoache, J., & Eisenberg, N. How children develop. 2nd edition[M]. New York, NY: Worth. 2006.
2. 朱智贤主编. 儿童心理学[M]. 北京：人民教育出版社，1979.
3. 李丹主编. 儿童发展心理学[M]. 上海：华东师范大学出版，1987.
4. Butler G & McManus F. Psychology: A Very Short Introduction[M]. Oxford University

---

① Butler G & McManus（2000）. PSYCHOLOGY: A Very Short Introduction. Page: 70.Oxford
② 史忠植编著. 认知科学[M]. 合肥：中国科学技术大学出版社，2008：470-471

Press, 2000.

5. Stiles J & Jernigan TL. The Basics of Brain Development[J]. Neuropsychol Rev. 2010, 20 (4): 327-348.

6. Bruer. John T. Neural Connections: Some You Use, Some You Lose[J]. Phi Delta Kappan, 1999, 81 (4): 264-277.

7. 郭念锋主编. 心理咨询师（基础知识）[M]. 北京：民族出版社，2005.

8. Park DC, Reuter-Lorenz P. The adaptive brain: aging and neurocognitive scaffolding[J]. Annu Rev Psychol, 2009（60）: 173-196.

9. 查子秀. 3～6岁超常和常态儿童类比推理的比较研究[J]. 心理学报，1984，4：373-381

10. 桑标. 当代儿童发展心理学[M]. 上海：上海教育出版社，2003.

11. Casey, B. J., Cohen, J. D., Jezzard, P., Turner, R., Noll, D. C., Trainor, R. J., et al. Activation of prefrontal cortex in children during a nonspatial working memory task with functional MRI[J]. Neuroimage, 1995（2）: 221-229.

12. Cohen, J. D., Forman, S.D., Braver, T.S., Casey, B.J., Servan-Schreiber, D., Noll, D. C. Activation of prefrontal cortex in a nonspatial working memory task with functional MRI[J]. Human Brain Mapping, 1994（1）: 293-304.

13. 沈渔邨主编. 精神病学（5版）[M]. 北京：人民卫生出版社，2009.

推荐书目

1. Eric Kandel, James Schwartz & Thomas Jessell. Principle of Neural Science. Ed. 4[M]. New York: McGraw-Hill. 2000.

2. Berger, K.S. The developing person through the life span. Ed.2[M]. New York: Worth Publishers Ltd. 1988.

3. 林崇德主编. 发展心理学[M]. 北京：人民教育出版社，2000.

4. 史忠植. 认知科学[M]. 合肥：中国科学技术大学出版社，2008.

第十三章 社会认知

本章要点

本章在陈述社会认知基本概念与基本对象的基础上，重点阐述社会认知的特点以及内隐社会的性质与测量方法，并就社会认知发展的趋势与特征及代表性理论进行介绍，从生理疾病、心理健康、社会适应、社会道德四个方面讨论社会认知的作用及它们之间的关系，最后涉及社会认知障碍的类型以及主要训练方法。

第一节 社会认知概述

一、社会认知的定义

1984年菲斯克和泰勒（Fiske ST and Taylor SE）完成了第一本社会认知的专著；同年，威尔和斯路迩（Wyer RS and Srull TK）出版了社会认知手册（Handbook of Social Cognition），共三卷，该手册的第二版也于1994年问世。尽管第一本社会认知研究的专著问世已近四十年，但是对于什么是社会认知仍然难有一致的意见。

美国社会心理学家菲斯克和泰勒（Fiske S.T. and Taylor S.E., 1984）在他们所著的第一本社会认知教科书中是这样定义的："社会认知是一种对别人和自己的思考"。社会认知肯定包括对他人和自我的认知，还包括对社会物体、社会事件的认知。正由于社会认知是指对社会信息的加工处理，其所涉及的范围也是非常广泛的。奥古斯汀（Augoustinos, 2006）等认为社会认知是社会心理学的一个领域，较狭隘的解释就是人们如何理解社会以及他们在其中的位置。

莫斯科威兹（Moskowitz, 2005）等认为社会认知是个人对他人的心理状态、行为动机和意向作出推测与判断的过程。谢尔曼（Sherman S.J., 1989）等认为，社会认知是通过研究社会现象的认知结构与加工来理解社会心理现象的一种概念性和经验性的途径或方法。

汉密尔顿（Hamilton DL, 1994）等提出社会认知有下列四个明显的性质特征：

第一，社会认知的注意力集中对所考察的社会现象的认知基础（根据）的直接研究上。社会心理学总是涉及认知结构的概念和认知加工，前者如态度、信念、成见、内隐人格理论等；后者如态度变化、印象形成、社会服从、归因、决策等。结构与加工是社会认知的新领域，因此，印象形成的研究并不局限于来评价被试对目标（人）的喜好程度，而是代之以研究印象是如何表征的以及它哪些方面是用来做出评价性判断的。第二，社会认知采用信息加工模式（或模型）作为理解社会现象的一种手段。在任何情况下，人们总是通过所处的社会环境来对信息编码，通过评价、推理、归因来解释和精致加工信息，最后在记忆中表征这些信息。第三，社会认知具有跨心理学各领域的共同性。信息加工原则在社会领域和非社会领域都适用，但是社会认知不是认知心理学在社会心理学的简单应用，相反，共同性的假定产生了两个重要的结果：首先，它允许结构或者原则可以用来分析不同的现象；其次，它为相关领域的研究进行有意义的沟通提供基础，例如个性、发展心理学、沟通等。第四，社会认知是方法而非内容。社会认知不是任何特殊的内容或者重要观点，而是达到内容或解释观点的一种途径或方法。

时蓉华教授（1998）认为社会认知是"个人对他人的心理状态、行为动机和意向做出推测和判断的过程"；郑全全教授（2008）认为社会认知是指我们理解、储存、回忆有关他人社会行为信息的方式，那么社会认知心理学则是指研究人们理解、储存、回忆有关他人社会行为信息的方式的一门科学。

综上所述，社会认知可以定义为"用认知的方法研究和解释社会行为及社会信息加工的一门科学"（钟毅平，2012）。

二、社会认知的基本对象

简单地讲，社会认知包括三类对象、三个加工阶段，它们构成了社会认知的基本系统。从认知对象来看，社会认知主要包括三类：人、物、事。人指他人和自我；物指社会客体，即带有社会意义的物体；事指社会事件。从过程或阶段来看，社会认知主要包括社会知觉、社会印象、社会判断三个方面。

社会知觉是指人通过感觉器官对社会刺激属性直接的整体的反映，它具有四大基本特性：第一是直接性；第二是整体性；第三是选择性；第四是恒常性。社会印象、社会判断则是在社会知觉基础上形成的更加复杂的社会认知。社会知觉是社会认知的第一步，它是指人们在社会生活中形成的知觉反应。它与普通心理学的知觉既有联系，又有区别，是一种主体反应，但明显带有社会性，因为社会知觉是社会生活环境下的主体反映。社会知觉的形成不仅受知觉对象物理特性的影响，而且受它的社会属性的影响。如对人的知觉，外表特征是影响因素，但该人的社会角色等非自然属性可能影响更大。社会知觉的内容也不同于一般知觉，它包括对他人的人格特点、对社会生活的态度、人与人之间的各种关系等的知觉。

在社会知觉的基础上，社会认知进一步形成社会印象并产生社会判断。个人对社会、对他人、对自己的知觉结果，形成一个关于社会、关于他人、关于自己的"像"，即社会像、他人像、自我像。社会印象在本质上是对人的面貌和特点即人格的反映，所以它以社会知觉为基础，但比社会知觉更具抽象性和概括性，并有间接性、综合性、固执性等基本特点。社会判断是在社会知觉和社会印象基础上对认知客体的评价和推论，是在社会知觉和社会印象基础上的综合分析，具有预见性和超标准化趋势等特点。

从以上的分析可以看出，三类基本对象总是与三个加工阶段紧密相联，即社会认知加工是对社会人、社会物、社会事件的加工。

三、社会认知偏差

（一）社会认知偏差的含义

社会认知偏差（social cognitive bias），是一种社会认知现象，它是指在认知他人、形成有关他人的印象的过程中，由于认知主体与认知客体及环境因素的作用，社会认知往往会发生偏差。在社会信息加工过程中，信息加工主体与社会认知对象总是处在相互影响的状态，相互影响的方式的变化，导致社会认知加工结果也会不同。

（二）社会认知偏差的种类

1. 首因效应（primacy effect）

首因又称为首次或最先的印象，指首次认知客体而在脑中留下的第一印象。首因效应是指人与人第一次交往中给人留下的印象在对方的头脑中形成并占据着主导地位的现象。最初接触到的信息所形成的印象对人们以后的行为活动和评价都会产生影响。第一印象作用最强，持续的时间也长，比以后得到的信息对于事物整个印象产生的作用更强。当然第一印象并不是无法改变或不能改变，而是这种改变可能更慢。

2. 近因效应（recency effect）

近因是指个体最近获得的信息。近因效应是指在总的印象形成过程中，最近获得的信息比原来获得的信息影响更大的现象。在多种刺激一次出现的时候，印象的形成主要取决于后来出现的刺激。例如在交往过程中，个体对他人最近、最新的认识占了主体地位，掩盖了以往形成的对他人的评价。多年不见的朋友，在自己的脑海中的印象最深的，其实就是临别时的情景。在社会认知中，近因效应并不像首因效应那样普遍存在，同时也没有首因效应那样明显。

3. 晕轮效应（halo effect）

又称光环效应、成见效应、光晕现象。它是指当对某个人的某种人格特征形成好或坏的印象之后，个体总是倾向于据此推论该人其他方面的特征。如果某人被标明是"好"的，他就会被"好"的光圈笼罩着，并被赋予一切好的品质；如果被标明是"坏"的，他就会被"坏"的光圈笼罩着，他所有的品质都会被认为是坏的。晕轮效应是在人际相互作用过程中形成的一种夸大的社会印象，正如日、月的光辉，在云雾的作用下扩大到四周，形成一种光环作用。常表现在一个人对另一个人（或事物）的最初印象决定了他的总体看法，而看不准对方的真实品质，形成一种好的或坏的"成见"。所以晕轮效应是主观推断的泛化、定势的结果。

4. 社会刻板印象（social stereotype）

它是指人们对某个社会群体形成的一种概括而固定的看法。一般来说，生活在同一地域或同一社会文化背景中的人，在心理和行为方面总会有一些相似性；同一职业或同一年龄段的人，他们的观念、社会态度和行为也可能比较接近。

从社会刻板印象的定义中可以看出，第一，刻板印象通常以非常明显的自然特征区别不同的群体，如性别、种族等；第二，刻板印象是社会印象的一种表现形式，即一种固定的印象。因此，刻板印象一旦形成就具有较高的稳定性，很难随现实条件的变化而发生改变。

社会认知的研究表明，人们对社会信息的加工不仅包括一个外显的过程，而且还有一个内隐的无意识的自动化加工过程，在传统的外显的社会认知之外，还有一个内隐的社会认知，其中就包括刻板印象。1995年格林沃特（Greenwald AG）和巴纳吉（Banaji MR）提出内隐刻板印象的定义，即调节着某个社会类别所具有的属性中无法内省辨认（或不能准确辨认）的过去经验的痕迹。也就是说，当一个类别（如性别、种族）线索呈现时，内隐刻板印象是在认知者没有注意或意识到时，被激活的社会类别联想。

【专栏13-1】 比较思考可以减少刻板效应

刻板印象非常顽固，常常会降低我们获取他人信息的精确度，然而，消除刻板印象又是一件相当棘手的事。刻板效应的激活是自发的，在对他人的判断上本质属于范畴激活效应。比较思考，即关注不同点的比较思考能降低范畴激活效应。但是关注不同点的比较思考能否降低刻板效应呢？科科伦（Corcoran, 2009）等的研究证明不同的思考方式对刻板效应的影响不同。

作者在一个实验中，进行了一个被试间单因素两水平实验设计，自变量为"思考方式"（关注相同点vs.关注不同点），因变量为"被试座位的位置"（离秃头者座位的远近距离，1代表最近，5代表最远）。

36名大学生被试被要求完成三个表面上毫不相关的任务。第一个是刻板印象激活任务。给被试呈现一张秃头（一个消极刻板印象组的成员）的图片，并要求被试用5分钟时间描述这个秃头一天中典型的日常生活。第二个是程序性启动任务。在这个任务中操纵被试关注的相同点和不同点。给所有的被试呈现两张19世纪都市广场的图画。要求一半被试尽可能多的写下两张图画的相同点，要求另一半被试尽可能多的写下两张图画的不同点。第三个是在另外一个实验室中完成座位任务。被试被带到隔壁的休息室，告知被试需要脱掉鞋袜来进行一个关于脚的温度知觉的生理心理学研究。休息室靠墙放着7把椅子，靠近门的第二把椅子已经有人占了（并没有人坐在上面，但是随时可能回来），椅子靠背上、椅子前都是图片中目标秃头者的典型装备。当被试坐下之后，实验即结束。

结果表明，关注不同点的被试坐在离秃头更近的地方（$M=2.31$，$SD=1.11$），而关注相同点的被试坐得较远（$M=3.29$，$SD=1.2$），$t(25)=2.19$，$p<0.05$，$d=0.85$，差异显著。由于秃头是消极刻板印象组成员，给予被试的将是消极刻板印象，这种刻板印象较高的被试就会在座位上选择距离更远的位置，反之，则坐得更近。这个结果证明，当被试关注不同点时，对秃头的刻板印象会降低，即关注不同点会降低行为上的刻板印象。

（资料来源：Corcoran, K.Hundhammer, T.&Mussweiler, T.A tool for thought! When comparative thinking reduce stereotyping effects. Journal of Experimental Social Psychology, 2009（45）：1008–1011）

四、社会认知中的图式

（一）图式的概念

图式的概念最初是由社会心理学家巴特莱特（Bartlett FC，1932）提出的。他认为，认知图式是"过去反应或过去经验的一种积极组织"。综合认知心理学家的论述，可以把图式看成是人脑中的知识单位，或进行认知活动时的认知结构。

图式呈金字塔结构。最高层是最抽象的属性，越底层越具体，甚至包括具体的人和事物。图式与图式之间也存在千丝万缕的联系。一个对象可以同属于多个图式。如某一女性，既包含在母亲、女儿、妻子的图式里，也可能包含在教师、慈祥的图式中。某一图式的低层次属性也可能是另一图式的高层次属性。

（二）社会认知中的三种主要图式

1. 自我图式（self-schemata）

1977年，马库斯（Markus H，1977）首先提出了自我图式的概念。自我图式是个体对源于过去经验的自我的认知类化，能够组织和引导个体的社会经验中与自我有关的信息加工过程。当个体试图组织、概括或解释他在特定领域的行为时，就产生了个体关于自我的认知结构，即自我图式。

自我图式有助于对与自我有关的信息的加工，帮助个体做出与自我有关的判断和决策，使个体能够很容易地回忆起与自我图式一致的行为证据，对自己的行为做出更为自信的预测，并使个体拒绝与自我图式相冲突的信息。

> **【专栏13-2】 握拳可以增强与权力有关的自我概念吗？**
>
> 舒伯特和科乐（Schubert and Koole, 2009）根据具身认知理论，提出自我概念可以从感觉运动表征体验到。为此，他们从与权力有关的手势（即握拳）中，研究身体反馈对于自我概念的影响。实验中，男、女被试分别在两种姿势条件下（握拳vs.中性姿势）评价自己在与自信和社会尊敬有关的正面和负面特质。结果发现，在控制条件下（中性姿势），男性和女性自我评定没有差异；在握拳条件下，则存在非常显著的差异，$F(1, 67)=9.44$，$p=0.003$。结果表明，握拳会影响被试自我评价的自信和社会尊敬程度。握拳的身体反馈能够对自我概念施加直接影响。握拳导致男性获取更加有权力感的自我概念，但不适用于女性。
>
> 自我概念（self-concept）是由个体对于自己是谁、在生活中代表着什么等观念组成，它使人能对于情境做出理解和适当反应。一般认为，自我概念建立在人们关于自己的抽象的、象征性的理解上。具身的自我概念虽然非常复杂而抽象，但可以被描绘成一个人身体的感觉运动状态和它与环境的交互作用。
>
> （资料来源：Schubert, T. W., & Koole, S. L. The embodied self: Making a fist enhances men's power-related self-conceptions[J]. Journal of Experimental Social Psychology, 2009, 45（4）：828-834）

2. 关系和角色图式

关系图式是指个体对于人与人之间关系的一种认知结构，包括两个或多个实体之间（如自己和母亲）的行为关系、情感、思想、动机等。当某个关系图式被激活后，相应的情感、目标等也被激活，这将影响个体对新事物的看法和对新信息的加工。

角色图式是人们恰当的标准和行为所组织起来的认知结构。它是具有特定身份、职业、年龄等特定人群在思维方式和行为习惯等方面的社会认知表征，较为稳定。角色图式的形成主要有两个途径：一方面，通过对该角色成员的直接接触形成；另一方面，也源于带偏向性地采用社会角色为参照系对社会群体成员进行归类。

3. 事件图式

事件图式主要反映有关某类事件及其子事件发生、发展的认知结构。是人对各种社会事件中的典型活动按先后次序所作的有组织的认知。事件图式又称为脚本。事件图式的作用主要在于，当认知主体受到外来事件刺激时，即调动对于该类事件的既有认知经验，并对该刺激进行解释。事件图式也影响个体对事件的记忆，原有的事件图式影响了被试对新信息的加工。

（三）图式对信息加工的作用

对于人类社会来说，每天都有大量信息涌来，任何人都不可能完全把握这些信息，只能选择性地对某些信息进行加工。认知心理学认为对信息的选择、组织和加工是由个体的内部认知结构决定的，这些认知结构就是图式。

图式对外界的信息加工存在过滤作用。主体的认知图式可以看作是一张过滤网，当主体认知客体、摄取客体信息时，客体的信息必然受到认知图式这张网的筛选。主体会接受与图式一致的信息，忽略或排斥不一致的信息。

第二节 社会认知的特性

一、社会认知的外显性与内隐性

（一）内隐社会认知

社会认知的研究表明，人们对社会信息的加工不仅包括一个外显的过程，而且还有无意识的自动化加工过程，即内隐的社会认知。内隐社会认知（implicit social cognition）的概念首先由美国心理学家格林沃特和巴纳吉（Greenwald AG & Banaji MR）在1995年提出，由此开辟了社会认知或态度研究的新领域。内隐社会认知是指过去经验虽然不能被行为者意识到，但是这种经验会对行为者当前的某些行为和判断产生潜在的影响。

（二）社会信息的自动化加工

信息的自动化加工是指由环境中的刺激引发的直接的即时进行的加工，它不需要意识的介入。某些信息加工过程可以通过练习、重复、习惯等方式实现自动化。因此，自动加工是无目的的、连续进行的，它负责解释人的意识流和对知识的一般概括。巴格（Bargh JA, 1994）提出判断自动化加工的四大特征：缺乏自觉意向、有效率、缺乏意识、缺乏控制。首先，缺乏自觉意向。自动化加工是一种无意中开始的加工，受到人们所接触的刺激的支配，但人们对刺激的觉察和反应都是没有自觉意向的。Stroop效应就是关于人们无自觉意向而启动认知加工的很好的说明。其次，有效率。自动化加工是一种高效能的加工，一旦开始就可以不受任何干扰而自动地完成。巴格和泰恩（Bargh and Thein, 1985）通过自我的信息加工的研究发现了自动化加工高效率的证据。他们认为人们不但擅长觉察自我相关信息，而且更容易辨认他人具有的那些自我特质，更容易对这些特质形成推论，并用这些推论作为组织原则来构建对这些人的初步印象。第三，缺乏意识。知觉即时性的存在表明知觉者缺乏对心理过程的意识。人们可以意识到自动化加工的结果，但对产生结果的过程毫无知觉。这种对过程缺乏意识知觉的现象在生活中经常发生，如晕轮效应。第四，缺乏控制。自动化加工一旦开始就不能停止。即使人们在看见刺激之前有意识地决定不去反应，也完全知道刺激将要出现，他们也不能阻止自动化加工的进行。

以上述四个元素来衡量自动化加工，可以区分出三种类型的自动化加工：第一是前意识自动化（preconscious automaticity），完全符合自动化加工的四大标准，如颜色知觉。第二是后意识自动化（post-conscious automaticity），指的是个体并不想引起某个反应，且这个反应发生时也缺乏对它的察觉，但是反应的发生仍然需要某种意识的加工。如你没有意识到也没有注意到你在向与你交往的人传达非语言线索，这些线索能向对方表明你与他相处不是很愉快。然而，如果你不是有意识地决定要与对方交往，那这种无意识反应就不会发生。第三是目标依赖自动化（goal-dependent automaticity），它不需要有意识地觉察，也很有效率，但需要有引发反应的有意识的目标。如开车时人们并没有时刻意识到自己在开车，效率也很高。然而它是可以被控制的，我们并不是汽车一出现时就开始驾驶，同时也可以自由地停止驾驶。

（三）社会信息的控制加工

控制是一种选择、执行和调整目标的基本能力。控制加工是一种需要注意资源参与的加工，容量有限，可灵活应对变化着的客观环境，受个体有意识地控制。控制加工是有目的、逐步进行、需要努力、能及时中断且被意识，它负责处理特殊和抽象的问题。

控制加工涉及三大元素：第一，选择目标。人们的动机和需要所产生的希望和欲望比自己能够意识到的要多得多。然而，在某个特定时候，个体总是要在他们所追求的各种目标之间做出选择。例如人们对社会交往和归属的需要会产生更多的希望和目标，可能包括参加聚会、电话交谈、进聊天室、去酒吧、与朋友看比赛等等。而在任何满足社会交往需要的特定时刻，只能选择其中的一个目标。人们对追求那个目标的选择涉及其对愿望和欲望的可行性和吸引力的权衡，也就是说要同时考虑目标能否实现，怎样实现以及目标对主体的价值。第二，执行目标。与选择目标相似，实现目标需要在很多种方法中进行选择。当可能的目标指导行动是熟练或常规的时，这个任务会很简单。当人们不能决定去哪里及怎样表现时，这个任务就会很复杂。当任务复杂时，目标指导行动的实现需要通过个体对何时何地如何及活动多久的考虑来进行准备，因此产生一个实施行动的计划。第三，调控目标。在实现目标过程中碰到障碍或遇到失败时，人们不是简单地放弃，相反，会继续努力追求目标。坚持是表示对目标追求调整的特征之一。这种对目标追求的调整也以灵活性为特征。人们在追求目标时所用的方法是由某个特定环境下某个特定目标指导行动的合适性决定的。当实现目标的某个途径受阻时，人们会采用另外的行动方案。

二、外显和内隐社会认知的信息加工与测量

（一）内隐社会认知的信息加工

外显社会认知的信息加工，已经在前文做了详细介绍，这里不再重复。内隐社会认知加工主要包括三个方面，即内隐社会知觉、内隐社会印象和内隐社会判断。

1. 内隐社会知觉

内隐社会知觉是指人对社会客体（主要包括人、物和事件三个方面）属性直接的整体的感知，但这种感知没有被主体所意识，属于阈下知觉的过程。内隐社会知觉是在社会生活中形成的，深受个体经验和社会文化的影响。它不同于对自然客体的知觉，而是带有鲜明的社会性但又处于无意识状态。内隐社会知觉的加工过程不仅受社会客体所具备的

生物、物理特性的影响，而且内隐社会知觉还受知觉者主体特征的影响，如主体的情感因素、人格因素、价值观念和动机体系等。

周爱保等（1998）对内隐社会知觉的特性和规律及其测量方法进行了研究探讨。结果发现：实验材料的笔画数和被试的性别对内隐社会知觉没有影响。而经验、刺激的特性和刺激启动作用对内隐社会知觉有显著的影响。

2. 内隐社会印象

格林沃特和巴纳吉（Greenwald AG and Banaji MR, 1995）认为，如果过去经验影响我们把品质归因于某一社会群体或阶层，但是又没有内省地识别（或不能准确地识别）这一过去经验，那么这种社会认知活动中的印象则可称为内隐社会印象。它是指留在长时记忆中的社会刺激物的形象，这种形象往往以各种表象的形式存在。它们既可以是具有社会性物体的表象，也可以是社会人（自己、他人及群体）的表象，还可以是由社会人和物各种关系构成的社会事件的表象。内隐社会印象属于内隐社会认知过程的第二阶段，是通过综合内隐社会知觉阶段所获得的各种信息形成的，它对应于一般心理过程的记忆表象阶段。在内隐社会印象阶段形成的各种认知特征，一方面不为主体所意识但又确实影响着人的态度、情感和行为倾向等；另一方面又为内隐社会思维提供认知素材。因此，内隐社会印象是一个内隐社会认知过程承上启下的重要阶段。目前，内隐社会刻板印象被证实存在我们对种族、职业和性别等的认识中。

3. 内隐社会判断

内隐社会判断是在内隐社会知觉和内隐社会印象的基础上对社会刺激的无意识推理和直觉判断，是对前两个阶段的初步内隐判断和推论的进一步整理，并做出最后的评价和判断。内隐社会判断实际上是社会认知主体无意识地赋予社会刺激以某种特定意义的认知过程。社会刺激被赋予的意义往往与社会刺激本身所具有的各种属性或功能有关，这些属性或功能是内隐社会认知主体判断的基础。

（二）外显和内隐社会认知的测量

直接测量法在传统社会认知领域中一直占主导地位，直接测量法基于这种假设：态度是按照有意识模式进行操作的。然而直接测量法仅能测查出有意识水平（内省状态）上的社会态度，对无意识操作的内隐态度显得无能为力。所以间接测量法成了测查内隐社会认知的必须工具。间接测量法在内隐社会认知领域中使用得越来越多，且呈现出日新月异的景象。

1. 投射测验

投射测验是内隐社会认知研究比较常用的方法之一。主试向被试提供一些模糊、不确定的测验刺激，要求被试在宽松的情境下，自由地做出某种反应；然后主试根据被试的反应结果推测判定被试的深层心理特征。通常使用的投射测验有：罗夏墨迹测验、主题统觉测验、语句完成测验、绘画测验、完形测验和逆境对话测验等等。

投射测验有如下特点：一是测验刺激没有确切的意义结构或很固定的意义。二是所获得的反应资料非常丰富。三是被试在对当前刺激作出自己的反应时，并不知道主试的真正的测验目的。由于大部分投射测验没有建立常模，对被试反应结果的解释往往会因人而异，受解释者的训练水平、知识经验、甚至人格特征的影响，其信度和效度都有待提高。

2. 传记分析法

传记分析法是根据对被试过去的亲身经历或自身的行为事件的分析，来预测其未来行为或间接测内在动机的程序。传记法的程序可分为三个步骤：（1）传记信息表的编制：一般说来，传记信息表是由若干传记资料项目组成。（2）对传记资料项目计分：一般情况下有两种方法可供选择：一种是算总分，即将各项得分相加作为一种指标；另一种是单独计算出若干项目组成的不同类别的得分。（3）实施传记分析法：传记分析法用于内隐社会认知的研究时，一般采用"事后回溯"的策略，可先对被试进行有关社会认知特征的测验，后进行传记资料的收集。

传记分析法可以认为是精神分析法的一种变式，它的客观性在一定程度上弥补了精神分析法在这方面的缺陷。传记分析法也具有明显的特点。一是由于传记资料项目内容具有单一性，因此其项目间的相关较低，而重测信度则往往比较高。在效果方面，根据以往采用传记分析法预测职业技能的熟练性结果表明，它具备了较好的预测效度。二是在传记资料的准确性方面，有些项目是历史的、可核实的硬项，因而比较准确；而有些项目则较抽象、不易核实，即软项，因而其准确性欠佳。三是一旦传记信息表编制好之后，传记分析法操作时比较简便易行，结果的信息量大，相对比较准确、有效等。

3. 反应时方法

反应时方法是心理学研究常用的方法，其基本程序是给被试事先规定好一定的刺激，要求他们在刺激呈现之后既快又准地作出反应，同时通过一定的仪器记录被试从刺激呈现到作出反应的时间。反应时的长短标志着有机体内部加工过程的复杂性。在社会认知的研究中，由于所呈现的社会刺激的复杂性，必然在被试心理上引起复杂的反应。所呈现的有些刺激可能与被试的主观价值或内在需要相符合，而有些刺激与个人的内在需要相矛盾。因此，不同意义的刺激，被试的加工过程就不一致，因而造成了反应时的差异。一般而言，在快速反应的条件下，被试对自己的反应形式是很难有意识控制的。因此，在这种条件下所获得的社会认知结果可以认为是内隐的。

由于快速反应降低了意识的监控作用，因此反应时方法对内隐社会认知的研究具有特殊的意义。主试可以对这种意识失控条件下的反应形式的过程进行比较复杂的操作，如可以设计矛盾或一致的社会刺激形式来考察被试的不同反应等。此外，在不同的测量反应时的方法及范式中，可以根据不同的实验逻辑（如减法法则、加法法则等）推测不同的内部加工机制，为探讨内隐社会认知过程的特征提供比较直接的证据。同时，由于反应时方法的精确性，也可以通过一些精妙的实验设计来探讨内隐社会认知的微观过程，如可以考察内隐社会认知的加工过程，是平行加工还是系列加工，是整体加工还是局部加工等重要问题。

4. 情境测验法

情境测验是指实验者有目的地制造一种情境观察被试在这种情境下的行为反应。将情境测验用于内隐社会认知的研究时，是通过选择或创设某个恰当的情境，使被试可完全或很大程度上放弃对自己行为的某方面的意识监控，从而让被试的社会认知特点自然而然地表露出来。

这种测验程序的关键在于情境的选择（如实际生活情境）或创设（如特意设计的实验情境）。当然，对"行为反应"的准确记录也是这种方法的关键。由于情境测验是在"实际情境"中研究被试的行为表现，所以它比其他方法更为自然，更接近真实生活，从而避免许多实验研究存在的"人为性"。并且在大多数情境下，被试往往不知道测验的真实目的，甚至不知道是在进行测验，因而在实际反应中不大可能作假。在其他有压力的实验条件下，被试的反应很可能会迎合主试或掩盖自己的真实反应。然而它也有令人不放心的地方,即不管如何巧妙地设置情境,它毕竟是人为的。同时,情境测验法也存在"情境抽样"的问题,情境的选择或创设如果缺乏代表性的话,所获结果很可能会"以偏概全"。

5. 内隐联想测验法

1998年,格林沃特等(Greenwald AG等)提出了一种通过测量概念词和属性词之间评价性联系,从而对个体的内隐刻板印象等内隐社会认知进行间接测量的新方法,即内隐联想测验(implicit association test,简称IAT)。内隐联想测验是以神经网络模型为生理基础,该模型认为信息被储存在一系列按照语义关系分层组织起来的神经联系的结点上,因而可以通过测量两概念在此类神经联系上的距离来测量这两者的联系。它是通过一种计算机化的辨别分类任务来测量两类词(概念词与属性词)之间的自动化联系的紧密程度,继而对个体的内隐社会认知进行测量,以反应时为指标。分类任务有两种任务:一是相容任务(compatible task),概念词与属性词的联系与被试内隐的认知结构一致或者有着紧密且合理的联系;二是不相容任务(incompatible task),概念词和属性词的关系与被试的内隐认知结构不一致或二者缺乏紧密联系。所谓的相容和不相容是针对被试的内隐认知结构而言的。前者在要求迅速归类的情况下,多为自动化加工,反应速度快,时间短;后者则相反。

6. GNAT方法(The go/ no-go association test)

GNAT是格林沃特(Greenwald AG)新近提出的测量内隐社会认知的研究方法,GNAT本身不是对IAT的否定,而是对IAT的补充。GNAT考察的是目标类别(如水果)和属性维度(如积极和消极评价)概念之间的联结强度,弥补了IAT实验设计中需要提供类别维度,不能对某一对象(如花或昆虫)做出评价的限制。GNAT吸收了信号检测论的思想,实验中包括目标刺激(信号)和分心刺激(噪音),如目标类别(水果)和积极评价(好)作为信号,而将目标类别(臭虫)和消极评价(不好)作为噪音。当呈现"水果"和"好"时被试按键作出反应(称为Go),当呈现"臭虫"和"不好"时被试不作出反应(称为No-Go)。

在IAT中,研究者通常使用反应时作为考察指标,从而可能丧失错误率所包含的信息。通过信号检测论可以区分出两个指标β和d′,其中d′运算中包含着错误率,它能有效地表明个体的分辨能力。在GNAT中,将正确的"Go"反应称为击中率,将不正确的"Go"反应视为虚报率,将击中率和虚报率转化为z分数后,其差值即为d′分数,表明从噪音中区分信号的能力,如果d′分数低于0,表明被试不能从噪音中区分出信号。实验中以两个阶段d′分数作为考察指标,其原理在于如果信号中目标类别和属性类别概念联系紧密,相比较于联系不太紧密或者没有联系的联结,被试更为敏感,从而更容易从噪音中分辨出信号。

第三节 社会认知的个体发展

一、社会认知发展的基本趋势

(一)社会认知发展的基本趋势

社会认知是社会适应、心理发展的基础。个体在成长过程中对自己和他人的认知受自身生理、心理和各种社会因素的影响，表现出逐步发展、不断完善的基本趋势，具体表现为：

（1）从表到内社会认知的发展，首先表现为自我和他人的理解和判断，是从表面开始，经过不断实践和思考，最后达到对内部的理解和认同。

（2）从简单到复杂，如自我意识的形成与发展就是一个从简单到复杂的发展过程。新生儿不具有自我意识。婴儿最初是先能辨认客体的属性，而后才逐渐认识自己的。1岁前的儿童全然意识不到自己的存在，更不能分辨主客体的区别。

（3）从呆板到灵活，社会认知发展的初期，无论是对社会人、物、事件的认知都是比较机械、呆板。随着社会实践的深入、社会经验的积累，个体关于自己、他人以及人际关系和社会现象的认知变得越来越灵活。

（4）从即时关心到长远关心，随着年龄的增长，社会认知能力的发展，个体的认知判断逐步地由关心眼前发展到关注长远，更有控制力。

（5）从具体思考到抽象思考，如道德认知可以分为感性认知阶段与理性认知阶段。

（6）从弥散性、间断性的想法到系统的、有组织的综合想法。

（二）社会认知发展的特点

庞丽娟和田瑞清（2002）综合国内外已有研究，认为社会认知发展具有如下主要特点：

一是逐步区分认识社会性客体的过程。儿童自我认知的发展过程是最开始能把自己的动作和动作的对象区分开来，接下来能把自己这个主体和自己的动作区分开来，然后是知道自己的名字，进一步是掌握代名词"我"，最终理解你、我、他。也只有当儿童开始理解你、我、他时，他们对自我的认知才发生质的变化，即儿童开始从把自己当作客体转变为把自己当作一个主体的人来认知。

二是社会认知发展的核心体现是观点采择能力的发展。观点采择是区分自己和他人的观点，并进而根据当前或先前的有关信息对他人的观点做出准确推断的能力。

三是社会认知各方面的发展是非同步、不等速的。社会认知包括对自己、他人以及人际关系等各方面的内容，这种发展是不平衡的。

四是具有认知发展的普遍规律，但不完全受认知发展的影响。整体来说，社会认知能力与认知能力的发展是同步，如思维能力的发展就制约着个体社会判断能力进步。因此社会认知发展具有认知发展的普遍规律，但又具有自己的特殊性，有社会认知发展内在特色。

五是社会认知的发展与社会交往密切相关。社会交往是社会认知发展的基础，因为社会规范、社会角色只有在活动与交往中，个体才能逐步认识、理解和接受。

二、社会认知发展的基本理论

（一）观点采择理论

观点采择（perspective-taking）在儿童的社会认知发展中处于核心地位。通过观点采择可以把儿童社会认知发展的各个方面联系起来，通过它，可以预测儿童在友谊、权威、同伴以及自我等方面的认知发展水平。因此，观点采择在儿童社会认知及其社会性发展中具有重要的意义。

1. 观点采择的基本概念

什么是观点采择？形象化的说法是从他人的眼中看世界或者是站在他人的角度看问题。我国学者张文新（1998）认为，观点采择是区分自己与他人的观点，并进而根据当前或先前的有关信息对他人的观点（或视角）做出准确推断的能力。他进一步指出观点采择作为一种社会认知过程，有三个方面的基本特性。第一，独立于刺激输入之外。观点采择与一般意义上的知觉过程的不同在于它不是直接依据刺激信息对事物作出反应。第二，需要把两种以上的心理成分联系在一起。个体在对他的观点做出推断时，通常需要同时考虑到两种心理成分，即自己的和他人的观点，并对两者进行区分和协调。第三，需要对自我进行控制。个体在做出判断时通常需要对自我进行控制，以防止自己的观点影响对他人观点的判断。

2. 观点采择能力的发展阶段

儿童观点采择能力的形成需要有一个发展的过程。一般说来学龄前儿童还未具备观点采择能力。虽然有时他们说出的话似乎是站在他人的角度上，根据当时的有关信息所作出的适时反应。但如果经过一段时间的观察，就能发现这只是一种假象，这一阶段的儿童仍是站在自己的角度上看问题，仍会不自觉地把"自我"的品质和自身的看法强加于事物和他人。因此，可以说观点采择是与个体自我—他人关系认知中的自我中心主义相对立的。观点采择能力的形成要求儿童基于他人的观点或视角对他人做出判断，对自己的行为进行计划。

从目前所掌握的材料来看，儿童观点采择能力的发展有以下趋势。第一，儿童观点采择能力的发展过程同时也是儿童对自我进行控制的过程。观点采择需要儿童了解并采纳他人的观点。第二，儿童的观点采择能力随着年龄增长而逐步发展。儿童从6岁开始逐渐地从"自我中心"中脱离出来，开始能够将自己的观点或视角与他人的观点区别开来。第三，儿童观点采择能力还随着其认识能力及自我意识的发展，经历了"自我—自我、他人—自我、他人、众人"这样一种发展过程。

3. 观点采择的两种类型

张文新、林崇德（1998）采用两个认知观点采择测验任务和两个情感观点采择测验任务，并对各测验任务在任务结构、反应形式等方面进行了标准化处理，试图考察儿童社会观点采择的结构效度。结果发现：第一，儿童社会观点采择包含认知社会观点采择和情感社会观点采择两种亚类型；第二，在对测验任务进行标准化处理以后，儿童的社会观点采择具有较高的结构效度。

（二）心理理论

1. 心理理论的含义

心理理论（theory of mind）首先是由普瑞马克和伍德鲁夫（Premack D & Woodruff G, 1978）在探索"黑猩猩是否拥有心理理论"时提出的，他们认为心理理论是指推测他人心理状态的能力。随后，有些研究者认为，这种推测他人心理状态的能力应该是个推理系统，它可以对不可观测的心理状态进行推测，以及对行为进行预测，因而可将该推理系统看作为一个"理论"。心理理论是指对自己和他人心理状态（如需要、信念、意图、感觉等）的认识，并由此对相应行为做出因果性的预测和解释。

2. 心理理论的两成分认知模型

塔格尔·弗拉斯伯格和沙利文（Tager Flusberg H. and Sullivan K.A.，2000）从主体信息加工的角度出发首次提出了一个心理理论模型，认为心理理论包括两个成分：社会知觉成分和社会认知成分。

社会知觉成分属于人的知觉范畴，包括区分人和客体、对人们的面部表情和身体姿势所反映的心理状态进行在线的迅速的判断，这可能是一种内隐化的推论他人心理状态的过程。它可能主要和情绪系统有关，与语言等认知功能相关很低。那些要求被试从他人的面部表情、声音和行为动作等信息迅速判断其意图、情绪等心理状态的任务可能会用到社会知觉成分。

社会认知成分主要和认知加工系统有关，与语言等能力关系密切，需要在头脑中对他人的心理状态进行表征和推理加工。错误信念任务就是一个典型的社会认知任务。社会认知成分在儿童3岁左右出现，儿童开始谈论和推论意识状态；在4岁时已经很牢固了，此时他们能完成错误信念任务和其他表征性的心理理论任务。和该成分有关的脑区可能在前额叶皮层。总之，心理理论的两种成分有不同的神经—认知机制和不同的发展时间表，社会知觉和认知能力一起建构了心理理论。

第四节 社会认知对个体健康的影响

一、社会认知与生理疾病

（一）基本概念

心身疾病也称心理生理疾病，是一组与精神应激和压力有关的躯体疾病。其特点是既具有躯体器质性病变，又具有确定的病理生理过程。而该类疾病的发生、发展、预后等又与心理社会因素密切相关，心理与躯体同病，故称心身疾病。心身疾病的成因很多，如生物学因素、生活方式、行为习惯、心理应激和情绪因素、认知因素、个性特征、人际关系和社会因素等。

（二）生理疾病中的社会认知因素

1. 不良情绪及认知偏差

不良情绪是心身疾病产生的重要原因。如果不良情绪不能得到排解或自我调整，最终导致心身疾病的产生。同时，不良情绪的产生与个体的认知有很大的关系，往往受认知偏差的影响，导致不良情绪的难以疏泄与释放。

2. 应激与心身疾病

应激是个体面临或察觉（认知、评价）到环境变化（应激源）对机体有威胁或挑战时作出的适应和应对。应激过程是一种强烈的能量代谢过程。应激过程可促使神经内分泌系统释放如儿茶酚胺、可的松等多种应激激素，以适应急剧变化的环境刺激。这一应激过强或持续时间过长，可导致能量过度消耗和激素分泌紊乱，影响心身健康。目前，已将常见的应激源分为四大类：第一类为应激性生活事件，即生活中重大变故，如中年丧偶、老年丧子等；第二类为日常生活中的困扰，如来自家庭、工作及人际关系的困扰；第三类为工作相关应激源，如劳动条件、工作负荷、个体在组织中的角色、负责态度、职业性人际关系等；第四类为环境应激源，即人类生存的自然环境的突然变故，如地震、洪水等。

3. 心理防御机制与心身疾病

心理防御机制是人们面临困难或心理压力时所采取的一种潜意识的心理适应性的应对策略，其防御方式与个体的感知和认知评价有关，并因此影响机体的内部调节。防御机制按其性质，可分为成熟型、不成熟型和中间型三种。不成熟型心理防御机制与心身疾病关系密切，是导致病理生理症状的重要因素。

4. 社会支持系统与心身疾病

社会支持系统是指一个人通过社会关系和社会组织获得的他人在物质和精神上的帮助与支持，其能增强自我心理防卫功能，消除或减轻应激所带来的精神紧张状态。社会支持可分为两类，第一类是客观的、实际的或可见的支持；第二类是主观的、体验到的和情绪上的支持。人际关系是客观和谐和的社会适应性的重要标志之一。

二、社会认知与心理健康

（一）相关社会认知理论

1. 认知不协调理论

费斯汀格的协调理论认为人在知觉到自己的几种认知之间的差异时，会产生寻求协调一致的动机。这种心理上的主观不协调会让人感到不舒服，因此激发降低不协调的动机，通过对认知资源的分配来解决这种不协调。如果认知资源有限，无法解决这种不协调，就会产生心理健康问题。费斯汀格的认知不协调理论就是其中最主要、最流行的态度改变理论。

费斯汀格提出了有关认知不协调的两大基本假设：第一，作为心理上的不适，不协调的存在将推动人们去努力减少不协调，并达到协调一致的目的；第二，当不协调出现时，除设法减少它以外，人们还可以能动地避开那些很可能使这种不协调增加的情境和信息。可见，这里不协调状态已具有了动力学的意义，正是由于认知上的不协调才引起人类的行为。他将人类行为的动因从需求水平转移到认知水平上，突出了人类理性的力量。

费斯汀格认为，认知不协调的基本单位是认知，它是个体对环境、他人及自身行为的看法、信念、知识和态度。它可以分为两类，第一类是有关行为的，如"我今天去郊游"；第二类是有关环境的，如"天下雪"。而认知结构是由诸多基本的认知元素构成，认知结构的状态也就自然取决于这些基本的认知元素相互间的关系。费斯汀格将认知元素间的关系划分为三种：不相干、协调、不协调。

在解决认知不协调的问题上，费斯汀格提出了三种途径：第一，改变行为，使对行为的认知符合态度的认知；第二，改变态度，使其符合行为；第三，引进新的认知元素，改变不协调的状况。

2. 归因理论

归因理论研究人们如何解释自己和他人的行为。人们在长期的归因过程中会形成比较稳定的归因倾向，即归因风格。归因风格一旦形成，就会对人的社会认知和社会交往产生影响，进而影响心理健康水平。归因理论所强调的原因分析是社会认知的中心。

心理学家认为，归因分析是人的行为的基础，也是其他认知过程和情绪的基础。由于归因影响心理健康，研究者们希望通过归因训练改变认知从而促进个体的心理健康。所谓归因训练，是指通过一定的训练程序，使人们掌握某种归因技能，形成比较积极的归因方式。其基本指导原则是：归因的变化能引起动机的变化，动机的变化会对行为产生直接影响；改变了的行为又会形成新的归因，如此往复，最终达到改变行为的目的。归因训练通过归因的转变和积极性情感、期望的形成，为增强成就动机、矫正自卑心理、增进身心健康提供了新的途径和方法。近年来，许多学者对归因训练作了大量研究。费斯汀格总结以往的归因训练研究，指出至少存在三种归因训练模式：习得性无助模式、自我效能模式、成就归因模式。

（二）影响心理健康的社会认知方式——自我图式

个体的社会认知方式是在其自我图式的基础上形成和发展起来的。个体对与自我有关的社会信息的加工，像其他认知活动一样，也是在一定的认知结构中进行的。图式就是一个组织信息的认知结构，它会影响信息的知觉、组织和记忆。自我图式是关于自我认知的类化，它来自过去的经验，并能组织、引导与自我有关的信息的加工过程。自我图式一经建立，就会发挥选择机制的作用。它将决定信息是否被注意，怎样被建构，给予多大的重视和将引起什么样的反应。自我图式虽然是人们对过去行为表征的一种组织，但它具有重要的信息加工功能，能使人们超越目前拥有的信息，对自己的现在和未来进行分析和预测。

1. 自我图式的内容与心理健康

已形成的自我图式不是被动的记忆表征，它具有主动建构信息的机制，决定着对环境中可获得信息的选择，对信息意义的抽取、解释和综合。自我图式一旦建立并且累积了相当的重复经验后，便逐渐不易改变。自我图式中的能力，特别是创造能力与个人的心理健康有很大的关系。意见、态度和属性对涉及自我的信息具有高度敏感性；对适合自我特征的刺激采取积极的处理态度，而与自我结构不一致的信息产生抵触的态度。

2. 自我图式的功能与心理健康

自我图式主要功能是用来说明主体对客观事物的理解过程。具体功能表现为：第一是构建；第二是推论；第三是搜索；第四是整合。温特和柯伊伯（Winter K.A. & Kuiper N.A.）把自我图式的功能分为3个阶段，即对信息的最初加工、评价、结果输出。

自我图式在信息的最初加工阶段会对个人心理健康的形成产生影响。此阶段由知觉、选择性注意、编码和认知评价组成。自我图式的评价功能会对个体心理健康的感受产生影响。自我评价偏低，心理就自卑。即对自己的智力、能力及一切产生怀疑与否定，进而产生消极不良情绪体验。自我图式的信息输出会影响个体心理健康的外在表现。自我图式的信息输出由情感反映和行为组成。当自我图式被外部刺激或内部线索激活，如果主体的认知评价系统认为该刺激或内部线索对主体存在威胁或危险，那么状态焦虑反应就发展起来。

（三）社会认知对心理健康影响产生的作用

任何心理问题与心理障碍都有其认知根源，不健康的心理常常来源于不健康的认知。一般而言，人的情绪、行为和人格等都与其社会认知方式有关。社会认知方式具有明显的个体差异。有的人凡事都爱往好处想，所以就表现出更加自信、乐观、开朗的性格特点；有的人总感到别人跟自己过不去或者自己不如别人，所以就显得更加悲观、懦弱。因为这样，有的人即使身处逆境也勇往直前；有的人则会瞻前顾后、天天郁郁寡欢。

社会认知对心理健康的作用表现在：第一，它影响个体对社会信息的选择；第二，它影响个体对社会信息的评价；第三，它影响个体对社会信息的情感体验；第四，它影响个体的行为方式和人格发展。

三、社会认知与社会适应

（一）社会适应的定义

社会适应是指个人或群体在与社会环境相互作用的过程中通过不断调整自己的身心状态，从而使自己与社会环境协调、和谐的状态。适应可分为心理适应和社会文化生活适应。心理适应是指心理舒适、心理健康和对新的文化环境感到满意，而社会文化生活适应则与学习新的社会技能来顺应新的社会文化，处理日常生活问题以及有效地完成工作任务相关。卢卡斯（Lukash, 2005）概括了对社会适应的多种理解，认为最普遍的理解是把社会适应看成是个体或群体与社会环境的交互过程，在这一过程中，参与者的需要和意愿是和谐。达到与社会和谐的目的有三类适应方式，即融入环境改变自身、改造环境、退出或离开环境。

社会适应的主要特征，体现在以下三个方面：第一，社会适应是人与社会环境达到和谐的状态；第二，社会适应是一个动态的过程；第三，社会适应是一个能动的过程。社会适应不等于"顺应"，是个体选择和改变的过程。每个人都将充分发挥自身的潜能，积极地去选择和改变，把握和利用各种社会资源，学会与他人合作与交往，积极地影响他人。社会适应的过程就是在面对并解决矛盾和冲突的过程中与社会保持协调状态的过程，是融入与创新的统一。

（二）社会认知与社会适应的关系

社会心理学家海德认为，人在社会中同他人打交道，有两种基本需要。一是与他人认知协调，即取得同他人一致的认知；二是在行为上取得同他人行为一致的需要，不至于发生行为冲突，影响相互关系。人与人之间能够在认知上取得协调的理解关系和在行为上取得协调的控制关系，是人际关系中最重要的两种关系和两种需要。为了满足这两种基本的人际需要，就必须有预见能力，能够比较正确地认知他人，从而正确地预见到他人在一定的环境中将会怎样行动，这样才能确定自己应该怎么做。从这种意义上讲，社会认知是人们行为的基础。

1. 社会知觉偏差

社会知觉会经常会出现一些偏差，如首因效应、晕轮效应、近因效应、刻板印象、归因谬误等。由于个体在社会知觉中经常会出现以上这些偏差，所以我们常常不无惊讶地发现，对有些我们自己认为十分了解的人实际上根本不了解。

2. 印象管理与社会适应

印象管理是一个人通过一定的方式影响别人形成对自己的印象的过程。它是自我的社会认知的核心关注点，是社会互动的本质成分，是自我调节的一个重要方面。

3. 自我意识与社会适应

自我意识是个体对自身及其与周围世界关系的意识，是社会认知的重要组成部分。个体社会适应行为的形成并不是一个被动接受和学习的过程，而是积极地从环境中寻找、选择适合自己的刺激，主动地与环境发生交互作用的过程。在此期间，自我意识发挥着巨大的作用，体现出个体在适应社会的过程中的主观能动性。

4. 归因与社会适应

研究发现，不同的人格障碍在负性归因方式上有差异，进而影响他们的社会适应以及人际交往。比如，偏执型人格个体一般把负性事件归因为他人、短暂和局部的因素。偏执型人格个体一般把成绩都归于自己，把错误都归于别人。表演型人格个体认为自己的失败是普遍存在、不可改变的。

（三）社会适应能力的培养

社会适应能力的培养主要从三个方面入手：

1. 建立良好的人际关系

首先，懂得尊重别人，尊重别人也即获得了别人对自己的尊重。其次，真诚地赞赏他人，对方也会由衷地感到高兴，并对我们产生一种好感。再次，善于换位思考，如果尽可能地从别人的角度去想一想、看一看，或许就会多一分心平气和。第四，把握沟通艺术，在很多情况下，人际交往的效果，不在于说了什么，而在于是如何说的。说话时的语音、语调、节奏、速度、地点等不同，所起的效果也决然不一样。最后，保持"感恩"心态，在同他人交往时，不要漠然地视别人对自己的付出为"应该"，而要有"受人滴水之恩，当以涌泉相报"的心态。

2. 主动提高抗挫折能力

正确应对挫折有助于发挥挫折的积极作用，防止和克服其消极作用。个体在受挫时，要积极寻求社会支持，这有助于汲取社会的力量，在他人或群体、组织的支持、引导下，改善心态，调整行为，缓解挫折的打击，摆脱由挫折引发的烦恼。同时，正确估价自己的能力，建立适宜的期望值。只有这样，才能在面对挫折时，选用正确的方式方法，克服挫折，排除烦恼。

3. 积极参加社会活动

社会实践活动能够改变、调整、强化人际交往。良好的人际关系是个体健康发展的"软"环境，不良的人际关系会导致心理障碍和心理疾病的产生。个体在不断成长，环境也在不断发生变化。个体必须主动积极地保持与社会环境的平衡，努力适应所处的生态环境的要求，个体才能得到发展。

四、社会认知与社会道德

（一）社会认知与自我控制

1. 自我控制的基本含义

自我控制是指以自我为主体，在由生命圈、社会圈和宇宙圈组成的立体三维时空中，以个人身心和行为、外在环境和事件为对象，以实现个人、社会和宇宙内外和谐发展为原则目标的，自我觉醒、自我规划、自我执行、自我评估、自我激励、自我校正的动态变化自组织系统。

大多的研究者从行为是否合乎社会准则的角度来定义自我控制。自控能力是以理性控制行为的能力，体现了个体对自身的心理与行为的主动掌控，自我控制在儿童心理发展中具有重要地位，主要表现在：第一，自我控制能力的发展和成熟是社会化的必要心理条件。第二，自我控制既是儿童适应社会的需要，也是儿童适应社会的体现。第三，儿童的自我控制能力会影响儿童自我效能感和自我评价，并对儿童自我人格的形成产生影响。第四，自我控制是儿童自我意识的体现，也是组成意志行动的重要成成分。

由于个体的自控能力是不断发展的，而不同年龄阶段面临的自控任务也不同。因此，有些研究者就将儿童早期所表现出来的根据社会标准和父母要求来调节自己行为的顺从行为视为自我控制。

2. 自我控制能力的发展

人的自控能力并非与生俱来的，它是随着人的成熟和经验的积累，不断发展起来的。儿童的自我控制经历了一个从外部控制到内部自我控制的转化过程，因此不同年龄儿童表现出不同的自我控制水平。

（1）维果斯基和鲁利亚的三阶段说。以维果斯基（Vygotsky L.S.）和鲁利亚（Luria A.R.）为代表的社会历史文化学派，通过思维和语言的研究发现：语言与儿童自控能力的发展有密切的关系，儿童的自我控制能力最初来源于社会互动。因此，可以根据用语言控制行为能力的发展，把社会自我控制能力的发展分为三个阶段：父母言语控制、外部言语控制、内部言语控制。

（2）霍夫曼的四阶段说。霍夫曼（Hoffman ML）依据儿童道德内化的水平，将自控能力发展分为四个阶段：前道德阶段、依附阶段、认同阶段、内化阶段。

（3）科博的五时期说。科博（Kopp）认为儿童早期身心发展变化是自控能力发展的基础，并提出了与儿童身心发展水平相对应的五个发展时期：神经生理调节时期（0~2、3个月）、感知运动调节时期（3~9个月）、（外部）控制时期（1岁左右）、自我控制时期（约2岁左右）、自我调节时期（约3岁）。

（二）社会认知与社会道德发展

一般而言，道德品质包括道德认知、道德情感和道德行为三种基本心理成分。道德认知是指对社会道德规范及其执行意义的认识。它是道德情感产生的基础，是道德意志产生的依据，对道德行为具有定向作用。道德情感是指人的道德需要是否得到满足而引起的一种内心体验，它是产生和维持道德行为的重要动力之一。道德情感与道德认知往往结合在一起，构成人的道德动机。道德行为是指道德动机的具体表现与外部标志，它是实现道德动机的手段。

1. 道德认知的发展

20世纪20年代末到30年代初，皮亚杰（Piaget J.）提出了儿童的道德发展理论。他认为儿童的道德发展是认知发展的一部分，个体品德发展就是判断能力的发展、公正观的形成。公正观认为，符合道德的人际关系应该是平等和公正的。个人的道德表现应该根据社会公正的规范和价值观来加以评价。在皮亚杰看来，具有社会公正感才是个体道德成熟的主要表现，这样的人才能按照社会准则和规范去公正地为人处世。科尔伯格（Kohlberg L.）继承了皮亚杰的理论，认为儿童道德的发展是分阶段的。但是他在研究中发现，道德发展不只有两个水平，而应该有多个水平，在20世纪60年代提出了著名的三水平六阶段的道德发展阶段论。

2. 道德情感的发展

良心概念是弗洛伊德（Freud S.）道德发展观的核心。弗洛伊德分析了产生于童年期的良心和内疚感问题，由于害怕失去爱而不干坏事的"坏良心"属于良心发展的第一阶段。当人们形成超我，并且由超我把那些外界的权威人物内化之后，真正的良心才能出现，这是良心发展的第二阶段。

威尔逊（Wilson J.Q.）认为，道德源于自然的情感。人有四种情感：同情、公正、自我控制、义务或良心。凯根（Kagan J.）认为，人主要是通过情感来判断是非的。情感虽稳定，但是可以通过历史环境和文化来改变道德内容，造成道德的内容和形式的区别。道德的不同成分和五种具有进化基础的情感同时存在。避免不愉快，得到愉快，是最主要的道德动机。

3. 道德行为的发展

道德行为的社会学习理论认为，道德行为的决定因素是环境、社会文化关系及各种客观条件、榜样和强化，是认知、环境及行为三者交互作用之结果。

（三）社会认知与道德判断

道德心理和道德判断是人类社会普遍却又具有文化差异的现象。许多心理学家曾坚持道德判断主要是认知和理性论证的过程。如今进化心理学、灵长类动物学以及神经解剖学的最新研究成果证明，虽然理性认知在道德判断过程中扮演着重要角色，道德判断本身却更多的是一种情绪体现和情感直觉过程。

海德特（Haidt J.）等人在2007年提出了社会直觉模型，在此基础上建立了"道德五基准理论"（又称为"道德直觉规范的五种基准"），用以研究道德判断的发展过程及认知机制。道德五基准理论认为，不同文化社会背景的人生而具备学习基于五种道德标准的各种美德的能力，并能够将其内化。但儿童对于不同美德的学习能力存在差异。某种美德可能很容易被某些儿童掌握，而另外一些儿童学习起来却非常困难。

第五节 社会认知障碍及训练

一、社会认知障碍的表现和原因

（一）社会认知障碍的表现

社会认知障碍不同于认知障碍。认知障碍是指与学习记忆以及思维判断有关的大脑高级智能加工过程出现异常，从而引起严重学习、记忆障碍，同时伴有失语或失用或失认或失行等改变的病理过程。社会认知障碍是一种病理过程。正常认知是个体完成社会功能的基础，认知功能受损必然导致社会认知出现问题，但存在社会认知障碍并不表示认知过程不正常。基于社会认知与认知的区别，社会认知障碍更多地表现在对自我的认知，对他人的认知以及对人与人之间关系的认知上。

综上所述，社会认知障碍可能体现为一系列与社会认知因素相关的心理问题，包括：性行为障碍、神经症、应激相关障碍以及药物滥用和依赖。

性别角色包含在自我认知当中，是通过社会文化影响而习得的。在性别认同这一学习过程中，社会认知扮演着重要的角色。错误的性别认知和性行为认知可能导致种种相关的病态行为，比如：异性症（transsexualism）、易装症（transvestitism）、恋物症（fetishism）、窥阴症（voyeurism）、露阴症（exhibisionism）、挨擦症、性施虐症（sadism与性受虐症（masochism）以及各种心因性性功能障碍。

神经症（neurosis）是对一组精神障碍的总称，其发病通常与不良的社会心理因素有关，不健康的人格特性和素质常构成发病的基础。患者一般能适应社会，其行为一般保持在社会规范允许的范围内，可以为他人理解和接受，但其症状妨碍了患者的心理功能或社会功能。根据CCMD—3神经症包括了以下几种类型：恐怖症、焦虑症、强迫症躯体形式障碍、神经衰弱和其他神经症。

应激相关障碍是指一组主要由心理、社会因素引起的异常心理反应导致的精神障碍，也称反应性精神障碍。这类精神障碍的发生诱因大致可归纳为三个方面：一是应激性生活事件或生活处境；二是患者的易感性；三是个体的社会文化背景、教育程度、生活态度和信仰等。根据CCMD-3的诊断标准，应激相关障碍包括急性应激反应（acute stress reaction）、创伤后应激障碍（posttraumatic stress disorder, PTSD）和适应性障碍（adjustment disorder）三种类型。

药物滥用（drug abuse）指在一种已知的社会文化背景中，偏离了社会常模与医疗允许的情况下，间断或不间断地自行使用药物的情况。药物依赖（drug dependence）也称药物成瘾（addiction），指带有强制性的使用与觅求某种或某些药物，并于断药后不断产生再次使用倾向的行为。一般来讲，药物依赖是非医疗用药的突出危害之一，是药物滥用的后果。可能受以下因素影响：精神活性药物的特性；用药者的躯体易感性；人格和社会经济地位；文化和社会环境；患者个人的心理状态；患者选择的精神活性物质种类、用药方式和频率等。

（二）社会认知障碍的原因

导致社会认知障碍的原因是多方面的，可以从以下三个方面进行分析。

（1）生理方面的原因。首先，认知功能异常必然导致社会认知障碍，这一点毋庸置疑；其次，生理上的异常也会影响社会认知。比如肢体残疾对自我定位的影响，或长期的慢性疾病对情绪和心境的改变等。

（2）心理方面的原因。可能包括负面情绪、智商低下和人格病态以及心理问题等。

（3）社会方面的原因。如第四节所述，四类常见的应激源都有可能成为社会认知障碍产生的诱因。由于种种缘故长期脱离现实社会、缺乏有效的社会支持系统等也可能是社会认知障碍的成因。

二、社会认知障碍的训练

（一）行为疗法

行为疗法包括的技术疗法有放松疗法、系统脱敏技术、模仿学习疗法/示范疗法、代币法。它着眼于直接改变来访者的问题行为，并不直接针对认知中存在的问题。根据认知不协调理论的看法，通过改变社会不当行为，学习恰当的行为反应及展现改变后的预期结果，可以间接影响社会认知，从而达到消除社会认知障碍的目的。

（二）认知行为疗法

认知行为疗法很大程度上建立在个体自我叙述重组将带来行为上的相应改变这一假设之上。麦生保（Meiehenbaum, 1977）认为，从学习理论的角度看，来访者的认知与可以直接观察到的外显行为一样，是一种可以改变的具体行为。因此，操作条件反射、模仿和行为演练等技术也可以应用到更隐蔽、更主观的思维与内部对话中。以合理情绪疗法为代表，它假设我们的情绪问题主要来自于对生活情境的信念、评价、解释和反应。来访者在治疗过程中通过学习一些技巧，使得他们能够辨别那些自我建构并通过自我灌输保持下来的不合理信念，并与之辩论。他们将学会如何用有效合理的认知来代替那些无效的思维方式，最终改变他们对情境的反应。

（三）家庭系统疗法

家庭不仅仅是各种成员角色的综合，而且是机能单位。理解个人在与他人关系中如何发挥作用以及他们是如何行为时，家庭提供了首要的情境。任何一个家庭成员的行动都会影响家庭的其他成员，而其他成员的反应又会对个体产生作用。通过评定家庭成员两两之间和其他成员相互之间的作用，个体能得到最好的理解。某个家庭成员的成长和行为都不可避免地与家庭的其他成员相互联系。症状经常被认为是家庭内部一整套习惯和模式的表现。社会认知障碍可能是系统运作的症状，而不仅仅是个人调适不良、历史和心理社会发展的症状。

（四）女权主义疗法

咨询中大多数的来访者是女性，在硕士学位水平的心理咨询师大多数也是女性，因此建立一个在女性思维与体验之上的理论变得非常需要和明显。女权主义疗法的一个中心概念是女性的社会政治地位对女性的心理压迫和限制。主流文化强调女性的服从和自我牺牲行为。女性的社会化就不可避免地影响着她们的自我概念、自我认同、情感状况以及人际交往。多数人类成长发展的模式强调独立自主，但女权主义者认识到女性在寻求与他人的联结。在女权主义疗法中，女性的关系特点被看作是一个优势，是健康成长与发展的途径，而并不被认为是弱点或缺点。

（五）后现代疗法

后现代疗法是社会建构主义在治疗中应用。对于社会建构主义者而言，事实以语言的运用为基础，在很大程度上是当事人生活情境的函数。主观事实以一种社会的方式建构，这种主观事实不能脱离人们的观察过程而独立存在。治疗的社会建构主义方法为来访者提供了一个框架。利用这个框架，来访者可以思考并决定所讲述故事对他们行为的影响。它还鼓励来访者探索现实是怎样被建构以及这种建构的结果如何。在不同文化价值观和世界观的框架内，来访者可以对重要生活事件进行重新解释，这也迎合了当下各种文化交流融合的大背景。

1. 社会认知的含义及其性质特征是什么？
2. 社会认知偏差的基本概念是什么？主要有哪些类型？
3. 什么是图式？社会认知中主要有哪些图式？
4. 内隐社会认知的信息加工是什么？主要有哪些测量方法？
5. 社会认知发展的基本趋势及主要特点有哪些？
6. 社会认知障碍的类型以及主要训练方法有哪些？

案例分析

个案13-1： 　　　　　　　　　给别人一个低头的理由

个案简介：

她24岁的时候，个头还不及一般人的肩部，是个典型的矮个子。因为生得矮小，她深感自卑。随着年龄的增长，她脸上的愁云也一天天增多了。因为找工作难便是一个摆在她面前的难题。看着那些公司白领，一个个身材修长，风度翩翩地出入高级写字楼，她便打心里羡慕。可是，她却连去试一试的勇气都没有，每次当她在写字楼前徘徊的时候，都会被那些与她一起去应聘的女孩的古怪眼神所伤。很多工作与她无缘，她只得一次次降低自己的要求。但是令她难过的是，就是一些普通的职业也因她长得太矮小而被拒之门外。

她终于忍不住当着母亲的面大哭了一场，她责怪母亲为什么将她生得如此矮小，让她受尽了屈辱。母亲只得耐心地劝慰她，总会有一项工作适合她的。等她哭够了，闹够了，终于从极度的悲愤中平息下来后，母亲才平静地注视着她说："人们之所以不低头看你，是因为你没有给别人一个低头的理由。这个理由就是：良好的品质、渊博的知识、高超的技能、成功的事业，你只有努力地让自己具备了这些条件，人们才肯正视你，在你的面前低头，并向你学习。"

她就是美国女作家玛格丽特·米契尔。当别人看了她写的小说《飘》后，才惊呼，没想到，能够写出这么伟大作品的人竟然只有152厘米！

分析：

个人都有自己的优势和不足，重要的是我们应该如何认清自己，并发扬自己的优点，不断努力提高、进步；同时要勇于正视和面对自己的不足，绝不能悲观失望，自暴自弃，丧失生活的信心。扬长避短，自我努力，笑对人生，这是我们每一个人都应努力追求和做到的。

个案13-2: 　　　　　　　　　　　第一印象与求职

个案简介：

毕业生小王是个其貌不扬的男孩，穿戴整洁地到一个单位参加面试，进考场后，考官简单地问了他是哪个学校毕业的，是哪里人等几个问题后，就说面试结束了。正当他准备离开考场时，主考官又叫住他，说："你已回答了我们所提出的问题，评委觉得不怎么样，你对此怎么看？"小王立刻回答："你们并没有提出可以反映我的水平的问题，所以，你们也并没有真正地了解我！"考官点点头说："好，面试结束了，你出去等通知吧。"结果是录取通知书如期而至。

分析：

在求职中，印象十分重要。毕业生小王在面试前注重自己外在印象的整饰，可以为主考官留下良好的第一印象。同时，小王的巧妙回答反映了他的机警，凸显了他良好的心理品质，这可以进一步加深主考官的印象。初次见面，良好的外在形象和积极心理品质容易引发晕轮效应，进而获得积极的效果。

拓展学习

13-1　　　　　　　　社会认知与认知心理学的关系

社会认知与认知心理学都对过程感兴趣。社会认知学家和认知心理学家都急于想了解个体对刺激是如何起反应的，两者都关心认知结构和加工过程，都涉及信息的选择与接受、存储与提取，即信息加工的各个阶段。同样，由于研究目的一致，它们的研究方法大致相同，即主要采用实验室实验。

社会认知与认知心理学有两个重要的不同，即刺激的性质和加工的性质。社会认知研究的是社会信息，而认知心理学研究的是自然信息，所以这两方面的研究人员所注意的角度仍然是有差异的。当认知心理学家非常关心一个同音字母的两个意义能否被同时激活，或刺激的后缀效应是否由于独立的听觉贮存，以及做心理旋转的时间是否随实践增加而减少时，社会认知学家相对来说则不涉及这样的事情，在一定程度上，他们研究认知系统如何操作。另一个差异是认知心理学家总是关心认知系统的容量，而社会认知学家则更关心在一个给定的环境背景下系统是如何实际操作的，关心实际发生了什么而不是能发生什么。认知心理学家对于理解和学习有更多的强调，对于感觉信息如何从环境中挑选出来，如何编码、理解以及最后在认知系统中如何表征它们给予了更多的注意；相反，社会认知学家则更想了解人们是如何做出各种判断和行为决定的。正因为这样，他们在实验中所期待的结果和用来解释结果的理论都存在着差异。

13-2　　　　　　社会脑：社会认知的神经基础

早在20世纪90年代，Brothers（1990）根据灵长类社会活动的多样性提出了"社会脑假说（Social Brain Hypothesis）"，其概意为，包括人类在内的灵长类大脑内肯定存在着一个旨在认识和理解他人表情的神经机制，在社会交往中人会通过该中枢迅速处理与他人相互作用的各种信息。社会脑假说还认为，人类大脑承担着适应环境和进化的重大责任；为适应进化过程中的环境，大脑必须有效地解决面临的各种任务或与生存相关的问题；从此意义而言，大脑是个高度特异的信息处理中枢。如用电脑来比喻，人脑同时处理着十分泛化的多种信息，其容量和意义远超过了我们迄今界定的有关人的智力范畴。这种特异的脑认知进化观点正成为当前脑科学领域研究的热点。

（一）社会脑的构成和基本功能

布拉德斯（Brothers，1990）认为社会脑一般指大脑新皮层，社会认知的神经网络包括眶前额叶皮层、颞上回以及杏仁复合体等；承担信息的二级处理中枢还包括右侧顶叶、基底神经节、侧顶枕叶联合区等部位。而相貌识认则由较为特定的梭状回、杏仁复合体以及颞上回来执行。社会脑的基本功能是：在社会交往过程中，它承担着了解和观察他人的目的、意图、信念、推测等信息的处理，从而达到与他人进行有效沟通和交往，简言之即社会认知能力。

（二）社会脑与社会认知

社会脑假说试图去解释人类大脑的特殊尺寸以及其复杂性，而这种解释往往依赖于一个物种在适应社会时必须面对的特殊压力，包括为了获得食物和繁衍后代而采用的从欺骗到合作的方式。部分研究者认为，这是先有鸡还是先有蛋的问题：是由一般认知能力和智力推动我们的社会认知，还是由我们的社会认知促进我们的智力和一般认知能力？人类尺寸进化到当前的1.3kg在进化时间表上显现出巨大的加速度，但其主要的增长还是在一百万年前完成的。与其它物种相比，巨猿类物种在进化过程中最接近于人类，如黑猩猩等，它们的身体大小和现代人相若，但脑尺寸只有现代人的25%~35%，大约相当于与四百万年前人类祖先的脑尺寸。由于女性生产一个带着巨大脑袋后代的投入增加了，并且维持一个大脑袋后代的新陈代谢的成本也增加了，由此得出了人类大脑进化的中心难题为：人类的大脑为什么会这么大？其进化的过程又怎么可能发生在不久以前？

这些难题常常要求我们去推测我们特定的社会行为。伯恩和惠顿（Byrne and Whiten，1988）最早提出了复杂的社会环境是人脑所面临的首要压力，这有利于人脑尺寸的增加。后来社会问题的各个方面，包括亲社会行为和欺骗性行为的解决，也有利于人脑尺寸的增长。

（三）镜像神经元与社会认知

镜像神经元是当前社会脑研究的热点，在猴脑F5区发现的镜像神经元及随后研究发现的人类大脑的镜像神经系统，使得研究者能够从神经机制层面更深入地理解我们的社会认知活动。而且，镜像神经系统的根本特点——建立对外界观察的内部行为表征使得我们能够具身模仿，也使得研究者能够从一个比之前更加统一、基础的理论出发来了解各种纷繁复杂的人类社会认知活动，包括模仿学习、语言的习得及理解、推测他人意图以及共情等。

参考资料

1. 高觉敷主编.西方社会心理学发展史[M]. 北京：人民教育出版社，1991.
2. 时蓉华主编.社会心理学[M]. 杭州：浙江教育出版社，1998.

3. 肖旭主编.社会心理学[M].成都：电子科技大学出版社，2008.

4. 郑全全.社会认知心理学[M].杭州：浙江教育出版社，2008.

5. 周爱保.社会认知的理论与实验[M].兰州：甘肃教育出版社，2002.

6. 梁宁建，吴明证，高旭成.基于反应时范式的内隐社会认知研究方法[J].心理科学，2003，26（2）：208-211.

7. 张文新.论观点采择及其研究中存在的若干问题[J].华东师范大学学报（教育科学版），1998，（4）：58-63.

8. 周爱保，陈晓云，刘萍.刺激属性对内隐社会知觉的影响[J].心理科学，1998，21（3）：234-237.

10. 张彦彦，陈浩.西方道德心理学研究新进展：道德判断的五基准理论[J].道德与文明，2009，（6）：28-31.

11. 庞丽娟，田瑞清.儿童社会认知发展的特点[J].心理科学，2002，25（2）：144-147.

12. 张文新，林崇德.儿童社会观点采择结构效度的研究[J].心理发展与教育，1998，（4）：11-16.

13. 张伯源主编.变态心理学[M].北京：北京大学出版社，2005.

14. Gerald Corey，石林，等，译.心理咨询与治疗的理论及实践[M].北京：中国轻工业出版社，2004.

15. Augoustinos M. Walker I & Donaghue N. Social cognition: An integrated introduction（2nded）[M]. London: Sage Publications, 2006.

16. Darwin, C. The expression of the emotions in man and animals[M]. Oxford: Oxford University Press, 1998.

17. Fiske，S.T.，Taylor，S.E. Social cognition[M]. Reading，MA：Addison-Wesly, 1984.

18. Moskowitz, G. B. Social cognition: Understanding self and others[M]. New York: The Guilford Press, 2005.

19. Baldwin, M. W. Relational schemas and the processing of information[J]. Psychological Bulletin, 1992, 112: 461-484.

20. Flavell，J.H. Development of children's knowledge about the mental world[J]. International Journal of Behavioral Development, 2000, 24（1）：15-23.

21. Gollwitzer, P. M. Implementation intentions: strong effects of simple plans[J]. American Psychologist,1999, 54（7）：493.

22. Greenwald, A.G.，McGhee D.E., Schwartz J.L.K. Measuring individual differences in implicit cognition: The implicit association test[J]. Journal of Personality and Social Psychology, 1998, 74（5）：1464-1480.

23. Greenwald, A. G., & Banaji，M. R. Implicit social cognition: Attitudes, self-esteem and stereotypes[J]. Psychological Review, 1995, 102: 4-27.

24. Markus, H.R. Self-schemata and processing information about the self[J]. Journal of Personality and Social Psychology, 1977, 35: 63-78.

25. Tager-Flusberg, H., Sullivan，K. A componential view of theory of mind: evidence from Williams syndrome[J]. Cognition, 2000, 76（1）：59-90.

推荐书目

1. 周爱保.社会认知的理论与实验[M]. 兰州：甘肃教育出版社，2002.

2. 郑全全.社会认知心理学[M]. 杭州：浙江教育出版社，2008.

3. 钟毅平.社会认知心理学[M]. 北京：教育科学出版社，2012.

4. Bless H, Fiedler K & Strack F. Social cognition: How individuals construct social reality[M]. Hove: Psychology press, 2004.

5. Moskowitz, G. B. Social cognition: Understanding self and others[M]. New York：The Guilford Press, 2005.

6. Augoustinos, M. Walker, I. & Donaghue, N. Social cognition: An integrated introduction（2nd ed.）[M]. London: Sage Publications, 2006.

第十四章 情绪与认知

本章要点

本章在介绍情绪的基本概念的基础上，重点阐述情绪与认知的交互作用。主要包括：积极情绪对认知的影响，焦虑和抑郁情绪导致的认知偏向效应，认知评价对情绪体验的影响，以及认知加工的复杂性对情绪的影响。本章还从前额叶、边缘系统和小脑等脑结构方面介绍了情绪和认知发生交互作用的神经基础。最后，介绍了几种认知障碍的情绪调节方法。

第一节 情绪概述

一、情绪的定义

情绪是一种复杂的心理现象，自19世纪以来，心理学家对情绪进行了广泛而深入的研究，对情绪的实质也提出了不同的看法。到了21世纪的今天，心理学界依然在争论什么是情绪，不同的学者坚持不同的观点。

目前主流的观点认为，情绪是人以个体的愿望和需要为中介的一种心理活动，是人对客观事物的态度体验及相应的行为反应。具体而言，情绪包括了主观体验、外部表现和生理唤醒等成分（Izard, 1977）。主观体验是指个体对不同情绪的感受，是情绪的心理内容。外部表现即表情，它是情绪发生时身体各部分动作的量化形式，包括面部表情、姿态表情和语调表情等。生理唤醒是指情绪产生的生理反应，它涉及中枢神经系统、外周神经系统和内、外分泌腺等。

二、情绪的分类

关于情绪分类的问题，心理学家试图分离出构成情绪的元素——基本情绪，进而把人的情绪划分为基本情绪（basic emotion）和复合情绪（complex emotion）。大量研究表明，基本情绪应该是人与动物共有的，且先天获得的，每种基本情绪都具有独立的神经生理机制、内部体验和外部表现。伊扎德（Izard）在因素分析的基础上提出了人类的11种基本情绪，包括兴趣、愉快、惊奇、悲伤、害羞、痛苦、愤怒、厌恶、轻蔑、恐惧和自罪感等（Izard, 2009）。复合情绪由基本情绪的不同组合派生而来，有上百种之多，但大多数复合情绪很难命名。

另一些理论认为情绪应该是一个连续体上的点，而非离散的单元。其中比较有代表性的观点是罗素（Russell, 2003）的情绪维度理论。该理论主张情绪在大脑中是连续的，由愉悦度（愉悦-非愉悦）和唤醒度（激活-非激活）两大维度混合而成。兰格（Lang, 2005）认为情绪在根本上来源于欲求动机系统和防御动机系统的不同激活，由愉悦度（pleasure）和唤醒度（arousal）两个维度组成。愉悦度表明哪一个动机系统是被情绪刺激激活的，而唤醒度表明动机系统的激活程度。愉悦度又称为效价（valence），在愉悦（积极）与非愉悦（消极）之间变化；唤醒度则在平静与兴奋之间变化。迄今为止，效价和唤醒二维度的情绪理论已在理论界占主导地位。兰格等人据此编制了国际情绪图片系统（IAPS）、国际情绪声音系统（IADS）以及英语词汇、短文等情绪刺激标准库，为情绪研究提供了标准化的工具。

三、情绪理论

（一）詹姆斯-兰格理论

情绪来源于躯体反馈的观点称为詹姆斯—兰格理论，也被称作情绪的外周理论。该理论认为体验到一个刺激引起的自动唤醒和其他躯体行为后，才会产生特定的情绪。他们强调情绪的产生是植物神经系统活动的产物。詹姆斯（James, 1884）根据情绪发生时引起的植物性神经系统的活动和由此产生的一系列机体变化而提出的，认为情绪就是对身体变化的知觉。兰格（Lange, 1885）与詹姆斯在对情绪产生的具体描述中虽有不同，但他们的基本观念是相同的，即情绪刺激引起身体的生理反应，而生理反应进一步导致情绪体验的产生。

詹姆斯—兰格理论看到了情绪与机体变化的直接关系，强调了植物性神经系统在情绪产生中的作用，有其合理的一面；但是，他们片面强调植物性神经系统的作用，忽视了中枢神经系统的调节、控制功能，因而引起了很多的争议。

（二）坎农-巴德理论

生理学家坎农（Cannon, 1927）反对詹姆斯—兰格理论的观点，并提出了一系列质疑。例如，他指出内脏反应与情绪无关——即使通过手术切断内脏和中枢系统的联系，实验动物仍然会继续存在情绪反应。

根据坎农的观点，情绪反应要求大脑在输入刺激和输出反应中起作用。来自丘脑的信号到达皮层某一位置时产生情绪体验，到达另一位置时引起情感表达。坎农认为情绪的中心不在外周神经系统，而在中枢神经系统的丘脑。另一位生理学家巴德（Bard）也得出了同样的结论，即内脏反应不是情绪反应的主要内容。相反，一个情绪唤醒的刺激同时产生两种效应通过交感系统导致躯体上的唤起，并通过皮层引起情绪的主观感受。他们的观点被统称为坎农—巴德理论。

（三）情绪的认知评价理论

1. "评价-兴奋"理论

美国心理学家阿诺德（Arnold, 1960）提出了情绪的"评定-兴奋"理论。该理论认为，刺激并不直接决定情绪的性质，从刺激出现到情绪的产生，要经过对刺激的估量和评价；情绪产生的基本过程是：刺激-评估-情绪。由于对同一刺激的评估不同，就会产生不同的情绪反应。阿诺德认为，情绪的产生是大脑皮层和皮层下结构协同活动的结果，大脑皮层的兴奋是情绪行为的最重要的条件。该理论实际上包含了环境、认知、行为和生理的多种因素,把环境影响引向认知,把生理激活从自主神经系统推向大脑皮层。因此,"评价-兴奋"理论将情绪和高级认知活动联系起来,提出了一条全新的理论路线,为情绪研究开辟了一条新路。

2. 沙赫特的认知-归因理论

美国心理学家沙赫特和辛格(Schachter & Singer, 1971)主张对于特定的情绪来说有两个因素是必不可少的:个体必须体验到高度的生理唤醒(如心率加快、手出汗等);以及个体必须对生理状态的变化进行认知性的唤醒。他们通过实验证明,人对生理反应的认知和了解决定了最后的情绪体验。该理论主张,情绪状态是由认知过程(期望)、生理状态和环境因素在大脑皮层中整合的结果。环境中的刺激因素,通过感受器向大脑皮层输入外界信息;生理因素通过内部器官、骨骼肌的活动,向大脑输入生理状态变化的信息;认知过程是对过去经验的回忆和对当前情境的评估。来自这三个方面的信息经过大脑皮层的整合作用,才产生了某种情绪体验。

(四)情绪的动机-分化理论

动机—分化理论由美国心理学家伊扎德(Izard)提出。该理论主张情绪的实质是动机系统,它使个体准备以适应性的方式行动,每一种情绪都有自己唯一的组织和动机特性。伊扎德认为情绪能够通过神经内分泌系统、感觉运动系统、动机系统和认知加工系统得到激活,表现了情绪过程的多样性(Izard, 1993)。伊扎德指出,神经内分泌系统不仅可以直接激活情感体验,而且可以影响其他三个情绪激活过程。体内、外的感觉输入信息作用于皮层下的有关结构,传出的运动信息使个体产生表达情绪的肌肉活动,肌肉活动所引起的感觉反馈信息进入边缘皮层区,使情绪达到意识水平,产生情感体验。这就是情绪产生的神经肌肉—感觉反馈原理。伊扎德主张,认知是情绪产生的一个重要因素,但认知不等于情绪,也不是产生情绪的唯一原因。动机—分化理论提出了比较系统、全面、多层次、动态化的理论以解释情绪激活的问题,并从进化和发展的角度阐述了情绪的适应性功能,具有很高的理论价值。

第二节 情绪与认知的关系

一、情绪对认知的影响

【专栏14-1】 积极情绪的拓展与建构理论

积极情绪近年来在国外情绪心理学研究中受到了充分重视,有了相对比较广泛的研究,许多研究对于积极情绪的概念、积极情绪的功能以及积极情绪对于健康的意义提出了许多有价值的理论分析,也开展了许多实证研究。尤其是弗雷德里克森(Fredrickson)的积极情绪的扩展和建设理论(the broaden-and-build theory of positive emotions)提出以来,促进了积极情绪研究的进一步发展。弗雷德里克森主张,积极情绪能够激活一般的行动倾向,对于认知具有启动和扩展效应,能够建设个体的资源(身体资源、人际资源和心理资源),撤销消极情绪产生的激活水平,能够促进组织绩效。积极情绪对于个体的适应具有广泛的功能与意义。

(资料来源:郭小艳,王振宏.积极情绪的概念、功能与意义[J].心理科学进展,2007,15(5):810)

(一)积极情绪对认知的影响

积极情绪是与某些需要的满足相联系的、使人愉悦的感受或主观体验,主要包括快乐、满足、兴趣、爱、自豪、感恩和希望等。积极情绪对人的认知过程(例如注意、记忆、思维、决策、问题解决)产生广泛的影响。在一般条件下,积极情绪能够扩大个体的注意范围,增强认知灵活性,更新和扩展个体的认知地图(郭小艳,2008)。

1. 积极情绪与注意

积极情绪能够扩大个体的注意范围。研究者在等级刺激范式实验中要求被试从两个图形中选择一个与标准图形更加类似的图形(见图14-1)。候选图形中,一个在整体上与标准图形相似,另一个在局部上与标准图形相似。结果表明,被试在消极情绪下会注意等级刺激的局部细节,而在积极情绪下偏向于整体结构(Derrtberry & Tucker, 1994)。研究者采用情绪性影片和中性影片作为情绪诱发的材料,运用等级加工任务来评估被试在不同情绪状态下的注意范围。结果表明,积极情绪状态下的被试比中性情绪状态下的被试有更宽的注意范围(蒋军,陈雪飞,陈安涛,2011)。

图14-1 等级刺激范式实验的材料示意图

2. 积极情绪与记忆

研究发现,被试在积极情绪状态下对正性材料的记忆效果更好。这种现象可以采用心境一致性理论进行解释。心境一致性理论认为,当人们试图回忆的材料和他们学习该材料时的情绪状态一致的时候,会产生心境一致性。当人们处于愉快的情绪状态时倾向于回忆愉快的内容,当人们处于消极情绪状态时倾向于回忆消极的内容。鲍尔(Bower, 1981)研究了心境一致性效应。实验时首先对被试进行催眠,让他们感到快乐或悲伤,然后让被试阅读一个故事。故事中有两个角色,一个是悲伤的,另一个是愉快的。结果发现,被试在阅读故事的时候能够回忆出更多与自己心境相似的故事人物的信息。可以推测,在对记忆材料进行编码的过程中,情绪一致性的材料更多地联结在一起。此外,研究者还发现被试倾向于保持积极情绪而忘掉消极情绪,因此跟积极情绪相联系的信息得到再编码的机会多于与消极情绪相联系的信息,对积极信息的记忆效果也比对消极信息的更好(Kahn & Isen, 1993)。

3. 积极情绪与思维

研究表明,积极情绪能够促进思维的灵活性。运用邓克尔(Dunker)的蜡烛任务和远隔联想测验（remote association test）进行研究发现，处在积极情绪状态的人在邓克尔的蜡烛任务中通常获得更高的成绩；积极情绪也提高了重复联想测验的成绩。积极情绪组的被试对中性词汇能够产生更多和更广泛的联想，但对负性词汇没有这种结果（Isen等，1987）。在执行概念分类任务时，诱发的正性情绪使被试产生更多的概念类别，并且对中性词汇产生更多不寻常的联想（Isen等，1985）。研究者采用不同的情绪影片诱发被试的情绪（如喜悦、满意、害怕、愤怒和中性），然后让被试在20条"我想要___"式样的横线上填上自己当时的真实想法，要求是被试这时候想要做什么就填什么。结果发现，被试在积极情绪条件下写出的条目较多，而在负性情绪条件下写出来的条目较少（柴红霞、赵笑梅，2015）。由此可见，积极情绪状态下被试的思维更加活跃。王艳梅（2006）的研究也发现，被试在积极情绪状态下比在中性和消极情绪下完成任务转换实验的成绩更好，表明积极情绪提升了被试的认知灵活性。

4. 积极情绪与问题解决

研究表明，积极情绪提高了人们解决问题的努力程度（Camevale & Isen, 1986）。在谈判任务中，积极情绪的被试更可能看到新的可能性，会对双方的利益和得失进行更富创造性的思考，进而使谈判双方更容易达到自己所满意的结果。在积极情绪条件下的被试比控制组的被试更多的将任务理解为有趣的，富有变化性和有意义的（Kraiger, Billing & Isen, 1989）。艾森（Isen, 1987）首先采用多种方式诱发被试的积极情绪（如给被试糖果、阅读卡通书、听到成功反馈等），然后进行的实验结果表明，积极情绪会促进更广泛、流畅的认知组织，并使被试具备将不同材料整合起来的能力。对我国初中生的研究表明，积极情绪能够提高创新思维的发散加工能力，积极情绪状态下发散加工的成绩显著高于中性和消极情绪状态下的成绩（王汉生，2011）。

5. 积极情绪与决策

研究表明，决策常常会受到情绪因素的影响。纳格兰（Nygren, 1996）的研究发现：积极情绪会使个体在风险投资决策情境中表现出"谨慎乐观主义"（cautious optimism）。处于积极情绪状态的人们当潜在的损失较大时（即使损失的概率非常小）也极少冒险；而当潜在损失较小时（即使损失的概率很大），他们的投资行为也更容易冒险。情绪保持理论主张在积极情绪下人们倾向于保持当前的情绪状态，因此不采取冒险行为；而在消极情绪下人们希望改变当前的情绪状态，因此倾向于采取冒险行为（Isen & Partrick, 1983）。此外，情绪也会影响个体对损失和获益的敏感性。在积极情绪状态下，人们对损失更敏感，而不愿意参与高风险的活动以避免损失，从而使投资者表现出风险规避行为；在消极状态下，人们对获益更敏感，愿意参与高风险的活动以获得潜在的收益，从而使投资者表现出风险趋向行为。因此，处于积极情绪状态的人在投资决策中更易产生规避风险行为；而处于消极情绪状态的人在投资决策中更易表现出风险趋向行为（李爱梅、孙玥，2008）。运用"重复囚徒困境"范式进行的社会合作决策研究则表明，被试在积极情绪状态下合作水平较高，而在消极情绪时则相反（崔丽莹、钱依文，2016）。

（二）焦虑、抑郁和认知偏向

近年来，越来越多研究者开始关注情绪障碍对认知过程的影响。研究表明，焦虑和抑郁个体具有一些典型的认知偏向特征，包括注意偏向、记忆偏向、解释偏向和决策偏向等。但由于焦虑和抑郁往往与不同的负性事件相联系（焦虑主要与将来的威胁相关，而抑郁主要与过去发生的损失有关），因此焦虑和抑郁个体的注意偏向的特点有所差异。

1. 注意偏向

焦虑、抑郁的个体在有压力的情况下，倾向于注意负性或者威胁性的信息。同时，这些个体会对可能出现的威胁性信息进行进一步的加工，进而导致焦虑水平的升高。这种信息加工偏向在焦虑的持续中起到了重要的作用。

情绪Stroop范式是研究注意偏向的经典方法，通常向被试呈现不同颜色的情绪词语（包括中性词和情绪词），要求他们忽视词语的语义，而尽快对其颜色进行命名。如果在情绪词的颜色命名上出现反应延时，表明词的情绪信息得到了加工，并干扰了对颜色的命名。研究发现焦虑个体命名情绪威胁词的时间要比中性词长，表明威胁线索以一种快速加工的形式分散了焦虑者的注意；而正常个体对两种词的命名时间没有显著差异（Rosicky，1994）。此外，研究者还会考察情绪干扰是否存在于意识阈限以下。研究表明，即使情绪面孔只呈现30ms，并且被中性面孔所掩蔽时，特质焦虑个体对愤怒表情的颜色命名的时间仍长于对中性表情的颜色命名（Van Honk等，2001）。这一结果支持了焦虑个体对负性情绪信息的注意偏向发生在前注意阶段的观点。

点探测范式也经常被用于研究注意偏向效应。经典的实验流程如图14-2所示：在电脑屏幕不同的空间位置上呈现一个词对（威胁词和中性词），随后探测刺激（通常为箭头或星号）出现在词对中某一个词所在的位置，实验要求被试尽可能快地对探测刺激作出反应。相对于对取代中性词的探测刺激反应，焦虑个体对取代威胁词的探测刺激反应时变短，表明其对威胁刺激有注意偏向。莫格的研究显示，高特质焦虑被试对取代消极词的探测刺激的反应要快于取代中性词的（Mogg，2000）。这与情绪Stroop实验的结果一致，说明特质焦虑个体对负性情绪信息存在注意偏向。

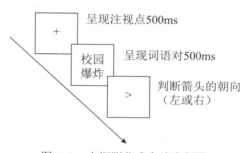

图14-2　点探测范式实验流程图

反向眼动任务（anti-saccade task）也被用于研究焦虑个体的注意偏向效应。反向眼动任务要求被试主动抑制对突然出现的新异刺激的反射性眼动，并刻意朝相反的方向眼动，即注视视野中刺激相反的方向。错误眼动的百分率表示对反射眼动的抑制困难程度，正确眼动潜伏期的增大则反映出成功抑制所需要的调控过程。采用反向眼动任务对焦虑个体进行的研究发现，高焦虑个体对威胁相关的信息存在抑制困难（Miyake等，2000）。此外，在反向眼动实验任务中还发现，高、低焦虑个体对不同情绪效价词的正确反眼动潜伏期存在显著差异，表明焦虑程度影响了个体的操作效能（Nazanin等，2009）。

目前，关于抑郁个体注意偏向的研究还比较少且结果各异。威廉姆斯回顾了一系列研究，其中有6个研究发现抑郁时存在注意偏向（Williamns，1997）。但是这些研究都是采用情绪Stroop范式进行的，对该范式实验结果的解释还存在争议。

2. 记忆偏向

焦虑和抑郁个体选择性地注意所处环境中的负性信息，他们对负性刺激的记忆是否会好于中性信息呢？

研究表明，焦虑个体具有内隐记忆偏向。艾米尔（Amir, 2000）应用白噪音判断范式进行的实验中，要求被试首先听和中性、社会威胁相关的句子，然后再重复这些句子。在测试阶段，展示给被试之前听过的旧句子和没听过的新句子。它们都被白噪音以不同的音量遮挡住。然后让被试评定遮挡每句话的噪音的不同水平。对于旧句子的低噪音等级评定更能预测内隐记忆。该研究表明，社交焦虑者对社会威胁性信息的内隐记忆好于对中性信息的内隐记忆。

对抑郁被试的研究发现，他们普遍具有外显记忆偏向，但是否具有内隐记忆偏向还存在争论。研究者采用自由回忆测量外显记忆，用残词补全测量内隐记忆，结果发现抑郁个体回忆出更多的负性情绪效价词，而正常被试回忆出了更多的正性效价词，两组被试在残词补全上无显著差异，这表明抑郁个体的外显记忆存在心境一致性效应，而内隐记忆则没有（Denny & Hunt, 1992）。沃特金斯（Watkins, 1996）采用自由回忆测验方法来研究抑郁个体的心境一致性效应，结果显示外显记忆和内隐记忆中均存在心境一致性效应。后来沃特金斯又用词干补笔、词汇辨认、自由联想和词汇检索四个测验来研究抑郁个体的心境一致性效应，结果表明只有在词汇检索一项测验中存在内隐记忆的心境一致性效应（Watkins等，2000）。

3. 解释偏向

在日常生活中人们经常会遇到意义模糊的情景。如果个体将这些意义模糊的信息判断和解释为具有威胁性的信息就可能陷入焦虑中。这样的个体具有将模糊信息判断和解释为威胁性信息的解释偏向。研究表明，焦虑和抑郁个体存在威胁性解释偏向。例如，康斯坦斯（Constans, 1999）让高、低社交焦虑被试解释一幅描述第一次约会的小插图，小插图包括关于约会的社交和非社交的各方面的模糊信息。结果表明，高社交焦虑被试比低社交焦虑被试更可能以负性的方式解释约会的社交方面的模糊信息，对非社交方面信息的解释不存在组间差异。

启动任务经常被用于研究解释偏向效应。启动实验中首先给被试呈现一系列与威胁相关的同型异义词作为启动刺激。启动刺激具有威胁和非威胁两种情绪意义（例如"stroke"可以解释为"中风"，也可以解释"抚摸"）。启动刺激之后随即呈现一个靶子词，或者是一个非词字母串（如alap），靶子词的词义与启动刺激两个词中的一个相关（如"heart"或者是"cat"）。实验中要求被试默读启动词，接着对随后出现的刺激（靶子词或非词）进行真假词判断。理查兹（Richards, 1992）采用该实验范式研究高焦虑个体的解释偏向，结果显示高焦虑个体对与威胁相关的词汇反应慢于对中性相关的词汇，而控制组则没有这个现象。该结果说明高焦虑个体对歧义信息有明显的解释偏向。

有研究者让抑郁被试和非抑郁被试对各种未来事件发生的可能性进行评分，结果发现抑郁被试评估负性事件发生的概率高于非抑郁被试所评估的概率，而对正性事件则相反（Pyszczyski等，1987）。许多研究者采用认知偏向问卷（cognitive bias questionnaire）对抑郁被试进行研究。该问卷简要描述了一些事件，且对每个事件提供四种可能的解释，要求被试必须从中选择一个。研究表明，抑郁被试比对照组被试选择负性解释的更多（Rusting, 1998）。

4. 决策偏向

近年来，研究者越来越重视情绪因素对人类决策行为的影响。研究表明，决策者的焦虑情绪与其风险回避倾向之间存在联系，状态焦虑和特质焦虑能够使决策者表现出更强的风险回避（古若雷，罗跃嘉，2008）。

巴特勒等人发现，高特质焦虑者总是倾向于高估未来的潜在风险（Butler and Matthews, 1987）。艾森伯格（Eisenberg等，1998）在研究中要求被试在不同的假设情景下作出决策，发现特质焦虑水平与风险回避倾向之间存在着显著的正相关，即高特质焦虑者在决策时会比一般人更保守。有研究者进一步探讨了状态焦虑对决策的影响。他们通过实验方法对被试诱发出较高的状态焦虑水平，然后向被试提供两种赌博方案：A方案有60%的概率赢5块钱，B方案有30%的概率赢10块钱。实质上这两种方案的远期收益相同（Raghunathan人，1999）。结果发现，提高状态焦虑水平也会使被试在决策中倾向于选择低风险、低回报的方案（A方案）。

【专栏14-2】　　贝克的图式理论与认知偏向

图式理论（schema theory）主张，某些人比其他人具有更高的易感性，容易发展出抑郁或者焦虑障碍。这种易感性取决于个人在早期生活经验中形成的某些图式或者有组织的知识结构（Beck, 1976）。贝克和克拉克假设图式会影响大部分认知加工过程，如注意、知觉、学习和信息提取等（Beck & Clark, 1988）。图式会引起加工偏向，即对图式一致性或情绪一致性信息加工更受欢迎。因此，拥有焦虑相关图式的个体应该选择加工威胁性信息，而拥于抑郁相关图式的个体则选择加工负性情绪信息。只有当个体处于焦虑或者抑郁状态时，图式才会被激活并且影响加工过程。从贝克的图式理论可以推论，焦虑障碍或抑郁障碍患者一般都具有注意偏向、解释偏向和记忆偏向。

后人的观点与贝克的图式理论存在一些争议。威廉姆斯（Willianms, 1997）认为，焦虑和抑郁具有不同的功能，而这种差异对信息加工具有重要意义。焦虑具有预期危险或未来威胁的功能，因此与"优先加工威胁性刺激这一倾向联系在一起"，其中涉及的编码主要是知觉性质的而不是概念性质的。相反，抑郁涉及的是对失败目标进行置换，因此"那些与失败或损失相关的内部材料进行的概念加工就与这个功能更为相关，而与知觉警觉关系小一些"。因此，焦虑和抑郁个体的认知偏向存在一些差异。

已有的研究似乎不太支持贝克的图式理论。贝克认为焦虑和抑郁个体应该表现出所有的注意、解释和记忆偏向。然而，很少有令人信服的证据表明抑郁个体表现出注意偏向和内隐记忆偏向。

（资料来源：（英）Eysenck.M.W & Keane.M.著，高定国，等译.认知心理学[M].上海：华东师范大学出版社，2009）

二、认知对情绪的影响

（一）认知评价对情绪体验的作用

1. 情绪的认知评价理论

拉扎勒斯（Lazarus, 1982）提出的认知评价理论将认知评价细分为初级评价、次级评价和重新评价。随后，史密斯等人进一步主张不同的情绪由特定的且不同的评价模式所产生（Smith & Lazarus, 1992）。他们提出了六种评价成分，包括两种初级评价成分（动机关联性、动机一致性）和四种次级评价成分（责任性、成功解决问题的可能性、对未来的期望）。史密斯和卡比（Smith & Kirby, 2001）提出的理论主张，认知评价过程中共有三种加工机制参与。第一种机制是涉及启动和激活记忆的联系性加工，该过程是自动化的、快速发生的，但缺乏灵活性。第二种加工机制是推理，该过程需要仔细思考，速度慢，但比联系性加工具有更多的灵活性。第三种机制是评价探测器，负责密切监控来自前两种加工的信息。个体的情绪体验是由评价探测器所检测到的所有信息所决定。研究表明，刺激本身不能决定情绪体验的性质，对刺激的认知评价是产生情绪体验的关键。认知评价一方面决定了是否产生情绪以及情绪体验的性质，另一方面决定了情绪体验的强烈程度。

2. 认知评价影响情绪体验的研究

目前，研究者从两个角度对认知评价与情绪体验关系展开了研究：一方面，研究者通过分析个体对情绪与认知评价的自我报告，来探索认知评价在情绪发生过程中的作用。例如，有研究者在实验室中激怒被试，并请其对自己在激怒情景中的情绪感受和认知评价进行评定，结果表明：对事件的不同评价能够使被试之间产生不同的情绪；而具有类似情绪的被试，对事件持有相同的评价（Siemer, Mauss and Gross, 2007）。还有研究者让被试回忆并写出他感到特定情绪的情景和事件，并对事件的重要性、预期以及控制事件的可能性等维度进行评分，结果发现不同情绪在各评价维度上的得分差异显著，不同评价诱发不同的情绪（Roseman, Spindel & Jose, 1990）。

另一方面，研究者通过操控认知重评（cognitive reappraisal）策略揭示认知评价与情绪的关系。研究者通常向被试施加一定的情绪刺激，考察在接受刺激的同时使用认知重评策略的被试与控制组被试的情绪反应差异。例如，研究者使用令人恶心的电影片段，考察了使用认知重评策略的被试及控制组被试在主观情绪自评、行为表现以及生理指标上的活动。结果发现，认知重评组的厌恶情绪显著降低，但重评组与控制组在生理信号上无差异（Gross, 1998）。原琳等（2011）针对传统认知评价实验方法的不足之处，改进认知评价的操作方法，以情绪片段为实验材料，以生理指标与情绪自评反映情绪变化，考察41名大学生的认知评价对负性情绪的影响。结果发现，持有利于情绪调节评价的个体，负性情绪感受降低，皮肤电反应减弱。该实验表明，认知评价影响个体的主观情绪体验，并在一定程度上抑制负性情绪所致的生理唤起的增高。廖素群和郑希付（2016）考察了认知重评训练对恐惧情绪习得和消退的影响，结果发现经过训练后被试在条件性恐惧任务中的恐惧情绪效价显著较低，说明认知重评能够降低个体在应激状态下的负性情绪体验。

（二）认知加工的复杂性对情绪的影响

人类的认知加工系统具有复杂性和多面性，认知结构的复杂程度对于情绪体验会产生很大影响。因此，研究者提出了多水平理论试图找出情绪背后的关键性认知加工过程。在日常生活中，人们经常体验到情绪冲突的状态。例如，强迫症患者即使"知道"自己的手很干净并不需要反复清洗，但一旦停止洗手就会诱发焦虑的情绪。可见，认知加工中存在多种通路和过程对情绪产生影响。研究者提出了一些不同水平的理论，从不同的角度阐述了认知加工对情绪的复杂影响。

1. 情绪双通路理论

勒杜克斯（LeDoux）对恐惧（fear）进行了大量研究，他强调杏仁核在恐惧情绪中发挥的作用。勒杜克斯认为关于情绪刺激的感觉信息是从丘脑同时传送到杏仁核和大脑皮层的。在此基础上，勒杜克斯提出了关于恐惧情绪的两种情绪通路（LeDoux, 1992）。第一条是慢通路（丘脑—大脑皮层—杏仁核），负责对感觉信息进行详细分析；第二条是快通路（丘脑—杏仁核），负责对刺激的简单特征进行加工，无须经过大脑皮层。快通路使人们能够对危险情境做出快速反应，是安全生存的重要保障。相反，慢通路使人们可以详细评价情境的情绪意义，让人们以最佳方式对情境进行反应。对初级视皮层受损的病人进行研究支持了情绪双通路的理论。研究者发现病人不能对呈现在受损视皮层的刺激产生意识知觉。但是，如果在受损脑区呈现恐怖的面孔刺激，病人的杏仁核仍能显著激活。这表明恐怖刺激激活了病人的快通路，但很少或没有涉及慢通路（大脑皮层）（Weiskrantz & Dolant, 2001）。

2. 交互式认知子系统框架

蒂斯代尔和巴纳德提出了一个颇具影响的理论：交互式认知子系统框架（Teasdale & Barnard, 1993）。其核心观点是，人的信息编码形式是多样化的。具体包括四种编码形式：（1）感觉编码（sensory code），对基本视觉特征、听觉和本体的感觉输入进行编码；（2）中间编码（intermediate code），对言语水平和物体的信息进行编码；（3）命题编码（propositional code），通过概念加工来表征特定的意义，这些意义可以通过言语表达并可以具体测量其准确性；（4）蕴含编码（implicational code），通过图示来表征更一般水平上蕴含的、非语言的意义，并表达对蕴含内容的情绪体验。该理论假设多子系统之间彼此交互影响，而情绪体验更多受蕴含意义而非命题意义的影响。

瓦尔茨等人的研究，验证了命题水平的意义和蕴含水平的意义相互独立的观点（Walz & Rapee, 2003）。他们认为说话的内容决定了口语的命题意义，而表达方式决定了（声调、音量）蕴含意义。研究中使用四种类型的刺激：用中性声调表达的情绪词（例如平静地说"暴怒"）、用带情绪的声调表达的中性词（例如生气地说"陪审团"）、用中性声调表达的中性词（如平静地说"陪审团"）和用带情绪的声调表达的情绪词（例如生气地说"暴怒"）。实验任务有两种，一个是内容性任务（要求被试忽略表达方式判断单词的意义是情绪性的还是中性的）；另一个是表达性任务（要求被试忽略单词的内容，判断表达方式是情绪性的还是中性的）。结果表明，表达方式不仅影响表达性任务的成绩，也会影响内容性任务的成绩（用中性声调表达"暴怒"时的反应速度比用生气的语气更慢）。

上述结果为交互式认知子系统框架提供了支持。首先，结果表明蕴含意义和命题意义可以独立影响情绪相关的任务。第二，蕴含意义对情绪更为重要，并且蕴含意义比命题意义对两种任务的影响更显著。第三，用愤怒的声调说愤怒的单词反应速度最快，这符合理论假设。当然，交互式认知子系统框架理论还有待完善。目前，该理论还只是一个理论框架，而非完备的理论。理论缺乏细节阐述，因此无法直接验证它们的假设。

第三节 情绪与认知交互作用的神经机制

基于传统的功能定位的观点，人们普遍认为认知加工和情绪加工的过程彼此分离，其神经机制也互相独立。然而，近20年来认知神经科学的研究表明，认知和情绪的功能和神经机制存在交互作用，大脑功能组织也存在整合。

一、前额叶在情绪与认知交互中的作用

前额叶（prefrontal cortex, PFC）对注意、知觉、能动性、计划性、持续行为、工作记忆、语言、控制干扰以及执行功能等均发挥重要作用。此外，PFC也是情绪中枢通路的重要环节之一。研究者在fMRI实验中，首先用观看短片的方法诱发被试的愉悦状态（与趋向有关）、不愉悦状态（与逃避有关）和中性状态后，然后对被试完成有关词或面孔刺激的工作记忆任务过程进行扫描。他们发现，情绪和刺激类型两个变量所引起的双侧前额叶的神经活动之间存在明显的交互作用，而且神经活动与任务绩效相一致（Gray等，2002）。该结果证明认知与情绪存在交互作用。此外，额叶损伤后的猴子往往表现出社会互动减少、情感淡漠、情感表达减少等症状。前额叶损伤的病人可造成人格的改变和行为的异常，如运动、言语和精神活动等方面会出现障碍。研究还表明，原发性神经系统的大面积损伤、肿瘤和出血对额叶的影响均会引起行为改变，包括情感表达上的异常（如自控能力差、坐立不安、欣快、抑郁或情感淡漠）（Hugdahl等，1998）。当脑瘤病变使前额叶受损，患者表现为行为异常，但其智力、注意力及记忆力等均未受损，而情绪体验的能力有所下降，且情绪引导作用的减退致使其思维决策失控并具冲动性和危险性（Rahman, 2001）。

二、边缘系统在情绪与认知交互中的作用

（一）杏仁核

杏仁核位于颞叶内侧，靠近颞叶中前方。杏仁核是认知表征和情感意义的整合区，不但是促进基本情绪机制的结构（即恐惧中枢），而且在要求整合情绪和认知功能的复杂情境中起着关键作用。换言之，杏仁核不仅参与情绪信息的加工，而且参与一些认知过程，如注意、知觉、记忆等认知过程。

杏仁核对增强情绪刺激的视觉加工至关重要，并参与选择性注意过程。例如，杏仁核受损的老鼠不能有效地注意线索，导致其不能习得朝向反应（Gallagher & Holland, 1994）。研究表明，杏仁核参与调节情绪对知觉的影响，并起着重要作用。例如，给盲视或者视觉忽视（visual extinction）病人受损的半侧视野呈现情绪刺激时，尽管刺激不能被意识到，但仍会引起杏仁核的活动（Dolan, 2002）。

大量研究表明，杏仁核还参与联想学习的过程。针对动物和人类的实验研究都证实，一旦杏仁核受损，就无法通过经典条件的方式习得情绪反应。尽管杏仁核受损的病人能够获得有关条件刺激（CS）和无条件刺激（US）关系的外显知识，但是他们却不能获得条件恐惧反应（Dolan, 2002）。可见，杏仁核并非情绪经验的储存库，其主要功能在于对情绪刺激和情绪反应的联系学习。

通过影响知觉和注意，杏仁核可以调节对情绪事件的情景记忆的编码。杏仁核在编码时的激活程度与情绪刺激的记忆成绩存在正相关，即杏仁核的激活越强，被试的记忆成绩越核（Cahill等，1996）。成像研究表明，杏仁核在记忆中的作用不仅局限在巩固阶段，也

参与记忆的提取过程。在被试学习后间隔1年进行再认测验，情绪图片比中性图片的成功提取更多地激活了右侧杏仁核和海马等脑区，而且杏仁核和海马的激活还与被试确信自己记住了情绪图片有关（Dolcos等，2005）。此外，研究者让被试回忆3年前911事件发生时自己所做的事，他们在事件发生时距离出事地点越近，其回忆成绩越好，左侧杏仁核的激活越强（Sharot等，2007）。

（二）海马

海马结构是位于大脑颞叶边缘皮层的一个特殊区域，是边缘系统的一部分。基于对动物和人类的研究表明，海马在情绪加工、长时记忆、空间记忆和其他重要的认知过程中发挥着重要作用（Broadbent，2004）。fMRI研究显示，海马在刺激第一次呈现时就被激活，表明海马参与信息的接受。海马更显著的功能是信息编码，将短时记忆转换为长时记忆。海马本身不存储信息，而是将记忆信息传送到相关脑区。海马也与各个记忆脑区保持联系，参与信息的提取过程。杏仁核-海马的交互系统被公认是情绪和记忆交互作用的基本神经机制。杏仁核影响海马对情绪信息的记忆编码，而海马则形成情绪刺激和事件的记忆，并进一步影响情绪刺激出现时的杏仁核反应（Phelps，2005）。杏仁核和海马间的交互不仅对情绪记忆的编码和巩固非常必要，而且对情绪记忆的提取也是必须的。例如，最近的研究表明，当动物在提取恐惧记忆时，杏仁核和海马会同步活动；而且，当人类被试在提取恐惧记忆时，也会出现杏仁核和海马之间的同步活动（Buchanan，2006）。

（三）前额叶眶回

前额叶腹侧前1/3处称作眶额回皮质，位于眼睛与额头位置，是人脑中联合皮层的一个区域。眶额皮质是情绪和认知的枢纽，它能很好的通过反事实归因机制来控制情绪体验，在情绪和奖励中发挥着作用。有些动物研究表明，在猴子学会在两个物体中选择一个物体可以得到奖励后，当刺激和奖励间的关系发生倒转时，前额叶眶回受损的猴子不能抑制对先前得到奖励的刺激的反应（Wallis，2007）。可见，前额叶眶回对于强化刺激对行为的常规控制是必要的。前额叶眶回受损会产生不同寻常的缺失模式，这种病人虽具有完整的认知能力，但是日常生活中的决策能力受损。研究也表明，前额叶眶回受损的病人在遭遇损失后，不能改变他们的选择以避免损失。沃利斯（Wallis，2007）指出，前额叶眶回根据奖励结果，整合多个信息源以得到一个价值分数，然后外侧前额叶进行计划和组织，去获取奖励结果，最后所有的活动和努力在内侧前额叶得到评估。

（四）前扣带皮质

前扣带皮质是边缘系统的一部分，早期的研究认为它在抑郁和情绪性障碍中具有重要作用（Gotlib，2005）。最近三十多年的大量神经成像研究表明，前扣带皮质还参与诸如注意、决策和内隐学习等多个认知过程。

布什将ACC划分为背部认知区域（dorsal-ACC cognitive division, ACcd）和喙-腹部情绪区域（rostral-ACC affective division, ACad）两个不同的子区（Bush等，2000）。ACcd是分布式注意网络的一部分，其与前额叶外侧皮质、顶叶、前运动区、辅助运动区有密切联系，参与多种功能：包括通过影响感觉或反应选择来调节注意或执行功能、竞争监视、复杂运动控制、动机、错误监测以及工作记忆等。ACad与杏仁核、导水管周围灰质、下丘脑、海马、额叶眶回等有密切联系，与自主神经活动、内脏运动和内分泌活动密切相关，参与对某些本能反应的调节，包括对应激性行为、情绪事件、情绪表达和社会行为等的自动反应。加工竞争性的信息或者调节认知或情绪的冲突会激活ACcd，说明前扣带皮质的认知部分可能具有评估的功能。此外，ACcd在评价潜在冲突的出现中也起着重要作用（Davidson等，2009）。因此，前扣带皮质与诸如强迫症（OCD）、创伤后应激障碍（PTSD）和单纯恐怖症等不同的焦虑症关系密切。

三、小脑在情绪与认知交互中的作用

研究发现小脑除了具有传统运动协调功能外，还广泛参与认知与情绪的调节，包括感知觉、学习、注意、语言、情绪等功能的调节。

来自神经解剖学的证据表明，小脑与大脑情感调节区有双向联系，小脑与网状系统、皮质联络区（情感的认知程序）、边缘系统（情感体验与表达）有密切关系。人们很早就在小脑损伤的患者中发现行为异常。有学者对20例小脑损伤患者进行长期随访研究发现，多数表现出行为与情感异常，其中15例有明显行为异常和（或）人格改变，如情感低沉、夸张和冲动行为、不当言论，甚至有退化或儿童样行为。特别是当小脑蚓和小脑蚓旁区有损伤时，情感异常更为明显（张军等，2010）。采用PET技术对小脑中风的病人进行研究，结果发现，尽管加工其他情绪刺激的认知绩效正常，但是会对诱发快乐的刺激表现出较弱的快乐体验；而且，尽管他们对恐惧刺激具有与正常被试相似的体验，但是会伴随着右腹侧和左背侧前额叶、杏仁核、丘脑和扣带后回的活动显著降低（Turner等，2007）。由此可见，小脑参与了人类认知与情绪活动。

小脑在注意功能、记忆、执行功能方面发挥着广泛的作用。对注意缺陷多动障碍（ADHD）患者的研究也表明，ADHD患者存在广泛小脑异常，尤其在进行神经心理学测试时，神经影像学同步检测发现小脑有关功能与代谢异常，证明了ADHD发病与小脑有密切关系。研究者对25例单纯小脑梗塞患者进行神经心理学测试，结果显示患者在计划、问题解决与心理适应性方面有困难，其研究证实单纯小脑损伤患者有广泛的执行功能障碍（Kalashnikova等，2005）。

第四节　认知障碍的情绪调节方法

情绪调节（emotion regulation）是指个体根据内外环境的要求，在对情绪进行监控和评估的基础上，采用生理、认知和行为策略对情绪进行修正的心理过程，是个体为保持内外适应的机能反应。情绪调节与心理健康存在密切联系。认知障碍个体由于存在认知功能方面的缺失或退化，需要采用恰当的情绪调节方法和策略，以改善认知加工效率和提升生活质量。

一、认知重评和表达抑制

认知重评（cognitive reappraisal）和表达抑制（expression suppression）是最常用的两种

情绪调节方法。认知重评是指改变对情绪事件的理解，改变对情绪事件个人意义的认识。例如，提醒自己发生的是小事情，是无关紧要的，安慰自己不要生气等；或者在看恐怖片之前，告诉自己电影里都是虚构的情节，根本没什么好怕的，那些诡异的音效和突兀的镜头只是为加强观影时候的体验。认知重评试图以一种更加积极的方式理解使人产生挫折、生气等负性情绪的事件，或者对情绪事件进行合理化。认知重评是先行关注的情绪调节方法。表达抑制则是指抑制将要发生或正在发生的情绪表达行为，属于反应关注的情绪调节方法。例如，当出现愤怒、悲伤等消极情绪时，提示自己要克制，不要将情绪表露出来。表达抑制需要调动自我控制能力和启动自我控制过程以抑制情绪行为。

实验室中研究认知重评和表达抑制的一般流程为：首先，给被试呈现诱发情绪的刺激材料（图片或者视频），以诱发被试不同的情绪体验。接着在不同的条件下（认知重评或表达抑制），通过设计不同的指导语来操纵不同的任务。在认知重评条件下，要求被试对所观看的材料进行重新认知。如当被试观看犯罪现场的图片时，要求被试想象图片中的情景都是假象，是由特技演员所扮演的。在表达抑制条件下，要求被试对由诱发的情绪进行抑制。如当被试观看犯罪现场的图片时，要求被试将悲伤或是恐惧的情绪隐藏，不表露出来。最后，要求被试对主观情绪体验进行自我报告（赵鑫，2014）。

采用表达抑制调节情绪时需要个体在情绪事件全过程中进行自我监视，并根据变化了的情况不断调整自我行为。由于自我监视需要消耗认知资源以加工情绪信息，因而会影响认知任务的完成效率。实验研究发现，表达抑制会损耗被试完成语言记忆任务的成绩，但对非语言记忆任务没有影响（刘启刚，2008）。表达抑制只对语言记忆产生影响，说明在表达抑制的过程中，个体要持续加工自我指导的语言要求（如我要保持冷静和克制），从而消耗了较多认知资源。认知重评在情绪发生之前进行，不需要持续耗费认知资源进行自我调节，因而不会影响认知加工成绩。研究还表明，采用认知重评策略的个体更容易与他人保持良好的人际关系，体验到更高水平的主观幸福感。总体而言，相较于表达抑制，认知重评能更好地调节情绪，有利于人们的身心健康（邢采，杨苗苗，2013）。因此，建议认知障碍个体多练习和使用认知重评的方法调节情绪体验。

二、音乐疗法与认知障碍

音乐疗法是指应用音乐以促进人类身心健康的方法，是情绪调节的有效形式，对改善认知障碍具有积极效果。音乐疗法既包括单纯聆听的形式（接受式），也包括既聆听又主动参与的形式（主动式）。例如，乐器操作、乐曲欣赏、演唱歌曲、音乐游戏、音乐舞蹈等。

音乐疗法对卒中后认知障碍具有积极的干预效果。在卒中康复早期，音乐放松疗法可以缓解患者不良的焦虑情绪，对卒中后注意和记忆功能的改善具有明显的促进作用。研究表明，经过3个月的主动式音乐训练后，认知障碍患者的注意、空间方向及地域记忆功能以及视觉运动协调能力均有显著改善（Giovagnoli，2014）。王鑫等（2014）对卒中后认知障碍患者进行音乐疗法干预，选择患者喜爱的曲目，根据音乐的韵律和节奏进行训练（每次训练1h，2次/d，每周训练6d，共训练8周），结果显示治疗组患者的总体认知功能和执行功能均较常规康复组有显著改善，而且还促进了卒中后患者肢体功能的康复。

音乐疗法也能改善ADHD儿童的认知功能。对ADHD儿童进行6个月的接受式音乐治疗，不仅能够有效降低了患儿的焦虑和抑郁情绪，而且能显著改善患儿注意缺陷和注意力涣散的问题，提升学业成绩（廖林燕，2016）。

三、体育锻炼与认知障碍

体育锻炼不仅能增强体质，也是调节情绪的重要手段。经常参加体育锻炼的老年人发生认知障碍的概率显著低于不参加体育锻炼的老年人。对长期进行乒乓球、交际舞、健步走，以及没有健身习惯的老年男性进行研究，采用stroop任务、1—back任务、more—odd shifting任务分别考察执行功能的抑制、刷新、转换功能，利用简易精神状态评价量表（MMSE）测量一般性认知功能。结果表明，有健身习惯的老年人在执行功能任务以及MMSE总分、注意、计算和回忆维度得分均显著更好（徐状，林焕军，2017）。体育锻炼也可以改善阿尔兹海默病患者的认知障碍。杜远（2015）对50名阿尔兹海默病患者进行了6个月的体育锻炼训练，训练内容包括行走、拍球、负重练习等。结果表明，体育锻炼显著改善了被试的注意、定向、抽象思维和言语表达能力。

思 考 题

1. 简述几种主要的情绪分类方法。
2. 简述积极情绪对认知加工的哪些方面产生影响？
3. 简述焦虑和抑郁影响认知偏向的表现有哪些？
4. 哪些研究资料能够证明情绪和认知在前额叶、边缘系统和小脑中存在交互作用？
5. 简述有哪些常见的认知障碍的情绪调节方法？

案例分析

个案： 　　　　　　　　　**脑卒中后的抑郁**

个案简介：

65岁的张大爷四个月前脑卒中，经系统治疗后病情已经得到控制。然而，最近家人发现张大爷有些不对劲：总是焦灼不安，易怒，不愿见人，彻夜失眠，整天疲乏无力，感觉浑身疼。据家人回忆，张大爷出院两个月逐渐出现脾气暴躁、时常落泪、入睡困难和早醒的现象。1个月前开始整夜无法入睡，坐立不安，经常诉说活着没有意思。张大爷被家人带着到医院做了各项身体检查，均未发现问题。

脑卒中（stroke）是脑中风的学名，是一种突然起病的脑血液循环障碍性疾病，临床上表现为一过性或永久性脑功能障碍的症状和体征。脑卒中后患者除了表现为生理功能受损外，还可伴有各种神经精神并发症包括卒中后抑郁、焦虑症、躁狂症、精神病等，其中又以卒中后抑郁（post-stroke depression，PSD）最常见。

分析：

案例中的张大爷表现出了卒中后抑郁的典型症状。专家指出，中国每年新发脑卒中患者约200万人，而卒中后的抑郁应受到更多重视。有研究显示，卒中入院1～2周后伴发抑郁的患者比例可高达四成以上。曾任中华医学会神经病学分会副主任委员的胡学强教授指出，卒中后抑郁发病率较高，但临床上存在严重的漏诊现象，多数患者未得到有效的治疗。脑卒中后抑郁尤其是轻至中度状态容易受到患者及家属的忽视，而轻至中度抑郁患者又占总抑郁患者的大多数，医院的临床诊断率也偏低，使患者丧失了最佳康复时机，导致患者认知功能障碍发生率、致残率及病死率显著增高。卒中后抑郁将给患者的日常生活带来极大的负面影响，并给家庭及社会带来沉重的经济负担。因此，卒中后抑郁的早期诊断和治疗应引起社会各界的高度重视。

临床研究发现，左侧前额叶的急性卒中尤易引起抑郁症，而右侧损伤者更易出现躁狂症状。前额叶皮质对注意、知觉、工作记忆、语言、控制干扰以及执行功能等均发挥重要作用，也是情绪中枢通路的重要环节之一。Vataja等（2004）用磁共振成像对卒中患者梗死发生半球的具体部位、类型、范围、白质病变程度、脑萎缩与卒中后抑郁的关系进行了研究。结果表明，多数卒中后抑郁患者存在影响额叶前部皮质下通路的大面积脑梗死。特别是尾状核、苍白球、内囊膝部以及左侧优势半球。因此，额叶前部皮质下通道受累，尤其是左侧优势半球上述部位的缺血性卒中与卒中后抑郁存在显著相关性。

拓展学习　　　　　　　　注意偏向训练

早期，研究者发现焦虑障碍患者和非焦虑障碍患者对威胁信息的注意分配不同，焦虑障碍患者能更早地警觉到威胁刺激。后来大量的研究发现，不仅是焦虑障碍，情感障碍、摄食障碍、物质成瘾、暴力攻击、慢性疼痛都会对相应威胁或相关刺激出现注意偏向。这种现象意味着注意资源分配及效率的改变是众多心理障碍的普遍机制。以往的研究一般在探究某种心理异常是否会出现注意偏向，将其看作是一些心理疾病的伴随现象。但是近年来，研究者一致认为注意偏向不仅仅是一些心理疾病所伴随的现象或症状，而且是心理疾病产生、维持和复发的原因（Hayes, Hirsch & Mathews, 2010）。对该命题的共识也意味着干预注意这一环节会改变心理疾病的症状，这让注意这一领域受到临床治疗的关注。因此，涌现出大量关于注意偏向训练（attentional bias training, ABT）对各种心理疾病治疗的研究，并证明ABT有良好的临床效果。ABT不仅成为缓解或治疗心理疾病的一种新技术，也为了解心理异常的机制提供了新的视角。

ABT源于（注意偏向与心理疾病）因果模型证明的方法学上的创新。虽然有许多认知理论模型（Beck & Clark, 1997; Matthews & Wells, 2000; Robinson & Berridge, 1993）认为注意偏向是心理疾病（如焦虑、物质依赖）产生、维持和复发的原因，也有大量相关研究（Dalgleish & Watts, 1990; MacLeod et al., 1986）发现临床病人比健康个体对威胁信息出现更多的注意偏向，注意偏向的降低伴随着临床症状的降低，但相关研究不足以证明注意偏向与心理疾病的因果关系。证明该假设的方法学问题成为该领域的焦点之一。研究者们首先证明了注意偏向可以预测一些心理疾病。研究者在医学考试之前让学生参加了情绪Stroop任务的注意偏向评估，评估成绩良好地预测了考试失败学生的焦虑和压力反应（MacLeod, 1992）。同样的原理，注意偏向得分和生活压力事件可以预测被试7个星期之后抑郁的得分（Beevers & Carver, 2003）。这些研究对于因果关系的证明是必须的，但不是充分的。因为有一种可能是：出现注意偏向和没有出现注意偏向的个体具有其他心理变量，该变量导致了心理疾病。而为了严格控制注意偏向对心理疾病的影响，有一种方法是操纵个体的注意偏向，观察其对心理疾病的影响。例如如果注意偏向引发和维持焦虑，那么实验室里增强/减少对威胁信息的注意偏向即可引发/降低焦虑症状。麦克劳德和他的同事（MacLeod等，2002）是第一个用改版的点探测任务（dot probe task）来改变被试的注意偏向的。首先在屏幕的左右出现两个刺激，这两个刺激分别是中性刺激和情绪刺激，然后随机在左右出现探测目标，让被试尽快报告探测目标的方位。通过对任务程序的操作，使得探测目标总是在中性刺激方位上，即可训练被试将注意力从情绪刺激转移（注意解除）；探测目标总是出现在情绪刺激方位，即可训练对情绪刺激的注意增强。该研究与随后一些对临床病人（如Amir et al., 2009）的研究结果证明，ABT能够有效操纵被试的注意偏向，进而改变其情绪反应与临床症状。这些研究不仅很好地证明了注意偏向与心理疾病因果关系的假设，而且，ABT被视为一种前景性的治疗方法，被广泛运用于一些心理疾病的临床干预和治疗。

注意偏向训练，也叫注意矫正程序（attention modification program）、注意训练（attention training）等，是对注意偏向进行训练并加以改变或矫正的系统化操作程序，如训练被试对某一种类刺激的注意增强或注意解除。目前运用得比较多且成熟的注意训练程序有两种，改版的点/视觉探测任务和改版的视觉搜索任务（如以下提到的"寻找微笑"注意训练）。而对注意训练的效果评估可以采用各种评估注意偏向的实验范式，如改版的stroop任务、点/视觉探测任务、空间提示任务等，这些任务用不同的指标来评估注意偏向的改变（可参考Cisler & Koster, 2010）。

（资料来源：王曼等.注意偏向训练：起源、效果与机制.心理科学进展[J]. 2011, 19（3）：390-397）

参考资料

1. Eysenck.M.W & Keane.M.高定国，等，译.认知心理学[M]. 上海：华东师范大学出版社，2009.

2. 刘烨，付秋芳，傅小兰.认知与情绪的交互作用[J]. 科学通报，2009，54（18）：2783-2796.

3. 郭小艳.积极情绪对认知的扩展效应[D]. 陕西师范大学硕士论文，2008.

4. 许远理，郭德俊.情绪与认知关系研究发展概况[J]. 心理科学，2004，27（1）：31-33.

5. 郭小艳，王振宏.积极情绪的概念、功能与意义[J]. 心理科学进展，2007，15（5）：810-815

6. 王曼，等.注意偏向训练：起源、效果与机制[J]. 心理科学进展，2011，19（3）：390-397

7. 原琳，等.认知评价对主观情绪感受和生理活动的作用[J]. 心理学报，2011，43（8）：898-906.

8. 马庆霞，郭德俊.情绪大脑机制研究的进展[J]. 心理科学进展，2003，11（3）：328-333.

9. 古若雷，罗跃嘉.焦虑情绪对决策的影响[J]. 心理科学进展，2008，16（4）：518-523.

10. 邹吉林，等.超越效价和唤醒——情绪的动机维度模型述评[J]. 心理科学进展，2011，19（9）：1339-1346.

11. Pessoa L. On the relationship between emotion and cognition[J]. Nature Reviews，2008, 9（2）: 148-158.

12. Fredrickson B. L. The role of positive emotions in positive psychology: The Broaden-and-Build Theory of positive emotions[J]. American Psychologist, 2001（56）: 218-226.

推荐书目

1. Sternberg R. J. & Sternberg K. 邵志芳，译. 认知心理学[M]. 北京：中国轻工业出版社，2016.

2. Eysenck M. W & Keane M. 高定国，等，译. 认知心理学[M]. 上海：华东师范大学出版社，2009.